D1688538

MERIDIANE
Aus aller Welt
Band 37

PEDRO ROSA MENDES

Tigerbucht

Aus dem Portugiesischen übersetzt und
mit Anmerkungen versehen von Inés Koebel

AMMANN VERLAG

Die Originalausgabe erschien 1999
unter dem Titel »Baía dos Tigres« im Verlag Publicações Dom Quixote, Ltd., Lissabon.
Der Autor hat für die deutsche Ausgabe
einige Kürzungen und Veränderungen vorgenommen.

Die Übersetzung dieses Buches wurde von dem
Instituto Português do Livro e das Bibliotecas
und dem Ministério da Cultura finanziell unterstützt.
Der Verlag bedankt sich hierfür.

Erste Auflage
Im 20./21. Jahr des Ammann Verlags
© 2001 by Ammann Verlag & Co., Zürich
Alle deutschsprachigen Rechte vorbehalten
Homepage: www.ammann.ch
© 1999 by Pedro Rosa Mendes & Publicações Dom Quixote
Satz: Dörlemann Satz, Lemförde
Druck und Bindung: Clausen & Bosse, Leck
ISBN 3-250-60037-7

Für Dulce

Karte Der Reise

Wir sind am Ende.
Wir haben unsere Pferde gegessen,
unsere Vögel, Ratten und Frauen.
Und wir haben immer noch Hunger.

Victor Segalen
Stelen
Mit Blut geschrieben

Vorbemerkung

Dies ist ein Buch über einfache Dinge: die Ruhe der Angst und die Vitalität des Todes. Im Juni 1997 kam ich in der Absicht nach Luanda, Quelimane über Land zu erreichen. Der Grund für ein solches Vorhaben hätte nicht nobler sein können, mit anderen Worten, einen bestimmten Grund gab es nicht. Diese Seiten hier sind ein Atlas, auf dem man diese Reise nachlesen kann: die affektive Kartographie einer Route, deren Orte die Gesichter von Menschen tragen und wo Raum und Zeit Koordinaten sind, die am meisten lügen.

Alle hatten mich gewarnt, es sei noch immer Krieg in diesen Breiten. Ich habe Weggefährten verloren.

Und meine Rückkehr war ungewiß.

I

TERMINUS

»Die Toten bleiben!«

In jedem Millimeter dieses Bodens lauert der letzte Augenblick meines Lebens. So weit das Auge reicht. Deshalb fahren sie mich auch immer nachts. Zu meinem Schutz. Es soll mir recht sein. Auch jetzt ist Nacht, und zwar reichlich. Und nachts bin ich immer unruhig. Meine Angst ist weg, desertiert. Zum Terrain geworden. Keine Solidarität, nichts. Nichts, woran ich mich klammern kann. Das kann tödlich sein. Der Boden, die Straße, die Savanne, das Land: Die Angst ist eine Landkarte, und wir müssen uns an sie halten. Wir fahren mitten hindurch, und es ist Nacht. Ich weiß nicht, wie viele Tage diese Reise noch dauert. Durch die Nacht fahren ist alles, was mir bleibt.

Außerdem friere ich, bin müde und vollkommen ruhig. Später komme ich noch auf eine kleine Kiste zu sprechen, mit Wein, Tee und Salz. Und dann ist da auch diese wunderbare Kassette von Marilyn Monroe, mit einem kleinen Auftritt von Billie Holiday kurz vor Ende der Show.

In Menongue hat mir der Chef des Minenräumprojekts von Care in Kuando Kubango eine Karte der Provinz gezeigt, in detailliertem Maßstab. Sie hat die ganze Wand eingenommen. Ein Mosaik aus aneinandergeklebten Militärkarten, über und über mit roten Stecknadeln gespickt. Auch Rechtecke waren darauf eingezeichnet, in der gleichen Farbe. Und blaue Fähnchen, fast alle im Umkreis von Menongue und an einem der Ufer längs des Cuebe, ein paar Zentimeter südöstlich.

– Die roten Nadeln bedeuten Minenfelder. Aber das sind nicht alle, es gibt sehr viel mehr. Sie sehen hier nur die, die wir ausfindig gemacht haben. Die Rechtecke bedeuten strategische Punkte, um die man einen Minengürtel gelegt hat, wie um die Kasernen, die Munitionsdepots und den Flughafen. Die blauen Fähnchen kennzeichnen entminte Gelände. Seit Juni haben wir allein in diesem Gebiet 24 000 Sprengkörper entfernt. Wir lagern sie in einer Kaserne, einem ehemaligen kubanischen Versorgungsstützpunkt gleich hinter der katholischen Mission. Später zerstören wir sie dann, wie kürzlich erst: 3000 am Freitag und 860 am Samstag. Und dann die privaten Munitionsdepots, ein Wahnsinn. Dieser Tage haben uns Leute geholt, die ihr Haus gerade wieder aufbauen, beim Ausheben waren die Maurer im Garten auf 82 Mörser gestoßen. Man weiß ja nie, wann man sie brauchen kann …

Vom Bié aus führt eine einzige blaue Linie nach Menongue. Dann gibt es noch zwei kurze Stichstraßen, die eine in südlicher Richtung bis Caiundo und die andere nach Osten bis Kuíto Kuanavale. Die einzigen Verbindungswege über Land, auf einer Fläche größer als Portugal.

– Und das blaue Rechteck da, am Flußufer?

– Das ist der Badestrand rechter Hand des Staudamms. Dort gehen die Soldaten der UNAVEM immer hin. Das andere Ufer ist nach wie vor vermint. Sie schwimmen nur bis zur Mitte.

– Und wo ist die Straße hinter Caiundo, Richtung Jamba?

– Da ist keine.

– Die in Luanda meinten aber, vielleicht doch.

– Da ist keine Straße, und der Rest, der ist vermint. Bis Caiundo haben wir die Asphaltstrecke entminen können. Das ist alles. Auf den Seitenstreifen wird es schon wieder gefährlich. Vor einiger Zeit hat sich ein Unfall ereignet, mit einem Lastwagen, der zurückstoßen wollte. Es gab Tote, Leute, die auf der Ladefläche mitfuhren, wie das hier so üblich ist. Unterhalb von Caiundo sind die Minenfelder noch nicht einmal lokalisiert worden. Die UNITA und die Regierung haben uns keine Karten gegeben. Kein Mensch fährt auf dieser Straße, selbst die Panzerwagen der UNAVEM nicht.

– Und wie bewegen sich die NROs fort, die dort sind?

– Dort unten sind keine NROs. Da ist kein Mensch! Der größte Teil dieser Provinz ist nie erkundet worden, es hat dort kaum Aufklärungsmissionen der UNO gegeben. Hab ich mich verständlich ausgedrückt?

– Aber ich wollte auf diesem Weg nach Sambia. Über Jamba. Es gibt keine andere Verbindung.

– Ich sag Ihnen doch, da ist keine Straße! Niemand darf weiter als bis Caiundo. Kehren Sie um, nehmen Sie ein Flugzeug nach Luanda und von dort eins nach Sambia, wenn die Sache für Sie so wichtig ist.

Am Eingang des Büros der Leute von Care stehen einige Bambusregale, mit verschiedenen Typen von Minen und Sprengkörpern, alle in der Stadt gefunden. Minen aus Rußland, Kuba, Südafrika und China. Einige tragen vom Hersteller eingravierte Gebrauchsanweisungen, damit auch ja nichts schiefgeht: *Diese Seite auf den Feind richten*. Am gefährlichsten sind die chinesischen Plastikminen.

– Ich fahre bis Caiundo. Ich versuche durchzukommen.

– In drei Tagen sind Sie wieder zurück und sagen mir, daß ich recht hatte. Und wenn nicht, das können Sie mir glauben, dann, weil Sie tot sind. Wie auch immer, das Flugzeug nach Luanda wird Sie mitnehmen, so oder so. Bis in drei Tagen dann. Und machen Sie uns keinen Ärger, kommen Sie auf Ihren eigenen Füßen zurück.

Ich habe ihn nicht wiedergesehen. Oben an der Straße liegt der Bahnhof, ohne einen einzigen Zug; im Krieg kamen sie aus Namibe und Lubango, und mit ihnen Munition und Massaker. Unten ist der Fluß, und kurz davor: das *Ende der Welt*, eine Diskothek. Geschlossen, wahrscheinlich Bankrott, mangels Bedarf. Ich bin los, nach unten.

Der letzte Augenblick also. Durch die Nacht. Keine Landschaft, keine Dörfer, keine Menschen um Feuerstellen, keine Elefanten vor dem Aschgrau des Himmels. Ich hatte erwartet, ich könnte von solchen Dingen erzählen, aber es wäre gelogen. Kein Horizont, nichts zeichnet sich ab, keine Zeit, keine Richtung. Alles reduziert sich auf eine zweigeteilte Windschutzscheibe. Wir fahren auf eine Schar gespenstischer Wesen zu. Sie leuchten im Lichtstrahl der Scheinwerfer auf und fallen wieder zurück ins Dunkel, wenn wir unter ohrenbetäubendem Motorenlärm über sie hinweg fahren. Büsche, Kaninchen, Gesichter, Fledermäuse, Wiegenlieder, ein Zoo voller Erinnerungen.

Unser Schiff ist ein Kamas. Sowjetisches Fabrikat.

Sie haben so gewaltige Fahrzeuge hergestellt: ein Kiel mit Vierradantrieb (jedes Rad mannshoch), um den rebellischen Sand zu durchpflügen, die weiten Ebenen, die brückenlosen Flüsse von Kuando Kubango.

Die rechte Tür ist ohne Scheibe. Und wir spüren es. Der Kamas stürzt sich mitten in die Kälte und die Vegetation, blindlings wie ein Büffel, schlägt plötzlich um sich, teilt wilde Stöße aus. Seit Stunden kämpfen wir gegen ein Gewirr aus gigantischen Disteln. Bäume beinahe. Biegsam, aber zäh. Sie locken uns in einen Hinterhalt, so kommt es mir vor, schlagen mit brutaler Kraft über dem Laster zusammen, wie Wellen bei einem Unwetter. Dornen, hart, stahlhart. Es hagelt Peitschenhiebe von allen Seiten, wenn die Stoßstange ihnen das Kreuz bricht bis runter zur Wurzel und wir sie hinter uns lassen und sie wie Nägel über das Fahrgestell kratzen, das Blech. Sie stecken das Führerhaus und meine Füße in Brand. Nach und nach zerreißen die Disteln meinen Jackenärmel, fallen dann auf die

Straße (ich sehe sie in einer Spiegelscherbe). Sie sind mir ins Fleisch gedrungen, haben flüchtig mein Ohr erwischt; sie geht mir an den Kragen, diese Messerflora. Ohne meine Kapuze: nicht auszudenken.

Der Oberstleutnant sitzt in der Mitte und schläft seinen Patentschlaf. Ich beneide ihn, er macht sich immer breiter, drängt mich an den Rand, zu den Disteln hin, ich verpasse ihm einen Rippenstoß. Eher ein Reflex als eine bewußte Verteidigung, ich spüre meinen Körper kaum noch.

Vor zwei, drei Tagen vielleicht auch vier, es spielt keine Rolle, mußten wir den Motor ausbauen. Wir fuhren in einem Jeep quer durch vermintes Gelände zwischen Caiundo und Cuangar. Der Jeep mitten im Sand, der Motor in Einzelteilen mitten im Sand, zwei Rebellen mit ölverschmierten Armen im Sand und Sand im Öl. Ein ganzer Tag, um den Motor zu reinigen. Und der Oberstleutnant raucht und erzählt mir von damals, als er auf eine Mine getreten war. Er spürt den Klick unter der Fußsohle, erstarrt. Heult laut auf. Sie sollen ihn wegholen. Eine alte portugiesische Mine. Bei denen dauert es nach dem Klick eine einzige Sekunde, und sie gehen hoch. Der Klick aktiviert die Mine. Die Explosion erfolgt, wenn der Druck von oben nachlässt. Verzweiflung und Überlebenswille haben nur die restliche Sekunde zu Verfügung. Der Oberstleutnant verlangt ein Stück Holz, sie werfen es ihm zu. Schweißüberströmt schiebt er das Holz vorn unter den Stiefel, übt so Druck auf die Mine aus, und schafft es, seinen Fuß zurückziehen, noch bevor sie explodiert. Wirft sich bäuchlings auf den Boden. Die Mine geht hinter ihm hoch. Er steht mehrere Tage unter Schock. Das ist alles. Beide betrachten wir seine Füße. Sie sind unversehrt. Wir bekommen Hunger. Suchen ein paar Äste zusammen. Balancieren dazu auf den parallell verlaufenden Spuren des Jeeps und kochen uns anschließend einen Topf Tee. Ich reiche den kleinen weißen Beutel weiter, den ich in Menongue bekommen habe, wir nehmen uns Zucker. Der Oberstleutnant schlürft einen Schluck, spuckt aus. Im Beutel ist Salz.

Alle zwanzig Minuten wird ein Mensch durch eine Antipersonenmine getötet oder verstümmelt. In der Erde von siebzig Ländern liegen mehr als hundert Millionen Minen. Ungefähr ein Zehntel davon in Angola. In Kuando Kubango, wo sich schätzungsweise 45 Prozent aller angolanischen Minen befinden, gibt es mehr Minen als Einwohner. Es haben dort nie viele Menschen gelebt, und in den letzten Jahren haben von den wenigen viele den Tod gefunden.

Durch das scheibenlose Rückfenster des Kamas gellen über unsere Ohren und den peinigenden Lärm hinweg die Anweisungen des Kopiloten. Ein UNITA-Rebell, der seinen Kopf wie ein Beduine mit einem Fetzen verhüllt hat.

– Bei dem Baum dort nach links ... Nach links. Dann nach rechts ... Im Wald geradeaus ... Nach rechts, durch den Sand durch ... Nach rechts! Rrrr-eee-chch-tssss!!! Stopp! Mist! Zurück, mach schon! Jetzt da lang, vorwärts.

Nehmen wir an, der Kopilot kennt die Gegend.

– Rechts!

Nehmen wir an, hinter seiner jungen Maske verbirgt sich das Gesicht eines Kriegsveteranen.

– Links!

Gehen wir davon aus, daß er die Minenfelder kennt, schließlich hat er sie mit gelegt.

– Rechts!

Hoffen wir, daß er nicht zum ersten Mal querfeldein durch dieses Gelände fährt – anders geht es ja nicht.

– Links!

Hoffen wir, daß er schon einmal bei Nacht gefahren ist.

– Rechts!

Vertrauen wir darauf, daß er weder sich noch uns umbringen will. Gehen wir davon aus, daß er diesen natürlichen Reflex nicht hat (warum eigentlich nicht?), nicht einmal für einen Bruchteil dieser Nacht, in der es nie Tag wird.

– Wir sind da! Aufwachen!

Ich war nur still gewesen. Meine Lider sind bleischwer, und in meinem Hirn zuckt ein Nordlicht.

– Ich hab kein Auge zugetan. Hast du gemerkt, daß sie uns die ganze Zeit beobachtet haben?

An allen Ecken und Enden ein Brummen, das offenbar nicht vom Motor kam, *Diese Seite auf den Feind richten*.

Dirico heißt das hier auf der Karte, aber wo sind wir wirklich? Das Ziel ist eine veränderliche Koordinate. Gestern erst war mein Geburtstag, er kann unmöglich schon wieder vorbei sein. Ich springe aus dem Kamas, die Hände blaurot vor Kälte, und schaffe es mit letzter Kraft, in zwei Luftspiegelungen zu taumeln: ein Haus in Trümmern und ein Fluß am Ende der Ebene. Von dieser Wasservision auf dem kalten Zement träume ich jetzt, halte den Traum mit den Händen fest: meine Füße zu Stein erstarrt, aber unversehrt.

»Marylin«. Diese schaurig schönen Flugzeugbomben, die mir ein portugiesischer Offizier zeigt, bevor sie vernichtet werden. Zwei Meter lange glänzende Zylinder, die nicht explodiert sind im hohen Gras von Menongue. Beschmiert mit »Je t'aime Brigitte!«.

Als die Mine auf der Landstraße hochging, begriff Zeca, daß er mit ihr gestorben war. Ein kurzer, tröstlicher Gedanke. Zugleich ein Knall, der sich ihm wie eine Nadel durch die Gehörgänge bohrt, ein Zyklon, der den Boden leerfegt, ihm die Füße nach oben reißt, das Rückgrat aus dem Leib, zwischen Nacken und Brust. Ein Schmerz wie ein Peitschenschlag, der seinen Körper fühllos macht. Der Himmel über ihm verblaßt, kommt ins Wanken, stürzt ein, fällt auf den Sand. Und die Welt erlischt. So schnell, daß nicht einmal die Panik mitkam.

Zeca Cambuta – »der Kurze« – stammt aus Bengo, einer Provinz am Meer, ohne einen einzigen Sandstrand. Dafür mit einer ausgedehnten Grenze zum Landesinneren hin. Trotz der langen Küste von Bengo hat Zeca das Meer zum ersten Mal mit vierzehn gesehen. Daran war, wie an allem anderen, der Krieg schuld. Zecas Eltern gaben ihren Sohn aus Sicherheitsgründen zu einer Tante nach Luanda. Er kannte die Stadt nicht. Dachte, sie sei, wie die Leute sich heute Portugal vorstellen.

Die im Busch sehen Dinge, die man nicht ohne weiteres sieht. Bis auf das Meer; nicht im Busch, denn im Busch herrscht immer auch Unwissen. Für seinen ersten Strandtag packte Zeca Seife, Zahnpasta und Handtuch ein; er dachte, es ginge zum Waschen an den Fluß. Am Meer dann, beim Sklavereimuseum, die große Frage: War das Wasser salzig oder nicht? Zeca sah die weite Fläche, sah Kinder darin baden und erstarrte. Es war Ebbe. Er hatte Angst, dachte, die Strömung könnte ihn mit sich nehmen.

Da stand er nun und wußte noch immer nicht, wie das

Wasser schmeckte. Schließlich rannte er auf das Blau zu und tauchte ein ins Unbekannte, mit offenem Mund. Es schmeckte tatsächlich nach Salz, doch das verriet er keinem. Und er ging auch nie wieder hin.

Zehn Tage nach der Unabhängigkeit zog Zeca aus einem alten *musseque*, einem Elendsviertel mit Lehmhütten, in ein Kolonialhaus aus Stein am Largo Ferreira do Amaral, der erfüllt war vom beglückenden Geruch fliehender Weißer. Auf diesem kleinen Platz, wo Jahre zuvor Agenten der PIDE, der politischen Polizei Salazars, einen Arzt namens Agostinho Neto gefangengenommen hatten, übte sich nun eine Schar von »Eingeborenen« und »Assimilierten« in Selbstbestimmung: Angolaner, die in Betten aus dem Mutterland, Betten aus Cabinda-Holz und breit wie ein Kruzifix, freie Kinder zeugten. Die Besetzung der Häuser war keine große Sache. Die eigentliche Eroberung war der Einzug in die Hinterlassenschaften ihrer ehemaligen Eigentümer.

Das protzigste Haus, mit einem Glimmer-Anstrich, der in der Sonne von Luanda funkelte, war im Besitz von Senhor Leal gewesen, Eigentümer der *Photofilm* und eines Mustangs, der den Blick beschleunigte. Sein Sohn Eduardo Nunes hatte die Rückkehr von Agostinho Neto nach Angola gefilmt und Comics produziert. Leals Frau, Adelaide, war durch eine verirrte Kugel auf ihrer Veranda umgekommen, als von der Terrasse eines benachbarten Gebäudes, einem ehemaligen Hotel, geschossen wurde. Dies war 1974/75 geschehen, während der Auseinandersetzungen zwischen MPLA, FNLA und UNITA.

Zeca kannte weder diese noch andere Weiße vom Largo. Seine Tante erzählte ihm, sie seien auf dem Weg in ihr Land. Sie zimmerten riesige Holzkisten, aber nicht für die in ihren Augen so offensichtlich reinrassigen Hunde. Sie verkauften eilig ihre Autos und wurden schwach beim Anblick der runden

Bucht, die sie nicht loslassen wollte, sie und ihre künftige Sehnsucht! Sie drängten sich im Hafen und schliefen auf dem Rollfeld. Aus Lissabon kamen Flugzeuge, und sie kehrten zurück wie *Lunda*-Häuptlinge: verließen das Leben mit Gerätschaften zur Kolonisierung des Todes. Luanda tanzte den *comba* für sie, das Totenfest, stampfte – endlich! – ihre Körper fort von dieser roten Erde Afrikas.

Von den Europäern am Largo Ferreira do Amaral blieb eine einzige Familie, die von Fernando Alvim oder Nando Pula, dem »Weißen«. Er und Zeca wurden die Cracks der Mannschaft vom Largo, dem *Brilhantes Futebol Clube* (eine Anspielung auf das glitzernde Haus). Mit von der Partie war auch Zeca Mulato, Sohn der Familie, die das Haus des Reichen geerbt hatte. Nando, Zeca und Zeca Mulato: ein geniales Trio, auf dem Largo, in Vorstädten wie Cazenga und auf dem Fußballplatz an der Bahnlinie.

»Ein Weißer, ein Schwarzer und ein Mulatte (›aus einem *Musseque* wohlgemerkt‹).«

Es waren Zecas beste Tage, die einzigen, in denen er für immer glücklich war. Eine kurze Ewigkeit. Er war achtzehn, als Polizisten und Soldaten der Volksstreitkräfte bei seiner Schwester an der Praia do Bispo anklopften. Um fünf Uhr morgens, Zeca war zu Hause. Sie fragten nach seinen Papieren, aber welcher Kriegsdienstverweigerer hat schon einen Personalausweis bei sich? Carmita war schwanger, und die Soldaten waren bereit, Zeca freizustellen. Bis auf einen, er sah die Sache anders: Kam Zeca nicht mit, kamen andere nicht frei vom Militär. Carmita packte in der Küche unter Tränen eine Portion Maismehl Marke *Musseque* und eine Dose Milchpulver zusammen und verstaute den Abschied in einem Plastikbeutel.

Bei Tagesanbruch befand sich Zeca bereits im Autodrom, im Süden der Stadt, inmitten anderer »Rekruten«. Seinen Proviant fest umklammert, alles andere war ihm abhanden gekommen. An jenem Morgen steckten sie seine Zukunft in eine Uniform.

Zunächst kam er auf die Unteroffiziersschule in Lobito, dann zurück nach Luanda und anschließend auf die Offiziersschule *Commandante Gomes Spencer* in Huambo. Ein Weg, der unweigerlich nach Kuando Kubango führte, als menschliche Munition der Regierungstruppen. Eine Hölle. Er hatte keine andere Wahl und machte sich keine Illusionen. Er wußte: von dort kam keiner zurück.

Zeca starb in Etappen. Es begann mit der »Rekrutierung«. Er hatte gerade mit einem Sportfunktionär seine Übernahme in den *Electro de Huambo* ausgehandelt. Er sollte für den Fußballclub spielen und gleichzeitig Elektriker lernen. Dann kam der 19. Oktober 1986, der Tag, an dem er zwischen Menongue und Longa auf eine Mine fuhr. Zeca, in der 36. Brigade, war mit der Rundumverteidigung von Longa beauftragt. Die Mine explodierte achtzehn Kilometer von seinem Standort entfernt. Die letzte Stimme, die nicht schrie, kam aus dem Radio:

– wir unterbrechen diese Sendung des Angolanischen Rundfunks, um den Tod unseres geliebten Genossen, des Präsidenten von Mosambik, Moisés Samora Machel, bekanntzugeben. Er ist heute bei einem Flugzeugabsturz in Sambia ums Leben gekommen.

In Zecas Fahrzeug, einem Ifa-Lastwagen aus der DDR, saßen noch drei weitere Soldaten. Vier Soldaten also auf einer Reise ins Nichts.

Als die Nachricht im Lager die Runde machte, wußte Justino, daß sich seine Haft hinziehen würde. Der Präsident war umgekommen. Sein Flugzeug abgestürzt.

Justino ist ein freier Mann. Er war lange in Gefangenschaft – die Hälfte seines Lebens –, aber nie Gefangener einer Macht. Ihn kann niemand gefangennehmen.

– Nicht die FRELIMO hat mich bestraft. Auch nicht die portugiesische Regierung. Nicht die PIDE hat mich gefangen genommen. Nicht die FRELIMO hat mich verhaftet. Nein. Yah ... Ich hab nämlich ein Schicksal, das strahlt aus. Mein Schicksal und die Politik, die vertragen sich nicht.

Sein Schicksal nimmt man an – so ist das mit dem Schicksal. Justino weiß das und hält sich daran. Denn wenn er wollte, könnte er sich dagegen auflehnen. Das hat er bereits den Agenten der PIDE bewiesen, die ihn im Dezember 1964 zum ersten Mal wegen subversiver Aktivitäten verhaften.

Drei Weiße, die sich mit ihm in einen Wagen setzen, um ihn in die Zentrale zu bringen. Der Wagen rührt sich nicht. Alle steigen aus. Der Motor springt an. Polizisten und Gefangener steigen wieder ein. Der Motor stirbt ab. Und dem mosambikanischen Fahrer wird klar, weshalb:

– Wegen dem Mann da.
– Ich sag: Wie denn? Ich sitz doch nicht am Steuer.

Der Fahrer versucht es erneut. Sie steigen wieder aus, der Motor springt wieder an. Sie steigen wieder ein.

– Halten Sie den Herrn da gut fest. Der weiß genau, warum der Wagen nicht fährt.
– Ich sag: Nichts weiß ich. Ich bin doch nicht der Fahrer.

Irgendwann klappte es dann. In der Zentrale, mitten im Verhör, fallen
peng! – die Handschellen zu Boden.
— Wollen Sie etwa fliehen, Mann?
— Wenn ich das wollte, würd ich's tun, und Sie, Sie würden mich nicht kriegen.
Der Brigadechef schlägt Justino zweimal ins Gesicht. Minuten später sind seine Arme so geschwollen, daß er nicht mehr aus den Jackenärmeln kommt. Man hört auf, ihn zu schlagen. Der Gefangene wird von Inhambane nach Lourenço Marques verlegt.

Sein Schicksal nimmt man an – so ist das mit dem Schicksal. Justino weiß das und hält sich daran. Aber er hat es lernen müssen.

Justino diente unter den Portugiesen. Drei Jahre lang. Dann floh er heimlich über die Grenze nach Tanganjika. Zuerst Daressalam, dann Algier. In Algerien lernte er den Umgang mit verschiedenen Waffentypen, in der ersten Guerrillagruppe der FRELIMO: Seite an Seite mit ihren Gründern Samora Machel, Alberto Hispano, Osvaldo Casama, Francisco Magaia und Samuel Cancomba. Sie waren nicht die einzigen Revolutionäre in Algier. Justino bekam die anderen zwar nie zu Gesicht, hörte aber von den Portugiesen, darunter dem berühmten Galvão, der ein Schiff entführt und internationales Aufsehen erregt hatte ...

Justinos erste Mission für die FRELIMO fand im Juli 1964 statt. Er war Begleiter der Delegation von Admiral Américo Tomás nach Mosambik. Er weiß noch, wie Tomás die Portugiesen in Beira zu beruhigen versuchte, ihnen versicherte, Mosambik würde nie zu einem Betätigungsfeld von Terroristen, und kein Mensch wolle Portugal je seinen Jahrhunderte alten Herrschaftsanspruch streitig machen.

— Wo ist Tomás jetzt?

– Gestorben.

– Ich kann ihm nichts verübeln, und auch denen nicht, die damals für ihre Würde gekämpft haben. Es ging schließlich um ihr Überleben.

In Lourenço Marques erklärt ein Kommissar der PIDE Justino anschaulich die Lage der Dinge, und Justino beginnt sie sehr früh anzunehmen.

– Da, sehen Sie diese Karte? Der Marineminister hat sie uns bei seinem Besuch hier gelassen. Diese Einteilung von Mosambik, diese ganzen Provinzen, das alles ist Mosambik, weil es Portugal ist. Der eine nördliche Teil da gehört Madagaskar. Der andere Tanganjika. Der hier Swaziland. Und der da Südafrika. Wenn das heute Mosambik ist, dann, weil wir Portugiesen hier sind und das Land gegen seine Nachbarn verteidigen.

– Vielleicht Südafrika. Vielleicht Malawi. Aber die anderen haben kein Interesse an Mosambik.

– Was, Sie glauben mir nicht?

– Ich hab gesagt: nein, ich weiß Bescheid. Ich hab Mosambik mit aufgebaut.

– Ich versteh schon, Sie gehören zu der anderen Fraktion, aber vergessen Sie nicht, die PIDE hat Sie in den Fängen.

– Ich weiß nicht viel über die PIDE. Nur das, was die FRELIMO auf Portugiesisch und Spanisch verbreitet. Wir wissen, daß die PIDE sich FRELIMO-Funktionäre schnappt und zu den Löwen in den Käfig steckt, im Zoo, oder in einen Sack, den sie zubinden und draußen über dem Meer aus dem Flugzeug werfen. Wir sind auf dem Laufenden.

– So was ist nie vorgekommen!

– Was weiß ich schon, hab ich gesagt. Ich bin als junger Mensch von hier weg. Und jetzt wird mir so einiges klar, zum Beispiel, daß mich die PIDE in ihren Fängen hat, wie Sie sagen. Für mich haben Löwen Fänge, aber in Wirklichkeit ...

— Was setzt ihr da in die Welt? Ihr wollt wohl die Bevölkerung aufwiegeln? Die FRELIMO, was ist das überhaupt?

— Eine Organisation von Mosambikanern, die für eine Politik sind, die der portugiesischen Regierung nicht paßt. Die FRELIMO wollte verhandeln, aber Lissabon hat auf die Briefe nicht geantwortet. Nur indirekt auf den zweiten, da hieß es, Salazar setzt sich nie an einen Tisch mit seinen Stiefelknechten.

— Ich kann's dir ja sagen. Wir wissen genau, daß ihr ein Recht habt auf euer Land. Als wir hierher gekommen sind, ist Blut geflossen. Und wenn wir von hier abziehen, hat das auch seinen Preis, da wird der Laden dicht gemacht, und das bedeutet nun mal Blutvergießen. Ihr habt wohl geglaubt, ihr müßt nur zum Besen greifen, und schon ziehen wir ab? So einfach geht das nicht. Wir müssen die Geschichte beenden, wie wir sie begonnen haben: mit Blutvergießen.

— Besten Dank, mein Herr. Aber wir hätten auch gern unsere Seite im Buch der Geschichte, eine, wo draufsteht, daß wir stark sind und uns unser Land zurückholen können.

Sie geben ihm Papier für drei Monate, damit er ihnen seine Geschichte aufschreibt. Am Tag der Gerichtsverhandlung verliest der Richter den Text, doch Anwalt Almeida Santos will wissen, wo genau steht, daß Justino in Kenia von den Mau-Maus im Kampf gegen die Weißen ausgebildet worden ist, oder ob die PIDE das nur hinzugefügt hat.

Und das Urteil? Sechs Jahre Zuchthaus in Machava, außerdem ein Jahr im Dienst der PIDE-DGS. Als Justino auf Bewährung freikommt, schicken sie ihn in den Norden, nach Nampula, zur Einheit für Psychologische Kriegsführung der PIDE. Zwecks Gegenpropaganda

— in der Bevölkerung. Ich mußte die FRELIMO rundum schlechtmachen. Sagen, daß die von der FRELIMO wie die

Chinesen sind und daß die Chinesen Menschen fressen. Oder, daß sie wie die Russen sind. Lauter Schwachsinn.

Dann wird er nach Inhambane versetzt, von wo er der PIDE berichtet,

– die Bevölkerung ist nicht für die FRELIMO. Es gibt kaum Operationsbasen. Der Distrikt ist dafür nicht empfänglich. Der Terrorismus findet wenig Rückhalt, die Mosambikaner sind anständige Leute ... Bis dann in Portugal die Revolution ausbrach. Da war der Spuk vorbei.

Nach dem 25. April wird Justino für die FRELIMO in Inhambane politisch aktiv und engagiert sich nach der Unabhängigkeit weiter in Morrumbene. Eines Tages kommt er auf die unglückliche Idee, zu fragen, ob er seine Frau zum Mittagessen mit in die örtliche Parteikantine nehmen darf. Er stößt auf allgemeine Ratlosigkeit: der Bezirkskommissar verweist ihn an den Provinzkommissar, und der verweist ihn an den Nationalkommissar in Maputo. Im dortigen Verbindungsbüro des Parteivorstandes nehmen sie Justino genauer unter die Lupe.

– Der hat für die Marionetten-Organisation[1] gearbeitet!

Am 14. Oktober 1977 wird Justino auf Befehl des stellvertretenden Innenministers verhaftet. Es interessiert niemanden, daß sein Intermezzo bei der Psychologischen Kriegsführung auf ein richterliches Urteil zurückging und erzwungen war, die übliche Praxis, um ein als gefährlich eingestuftes Subjekt besser überwachen zu können. Zunächst behalten sie Justino im Hauptquartier, dann stecken sie ihn nach Machava ins Zuchthaus und anschließend auf Nimmerwiedersehen in das Umerziehungslager von Ruarué, Mueda, Provinz Cabo Delgado.

– Roden, Tag und Nacht. Große Bäume fällen, das war die Strafe. Graben, die Wurzeln kappen, bis so ein Riesen-

---

[1] A.d.Ü.: gemeint ist die PIDE.

baum umfiel. Wenn du's heute nicht schaffst, kannst du gleich an Ort und Stelle übernachten und darfst morgen weitermachen. Und wenn du's morgen nicht schaffst, bleibst du eben noch einen Tag. Essen bringen wir. Wenn du zwei, drei Tage brauchst, bleibst du und gehst nicht erst zurück in die Kaserne. War nicht gerade ein einfaches Leben.

Tag für Tag politische Schulung und Alphabetisierung,

– a,b,c,d,e,f,g,h,i,j. Alle mußten mitmachen, egal, ob einer studiert hatte oder nicht. Die wollten in den Führungspositionen keine Leute mit einer fertigen Ausbildung. Genauer gesagt: die haben sich nur Blödmänner geholt.

1981, während eines Besuches in Ruaré, entdeckt Samora Machel dort Justino. Er versteht nicht, warum man seinen alten Kampfgenossen aus Algier verhaftet hat. Aber in diesem Lager hat nicht einmal der Präsident Weisungsbefugnis, er kann nur veranlassen, daß Justino zusammen mit einer Gruppe von Deserteuren in ein Lager nach Niassa verlegt wird. In Niassa kann er dafür sorgen, daß Justino freikommt. Justino wird in das Lager von Mussauize, Mavago, verlegt.

Dort wartet er auf den Präsidenten. Eines Tages sagen sie ihm, daß der Präsident mit einer ausländischen Delegation Niassa und auch Mussauize besucht. Die Gefangenen haben bereits mit dem großen Reinemachen begonnen, als es plötzlich heißt, der Präsident fliegt zuerst nach Sambia.

– Damals ist Machel dann auf einen Schlag ums Leben gekommen. Und mich haben sie völlig vergessen. Ich hab also weiter meine *machamba* umgegraben. Und irgendwann hab ich beschlossen, daß ich die Nr. 1 werde im Distrikt Mavago, mit dem Anbau von Bananen, Papayas undsoweiter. Ich war bis 1989 dort und bin erst weg, als die Lage immer brenzliger wurde.

Justino, ein FRELIMO-Mann der ersten Stunde, verdankt seine Befreiung der RENAMO, die am 11. August das Viertel angreift, in dem er und die Deserteure als Gefangene auf dem Gelände des ehemaligen Umerziehungslagers leben.

Justino entkam nach Lichinga, wo ich ihn 1995 zum ersten Mal traf, er arbeitete dort inzwischen als Nachtwächter für eine Nichtregierungsorganisation. Die Aufenthalte in den Arbeitslagern hatten ihn seiner Familie entfremdet.

— Diese Familie, die hab ich mir hier zugelegt. Meine richtige Familie im Leben, von der haben sie mich mit Gewalt getrennt. Die ist in Maputo geblieben. Ich hab zwei Kinder gehabt, meine zwei Mädchen. Ich weiß nichts von ihnen und auch nichts von meiner ersten Frau. Ich hab hier eine andere gefunden, und es geht uns gut. Aber ich muß nach Maputo. Ich muß meine Töchter suchen und rausbekommen, was meine frühere Frau macht: sehen, ob es irgendwie weitergeht mit uns oder nicht. Wenn nicht, na ja, dann ist das Schicksal.

Ich habe noch immer ein Foto von Justino, es ist nie zustande gekommen, es war bereits Mitternacht, und meine kleine Olympus hat keinen Blitz: Justinos Gesicht, seine Augen, die aus dem Dunkel in die Kälte von Alto Niassa schauen, seine Hände im Fenster ohne Scheiben.

Gäbe es Fotos mit Ton, dann wäre auf diesem hier Justinos Stimme zu hören, ruhig, weise, bedächtig erzählt sie in die unwirkliche Landschaft Lichingas hinein sein Leben. Ich blieb draußen, es war schon sehr spät, aber es ging nicht anders –, ich mußte Lichinga noch vor Morgengrauen verlassen. Ich blieb also draußen. Und Justino kam nicht hinaus, es war, wie gesagt, schon sehr spät.

Foto eines Interviews: auf Justinos Lippen gerichtet mein kleiner Recorder, er sammelt die am Fensterbrett verstreuten Worte ein; auf Justinos Gesicht gerichtet, meine Taschenlampe. Von unten angestrahlt, ist er nur noch Ausdruck des Horrors. Und ich bin nur noch der kleine rote Punkt, der die Aufnahme anzeigt: *»Rec.«*

Lichinga, in der Kälte vor und hinter dem scheibenlosen Fenster von Justinos Hütte, ist nur noch Landschaft: das glitzernde Blatt des Niassa-Sees schwebt in der Ferne deutlich sichtbar über der Gebirgskette, berührt Sterne, schwächer als wir. Justino bittet um eine Zigarette. Ich rauche nicht. Gebe ihm ein Päckchen.

– Danke.

Eine Glut, rot wie das *»Rec.«*, leuchtet unter dem ersten Streichholz auf, glimmt weiter. Schweigt Justino, nehme ich den Ruf einer Eule wahr und das Atmen eines Säuglings, hinter seinem Rücken, im Haus.

Und den Duft der Kiefern.
– Yaahhh ...
Justino wurde am 5. April 1941 in Morrumbene, Inhambane geboren. Er war Zellengenosse des Schriftstellers Luís Bernardo Honwana. Er lernte Sonette schreiben. Sein erstes galt der Hochebene von Mavago. Er lernte Englisch lesen und übersetzen, allein, aus Büchern. Er lernte immer allein. Lernte alles. Nach seiner Flucht wurde aus dem Gefangenen eine Nicht-Person. Als ich ihn traf, war er legal nicht vorhanden, da er kein vom Staat anerkanntes Papier besaß, das ihm half, sich auszuweisen.
– Wirklich, die ganzen Regierungen, die ich so gesehen hab, alle gleich. Ich weiß, wovon ich rede. Für mich gibt es nun mal keine Volksregierung, keine demokratische Regierung und auch keine sozialistische Regierung, alles eben ... nur Regierungen. Yah ... eine wie die andere. Weil, wer an der Macht ist, der hängt von dem ab, was sein Herz zu sagen hat. Deswegen respektier ich immer den, der an der Regierung ist, als Regierung. Als eine Kraft der Nation. Nicht, weil er's gut macht. Ist nicht einfach, alles gut zu machen. Die Volksrepublik Mosambik war auch schon besser dran, ja, aber so ein Land kommt nicht so plötzlich auf die Beine. Immerhin wissen wir inzwischen mehr oder weniger, wie sich das anfühlt mit richtigen Schuhen an den Füßen, vorher gab's ja nur welche aus Autoreifen – jawohl! – wenn man Glück hatte und überhaupt dran kam. Mir ist die Lust vergangen an der Politik. Mir reicht's. Und der Rest, Gerechtigkeit hin Gerechtigkeit her, ist meine Sache. Jawohl! Danke.

Stunden später ist der Himmel wieder da. Vielleicht auch schon kurz nach der Detonation. Es läßt sich nicht genau sagen, eine Ohnmacht löscht alles Zeitgefühl aus. Ein Auge ist blind, verklebt von der Hitze. Das andere starrt lang hoch ins Blau, weit und reglos wie keine Farbe sonst. Als er nach unten schaut, sieht sein heiles Auge den grünen Streifen der Vegetation, dann den sandigen Boden, übersät mit verbogenen Eisentrümmern. Die anderen, was war mit den anderen? Als er sich umdrehen will, schießt ihm der Schmerz senkrecht ins Schlüsselbein. Wären die *maninhos* in der Nähe, hätten sie den Schrei gehört und kurzen Prozeß gemacht. Aber es gelingt ihm, sich umzudrehen. Auf den Bauch. Nur das rechte Bein, unterhalb des Knies, macht die Drehung nicht mit, bildet einen seltsamen Winkel, die Kniescheibe liegt frei. Erst dann kam die Panik, zu spät: die anderen waren tot, er hatte es nicht geschafft.

— Die drei waren sofort tot durch die Mine. Der Zeca hat es nicht geschafft. Bei einer Mine, da ist es besser, du bist sofort hin. Das Schicksal hat nicht richtig funktioniert. Es war nicht gut, daß er ihm von der Schippe gesprungen ist ... Wann haben Sie ihn getroffen?

— In Luanda. In einem Kaffee in der Baixa,

ein kleiner Mann an einem kleinen Tisch, auf das nächste Bier fixiert, die Augen unheilbar rot unterlaufen, die immer trockene Zunge lechzt nach dem malzigen Schaum.

— Guten Tag!
— Schlechter Tag: arbeitslos!
— Helden arbeiten nicht im Leben. Der Zeca ist zu oft ge-

storben, und solche Leute haben keine Chance, die überleben nicht.

Während Arturs Worte weiter von Zecas Schweigen in unserer Mitte sprechen, bringt eine junge Frau eine Lastwagenfelge, auf der ein Feuer brennt, und setzt sie feierlich vor der Hütte ab. Am späten Nachmittag schicken die Flüsse Kuíto und Kunavale Nebel hoch über den lehmigen Kies des Abhangs, an dem das Dorf liegt. Sie streifen die noch schlafenden Feuerstellen. Dichte, gespenstische, nur von Stimmen bewohnte Schwaden, die sich zwischen den Umrissen der Hütten festsetzen. Artur zieht einen Zweig aus den Flammen und zeichnet etwas vor unseren Füßen in den Sand: 16 Punkte, je vier in einer Reihe, die er miteinander verbindet. Kinder kommen, und die Frau zieht sich zurück.

> Meine Schwägerin,
> es ist mir schlecht ergangen
> ich hab an dich gedacht in Caiundo,
> du bist zu schön
> ich bin so froh, dich zu sehn
> traurig war ich, jetzt geht es mir gut,
> nimm das Salz, das ich gebracht
> morgen hoff ich dich zu sehn.

Die Punkte sind durch acht Striche verbunden.
– *Nhari*. Schwägerin. So heißt die Zeichnung. Wir, die Ganguela, verständigen uns über solche Zeichnungen. Nur noch die Alten kennen sich aus damit.
– Gibt es ein Buch mit diesen Zeichnungen?
– Nein. Die gibt's nur im Sand. Die macht keiner mehr.
– Habt Ihr noch andere?
– Mehr, als Sie ahnen. Aber ein paar kann ich Ihnen erzählen.

– Eine vom Krieg?
Artur hebt einen Arm hinter den Kopf, versetzt sich mit dieser Geste zurück in das verwüstete Dorf. Holt dann weit aus, stülpt sich eine imaginäre, riesige Kapuze über und führt die Hand anschließend zu Boden. Eine neue Zeichnung entsteht.
– »Schießpulver.« Genau.
Artur zeichnet den Krieg.

Die Straße, die Menongue früher mit Mavinga und Jamba verband, endet in Kuíto Kuanavale. Die Brücke über die Ebene mit dem Fluß wurde bereits sehr früh gesprengt, als der Krieg noch dachte, er wäre auf der Durchreise, und drüben, auf der anderen Seite ist die Strecke noch nicht entmint. Nichts tut sich dort. Es gibt keine Autos. Keine Motoren. Keine Maschinen. Keinen Brennstoff, und alle diese fehlenden Dinge bilden einen Teufelskreis. Von Antónios Einbaum aus, vor dem sich das hohe Schilf öffnet und mit einer Verneigung wieder schließt, wird eine Welt sichtbar, auf der ein biblischer Frieden wie ein Fluch lastet. Kniend paddelt António den ausgehöhlten Baumstamm, getragen von der kristallklaren Stille des Wassers, fährt mich hinein ins Geschnatter der Enten und in die Erinnerung an eine Zeit, als der Bürgerkrieg mit seiner schlimmsten Schlacht hier Einzug hielt.

In der Schlacht von Kuíto Kuanavale kämpften in den achtziger Jahren Angolaner der FAPLA, SWAPO-Rebellen, kubanische Bodentruppen und sowjetische Flugzeuge gegen Angolaner der UNITA, südafrikanische Spezialeinheiten und französische Flugzeuge. Tausende starben durch Bomben, Mörser, Raketen, Minen, Panzer, Maschinengewehre, Krokodile, an Hunger und in den Sümpfen. Der Wahnsinn kennt keine genauen Zahlen, kann nicht benennen, wie viele dort aufhörten zu leben und den Alptraum im Gepäck mit zurück nach Moskau, Havanna und Johannesburg schmuggelten. Kuíto Kuanavale, ein Epizentrum des Nichts, verfügt über das einzige asphaltierte Flugfeld der Region. Von unschätzbarem Wert für Truppen- und Materialtransporte. Wer es kontrollierte, konnte den Krieg entscheiden. Wie es auch geschah. Die letzte Schlacht dort wurde geschlagen, als der Horror bereits längst zur Routine geworden war, am 23. März 1988, dem Tag, an dem es nie wirklich hell wurde.

Oberst Q., seit 1985 in Kuíto Kuanavale und vorzeitig befördert, um ihn dort zu halten, ließ sich mißmutig herbei, einige seiner Erinnerungen zu bemühen. Wahrscheinlich war noch vor mir ein Funkspruch aus dem Hauptquartier der FAA in Menongue eingetroffen, eine Empfehlung des sympathischen Herrchens von Mobutu, einem schwarzen Hund, geboren am Tag, als die angolanischen Truppen von Laurent-Désiré Kabila Kisangani, die Hauptstadt von Haut-Zaire, einnahmen.

– Ich war damals in der 13. Landungs- und Sturmbrigade, zuständig für Gegenangriffe auf die feindlichen Flanken. Die Südafrikaner standen auf der anderen Flußseite. Von der UNITA war zum Beispiel Ben-Ben dabei. Und Generalstabschef der FAPLA war General Ngueto. Cinta Fria befehligte die Kubaner. Haben Sie seinen Unterstand in Menongue gesehen? ...

Cinta Fria, von den Revolutionären Streitkräften, kam 1978 nach Angola und zog 1989 mit dem kubanischen Truppenkontingent wieder ab. Als Mitglied des Zentralkomitees brachte er es bis zum Oberkommandierenden von Fidel Castros Militärmission in Angola. Sein Unterstand besteht aus einer ansehnlichen, mit einer Eisenbahnschiene der CFM verstärkten Schicht Erde und Beton. Unauffällig für ein Loch, dem Fünfhundert-Kilo-Bomben nichts anhaben können. Es befindet sich an der Straße zum Bahnhof, im Hintergarten eines unschuldig zivilen Kolonialhauses, kaum hat man den Fuß über die Schwelle gesetzt, kommt auch schon jemand in Turnschuhen, klopft an, »um kurz vorbeizuschauen, wie's dem Chef so geht am Sonntag. Habt ihr ein Bier? ...«

– ... Ich bin also seit 1985 hier. Was mich am meisten geprägt hat von den zwei Kriegen, das war der 23. März 1988. An dem Tag hat man die Sonne kaum gesehen, so vernebelt war alles von den Explosionen. Man hat keine Infanterie gehört, nur Artillerie. Die Südafrikaner waren wild entschlossen, das alles hier einzunehmen. Der heftigste Angriff ging um zwei Uhr morgens los und war erst gegen vierzehn Uhr vorbei. Es hat nur so G-5er und 106er auf uns gehagelt, südafrikanische Kentron- und Panzergeschütze. Wir haben mit BM21ern zurückgefeuert, Artillerie, die auf Fahrzeugen montiert ist, mit 130er, D30er und 76mm Geschützen und Panzergeschützen. Am gefährlichsten von allen sind die G-5er, die haben die größte Reichweite und die größte Zerstörungskraft. Bei ihrem Rückzug haben die Südafrikaner mit Giftgas geschossen, die Bevölkerung sollte auch was abbekommen. An einem normalen Tag, da fielen auf unserer Seite an die 10 Leute, aber bei dem letzten Überfall haben wir die Toten nicht mal mehr zählen können. Die Kubaner wurden dann bei Kriegsende abgezogen ...

Wenige Kilometer vor Kuíto Kuanavale, hinter den Linien der Regierungstruppen, haben die Männer Fidel Castros ihre internationalistische Mission in Gräbern aus feinem Sand beendet – posthumer Fronturlaub in der zärtlichen Umarmung kubanischer Strände. Der Friedhof ist noch da, überwuchert von Unkraut, auf einem von Minen freigelegten Areal, mit drei Pfählen, die an die Tore zu den Farmen der Buren erinnern, gegen die Castros Männer bis zum letzten Atemzug kämpften. »Der Kampf geht weiter« steht über dem Eingang, der früher von einem anderen Schild gekrönt war. Es ist vermodert. Aber der Oberst weiß noch, was diejenigen, die dort liegen, einst lasen:

— »Der Sieg ist unser.«

Dieser zwanghafte Slogan wurde für die Geldscheine der Nationalbank von Angola gewählt. Er steht unter den Konterfeis von António Agostinho Neto und José Eduardo dos Santos. Beide im Profil. Der erste mit arroganter Unterlippe, der zweite mit traurigem Blick. Zwei politische Führer, deren Blick, auf tausenden abgewerteter Kwanzas, an die engen Grenzen ihres Horizonts stößt, hinter dem nichts mehr zu sehen ist von: »Der Sieg ist unser«. In unmittelbarer Nähe der beiden Präsidenten befindet sich, allerdings versteckt in der Unsichtbarkeit des Wasserzeichens, die altbekannte Gestalt des Denkers, sitzend, versunken, namenlos, den Kopf zwischen den Händen, die Ellbogen auf den Knien. Wasserzeichen, Zeichen für die Echtheit des Ganzen.

António, der ein leises, kaum verständliches Portugiesisch spricht, fährt mich wortlos spazieren, bringt mit seinem Paddel das Herz des Wassers zum schlagen. Die immer tiefer sinkende Sonne legt sich ihm wie ein Honigfilm über Haar und Schultern. In einem unendlich langsamen, aber bewegungsreichen *travelling* zieht ein Ufer mit halbnackten, sich waschenden Frauen an uns vorüber. Nach jeder Regenzeit sterben wieder Menschen an diesem Fluß. Die Minen hier sind heimtückischer als anderswo: immer noch zu Tausenden im lockeren Boden von Kuíto Kuanavale, driften sie ab mit dem Sand, treiben hin, wo es alles hintreibt: zum Wasser. Ein Stück flußabwärts sind die Männer mit der gleichen Pflege beschäftigt, ohne Scham, ohne Angst, eingehüllt in den Schaum ihrer Stangenseifen, die feuchte Haut glänzend wie Zellophan.

António hebt die linke Hand zum Gruß. Sein Mittelfinger fehlt. Abgerissen von einer Kugel. Er hat fünf Jahre für dieses Dorf gekämpft und hört noch das kurze Pfeifen der Migs und Mirages am Himmel. Sie kamen von weit her, aus Lubango oder dem Südwesten Afrikas, und streiften mit ihren Flügeln die Baumkronen der Savanne. Schossen plötzlich hinter einem Pferch auf (kreisförmig ins Erdreich gerammte Pfähle und etwas höher als ein Ziegensprung). Wer am Boden war und einen Unterstand hatte, rannte um sein Leben. Sofern ihm noch Zeit blieb.

– Die *maka* mit den Fliegern ist, du siehst die Dinger erst, wenn sie schon wieder weg sind. So ist das mit den Fliegern im Krieg: wenn du sie hörst, haben sie schon fünf Minuten vorher eine Bombe auf dich geworfen, erklärt António.

»Je t'aime Brigitte!«.

Artur zeigt mir eine dritte Zeichnung, an der gleichen Stelle, an der das »Schießpulver« wieder zu Sand geworden ist.
— *Kalunda*. Friedhof.
Arturs Hütte liegt im unteren Teil des Dorfes. Kuíto Kuanavale unterscheidet sich kaum von den übrigen »Gemeinden«, die von den Kolonialherren bis 1975 im spärlich besiedelten Kuando Kubango errichtet wurden. Eine Handvoll Lehmhäuser, die auffallen an einer Straße ins Nichts. Ein kleines Haus für die Verwaltung, ein anderes für die Polizei, auch die Post hatte Anrecht auf ihr eigenes und natürlich die Schule (mit dem kleinen Veranda-Klassenzimmer, weiß gekalkt, und einer Lamellenwand), sowie einige Stellwände für die Kleinhändler. Heute ist hier nicht ein einziges Gebäude mehr unversehrt — wie fast überall im angolanischen Hinterland.

Die Bevölkerung lebt in »Vierteln« mit Rundhütten, aus Holzpfählen, sandigem Lehm und Kriegsschrott. Die lokalen Führer in den von der Regierung oder der UNITA kontrollierten Gebieten (in Kuando Kubango die gesamte Provinz, mit Ausnahme von Menongue und Kuíto Kuanavale) unterscheiden sich vom normalen Volk nur durch ihren Amtstitel und ihr Recht, Willkür walten zu lassen. Sie regieren von Steinruinen aus, ihren geschleiften Festungen, sind aber nicht weniger übel dran als alle anderen, müssen wie sie auf Kommunikationsmittel verzichten, auf eine funktionierende Kanalisation, Leitungs- oder Trinkwasser, auf Strom, Mörtel und Fensterscheiben, oft auf Dach und Tür, fast immer auf Möbel und immer auf ein intaktes Bad. In einem solchen Zustand bieten die Häuser der »Kolonialherren« nur wenig Schutz:

in ihnen läßt sich eher ein Statut aushandeln oder Treue kaufen.

Jemand Wichtiges muß in diesem Haus auf halber Höhe der Straße wohnen. Es ist genauso erbärmlich wie alle anderen und hebt sich doch ab von seiner Umgebung: der Besitzer kann seine Festung betreten, ohne durch den sandigen Graben zu müssen: über ein zwölf Meter langes Hubschrauberblatt zwischen Straßenbelag und Eingang. Jemand Wichtiges, bestimmt: ein Kriegsgewinnler, einer von ganz oben, der unbeschadet in sein Haus balanciert, nichts hindert seinen Weg und nichts seine Macht, nichts seinen Stolz auf das Haus ohne Schloß und Riegel.

António besitzt kein Haus. Er hat eine Stelle als Mann für alles im *team-site* der UN-Blauhelme gefunden. An dem Abend, als ich ins Dorf einfuhr, war er der erste, der sich die Nase am Fenster des UNAVEM-Jeeps plattdrückte, mit dem ich aus Menongue gekommen war: zwei stets weit aufgerissene Augen, als hätte das Grauen die Lider verschluckt. Er teilt sich die Arbeit, waschen, putzen, Lasten schleppen, Ohren spitzen, Bericht erstatten und Wache stehen, mit einer noch seltsameren Gestalt – Domingos – auch er ein Überlebender aus Kuíto Kuanavale. Sein rechtes Bein ist krumm, zerschmettert von einer Kugel. Wenn Domingos beim Gehen mit dem linken Fuß zuerst auftritt, knickt sein rechtes Knie nach innen, und seine Beine bilden, von hinten gesehen, in einem rhythmischen Ungleichgewicht ein »K«. Ein »K« wie von Kuando Kubango und Kuíto Kuanavale – die grausamen »Ks« im Soldatenjargon Angolas.

Domingos ist mächtig stolz auf einen roten Damenkamm aus Plastik. Er trägt ihn auf Nackenhöhe quer in seinem Kraushaar. Ein großer Kamm, der hinter den Ohren vorlugt. Wenn mir die Zeit lang wurde, sah ich António und Domingos dabei zu, wie sie ihr Nichtstun durch das *team-site* tanzten, von der Küche zum *jango*, vom Zelt zum Aufenthaltsraum. Zwei schwarze Schatten, die durch die Moskitogitter in den Türen flogen.

Am Ende der Straße, in einem Haus ohne Ecke, weggesprengt von einer Granate und nach zwei Seiten hin offen wie ein Schaufenster, spielt ein Junge auf einem Banjo Marke »Total« (der Resonanzkörper besteht aus einer leeren Schmieröldose). Drei zerlumpte Kinder tanzen zum Klang der verstimmten Drahtsaiten. Der Tag ist vorüber, und in den Buden auf dem kleinen »Markt« nebenan gibt es nichts zu essen.

Das Haus ist unbewohnt, auf seiner Fassade steht noch immer: Bäckerei-Vereinigung *WIR KOMMEN WIEDER*.

Man leistete Zeca erste Hilfe und brachte ihn nach Menongue. Er blieb drei Monate im Krankenhaus. Sein dritter Tod geschah per Telefon. Ein Kriegskamerad, der gehört hatte, daß sein Ifa auf der Straße von Longa auf eine Mine gefahren war, rief in Luanda an und teilte Zecas Tante den Tod ihres Neffen mit. Die Familie wollte schon den *comba* für ihn ausrichten, da hielt ein Onkel entgegen: ohne Leiche sei noch lange nichts bewiesen.

Als Zeca aus Menongue anrief, wehte ein Hauch von Lazarus durch die Leitung. Die Tante wollte es nicht glauben. Zecas Frau Belita mußte kommen: Ja, die Stimme gehörte dem Toten, und der Tote war da wenn auch nicht leibhaftig und teilte mit daß er noch lebte. Das war 1987. Belita fuhr mit einer Sterbeurkunde ihrer Schwiegermutter (die sich noch heute bester Gesundheit erfreut) nach Menongue. Der Kommandant bewilligte acht Tage Urlaub, und zum Zeitpunkt der Operation Mavinga war Zeca bereits in Luanda.

Nach dem Urlaub sollte sich Zeca bei einer Einheit in der Hauptstadt melden. Man wollte ihn nach Moxico schicken, in den Osten. Der Soldat aber stellte sich nicht. Tauchte stattdessen voller Angst unter und tarnte seine Abwesenheit in den Labyrinthen von Prenda, einem Elendsviertel Luandas. Er verkroch sich im Haus und kümmerte sich um seine drei Kinder. Hin und wieder wagte er sich vor die Tür, doch immer auf der Hut.

1992 nahm er den Mini-Frieden von 1991 zum Anlaß und meldete sich bei der Truppensammelstelle im Stadtteil Funda, um sich demobilisieren zu lassen. Und aus dem Mann ohne

Waffe wurde ein Mann ohne Arbeit. 1993 traf er seinen alten Freund Nando Pula wieder. Gerührt erinnert er sich an Nandos 50-Dollar-Geschenk. Seine Augen werden kurz feucht, um sich sogleich wieder dumpf zu trüben, mit vom Alkohol geröteten Lidern. Zeca hält sein Sandwich andächtig wie einen Rosenkranz in der Hand. Er duckt sich, als der Kellner kommt in seiner an Ellbogen und Falten verblichenen Uniform – aber Uniform bleibt Uniform, schüchtert ihn ein, und Zeca fühlt sich sofort unwohl an diesem Ort. Er ist zum ersten Mal hier in diesem Kaffeehaus in der Baixa. Das einzige ohne Gitter vor den Fenstern. Immer mehr Drogensüchtige finden sich davor ein, kleben wie Saugnäpfe an der Scheibe und winken mit Stangen amerikanischer Zigaretten.

– Ich hab beim Militär einen Lehrgang in Nachschubverwaltung gemacht und hab auch vorgesprochen wegen einem Job als Lagerverwalter. Aber im Augenblick funktionier ich nicht, seit einem Jahr ... Ich leb von Freunden und Angehörigen. Ohne das Militär wär ich heute Elektronikspezialist. Ich sollte beim FC. *»1. August«* spielen. Kuíto Kuanavale, das war die ganze Zeit nur Qual. Elf Jahre von meinem Leben war ich beim Militär, bis ich dann getürmt bin. Die haben nicht gehalten, was sie versprochen haben. Fußball, das wär's gewesen. Aus der Traum. Meine Zukunft? Auf die Hilfe von Freunden angewiesen sein.

Zeca ist stumm geworden, stumm wie ein Kind, das noch nicht sprechen gelernt hat, verschließt sich verbittert und hilflos in seinem Schweigen.

– Territoriale Integrität, ja ... Die haben sie nicht verteidigt, aber mich haben sie fertig gemacht. Gestern hab ich trocknes Brot gegessen, das war's ...

Sie hat mich begleitet, gegen meinen Willen, wie ein Mond und ein Schatten. Als ich stehen bleiben mußte, lief sie weiter, bis sie mich irgendwann vermisste und zurückging. Ich war ruhig, sie nicht. Sie hat sich besonnen, ist ruhiger geworden, steht still.

Bleibt stehen.

Die stillstehende Zeit ist eine Gefährtin, die ich weder wollte noch zurückweisen kann. Die Zeit und ich, in Caiundo, eingeschlossen in einem Zelt, das zehrt an den Nerven. Gefangen in einem Militärcamp, in den Einöden am Ende der Welt, lasse ich meinen Gedanken freien Lauf, mache Landstriche urbar, die ich nicht kenne, fliege hin zu einem Raum außerhalb jeder Landkarte, und in diesem inneren Reich betrachte ich den völligen Stillstand der Zeit. Die Schamanen der alten Azteken kannten diese Form der Flucht.

Ich atme die Luft der Ertrunkenen, habe keine Angst, schlage nicht um mich. Atme literweise Wasser. Wann immer ich eine Wüste sehe, sehe ich einen Fluß – und da ist sie, in seinem Arm. Die UNITA läßt mich warten, will mich zum Aufgeben zwingen durch Warten. Sie hat gelernt, daß man Vieh nicht frei laufen läßt, und hat mir ein Zelt gegeben, damit ich dort für mich allein verenden kann. Wenn es vorbei ist, dann kommen sie, sehen nach mir, jammern, melden meinen Tod.

Und exhumieren, was mein ist – viel ist es nicht: ein Planet Aristotelischer Kosmogonie. Ich lebe in einem quadratischen Universum, flach, aus vier Stoffbahnen und einer Zeltkuppel, trist und sternenlos. Außerhalb kreist ein Satellit ohne denkende Wesen: man hat mir einen Stuhl gebracht.

Ich setze mich und lese in *Atlas*, von Michel Serres.

»Le livre que j'écris est plus la chair de ma chair que ma chair elle-même.«

Ich setze mich und lese in *The Portable*, von Jane und Paul Bowles.

Das erste Buch ist großartig, das zweite ein Juwel. Ich verkrafte keines von beiden.

Ich setze mich. Stehe auf. Hin und wieder kommen sie, reden kurz mit mir, entschuldigen sich und gehen wieder, geben sich höflich und freundlich, wie einem Behinderten gegenüber.

Bei den Felsen der Stromschnellen, drei Kilometer flußaufwärts von hier, wurden zwei zerschmetterte Leiber gefunden. Blau, schon verwest. Auf UNITA-Gebiet gibt es keine Verbrechen. Nur Stromschnellen. Und doch sollte man der Sache nachgehen. Ich durfte nicht. Sie ließen mich weder zum Ort des Verbrechens noch zu den Stromschnellen. Dabei reizt es mich durchaus. Sie sind hin, nachsehen, ob es sich um Menschen oder Tiere handelt. Offenbar waren es Ziegen. Blaue Ziegen. Zwischen der Sonne und mir ziehen täglich Ziegen vorüber. Blaue hab ich noch nie gesehen; es wird wohl am Gegenlicht liegen.

Lesen, Ausruhen, Nachdenken, Bewegung, Musik. Zu nichts habe ich Lust. Auch Ochsen ziehen vorüber – reden nicht mit mir, so viel ist sicher. Wenn sich der Stacheldraht gegen die untergehende Sonne abzeichnet, fangen sie an zu schweben. Ich überlebe dank der Disziplin, im Glauben an triviale Verrichtungen, im Bemühen, nicht aufzugeben: der glänzende Bogen des kalten Wassers auf meinen Rücken, unter einer Dusche, auf freiem Feld, am späten Nachmittag; Händewaschen vor den Mahlzeiten, Zähneputzen vor dem Schlafengehen, Stiefelausschütteln vor dem Anziehen. Ich vergewissere mich meines Körpers über die Haut. Wie es Gefangene wohl tun. Ich begreife jetzt, was Joãozinho, ein Hubschrauberpilot der FAPLA, meinte, als er mir von den Sufis erzählte.

— Sie verbringen ganze Tage, ohne daß du etwas von ihnen hörst oder sie sich mitteilen. Und irgendwann sagen sie dir dann, daß sie bei Gott waren.

Bemerkenswert, dieser Pilot, der die Berge liebt. Diese Sufis, Joãozinho, nennen sich *pir*, und ihre Reise zu Gott heißt *zikr*. *Zikr*: die Reise und das Schweigen. Die Wiederholung von Gottes Namen, Dutzende, Hunderte, Tausende Male, bis der Leib sich auflöst in dieser stummen Wiederholung und eins wird mit dem Allmächtigen. Du und Gott, ein Leib. *Zikr*. Die pakistanischen *qawwalis* streben das gleiche Ziel an: die mystische Vereinigung durch den religiösen Gesang. Die leidenschaftliche Hingabe der Sufi-Dichter des Punjab, vermischt mit den melodiösen *raga*-Gesängen Nordindiens. Die Erinnerung, Joãozinho: Ein *qawwali* kann Stunden, eine ganze Nacht damit zubringen, Dreiecke und Kreise in den Raum zu zeichnen. *Zikr*, die Reise im Klang.

Nusrat Fateh Ali Khan war für mich noch nicht gestorben. Ich sollte von seinem Tod erst vier Wochen später erfahren, in Lusaka.

Joãozinho war fünf Jahre lang an der Militärakademie von Frunse, in Kirgisien. Zehn Jahre nach seiner Rückkehr erfuhr er, daß er eine Tochter in Zentralasien zurückgelassen hatte. An sie, die er nie gesehen hat, denkt Joãozinho jetzt in Luanda, in der drückenden Hitze einer Imbißstube – ein offener Container mitten auf einem Platz. Joãozinho ist der Mann hinter der Verkaufstheke.

Es ist passiert, einfach so, in seinem letzten Jahr. Sie hatten alles in die Wege geleitet für eine Abtreibung. Und dann kam sie doch: Gulnara. Joãozinhos Liebe. Angola im Schneerausch.

Zikr.

Joãzinho hat über den Himmeln hier gekämpft. Er sagt, er hat getötet, um nicht getötet zu werden. In Bié hat er einen Unfall gehabt, während einer Routinekontrolle versagte die Hydraulik. Der Hubschrauber ist aus zehn Metern Höhe wie ein Stein auf die Piste gestürzt.

Ich berechne den Breitengrad, auf dem ich mich befinde, nach dem Stand der Sterne, und stelle fest, daß sich der klinische Tod meiner Uhr auf meinen Seelenzustand auswirkt. Meine Existenz in Caiundo?

;

Die hartnäckige Kälte gegen Ende der Nacht, die mich schlaflos einpfercht in die Enge meines Zelts und die ich mit einem autistischen Reflex zu überlisten versuche, indem ich mir die Glieder reibe, den Rumpf, Wärme erzeuge (meine Wärme).

;

Die Tageshitze, abrupt wie ein Überfall, eine Spritze Mattigkeit, die jede Faser meines Körpers durchdringt und die Plane trocknet.

;

Der feine Sand, überfein, nur angehäuft sichtbar, er ist überall, in den Schuhen, im schwarzen Kunstleder des Faltstuhls, im Schutzumschlag der Bücher (in den Fingerrillen), auf dem Zeltboden. Woher kommen diese Unmengen Sand, und so schnell?

;

Die Mittagessen, die Abendessen, Würstchen aus der Dose, trockene Spaghetti mit ein, zwei Prisen Salz, aus der Küche geklaut, von der sie nicht wollen, daß ich sie benutze. Früchte, die es nicht gibt, nicht einmal in Menongue. Das reißende Wasser
und
Der Fluß hier,

dessen Namen ich nicht weiß, und der Kubango, in den der Namenlose, siebzehn Kilometer weiter südlich, mündet; in beiden darf ich nicht baden, angeblich wegen der Krokodile
;

Die Nachrichten, die mich weder interessieren noch betreffen (wozu Zeitgeschehen, wenn die Zeit stillsteht?).

Anna Karenina, als Hörspiel in Fortsetzungen, jeden Sonntagmorgen, BBC. Rundfunkstation, ein Wort, das auf Umbundu besser klingt als in jeder anderen Sprache: *ondja iepopero, Haus zum Sprechen.*

Mein Dasein hier? Ich verliere keine Zeit. Ich verliere mich aus ihr. Seit mehreren Tagen kein Spiegel, in dem ich mich ansehen kann, die Abwesenheit meines Gesichts macht mich zunehmend wütend. In Kavaleka und auch in Kuando Kubango war eine Organisation für humanitäre Hilfe aus Frankreich, die sich mit Phantomschmerz beschäftigt, ein Thema, das mich interessiert.

Kavaleka ist ein Dorf, in dem es pro Quadratmeter mehr Kriegsversehrte gibt als sonstwo auf der Welt. Der Phantomschmerz ist ein Schmerz, den jemand in einem Körperteil zu »spüren« meint, der amputiert ist, einem Bein zum Beispiel, einem Arm oder einer Hand.

Am Ende einer Versammlung, in der über die Entlassung der mehr als zweitausend Amputierten von Kavaleka aus der Armee beraten wurde, stellte ein Vertreter der UCAH zwei französische Fachleute vor. Die Amputierten lauschten den Ausführungen der beiden jungen Leute. Sie sprachen zwar Französisch, hatten aber einen hervorragenden Dolmetscher, Absolvent einer der Sprachenschulen, wie sie die UNITA in dieser unwirklichen Provinz eingerichtet hat.

Anschließend nahmen die Versehrten das Zaubergerät der Franzosen näher in Augenschein: ein Kasten, der Strom an Elektroden sendet, die, ihrerseits an die Nervenenden des amputierten Körperteils angeschlossen, den Phantomschmerz neutralisieren. Alle Interessenten wurden aufgefordert, sich am nächsten Morgen gegen acht Uhr einzufinden, um sich die segensreichen Elektroschocks in ihre Stümpfe geben zu lassen. Sie warteten bereits lange vor der vereinbarten Zeit, eine riesige Menschenschlange. Die Franzosen behandelten die Leute drei Tage lang und erklärten ihnen den Umgang mit dem Gerät.

Siebenhundert Kriegsopfer klatschten begeistert Beifall, als die Therapeuten den Apparat vorführten.

Jubel in einem verstümmelten Land: das Gespenst des Schmerzes geht, dank eines fremden Geräts, das bleibt, und nichts als ein paar Batterien braucht, um zu funktionieren.

Zikr. Der achte Tag hier. Der Wagen, der mich nach Cuangar bringen könnte, kommt und kommt nicht. Ich glaube nicht an Gott, kann seinen Namen nicht wiederholen. Wiederhole den meinen, zwei blasphemische Silben. Die Namen der anderen habe ich seit langem vergessen. Der Gedächtnisschwund betet mit mir, fleht um – Erbarmen! – ein Fahrzeug, das mich zurückbringt, zu dem, was ich bin und liebe. Der Gedächtnisschwund tilgt alle Namen – die mir wichtigen zuerst. Die Verrichtungen, mit deren Hilfe ich mich am Leben erhalte, müssen Menschen ersetzen und Gefühle. Die Frau, die Familie, Liebe, Gegenstände, Stimmen, Freunde, Pläne, Wünsche, Wut, Vorstellungen, Orte; eine Schwangerschaft in Lissabon und ein Ultraschallfoto, das zusehends verblaßt. Alles entgleitet mir: Die Reste meines Lebens bleiben der Zeit verhaftet, während ich ihr nicht mehr angehöre. Das ist kein Egoismus. Es ist ein Abkapseln.

Bei Alok, dem indischen Major, der das *team-site* von Caiundo befehligt – drei Zelte, zwei Wagen und ein Wasserspeicher –, spielen sie abends hin und wieder Karten mit den Leuten von der humanitären Hilfe. Manchmal laden sie mich ein. Alok ist kein Muslim. In Indien befehligt er Sikh-Soldaten.

Er glaubt an die Kraft der Meditation, die er selbst täglich praktiziert, im Schneidersitz auf einem Teppich. Caiundo ist ein geeigneter Platz zum Meditieren. Alok hat mir erklärt, daß der Geist in der Lage ist, die in jedem Menschen gespeicherte Lebensenergie zu aktivieren. Und mehr noch, er kann diese Energie materialisieren, ihr eine physische Existenz, Körper verleihen, mit Handbewegungen wie denen eines Töpfers, der eine Energiekugel formt. Und je größer die Konzentration, der Wille, die Meditation, desto größer die Kugel. Die Seele in der Kugel.

– Diese geballte, unsichtbare, aber faßbare Energie, kann ich leiten, wohin auch immer ich will. Wenn jemand in Indien krank ist, kann ich ihm meine Lebensenergie schicken und ihm helfen zu überleben. Die geistige Energie kennt keine Grenzen. Die Entfernung spielt keine Rolle. Ob von mir zu dir oder von hier nach Delhi.

Heute wurde mir klar, wie weit es mit mir gekommen ist; ich schäme mich. Es gibt hier zwei Küchen, eine für die UCAH und eine für die Leute von der humanitären Hilfe. Keine von beiden ist übermäßig freigiebig. Vor der einen stand Chica, die Schimpansin der spanischen Krankenschwester, und kaute an einem Apfel. Mein erster Reflex: Nimm dem Tier das Stück Obst weg!

Obst würde mir gut schmecken. Wozu braucht ein Affe, was ich nicht habe.

Es ist demütigend.

Die Organisation in Kaveleka hieß Schmerz ohne Grenzen.

Als Augusto Amaral vorübergehend erblindete, erfand er eine Tabelle, um die Zeit abzulesen. Er hatte sich 1994 einer Staroperation unterziehen müssen. Im Alter von achtzig Jahren lag er zum ersten Mal in einem Krankenhausbett.
— Ich war nicht gerade glücklich.
Und doch. Er dachte viel nach während der Zeit, in der er nicht sehen konnte. Als er sein Augenlicht zurückhatte, ließ er sich die Zeittafeln bringen und studierte sie. Die Zeittafeln sind hunderte von Blättern, die Augusto Amaral am Ende eines jeden seiner einundvierzig Arbeitsjahre im Sekretariat der Eisenbahngesellschaft von Benguela (seit 1952, nicht eingerechnet eine kurze Zeit im Jahr 1930), mit nach Hause nahm. Einige dieser Zeittafeln befinden sich auf der Rückseite von betippten (!) Blättern, andere auf der Rückseite von Dienstanweisungen oder Merkblättern für den Notfall.
Die verschiedenen Ergebnisse, zu denen Augusto Amaral bei der Anfertigung dieser Zeittafeln kam, nennt er sein »System«:
1. Alle 28 Jahre haben die Jahre gleich viele Tage.
2. Der 1. Januar 1900 war ein Dienstag.
3. Februar und März sind immer gleich lang, wie auch der November.
4. Es gibt noch andere Monate, die gleich lang sind, je nachdem, ob das Jahr ein Schaltjahr ist oder nicht:
a) in Schaltjahren ist der August so lang wie der Februar und der September so lang wie der Dezember;
b) in normalen Jahren ist der Januar so lang wie der Oktober, der Februar so lang wie der März und der November,

der April ist so lang wie der Juli (aber nicht so lang wie der Januar), und der September so lang wie der Dezember.

Mit diesen Regeln im Kopf – sein Gedächtnis ist erstaunlich wach und rege – kann Augusto Amaral bestimmen, auf welchen Wochentag ein beliebiger Tag des Jahrhunderts fällt. Dazu bedient er sich einer Fingerzählmethode.

1. Der erste Schritt besteht darin, herauszufinden, ob der zu bestimmende Tag in ein Schaltjahr oder in ein normales Jahr fällt; hier gibt es eine weitere Regel: die ungeraden Jahre können nie Schaltjahre sein; die geraden Jahre hin und wieder;

2. Anschließend rechnet man im Kopf aus, welches Mehrfache von 28 (das heißt, welches »Zwillingsjahr« von 1900 bis 1928, 1956, 1984) dem zu bestimmenden Jahr am »nächsten« liegt;

3. Danach wird von links nach rechts gezählt, mit ausgestreckten Fingern, die linke Handfläche ist dabei nach unten gerichtet und die rechte nach oben; das Zählen erfolgt mit den Fingern, immer in Abständen von sieben Tagen, wobei Dienstag der Ausgangstag ist: der Ringfinger der linken Hand (der linke Daumen bedeutet Freitag, der rechte Mittelfinger Samstag und der kleine Finger Sonntag);

4. Die Berechnung geht dann um je einen Wochentag pro Finger und Jahr voran; wenn man z. B. weiß, daß der 1. Januar 1900 ein Dienstag war, kann man bestimmen, mit welchem Wochentag das zu errechnende Jahr beginnt (Beispiel: war der 1. Januar 1984 ein Dienstag, so war der 1. Januar 1986 ein Donnerstag, gleichbedeutend mit dem linken Zeigefinger);

5. Alle vier Jahre (die Schaltjahre) geht man zwei Finger weiter;

6. Nachdem man so den ersten Wochentag des entsprechenden Jahres berechnet hat, muß man mit den Fingern die folgenden Monate abzählen: und zwar drei Finger für jeden Monat mit 31 Tagen und zwei Finger für jeden Monat mit 30 Tagen;

7. In den normalen Jahren sind Februar und März gleich lang (Regel Nr. 3), deswegen läßt man den Februar aus und geht die drei Finger der 31 Tage des folgenden Monats weiter; im Schaltjahr wird der Februar allerdings mit einem Finger gezählt.

Das System ist unfehlbar, und mit einiger Übung und Fingerfertigkeit kann man die Berechnungen immer schneller durchführen. Ein Gesellschaftsspiel, eine Krankenhausmathematik, die Augusto Amaral zum Kalender-Mann von Lobito gemacht hat.

— Hier wird geredet, wie das WFP redet! Ich rede, wie das WEE-EF-PEE redet! Ich will was zu essen, und der *pula* gibt mir was. Der Weiße vom WFP, hm! ... Da steht er, mit uns in der Schlange, und er ganz vorn mit seinen Papieren, und hakt ab: Flüchtling, Flüchtling, Flüchtling! Der Weiße ist der Liebe Gott! Steht schon in der Bibel. Der *pula* hat das Sagen. So sicher, wie ich Krüppel bin. Guck mal, mein Bein: stocksteif!

Jemand befahl dem Mann, pathetisch und angewidert, den Mund zu halten: einer der beiden Sanitäter vom angolanischen Roten Kreuz, affektierte Typen, die sich kaum beruhigen konnten vor lauter »Hiiilfe« und »Ogottogott«. Die Hände über der Brust verschränkt, als täte ihnen da drin etwas unstillbar weh. Von mir aus hätte der Mann ruhig weitersprechen können: hinter seinem Zorn verbarg sich bissige Scharfsicht ... Bereits vor der Abfahrt machten Zigaretten und Bier großzügig die Runde im Waggon. Aber es dauerte und dauerte, und das brachte das Faß schließlich zum Überlaufen: der Zug sollte um sechs Uhr früh abfahren, acht Stunden später warteten die Passagiere immer noch. Dem Kriegsversehrten – ein beeindruckendes Muskelpaket – platzte als Erstem der Kragen. Elvis diagnostizierte:

— Der ist bis oben hin zugekifft.

Als Nächstem platzte ihm der Kragen. Er legte sich mit einem triefäugigen Kontrolleur an, der hin und wieder erschien und sich als »Lokführer« ausgab. Und Elvis' kurze Abwesenheit nutzte, um eine von dessen Korbflaschen zu öffnen. Doch Elvis ertappte ihn dabei.

– Nicht aufmachen!
– Ich mach auf und ich mach zu. Is schließlich mein Job!
– Ihr Job ist Fragen und Gehorchen. Sie als Soldat, Sie wären gleich tot. Da ist Säure drin, kapiert? Die spritzt Ihnen ins Gesicht. He, verstehen Sie kein Portugiesisch?
– Ich muß alles kontrollieren, klar? Nanu! Was isn in dem »Kabinett« da los?!?
– Also gut, gib mir ne Zigarette, und die Sache hat sich.
In dem anderen »Kabinett« flogen die Fetzen.
– Gib mir Feuer, mach schon! Diesmal erschien der »Lokführer« in Bettmontur. Mit einem braunen Mantel über einer schwarz-weiß gescheckten Hose und einem ebenso gemusterten Flanellhemd. Ein Schlafanzug.
– Und jetzt? Wo is nu, was ich krieg, wenn ich geh.
– Hier is nur erste Sahne. Das Fußvolk muß nach nebenan, zu den Wanzen.
Elvis trug eine weiße Wollmütze mit rosa Bommel und einem aufgestickten »Alexandra«. Er war mit einem Freund unterwegs, Chiquinho. Zwei typische Vertreter jenes Angola, das alles zu Geld macht, was ihm zwischen die Finger kommt. Zwei Burschen aus Luanda, zwei Kaluandas, die seit ein paar Monaten in einem Kaff namens Caitou lebten, nördlich von Bibala am Rio Bentiaba, mitten im Busch von Namibe. Sie mußten nicht erst lange auf der Karte suchen: Chiquinhos Bruder ist Chef der örtlichen Polizei, also sind sie kurzerhand von der Stadt aufs Land gezogen, um mit den einheimischen Mucubal Geschäfte zu machen. Sie kaufen in Namibe Wein und tauschen ihn gegen Rinder, Ziegen, Hühner und Kaninchen oder *mupeque*-Öl, das in Luanda ein Vermögen kostet.
– Ein Schönheitsmittel. Schmieren sich die Mädchen ins Haar, damit die Krause rausgeht. Unglaublich dunkel, das Zeug. Schwarz, pechschwarz. Wie Motoröl, das nehmen die

in Luanda auch, ich sag's dir. Wenn du so eine Flasche *mupeque* siehst, denkst du, du hast es mit W 20 oder W 30 Öl zu tun. In Luanda kostet dich ein Liter 12 Mille. Hier eine.

Den größten Reibach machen Elvis und Chiquinho mit Begräbnisochsen.

– Die Ältesten, wenn die sterben, dann müssen da ich weiß nicht wie viel Stück Rinder dran glauben. Große Rinder! Aber essen tun sie die nicht: die interessieren sich nur für die Hörner. Der Rest ist denen egal.

Kein Mucubal ißt das Fleisch eines Begräbnisochsen, daher verkaufen sie ihre Opfertiere auch so billig, manchmal für nur vierhunderttausend *Kwanzas* das Stück. In Namibe oder Luanda bekämen sie dafür leicht 80, 90 Millionen.

– Manchmal richten wir es so ein, daß sie kommen und die Tiere direkt in Namibe oder Dinde schlachten, die schaffen da so eine Herde in nur drei Tagen hin. Die Hörner gehen an sie, und wir behalten das Fleisch.

Selbst gewöhnliche Ochsen bringen Geld.

– Pah! Ein Tier kostet 14 Millionen, und du brauchst nicht mal mit Geld zahlen. Ein Kanister mit 25 Litern Rotwein kostet uns in Namibe 7,5 Millionen. Für 50 Liter zahlen wir 15 Millionen, dafür kriegst du zwei bis drei Ochsen im Wert von je 80 Millionen. Manchmal kaufen wir eine Ziege für eine Ballonflasche *canhombe*.

In den Höhlen am Hafen von Namibe war ich dabei, als *canhombe* hergestellt wurde: Zwei alte Glaskolben, ein Kupferrohr, in einem der Glaskolben fermentiertes Getreide und darunter ein Feuer. So wird gebrannt. Keiner kontrolliert den Fusel, und hin und wieder ist der *canhombe* tödlich. Aber, wie ich in den Höhlen erfuhr,

– zum Glück nicht oft, vom *canhombe*, da wird höchstens öfters mal einer blind.

Ich habe ihn nicht probiert.

Und Chiquinho und Elvis dachten nur an ihre Dollars.
— Zehn Liter, das sind zwei Ballonflaschen oder drei Millionen, dafür kriegst du einen Jungstier, ein bißchen größer als ein Kalb. Ein Jungstier kann in Luanda 22 bis 25 Millionen bringen. Da oben, bei den Mucubal, da geben sie dir einen Ochsen auch für 20 Kilo *massango*-Hirse. Und die 20 Kilo, die kosten uns nicht mehr als 10 Millionen.
Mit Öl kommt man noch leichter zu Geld.
— In Luanda kriegst du 2,5 Millionen für eine Bierflasche *mupeque*-Öl (drei Flaschen ergeben weniger als einen Liter). Ja, und was den Rotwein angeht, den kaufen wir in Namibe in einem Fünf-Liter-Ballon für 1,925 Millionen, und in Caitou verkaufen wir den Liter dann für 1 Million ...
Die beiden vom Roten Kreuz sahen die Jungunternehmer ehrfürchtig an. Auch die Mädchen, die mit im Wagen saßen, zwei Grazien aus Bibala, schenkten ihnen plötzlich ganz andere Blicke.
Als es dann endlich losging, lehnte Elvis mit geschlossenen Augen an einem Sack. Er sah krank aus. Hatte eine eitrige, mehrere Zentimeter große Wunde am Bein: ein einfacher Furunkel, der aufgegangen und nicht behandelt worden war. Ich desinfizierte ihm die Stelle.
— Guuute Menschen, guuute Menschen. Der redet ja wie vom Roten Kreuz! Iiii, Gottogott! Mannomann: laß mich mal da hin ...
Der Rotkreuzfritze setzte sich zwischen Chiquinho und Elvis und stützte sich dabei mit der linken Hand zwischen den Beinen des ersteren ab, der verlegen grinste.
Der Zug machte an einer kleinen Station mitten in der Wüste Halt, und aus dem Nichts tauchten Verkäufer mit Essen auf. Eine Frau verkündete lauthals durch den Waggon: ich muß mal, und die Leute halfen ihr übers Trittbrett ins Freie, wo sie sich in ihrem bunten Hüfttuch niederhockte. Sie sah

wie ein Vogel aus von oben, wie ein Vogel, der sich vor dem Wind schützt. Beim Aussteigen ist sie beinah auf den Kontrolleur gefallen, der seit dem frühen Morgen munter trank.

– Kannst ruhig pinkeln. Aber nich auf mich fallen, ja?

Der Kontrolleur stand schwankend vor dem Waggon, an ein zerschlissenes und verdrecktes rotes Fähnchen geklammert, um ein Haar hätte ihn der Strahl eines Jungen getroffen, der sich nicht die Mühe gemacht hatte auszusteigen.

– He, du da! Pinkel nich auf mich. Das is verboten!

Im Abteil begann man gepökelten Rabenfisch herumzureichen. Sie nennen ihn hier *mulamba*: in Salzlake eingelegter und an der Luft getrockneter Fisch. So hält er sich eine Weile (Angola hat keine funktionierenden Kühlhäuser). Er stank bestialisch. Alle aßen davon. Auf dem durch die fehlende Verkleidung freiliegenden Vorsprung unter dem Wagendach stapelten sich Fisch und Salz. Ju machte alles noch schlimmer, sie kaufte sich ein schönes Stück, betatschte es ausgiebig und hielt es dazu wie eine Damenhandtasche auf den Knien. Der Fisch hat sich an ihrer Hose sauber gewischt.

Ein gute *mulamba* hält zwei bis drei Monate. In Namibe und Tômbua aber ist der Markt zur Zeit überschwemmt mit illegaler *mulamba*, von fliegenden Händlern auf die Schnelle hergestellt. Sie hält nur zwei, drei Tage.

Niemand schien sich daran zu stören. Das gierige Kauen, der stinkende Pökelfisch und die kreisenden Bierflaschen ohne Etikett (für Nachschub war gesorgt) bewirkten, daß die Stimmung im Waggon immer ausgelassener, anzüglicher, flapsiger wurde. Es dauerte nicht lange, und die leeren Flaschen auf dem Boden paßten sich den Kurven durch das Gebirgsmassiv an. Um Bier und Hunger besser in den Griff zu bekommen, hatten sich die Leute mit billigen Fischkonserven eingedeckt – dem gesamten Bestand, den zwei Burschen im Zug zu verkaufen hatten. Nicht weniger widerliches Zeug. Das Rote Kreuz sorgte für einen großen Topf, in den man einige Büchsen leerte, und anschließend, um bequemer essen zu können, von Hand zu Hand gehen ließ. Was übrig blieb, wollte man in Bibala zu Geld machen. Ju und Didi nutzten offenbar jede Gelegenheit.

Chiquinho mit seinem Ganovenbärtchen eröffnete die nachmittägliche Gesprächsrunde:

– Was ein echter Mucubal ist, der hat keine Angst vor einem Hund. Und warum? Weil ihn der Hund nicht beißt. Wenn ein Hund kommt, dann macht der Mucubal einen Huch, macht »Pfff!« Der Hund bleibt stehn, is baff. Total baff! Der Mucubal kann ihn anfassen, huckepack nehmen, eine Pfote hier, eine da, ihm die Hand ins Maul stecken, weil dem Hund vor lauter Staunen das Maul offen stehn bleibt. Ein Hund, der beißt keinen Mucubal, und wenn er doch beißt, dann schrumpeln ihm die Zähne. Jawohl! Schrumpeln!

– Ah! Heilige Jungfrau von Fathéma!

– Die laß in Frieden.

– Wen?

– Na, die Jungfrau von Fátima.

Einer der Burschen vom Roten Kreuz prustete wild in sein Taschentuch, die glasigen Augen auf Elvis gerichtet, hingerissen von der Provokation.

– Also, ich kenn da einen Mucubal, vor dem haben alle Ältesten hier mächtig Respekt, der lange João. Die Mucubal sind groß, echt groß, der lange João so um die einsneunzig. Wenn der zu uns in die Bude kommt, is er okay, und ganz normal. Aber der *muadiè* kann hexen, jawohl. Wenn der mit andern trinkt, schafft er's, daß alle einschlafen, damit er den Wein allein hat für sich, und wenn du aufwachst, hast du nix gemerkt, und da is auch nix mehr! Der lange João stirbt bestimmt mal gut. Der weiß schon jetzt, an welchem Tag. Und seine Begräbnisochsen hat er auch schon ausgesucht, die stehen schon parat. Aber der stirbt nich. Der sagt immer: »Wenn alle sterben, is der Liebe Gott im Himmel und der lange João auf der Erde.« Der bleibt über.

Ju, ein Mädchen mit käuflichem Lächeln, stark geschminkt und mit Perücke, war anderer Meinung. Das Bier hatte sie offensichtlich belebt, ihre Einfalt allerdings auch.

– Also ich hab gehört, so ein Mucubal, der is gar nich so stark. Die Mucuíssas haben da angeblich viel mehr drauf.

– Die Mucuíssas leben in den Felsen. Und wenn's regnet, verziehn die sich in Höhlen. Die essen Eidechsen. Weißt du, was ne Eidechse is, Mädchen? Was ein Mucubal is, der is stark. Der tut nich nur so. Neulich in Caitou, da hat der lange João zu einem *muadiè* gesagt, er soll sich eine Zigarette anzünden am Feuer. Es war schon ganz runtergebrannt. Er hat zu ihm gesagt: Spiel nich mit dem Feuer, sonst verbrennst du dich. Und wie sich der *muadiè* runterbeugt und seine Zigarette anzünden will an der Glut, da kommt er nich mehr los davon mit dem Gesicht. Der hat sich ordentlich verbrannt – wie, weiß er nich. Richtiggehend verkohlt das Gesicht! Spiel nich mit dem Feuer, sonst verbrennt's dich.

Jetzt ging es erst richtig los. Von den Mucubal zur Hexerei ist es für einen Nicht-Mucubal nur ein kleiner Schritt. Der Waggon hallte wider von Gelächter und Schreckensrufen.

– Also, in Luanda, ich hab's zwar nich selbst gesehen, aber gehört, da haben sie das Haus von einem *muadiè* von der Polizei verhext, und die Möbel, die haben von allein angefangen zu tanzen.

Elvis und Chiquinho, außer mir die einzigen, die nicht getrunken hatten, trieben die Sache auf die Spitze.

– Und wie die getanzt haben! Der Stuhl mit dem Tisch, das Sofa mit den Betten!

– Der Besen mit dem Wasserkanister, der Eisschrank mit dem Herd. Der Herd hat ohne wen Feuer gemacht. Und der Nachttopf sich von allein geleert.

Da konnte Ju natürlich nicht nachstehen.

— Also in Bibala, da, wo's in den Busch geht, da habn sie mir erzählt, daß ein Mann seine Frau mit ihrm Liebhaber erwischt hat, er hat die beiden verhexen lassen, und zwar so, daß sie danach nich mehr ausnanderkamen, und nackt, wie sie warn, is er raus mit den beiden ins Freie, und der Pimmel von dem Liebhaber steckte, und die beiden hingen fest, und wie! Und das draußen im Freien, und sie kamen und kamen nich ausnander!

Der blasiertere der beiden Sanitäter, mit einem Streifen Bart unter der Nase, steuerte hin und wieder einen Seufzer bei.

— Wasss für eine Verspätung, Herrrr im Himmel! Um fünf bin ich zum Zug und eeewiggingsnichlos. Kein Frühstück, kein Mittagessen, und Abendessen gibt's bestimmt auch keins!

Irgendwann richtete sich sein Kollege mitten im Abteil auf und zog sein Hemd aus.

— Bin ich nich schickkk? ...

In Bibala stiegen alle aus: die Hexereien, die einfältigen Geschichten, die schlüpfrigen Anspielungen von Ju, die Fischdünste; Didi mit seinem Blick, mir gegenüber, in die Wüste gelehnt, das Kinn am Handrücken, in den er geistesabwesend mit seinen Lippen kniff; die Kisten mit den Medikamenten, die Seufzer vom Roten Kreuz. Elvis und Chiquinho.

Stille kehrte ein, als der Zug sich wieder in Bewegung setzte, mitten hinein fuhr in die majestätische Wand der Serra da Chela: die steile Stufe vom Meer zum Planalto. Über tausend Meter hoch, hinter den *Canyons* der Wüste von Namibe, deren Konturen an die Felsen aus den Western von John Ford in Monument Valley erinnern.

In der Nacht, im Gebirge, im Dunkel kommt über den Kurzwellenempfänger die Nachricht von John Stewarts Tod. Auf der Strecke der Eisenbahngesellschaft von Moçâmedes, Texas.

Wenn die Wirklichkeit karg ist, sprießen die Propheten. Joaquim Augusto Junqueiro aber träumt weiter als andere. Er, der keine der Sprachen Angolas spricht, hat genau begriffen, daß die Ursache für den Krieg, in Angola und überall, ein Verständigungsproblem ist. Während einer erzwungenen Reiseunterbrechung verriet mir Joaquim, mit den Händen in den Taschen und vor Kälte zitternden Worten, sein Geheimnis: Joaquim besitzt den Schlüssel zum Frieden. Eine Sprache der Versöhnung, neu und universal. Derzeit allerdings nur von einem einzigen Menschen gesprochen – ihm. Aufrecht steht er da, mitten auf der Landstraße, mitten in der Nacht, Joaquim, der Vater des Kinesischen.

Wie manch andere hehre Idee hat auch das Kinesische einen nicht ganz astreinen Ursprung. In der Schule »mußten« Joaquim »alle Prüfungen leicht von der Hand gehen, und dazu tauchte immer der Spickzettel auf«. Er und ein portugiesischer Mitschüler erfanden einen Code aus Quadraten und Kreuzen. Umfangreich genug, um den Stoff auf ein leeres Blatt transkribieren zu können, und ausreichend verschlüsselt, damit es nicht hieß, sie würden abschreiben. Der immer raffinierter ausgeklügelte Code beinhaltete schließlich sogar Laute, die keiner außer den beiden Moglern verstand.

Joaquims Eltern sprachen mit ihrem Sohn nie ihre Muttersprache Kimbundu, sie wollten, daß er auf eine portugiesische Schule ging, mit »Müttern« und »Vätern«. Andere Fremdsprachen lernte Joaquim erst in Osteuropa, als er die Landkarte des proletarischen Internationalismus abhakte, ihren didaktischen Teil: von der Ex-Volksrepublik Angola ging er in die Ex-Tschechoslowakei, von dort in die Ex-DDR, nach Ex-Jugoslawien und in die Ex-Sowjetunion. Später, als der kalte Krieg überall auf der Welt, mit Ausnahme von Angola, ein Ende fand, lernte Joaquim Länder wie Großbritannien und Skandinavien kennen. Heute »glaubt« er, daß er sechs Sprachen spricht: Tschechisch, Schwedisch, »minimal« Französisch, Englisch, »etwas« Italienisch, Vietnamesisch, Russisch und Serbo-Kroatisch. Und das ist, wohlgemerkt, nicht die vollständige Liste seiner Liebschaften.

In der Ex-Tschechoslowakei, wo er Maschinenbau studierte, hörte Joaquim zum ersten Mal etwas von Esperanto, einer Sprache, geschaffen, um die Völker zu einen, »stärker als Englisch«. Allerdings mußte das Esperanto, wie Joaquim bemerkt, unweigerlich scheitern, es ist nämlich eine Erwachsenensprache, und »aus einem krummen Baum wird nun mal kein gerader«. Ganz anders sein Kinesisch, es ist eine junge Sprache, eine Sprache für Kinder, für seinen Sohn, seine Nichten und Neffen, kurz, für alle Kleinen. Joaquim glaubt, daß sein Kinesisch, wenn es sich mittels seiner Freunde und Nachbarn ausbreitet, »eines Tages, in hundert, fünfhundert Jahren« grenzüberschreitend sein kann.

Deshalb hat er das Kinesische so gestaltet, daß es überall auf der Welt leicht zu erlernen ist: mit europäischen und asiatischen Lauten und selbstverständlich auch denen afrikanischer Sprachen. »Eine Sprache, die im gesamten bewohnten Universum, oder genauer, auf unserem Erdball zu Hause ist.« Da nun einmal »keine Harmonie herrscht, wo es viele Dialekte gibt«, besteht die wichtigste Herausforderung des Kinesischen darin, die bunte Vielfalt angolanischer Ausdrucksweisen zu überlagern, um sie »zu einem einzigen Wort zu verschmelzen, zu einer einzigen Sprache, in der alle zusammenleben, eine selbstgenügsame Gesellschaft ohne Probleme, und wenn, dann nur mit Konflikten, die leicht lösbar sind«.

Im Kinesen-Land wird nicht ein Mensch sagen »Sie sind ein Umbundu« oder »Sie sind ein Kimbundu«, »Sie sind dies oder jenes« oder »Sie halten sich wohl für etwas Besseres, weil Sie Portugiesisch sprechen«. Ein »lang-, langfristig angelegtes Projekt«, das sich keinesfalls in zwei, ja nicht einmal in fünfhundert Jahren verwirklichen lassen wird, aber sagen wir, in tausend. Ein Erbe Joaquims an ein künftiges Angola. Seit 1986 hat er Jahr um Jahr daran gearbeitet und sich zugleich intensiv mit der Struktur indo-europäischer und afrikanischer Sprachen beschäftigt. Auf diese Weise hat er »die richtige Formel, die passende Struktur« herausgefunden, eine Grammatik und eine Phonetik für das neue Idiom entwickelt, und sogar ein »Portugiesisch-Kinesisches Wörterbuch« verfaßt.

Mit anderen Worten: Kinesisch ist längst kein Mogelspiel mehr und »steht den anderen Sprachen in nichts nach«. Wie effizient es ist, hat Joaquim ein weiteres Mal in einem Unterrichtsraum unter Beweis gestellt: während einer Technologievorlesung ertappte ihn der tschechische Professor, wie er unbekannte Zeichen aufs Papier kritzelte, und rügte ihn für seine Unaufmerksamkeit. Der angolanische Student erklärte, er sei im Gegenteil voll und ganz bei der Sache. Aufgefordert, dies an der Tafel zu beweisen, gab Joaquim die Ausführungen des Professors mit Hilfe seiner kinesischen Notizen wortgetreu wieder.

Das kinesische Alphabet »umfaßt besonders viele Buchstaben, nämlich 38 bis 40, schließlich muß man ja eine ganze Menge unterscheiden können«, und zwar, um zu vermeiden, daß ein Buchstabe zwei oder mehr Laute wiedergibt, » *V* kann *F* oder *W*, und *C* kann *Z* oder *K* bedeuten. Joaquim hat in seine Sprache Phoneme aufgenommen, die »fast allen Sprachen entgegenkommen«, insbesondere den schwierigen Lauten des Kimbundu, des Umbundu (die Sprache, die er am liebsten lernen würde), des Quioco, des Ganguela und des Portugiesischen. »Starke Laute«.

Joaquim ist nicht nur ein erfinderischer Philologe. Er schreibt seit Jahren an zwei Büchern. *Das Erste und das Letzte* ist Ausdruck einer großen Not: des Mit-Ansehen-Müssens einer von Konflikten zerrütteten Welt, »hauptsächlich im Schoß der Familie«. Joaquim hat in seinem Inneren nach einer Lehre der Versöhnung gesucht, die jeden Konflikt im Keim lösen kann. Nach drei Jahren ist er ihm gekommen, der Titel für seinen Katechismus des Verstehens. Er heißt *Das vage Wort*. Dieses erste Werk, wird, wie er sagt, auch sein letztes sein, denn *Das vage Wort* soll mindestens 500 Seiten umfassen. Es enthält Verse, Prophezeiungen, Ratschläge und eine philosophische Geschichte vom Ursprung der gegenwärtigen Existenz des Lebens und seines Fortbestandes.

Das vage Wort beginnt mit einer »Prophezeiung«: »Was und wer auch immer mir in seiner physisch-biologischen Gestalt ähnelt oder gleich ist, wird mir verwandt sein.« Joaquim bezieht sich auf Steine, Bäume, Sand, Autos und den Himmel. »Vom fernsten Stern, wie einmal wer gesagt hat, bis zum Boden unter unseren Füßen sind wir alle aus dem gleichen Stoff gemacht, sind Verwandte, wenn nicht gar Brüder.« *Das vage Wort* beschließt diese »Prophezeiung« mit einer »Losung«: »So tretet denn auf den Boden nicht als Boden, sondern als Bruder.«

Jedes neue Kapitel, jeder neue Absatz beginnt mit einer »Theorie« und endet mit einer »Philosophie«, begleitet von einer »Prophezeiung« dessen, was passieren wird, sofern ein konkretes Problem keine Lösung findet. Ein solches Buch bringt viel Poesie mit sich. Von Anfang an:

> *Wenn wer aus Euphorie*
> *Aus Verdruß oder Idiotie*
> *Aus übergroßer Euphorie*
> *Oder auch nur aus Sympathie*

Abschwört der Prophetie
Trotz aller Empirie
Ist das reine Häresie
Die ich aber nachtrag nie
Denn ich weiß um die Phobie

Was auch immer man über das *Das vage Wort* sagen mag, Joaquim akzeptiert es. »Mein Buch wird leben, es ist voller Kraft.« Wie die Laute der afrikanischen Sprachen, die er nicht spricht und die ihn an dieser Überlandstraße, an der wir stehen, zu einem Fremden machen.

In seiner Schublade, seinem Kopf – in unserem unvorhergesehenen Gespräch – ist *Das vage Wort* »eine Art Bibel, nicht um die andere Bibel zu widerlegen, sondern um die Wahrheit ans Licht zu bringen«. Die »andere« hält Joaquim nicht für falsch, der beinahe Sakristan geworden wäre, sein Traum, oder sogar Priester, der Traum seiner Mutter. »Aber in der anderen ist eben ziemlich viel Phantasie«. Wie die Silhouette des Erdballs ist Joaquim eine Summe von Hyperbeln und Teil der Welt, von der er spricht: »Die Welt ist anders gemacht, als die Leute glauben, anders, als die Bibel sagt, auch nicht, wie es die Wissenschaft erklärt, sondern ganz anders, und wie, das steht in meinem Buch.«

Die Erschaffung der Welt vollzieht sich »in den zweiten Kapiteln«. Diesen Teil hat Joaquim verfaßt, als ihn die Inspiration überkam, nämlich immer, wenn er allein zu Hause war, mit einem Liebesschmerz oder einem Gefühlsproblem, und in Trance geriet. In Trance greift Joaquim zu einem Heft und beginnt zu schreiben. Er glaubt nicht an die Leere des Ursprungs, nicht an die Finsternis des Anfangs und nicht an die Existenz des göttlichen Geistes über den Wassern. Daher würde er auch nie behaupten, daß der Mensch aus dem Wasser kommt. Er glaubt vielmehr an eine andere Entstehungsform des Lebens, in der Geist und Materie zwar eine Gemeinschaft bilden, jedoch Einsamkeit und Mangel an allem herrschen. »Genauer gesagt, die Welt würde sich nicht weiterentwickeln, wenn sie nicht homogen wäre, wenn es nicht bestimmte Faktoren geben würde, die ich Ihnen jetzt zwar nicht erklären kann, die ich aber in meinem Buch erkläre.«

Joaquim spricht von »Vielfachverbindungen und Teilungen der Lebensmoleküle«, damit dürften die erwähnten »Faktoren« gemeint sein. Solche Dinge lassen sich eben nicht so einfach erklären, hier, jetzt, denn die Trance, in der er schreibt, ist nicht da. Stattdessen Kälte und Warten neben dem vierzehnten LKW, dem irgendwo mitten auf der Strecke der Brennstoff ausgegangen ist, ohne daß irgendwer aus dem Konvoi dies auch nur zur Kenntnis genommen hätte, da der vierzehnte Lastwagen der letzte war und man auf einer Straße durch den Planalto besser nicht zurückschaut. Aber im Buch steht, wie gesagt, alles. Wenn Joaquim schreibt, glaubt er nicht, daß er selbst schreibt, sondern etwas in ihm.

In dem gleichen kreativen Prozeß, in dem die Trance die verbesserte Bibel schrieb, schrieb das Fieber ein anderes Werk Joaquims, nämlich *Die Enklave der Souveränität*. Joaquim beherrscht mehr Wörter als Sprachen, aber *Die Enklave ...* ist »etwas Einfacheres«, sie hat ihn geschrieben, als sein Gehirn von Sumpffieber befallen war.

Joaquim brach in weite Fernen auf, fern wie eine andere Welt. Als sei der Planet zweigeteilt, irgendwann ein Mechanismus des unviversellen Gleichgewichts zufällig in Gang gesetzt und Joaquim – in der Einfluß-Sphäre dieses Zufalls – in den anderen Teil katapultiert worden.

Dieser Teil war natürlich die Leere. Und auf seinem Weg durch die rabenschwarze Finsternis wurde Joaquim nur von einem Licht geleitet, seinem einzigen Hoffnungsschimmer sozusagen, bis er plötzlich etwas verspürte, etwas Wundersames, das ihm Schritt auf Tritt folgte und über ihn wachte. Ihn in eine gläserne Welt begleitete, bewohnt von Wesen, die ihr eigenes Licht ausstrahlten. Weise Wesen, die seine tiefinneren Zweifel erahnten – die Ursachen des Bösen, der Ungerechtigkeit, der Traurigkeit, des menschlichen Leids, der Nichtigkeit des Lebens – und ihn in einen großen Saal brachten, vor ein Gericht.

– Wir wissen, daß du dir viele Gedanken machst und viele Probleme deiner Welt lösen möchtest. Vorsicht: Dazu darfst du kein Egoist sein und mußt überlegen: Was brauche ich? Vorsicht: Mit welchen Fragen helfe ich meinem Volk und meiner Welt?

Joaquim bekam Angst. Angst, die falsche Frage zu stellen, eine Frage, die nur ihm nutzte und nicht seinem Volk. Und als er dann nach dem Grund für das viele Leid fragen wollte, fiel er in tiefen Schlaf. Er sah seine Geburt und den Tag seiner Geburt, sah sich durch das Viertel laufen, in dem er zuerst gelebt hatte, sah sich mit Kindern spielen, die Kinder blieben, während er erwachsen wurde. Da wachte er plötzlich auf und fragte, was ihm gerade in den Sinn kam:

– Was ist der Ursprung der Dinge?

Vorsicht: Nicht er hat gefragt, sondern eine Stimme, und zwar von daher, wo er sich befand, eine Stimme aus der Vergangenheit, aus dem Schlaf. Sie stand hinter der unausweichlichen Frage: Was ist der Ursprung der Dinge?

Die gläsernen Wesen beantworteten diese und andere Fragen. Und vor jeder Frage fiel Joaquim in Trance und ließ seine Reise Revue passieren. »Es war schlicht ein Augenblick des Auserwähltseins.« Tja, und dann stellte er fest, daß er gestorben war und nur seinen Erdenweg noch einmal durchlebte, beginnend in dem Ort, aus dem er stammte. Das mußte er just in dem Augenblick begriffen haben, als die Glasklaren ihn begrüßten:

– Willkommen in Essentia, willkommen, Verwandter!
Das Begreifen seines eigenen Todes erfüllte Joaquim mit Panik, und er versuchte zu fliehen. Er rannte blind drauflos, ohne jedoch irgendwo anzukommen. So ging er denn müde zurück in die Räume der gläsernen Welt. Und wieder sank er in Schlaf. Als er am nächsten Morgen aufwachte, stellte er fest, daß er durchsichtig wie Glas geworden war. Und mit ihm der Raum, in dem er sich befand, denn als er in die Enklave gekommen war, hatte man ihm das einzige Zimmer aus Holz und Marmor und mit Bett und Stühlen gegeben, aber jetzt war alles aus Glas. Und dies sind die letzten Seiten von *Die Enklave der Souveränität*: Joaquim gesellt sich zu einer Gruppe von Freunden und erzählt ihnen einen Alptraum: Er lebt darin auf einem Planeten namens Erde, von einer seltsamen Farbe, dunkel und opak, und man sitzt über ihn zu Gericht. Alle lachen, »weil das alle durchmachen«. Er ist ihnen verwandt. Das Erdendasein war nur eine Reise durch den Tod, eine Evolutionserfahrung der menschlichen Spezies.

Die Enklave der Souveränität ist »theoretisch« so gut wie fertig. Joaquim will nur noch einige Szenen ausarbeiten, bis der Band »mindestens« zweihundertfünfzig, dreihundert Seiten umfaßt.

Joaquim, der ungehörte Erfinder und unveröffentlichte Autor, kann nicht abschätzen, welches seiner Werke als erstes unters Volk kommt. Ob *Die Enklave der Souveränität* oder *Der trunkene Dramaturg*, eine, ihm nach, völlig andere Geschichte, die seines Lebens nämlich. Joaquim wohnt darin bei einem Freund, unter dessen Dach streng geregelt ist, wann spätestens man abends zu Hause sein muß. Als sich Joaquim einmal verspätet, bleibt ihm die Tür der Eltern seines Freundes verschlossen. Und er muß draußen schlafen, in Regen und Kälte. Als der Tag anbricht, steht Joaquim auf und beschließt, von nun an selbst für sein Bier aufzukommen. *Der trunkene Drama-*

turg verdient sich sein Brot mit Erzählen, verkauft Geschichten für Bier. »Ein schönes Buch«, aber nicht zu vergleichen mit *Das vage Wort*, Joaquims ernsthaftestem Buch, das er erst zur Veröffentlichung freigibt, wenn er es für perfekt hält. (Und die Perfektion ist in einem psychedelischen Zustand eine Frage der Zeit, selbst wenn man viel hat). »Eine Bibel, die die andere herausfordern kann, etwas unbequem zwar, aber in der Lage, gewisse Dinge zurechtzurücken.«

Joaquim beschäftigt sich weiter mit der Bibel, weil er glaubt, daß Gott Liebe ist. »Es gibt keinen Gott, der Wunder vollbringt, es gibt keinen Gott jenseits der Sterne. Gott, das sind wir, wenn wir rechtschaffen sind.« Joaquim ist »Atheist«. Seine Eltern waren Katholiken. Seine Mutter hat den Tod ihres Erstgeborenen nie wirklich verschmerzt. »Sie war sehr intelligent, obwohl sie Analphabetin war«, einmal sagte sie zu Joaquim, er sei nicht geschaffen, andere zu erniedrigen, zu verachten und zu kränken, wenn er nicht selbst empfänglich sei für Erniedrigung, Verachtung und Kränkung. Ihr Tod vor vier Jahren bewirkte eine große Veränderung in Joaquim, »dieser gespaltenen Persönlichkeit eines Leidenden, der ein anderer Menschen wird, wenn ihn etwas bewegt«.

Damals, 1993, gab Joaquim sein Kinesisch auf. Als er begann von Stadt zu Stadt zu ziehen, ließ er es in Luanda zurück. »Ich hoffe, ich nehme es eines Tages wieder auf.« Es war nur ein Anfang, »irgendwer kann bestimmt mehr daraus machen«, aber aller Anfang ist wichtig, selbst die Schöpfung hatte einen.

Die Militärcamps der UNITA befinden sich in einsamen Gegenden, weitab von allem. Aus der Luft sind sie leicht auszumachen. Ein entsprechender Angriff von Seiten der Regierungstruppen kann leicht aufräumen mit den dort kasernierten Rebellen. Die Bewegung hat dies oft angeprangert. Das Camp von Chitembo liegt unweit von Bié. Als wir mit dem Konvoi der Internationalen Organisation für Migration im Morgengrauen dort ankommen, sind nicht genug Zelte zur Unterbringung der IOM-Vertreter vorhanden. Ich teile ein Zelt mit Joaquim. Er gehört zum *local staff* der IOM, zur Mannschaft, die mit der Demobilisierung der dreitausend in Chitembo kasernierten Soldaten betraut ist.

Die Seelen und die Geister schreiben. Joaquim, der Schöpfer des Kinesischen, des Anti-Babel, ist über seiner Bibellektüre eingeschlafen.

Noch einmal also: Am Anfang war nicht das Wort, sondern die glasklare Einsamkeit. Das Wort ist dem letzten Bibelvers vorbehalten.

– Harmonie schaffen, das ist mein Traum. Es gibt keine Harmonie mehr, seit der Mensch Mensch ist, weil es keine gemeinsame Sprache gibt. Viele haben Dinge vorausgesagt, die sie nie haben Wirklichkeit werden sehen. Wie der Mann, der gesagt hat, daß der Mensch eines Tages wie ein Vogel fliegt, und heute gibt es das Flugzeug. Er hat geträumt, und die anderen haben gesagt: »Ein Verrückter!«

— Aristótare.
Wieder geht es mit dem Jeep durch den Fluß. Die Furt. Diesmal ist es gefährlicher. Es ist Nacht, Mitternacht vielleicht. Von Abels beiden Adjutanten sehen wir nur die blinkenden Taschenlampen, mit denen sie uns die seichten Stellen des Flusses anzeigen. Vom Wasser nehmen wir nur das Rauschen der Stromschnellen wahr. Vom anderen Ufer nur die Umrisse der Baumkronen gegen den petrolfarbenen Himmel.

Gleich sind wir da, es ist dort. Seit Stunden ist es dort. Seit Tagen müssten wir schon da sein, dort. Nichts ist dort. Wo ist dort? Was soll das Ganze? Wir wissen nicht einmal, wo hier ist.

Wegstrecken von Minuten, technische Pannen von Stunden. Verzögerungen, lang genug für die Erschaffung der Welt, das Ausruhen vom Wort. Der Filter. Der Kühler. Das Getriebe. Das Wasser. Der Ventilator. Das Öl. Die Lecks. Der Radantrieb. Die Reifen. Die Löcher. Der Teufel mischt sich unter den Sand und der Rost in sämtliche Wagenteile. Schieben. Ziehen. Hoffen. Verzweifeln. Denken: die Verzweiflung ist der sinnloseste Reflex auf unabänderlichen Wegen.

Minen vor uns, hinter uns, links, rechts. Minen in uns. Minen in unseren Augen, die flimmern, schläfrig sind, erschöpft, sorgenvoll, versuchen wach zu bleiben. Nach Tod bringenden Gegenständen suchen, die sich durch Unsichtbarkeit auszeichnen – endlos lauern, und in nur einer Sekunde zu Leben erwachen, um in der nächsten, der zweiten und letzten – der letzten Sekunde,

zu sterben und sterben zu lassen.

Bei Tag fahren. Bei Nacht fahren. Trockenes Maismehl essen oder nichts. Die letzte Konserve aufsparen. Tee aus wilden Blättern. Kochen in schwarzen Töpfen, in der von Reifen umgepflügten Erde. Die letzte Konserve essen. Mit der Hand essen, aus angestoßenen Emailtellern. Sich frisches Wasser vorstellen. Speichel erzeugen auf salzig-trockenen Zungen. Eine Stunde nach Mondaufgang vor Kälte erstarren. Eine Stunde nach Sonnenaufgang vor Hitze ersticken.

Von einem Bett träumen.
Mit Ratten aufwachen.
Mit Angst einschlafen.
Tränen verachten.
Hunde meiden.

Sich entleeren vor anderen. In Flüssen baden, schwimmen, während die Krokodile schlafen, Schlangen fliehen, den Körper mit den Händen trocknen. Außerhalb der Knochen frösteln, schmutzstarre Kleider tragen. Den eigenen Geruch erbrechen. Im Freien schlafen, in Alarmbereitschaft schlafen, unterwegs, in verlassenen Häusern, auf Strohmatratzen mit Flöhen, in Decken mit Löchern und Krätze. Der Wind unter dem Feldbett. Blätter, die lachen, wenn sie über den Zement kratzen, der liegen bleibt.

»Achtung Minen, Lebensgefahr!« Nichts anfassen, in der Spur laufen, zurücklaufen, den Film mit den Schritten zurückspulen, die gleichen Schritte, sonst ...

Gestern stießen wir auf zwei Hütten. Bis dahin hatte niemand mehr unsere Reglosigkeit durchkreuzt. Mögliche Ortsbestimmung: zwischen dem Fluß und dem Durst der Rinder. Ja, das ist der Platz. Auf keiner Landkarte zu finden. So wenig wie wir. Bewohnt von einer Mutter mit Kind. Das Kind ohne Gesicht. Noch Säugling, schlief es mit der Mutter am Feuer – einzig sicherer Schutz vor wilden Tieren – und kam dabei den Flammen zu nah. Sie haben seine Züge ausgelöscht, weggeätzt, wie Säure.

Ich glaube, das Kind hat mich beobachtet, im Schutz eines Baums. Ich konnte sein Gesicht nicht erkennen. Wie auch: das Kind hat kein Haar, nur eine glatte Hülle, und Menschen wie Tiere versetzen es in Schrecken. Es ist vor mir davongelaufen.

Die Savanne rundum flieht.

Gleich sind wir da. Dort ist es schon. Wenn ich da bin, ist es einerlei.

Der Fluß zieht mir die Orte unter den Füßen weg.

Aber dort ist es schon.

Die Wildnis wild in mir.

Abel und zwei Adjutanten. Ich und mein Schatten, Oberst Nunda und sein Schatten, ein Adjutant auf Reisen, abgerissen und barfuß. Oberstleutnant Fogacho, die Klette, mit seinem Kassettenrecorder Marke Sharp. Die Nichte von Brigadegeneral Kalutotai. Eine Ladung Säcke mit Maismehl, und zwischen ihnen und dem Jeepdach drei weitere Personen, liegend, darunter ein Säugling. Meine Kiste mit Lebensmitteln, alle unnütz: Kekse, zwei Gläser Kompott, eine Flasche Rotwein vom Kap, ein Beutel Salz.

Wir steuern durch den Fluß und die Nacht. Zwei Lichter winken uns aus immer größerer Entfernung. Oder wir entfernen uns immer weiter von den Lichtern. Die Signale verschwimmen. Etwas zwischen ihnen und uns verliert an Klarheit. Das Wasser ist durch unsere Füße in uns eingesickert. Der Säugling weint und weint. Ich versuche, nicht einzuschlafen. Mein Körper gibt nach. Jedes Geräusch stört und lullt zugleich ein. Ich versuche mich an der Oberfläche zu halten, während der Fluß und eine andere Litanei mich unweigerlich nach unten ziehen. Das Leben aus Versuchen. Nundas Adjutant versucht vergeblich, den Namen auszusprechen, den er für seinen Sohn gewählt hat:

Aristótare ... A‚ris‚tó‚tare! Aristótare ...

»Vorgan! Sender der UNITA«, echot eine Stimme in einem endlosen *sampler* aus morgendlichem Gegacker und fünf tristen Tönen einer Elektroorgel. Vielleicht das Originalband von 1976, zumindest klingt es nach zwanzig Jahren Staub und Verschleiß. Ein unverständliches Gegacker, wüßte das Ohr nicht, daß sich auf dieser Kassette der Galo Negro, der Schwarze Hahn, zu Wort meldet.

Seit Huambo hatte ich die »Voz da Restistência do Galo Negro«, den offiziellen Sender der UNITA, nicht mehr hören können: »Jetzt, da die Terror-Migs unsere Himmel nicht mehr durchpflügen ...«. Was im übrigen nicht der Wirklichkeit entspricht. Als ich vor zwei Monaten durch Lubango kam, flogen die Migs der Regierung zum ersten Mal seit der Unterzeichnung des Protokolls von Lusaka im November 1994 wieder Einsätze von ihrem dortigen Stützpunkt aus. Diesmal jedoch nicht, um Huambo zu bombardieren, sondern Brazzaville. Mit einer Offensive der angolanischen Streitkräfte in den Lundas gegen die Diamantengebiete der UNITA ist der Krieg erneut aufgeflammt, obgleich beide Seiten in Luanda weiterhin Friedenswimpel in der Gemeinsamen Kommission tauschen und seit April eine »Regierung der Nationalen Einheit und Versöhnung« besteht. Der Vorgan hat seinen alten Kampfstil wieder aufgenommen, mit erschreckend scharfen Verlautbarungen, und von einer so haßerfüllten Stimme verlesen, daß es einen kalt überkommt.

Die UNITA steckt in einer Zwickmühle. Zum einen hat sie es mit der Demokratischen Republik Kongo zu tun und zum anderen mit dem UN-Sicherheitsrat (der demnächst neue

Sanktionen gegen die Rebellenbewegung gutheißen wird). Nicht gerade der ideale Zeitpunkt, wenn man der einzige ausländische Besucher in Jamba ist.

Jahrelang war, wer in die *Bastião*, die Bastion, die UNITA-Hochburg Jamba, zu Fuß kam, Rebell oder Gefangener. Sie kamen stets gemeinsam. Was genau hat mich hierher geführt? Ein Besuch beim Vorgan? Liegt Mosambik auf meinem Weg? Eine Delegation unter Führung des Gouverneurs von Jamba war eingetroffen, ein gern gesehener Mann in der Bastion, umringt von einem Gefolge schwarz bebrillter Männer, die, mit dem Rücken zu mir, verschlüsselt in ihre *walkie-talkies* sprachen. Man führte mich in einen Raum, in dem bereits alle Platz genommen hatten, und unterzog mich einem freundlichen, aber beharrlichen Verhör, mit dem sich die Delegation lange nicht zufrieden gab. Später holte dann einer der Männer eine Mappe und entnahm ihr ein Formular, das ich ausfüllen mußte. »Angaben zur Person.« Eine Frage stieß mir besonders unangenehm auf: »Welche Sprachen sprechen Sie?« Spanisch, ja, aber nicht Kubanisch. Und nach Unterschrift und Datum als Krönung der Unterzeichnungsort: »Befreite Gebiete von Angola«.

Ich bewohne eine große Hütte, ein in drei parallele Rechtecke unterteiltes Quadrat. Zwei Rechtecke, das eine links, das andere rechts, sind die Schlafzimmer, mit je zwei Betten. Das mittlere Rechteck, ebenfalls unterteilt, besteht aus einem Vorraum mit Stuhl und einem spartanischen Waschraum dahinter. Die Hütte ist aus Lehm, Eidechsen und rauhe Schatten bewegen sich von früh bis spät langsam über die Wände. Es ist mir aufgefallen, daß meine Tage noch langsamer verstreichen als die ihren. Das Strohdach ist mit schwarzer Plastikfolie ausgeschlagen, die Innentüren bestehen aus Vorhängen. Die Außentür ist aus Holz, die Farbe erlesen. Ein Grün vom Indischen Ozean, das es hier nicht gibt (auch Farben haben ihre

Geographie, und diese gehört zum Meer. Ist sie mit einer Karawane hierher gekommen? In einem Burenwagen? Oder mit einer Ladung bunt bedruckter Stoffe?) Über den Sand verstreut stehen vier weitere Hütten und ein halb verschütteter *jango*. Viertel der Zusammenarbeit heißt das hier, oder auch Internationales Viertel.

Ich bin allein, es sei denn, man beobachtet mich von weitem: Gestalten, reglos wie Stämme, mit einem einzigen Auge auf der Stirn. Ich halte mich an das Schweigegebot, einmal allerdings konnte ich mich nicht beherrschen und machte einem dürren Menschen, der ein Stück entfernt mit einem Radio in der Hand vorbeikam, ein Zeichen. Er rannte davon. Die Leute hier sind aus Sicherheitsgründen angehalten, Angst zu haben. Ich setzte mich wieder, noch immer unter dem Eindruck dieser ungewöhnlichen Erscheinung: ein Mann mit zwei Solarzellenplatten um den Hals, die eine auf der Brust, die andere auf dem Rücken, und beide über ein Kabel mit dem Radio in seiner Hand verbunden. Ein Stück Science-fiction. In Jamba gibt es keinen Strom, nicht einmal einen Generator. Eine Zukunft ohne Kohlenwasserstoff wird eine Ökologie des Grotesken mit sich bringen. Die reichen Länder wissen es nur noch nicht.

Ich fotografiere die grüne Tür. Es ist bereits später Nachmittag, und seit gestern und heute morgen sind viele Stunden Licht unbehelligt an den Fotos vorübergezogen, die ich nur in Gedanken habe machen können. Wer eine Tür oder was auch immer fotografiert, hat unlautere Absichten. Besser, man faßt den Apparat gar nicht erst an. Im Waschraum ist ein Tier; die Metallschüssel, über die ich mich immer zum Waschen beuge, hat es verraten.

Sie halten mich eingesperrt, wie eine seltene Spezies im Zoo, deren einzige Freiheit im Zähnefletschen besteht, wenn ihm fremde Neugier zu nahe kommt. Ich lechze nach Menschen, aber kaum einer läßt sich blicken, da mich der Zoodirektor so sicher untergebracht hat, wie es sich für eine gefährliche Bestie gehört. Er geht lieber kein Risiko ein. Ich weiß, irgendwo überlegt man, ob es riskant ist oder nicht, mich gehen zu lassen, und wenn, in welcher Begleitung. Es kann Tage dauern, bis sie sich entschieden haben.

Sie wecken mich mit zwei Eimern Wasser, warm und kalt. Ein kleiner Mann bringt sie, er kommt und geht lautlos, ohne den Boden zu berühren (ich habe keinen Türschlüssel). Zweimal täglich geben sie mir zu essen. Morgens Kaffee und Brot von vorgestern. Mittags Reis mit Zucker, manchmal eine Suppe, gelegentlich einen kleinen Ziegenknochen und eine Limonade. Einmal, vielleicht war es ein besonderer Tag, ohne daß ich es wußte, machten sie eine Flasche Rotwein vor mir auf. Die Mahlzeiten spielen sich in einem Festsaal ab, an einem Tisch in U-Form. Der Mann, der das Essen serviert, verschwindet hinter seinen formellen wie unsicheren Handreichungen (er dreht den Teller vom Bauch auf den Rücken und versetzt der Suppenschüssel kleine Schläge, damit ich einen Löffel weniger Hunger habe). In der Anrichte herrscht Totenstille, woher das Essen kommt und wer es zubereitet, ist ein unlösbares Rätsel. Leprakranke müssen überaus einsame Menschen sein. Nicht einmal ich selbst bin mir inzwischen mehr sicher, ob ich nicht doch beiße.

Ich habe an meiner Situation eines Quarantäne-Menschen zu kauen. Mein Blick schweift durch den leeren Saal. Ich stelle mir die großen Tage hier vor, mit Versammlungen und außerordentlichen Kongressen. An den Wänden hängen noch ein paar alte Bilder von Savimbi mit den drei Sternen des Kommandanten der FALA an seiner Baskenmütze. »Mein Schicksal, euer Schicksal und das des angolanischen Volkes sind eins«. Auf neueren Fotos ist Savimbi nur noch in eleganter Zivilkleidung zu sehen. »Ein Revolutionär stirbt nur dann, wenn er die Verbindung zu den Massen verliert«. Auf anderen Plakaten geht die Sonne mit roten Strahlen vor einem grünen Hintergrund auf: das Emblem der UNITA. Der Nachtisch ist so üppig wie die Appetithäppchen.

Ansonsten scharre ich das Futter auf dem Boden meiner Lebensmittelkiste zusammen. Das Kompott ist aus, und die letzte Dose Würstchen. Den Wein hebe ich auf, vielleicht kommt das Flugzeug mit José Martins an Bord ja tatsächlich morgen früh (es kommt seit 21 Tagen nicht). Mit ihm werde ich die Flasche köpfen (ich kenne ihn aus Luanda, wo er mir einen kleinen Schlauch geschenkt hat, damit ich mir notfalls die Arterie abbinden kann). Ich glaube, an meiner Kiste waren Mäuse. Ich werde mein Säckchen mit Salz verschenken, zum Würzen: das Zeug ist Gold wert hier, und im übrigen schmecke ich seit Tagen nichts mehr. Ich habe noch Teebeutel, heißes Wasser geben sie mir. Ich versuche Ganguela-Zeichnungen in den Sandboden zu ritzen, mit kleinen Stöcken. Ganz Kuando Kubango ist aus Sand, er wandert schneller als mein Schatten. Ich habe keine Lust mehr zu lesen. Höre stundenlang Kurzwelle. Ohr und Transistorradio sind eins geworden. Allmählich glaube ich, die Menschheit lebt anderswo. Der Sänger Fela Kuti ist gestorben. Lagos hat den vorüberziehenden Leichenzug in den grellen Farben der Erschütterung gefeiert.

Von außen gesehen ist die UNITA eine in sich einige Bewegung. Von innen entpuppt sie sich als dreigespalten: die UNITA von Jamba, die von Bailundo und die von Luanda. Keine von den dreien hat Nachsicht mit den beiden anderen: Sage mir, wo du stehst, und ich sage dir, welcher Savimbi du bist.

Alles begann mit einer Zigarette. Fogacho zündete sich eine Zigarette an, aber selbst wenn er's nicht getan hätte, es wäre aufs gleiche herausgekommen. Er fragte nicht um Erlaubnis. Allgemeine Entrüstung im Wagen.

– Keine Kinderstube, Fogacho! Schlecht, sehr schlecht. Du hast nich um Erlaubnis gefragt!

– Wo doch eine Dame dabei is!

– So is das nun mal in Luanda. Die haben eben keine Manieren.

Fogacho reagierte mit der Unbesonnenheit des Alkoholisierten. Er trat die Flucht nach vorn an und ging sich, unfähig zu einem klaren Gedanken, selbst auf den Leim. »Da sieht man's wieder: in Luanda haben die das nich. Die Stadt is dermaßen groß, da kriegst du nich mal mit, was bei deim Gegenüber los is. Und im Nachtclub, Damen oder nich, da rauchen alle.« Fogacho hatte keine Chance.

– Da raucht jeder, wenn's ihm Spaß macht, jawohlja. Und fertig!

Angriff von hinten, die vier aus der fünften Kolonne waren unerbittlich:

– Schau dir mal die Hotels von den feinen Leuten an. Ne Brieftasche bedeutet noch lang kein Anstand, Fogacho, nur eben Brieftasche. Und unsre Minister, was haben die in ihren Taschen? Geklaute Brieftaschen!

– Alles Geld, das die dem Volk wegnehmen, die Genossen. Für Zigaretten, Mädchen, Strand und *high life* auf der *Ilha*. Ich hab's gesehn, ich war da, ich weiß Bescheid, mir reicht's.

– Die haben keinen blassen Schimmer, was ein Krieg ist, diese Mulatten. Aber wie man einen draufmacht, das haben die gelernt. Das üben die fleißig die ganze Nacht durch, die Brüder, und von wegen Stipendien, die hauen sie im Ausland aufn Kopf, für irgendwelchen Fummel zum Ausziehen in der Disko. Sonntags, am Strand, da schlagen die ihre Schlacht.

– Und erst die nackten Weiber! Gibt eben keine Moral mehr. In so einer Stadt, da is doch keine anständige Frau mehr sicher.

Fogacho hatte keine Chance. Als Angehöriger der FALA war er unter dem Schutz des Protokolls von Lusaka in die Vereinten Angolanischen Streitkräfte übernommen worden. Er war einer der UNITA-Offiziere in den FAA: ein Oberstleutnant. Vor einem Jahr hatte er den Busch gegen die Stadt eingetauscht. Jetzt wollte er nach Jamba, auf dem Landweg, um Frau, Kinder und zwei Fahrzeuge nachzuholen. Aber niemand schafft es bis Jamba problemlos auf dem Landweg. Nicht einmal ein Oberstleutnant, der von dort ist. Oder besser: vor allem kein Oberstleutnant, der nicht mehr von dort ist. Fogacho war an derselben Stelle hängen geblieben wie ich, in Caiundo, und dank der Hartnäckigkeit eines ausländischen Journalisten war ihm die einzig mögliche Mitfahrgelegenheit sozusagen auf dem Tablett serviert worden.

– In Luanda bist du verraten und verkauft. Dieses Diktatorengesindel da, die lassen sich's gut gehen in der Regierung, die leben in Saus und Braus von unserm Öl. Den ganzen Totalitarismus, den haben die mit unserm Öl finanziert. So lang die genügend Öl haben, wird's bei uns nich die Spur Pluralismus geben. Wir hätten den Guerrillakampf bis auf die Öl-plattformen ausdehnen müssen. Erst wenn die denen vor der Nase in die Luft fliegen, kapieren die, wo's langgeht.

– Unsere *maninhos*, der Salupeto und der Jeremias, die sind noch immer irgendwo da unten. Die haben sie nich mal beer-digt. So machen die das von der Regierung. Erst drücken sie uns ne Knarre in die Hand, und dann kassieren sie uns ein. Falsche Hunde. Und unsere *maninhos*, die liegen noch immer irgendwo rum, tiefgefroren. Die kriegen wir nie zurück ...

– Mit Ihnen machen die's genauso, Fogacho. Ich, an Ihrer Stelle, ich würd mich nich sicher fühlen. Nich, daß ich Ihnen Angst machen will, ich sprech als Freund.

Jedes Mittel war recht, um Fogacho, der vorn im Pick-up saß, eins auszuwischen. Hinten fuhren außer mir zwei junge Partei-»Intellektuelle« mit, Abreu Silipa und »Richa«, und die Braut von irgendeinem hohen Tier aus Jamba. Zudem ein junger Mann, zurückhaltend und zynisch. Gegen Vorurteile ist kein Kraut gewachsen: In Luanda sind alle verfeindet, un-sere Leute und die anderen. Selbst diejenigen, die unsere Füh-rung dorthin versetzt hat.

– Und da bin ich jetzt. Jawohl! Da wird jetzt gearbeitet, Befehl aus Bailundo. Die Führung hat's befohlen und meinen Namen auf die Liste gesetzt, kapiert? Und damit ihr's wißt, nicht einfach so! Kam von ganz oben, der Beschluß, vom Prä-sidenten! Meine Papiere sind in Ordnung. Die Autos in Jamba, alles.

Anhaltendes Gelächter seit Stunden. Fogacho war im Mor-gengrauen zugestiegen, wirres Zeug lallend, zusammenhang-lose Worte, kindische Laute, und döste nun unter den Flach-sereien in seinem Rücken vor sich hin. Bereits vor der Zigarette hatten die Biere vom Abendessen ihren Preis gefordert und Fo-gacho zum Trottel gemacht. Und auch sonst gab sich der Oberstleutnant wie seine eigene Karikatur.

Der Pick-up raste mit einem Höllentempo über die Piste und traf nur auf einen einzigen Kontrollposten, wo ein UNI-TA-Soldat bestätigte, daß es sich bei dem Wagen um den mit der Braut handelte, die bereits zwei Tage zuvor in entgegengesetzter Richtung vorbeigekommen war. Fogacho schreckte aus seinem Halbschlaf hoch und plapperte wild drauflos, da er den Posten für einen anderen, hundert Kilometer entfernten, hielt. Ich befahl ihm zu schweigen. Gelächter von hinten.

– Was gibt's n da zu lachen, hm?

– Nichts, Oberstleutnant. Der Senhor Pedro meint's nur gut mit Ihnen ...

– Was is das überhaupt für ne Arbeit bei der FAA? Haben die den Salupeto und den Jeremias etwa schon hergeschafft? In was für'n Gefrierfach haben sie die überhaupt gesteckt? Angeblich eins von der *Elf*. Dem solltet ihr mal nachgehen, statt durch die Gegend zu ...

– Machen wir, machen wir! Aber unsre Aufgabe, das is die FAA. Wozu gibt's schließlich die Abgeordneten? Die Abgeordneten, die machen doch die Politik. Wir dürfen das nich. Für uns gibt das Gefängnis, oder so! Aber die Abgeordneten, die verdienen dreißigtausend Dollar im Monat. Die haben doch jetzt das Sagen, im Parlament. In der Demokratie.

– Die Regierung, die will nur eins, euch an den Kragen, die schütten euch mit Alkohol zu, bis ihr euch nich mehr wehren könnt. Die schütten euch mit Bier zu, damit ihr drin ersauft.

– Falsch, total falsch! Ich trinke nich. Wir trinken nich! Ich hab mit »gut« abgeschnitten in der Offiziersschule. Und das is eine Hochschule.

– Was, damit sind Sie zufrieden, Fogacho? Mit »gut« sind Sie zufrieden? Nur mit »gut«? Also, ich wär nich zufrieden, wenn ich nich mindestens »sehr gut« hätte! ...

– Denken Sie doch nur mal an die »Note« von Ben-Ben, der arme Kerl. Den haben sie bereits in Whisky gelegt, damit er nich mitkriegt, daß sie den nächsten Krieg vorbereiten, und da liegt er jetzt, is von der UNITA und trotzdem am Ende. Den bringen die noch um, der Große Alte hat's schon angekündigt. So machen die Politik, Mörderpolitik, der José Eduardo gehört verurteilt wie die Nazis.

— Na was'n? Bin ich hier im Auto oder inner Kader-Sitzung? Ich hab's wohl mit Intellellen zu tun! So was gibt's nich in Luanda. Die reden nich über Sachen, von denen sie keine Ahnung haben. Wir sind dabei, jawohl, dabei, die nötigen Bedingungen zu erfüllen, um das Protokoll von Lusaka in die Praxis umzusetzen. Der Frieden wird das Ereignis überhaupt, und ich misch mit, ihr werdet noch stolz sein auf mich.

Fogacho gab sich schließlich geschlagen. Vier Nüchterne gegen einen Verkaterten, aussichtslos. Und das bei zwölf Stunden Fahrt durch die Nacht und querfeldein, mit vielen Stops und zwei Reifenpannen. Es braucht seine Zeit, wenn ringsum alles weit und breit vermint ist. Man muß mit den Zehenspitzen im Sand nach Brennholz suchen (als gingen die Minen nur hoch, wenn man mit dem ganzen Fuß auftritt), um den Reifen zu beleuchten und die Hände wieder geschmeidig zu machen (die Temperatur sinkt fast auf null Grad Celcius).

Fogacho war ein Fremder. Mit seinem Umzug von Angola nach Angola, von Bailundo nach Luanda, hatte er das Land für immer verlassen. In der UNITA, die seit jeher die Reinheit propagiert, gibt es keine doppelte Staatsangehörigkeit. Fogacho war für immer fortgegangen. Darüber hinaus ist die Stadt nach zwanzig Jahren Busch eine Verführung besonderer Art. Fogacho war fortgezogen, ohne zu bemerken, was dieser Wechsel für ihn mit sich brachte. In Mucusso regte er sich über die Kassetten auf, die man ihm vorspielte.

— Ihr habt hier wohl keine Musik aus Luanda, was?

— *Sah'lomon*, gefällt der Ihnen nich? ...

Zu allem Überfluß mußte er sich auch noch Dollar leihen —

von mir, da seine Kampfgefährten ihm nicht trauten – als er merkte, daß die *Kwanzas* in seinem Diplomatenkoffer wertlos waren. Millionen *Kwanzas*. Keiner dieser Schnitzer entging dem pathologischen Radar der *maninhos*.

– Na sowas, der Oberstleutnant ... da hat er doch lauter Geld dabei, mit dem er nichts anfangen kann hier in unserm Landesinneren ...

Zunehmend nüchtern durch die Kälte machte der Oberstleutnant den jungen »Kadern« ein Friedensangebot, indem er Verzicht übte, als ihn erneut die Lust auf eine Zigarette überkam.

– Ich laß das Rauchen. Ihr könnt den Rauch nich haben, also lassen wir's. Und haltet die Klappe. Es reicht! Es reicht, hab ich gesagt! Der Fogacho, jawohl, der Fogacho raucht nich.

Und dann die letzte Provokation dieser beschwerlichen Reise:

– Da sind wir jetzt also bald in unserm Jamba. Dem Elefanten-Jamba. Dem Jamba, das der werte Herr mit aufgebaut hat ...

– Nur zwei Tage. Dann geht's wieder zurück. Länger bleib ich nich. Nich in Jamba, ne.

– Find ich eine gute Idee.

Damit zog die Frau einen Schlußstrich unter die Stichelleien. Der Kassettenrekorder spielte, wenn ich mich recht entsinne, zum vierunddreißigsten Mal einen Lucky Dube mit »Polithymnen«. Ich hatte ihn in Mucusso von einem Rebellen gekauft, der sich mit dem Schmuggel von Musik über den Rio Kubango ein paar Dollar verdient.

> *Your mother didn't tell you the truth*
> *Cos my father didn't tell me the truth ...*[1]

---

[1] *Deine Mutter hat dir nicht die Wahrheit gesagt/weil mein Vater mir nicht die Wahrheit gesagt hat ...*

In dem Plastikbeutel, so abgerissen wie der Mann, der sich an ihn klammert, steckt ein kleines Schulheft von der Art, wie man sie benutzt, um schreiben zu üben:

Name: Benson Naluli
Klasse: Liederbuch
Fach: *Buk Yalipina*[1]

Benson ist der *homeless bluesman* von Mongu, und seine Kompositionen beweisen mehr Talent als die meiste Musik, die der Sambische Rundfunk ausstrahlt. Benson schluckt, was die Leute ihn bitten zu singen. Er ist die wandelnde Jukebox der Stadt. Und er ist blind. Sein Heftchen, das andere ihm schreiben, hat System. Die Seiten sind durch senkrechte, mit einem Lineal gezogene Linien unterteilt. Über der linken Spalte steht: *»Lied Nr.:«*, über der mittleren, breiteren: *»Titel«* und über der rechten: *»Preis«*. Der Kunde wählt, hört und bezahlt. Dutzende von Liedern sind aufgeführt, in Englisch und Ihosi, fast alle stammen von Benson. Die Preise schwanken beachtlich, liegen zwischen 50 und 500 *Kwachas*. Lied Nr.1, *I'm Nothing to the World*, ist Bensons Klassiker und seine Botschaft an die Welt.

> *I'm nothing to the world when I die*
> *And all my bones will get it right*
> *I can't remember the day to die*
> *I'm sure the grave*

---

[1] *Buk Yalipina* (Ihosi): Liederbuch

>   Is in my room to stay
>   I will never say goodbye to the world
>   I can't remember the day to die
>   I'm sure the grave
>   Is in my room to stay[1]

500 *Kwachas*.

Benson hat dieses Lied komponiert, weil er nicht weiß, wann er stirbt; er weiß nur, an dem Tag, an dem dies geschieht,

– bin ich auch schon vergessen, zusammen mit meinem Namen und meinen Liedern.

Benson, ein altersdürrer Mensch, singt zu einer Gitarre mit Saiten aus Leitungsdraht und reißt die Akkorde mit einem Kugelschreiber an. Im Holz der Vorderseite ist ein Loch, das den Klang beeinträchtigen könnte. Benson behebt dieses Problem mit Hilfe von Kaugummipastillen: die Wunde ist mit einem Flicken aus zerkauter und getrockneter Zellulose verschlossen, den der Musiker, wann immer er kann, erneuert, da die Gummimasse, wenn sie austrocknet, leicht spröde wird und sich löst. Früher hatte Benson eine andere Gitarre. Ein Geschenk des damaligen sambischen Präsidenten Kenneth Kaunda. Man hat sie ihm gestohlen. Das Loch in seinem jetzigen Instrument ist an der Bushaltestelle, nicht weit von hier, entstanden. Ein Fahrer stieß zurück, ohne in den Rückspiegel zu sehen, und fuhr den Blinden um. Er war für längere Zeit im Krankenhaus.

Die Blindheit ist kein Thema in Bensons Liedern. Nur ein einziges erzählt vom Unglück eines Blinden, der mit einer

---

[1] Ich werde der Welt nichts mehr bedeuten, wenn ich sterbe/Und all meine Knochen werden es verstehn/Ich weiß nicht mehr, an welchem Tag ich sterbe/Ich bin sicher, mein Grab/ Ist in diesem Zimmer für lange Zeit/Ich will der Welt nie Lebewohl sagen/Ich bin sicher, mein Grab/Ist in diesem Zimmer für lange Zeit.

Frau verheiratet ist, die sieht. Sie betrügt ihn mit den Freunden, die zu Besuch kommen. Immer wenn sich der Blinde nach den befremdlichen Geräuschen erkundigt, sagt die Frau, es sei ein vorbeilaufender Hund oder jemand, der um Feuer bitte.

500 *Kwachas.*

Benson ist nicht blind geboren. Er verlor das Augenlicht als Kind, als Folge einer schweren Krankheit, aber seine Eltern kümmerten sich liebevoll um ihn. So sehr, daß Benson, als er groß war, zum Dank ein Lied im Pseudo-*Country*-Stil für sie komponierte.

Es kostet nur 250.

Benson war noch sehr klein, als er erkrankte, zu klein, um sich an Licht erinnern zu können. Er weiß nicht einmal, was Licht ist. Hat die Sonne nie bewußt gesehen. Kennt sie nur vom Hörensagen. Sieht vieles mit der Haut: Die Welt erschließt sich ihm über die Temperatur, die Sonne ist für ihn eine Wärmeskala, die Nacht ein stärker und schwächer werdendes Fröstelen, die Menschen sind unterschiedliche Stimmen.

– Heute ist der Himmel klar, und es wird schon dunkel.

Die Liebe ist Teil dieses Erlernens von Klanggesten. Benson kann ein Lied davon singen, voller Schwermut:

> *Should I follow you Jenny*
> *Where you go, my sweetin'love?*
> *For I know that you are mine*
> *When I remember you darling*
> *When you come into my dream*
> *For I know that you come back to me*
>
> *Jenny, I love you*
> *That I never forget you*

When I remember you darling
When you come into my dream
For I know that you come back to me

Jenny, I love you

Der Preis für dieses Lied beträgt 250 *Kwachas*.

Das Volk der Mbunda in Westsambia fühlt sich der gleichen ethnischen Gruppe zugehörig, die mehrheitlich auf der anderen Seite der Grenze lebt – aber ganz so einfach ist die Geschichte nicht. Eines der bevorzugten Lieder von Benson, das er singt, wenn man ihn um ein Lied seiner Wahl bittet, handelt von den Versuchen der Behörden, die Sambier »angolanischen Ursprungs« oder neuerdings auch die Flüchtlinge, die zu Hundertausenden im Land sind, auszuweisen. Es ist auf Ihosi.

Gestern hab ich von der Regierung von Sambia einen Brief bekommen, in dem stand, alle, die keine Aufenthaltsgenehmigung haben, werden abgeschoben
– Jagt uns nicht wie Hunde!
Jetzt müssen wir unserm ganzen Mbunda-Volk sagen, alle, die keine Aufenthaltsgenehmigung haben, werden abgeschoben
Dann schlafen wir auf dem Flughafen und werden morgen zurückgebracht in unser Land
Nach Angola!
– Jagt uns nicht wie Hunde!
Wir haben Angst um unser Vieh
Wir haben Angst um unsere Ernten
Und um
Die Kassavabäume im Wald
finger mealege im Wald
Und wenn wir ins
Flugzeug Mais mitnehmen, Sago und Reis

Dann nimmt uns die Regierung von Sambia alles weg, verkauft es und behält das Geld
  Heute werden wir beschützt, heute werden wir begleitet
  — Jagt uns nicht wie Hunde!

500 *Kwachas*. Und ein Zuschlag, wenn man will, für die Übersetzung. Macht insgesamt also 2000 *Kwachas*. Für die Aufnahmen muß ich nichts bezahlen. Das ist der Rabatt.

Blinde: sehen die etwas?
 — Das Gesicht einer Frau, mit den Händen: glatt.
 — Den nassen Regengeruch, den haben wir hören gelernt.
 — Ich erinner mich genau an einen blauen Wagen, er hat mir nicht gehört, und ein Fahrrad, das mir gehört hat, ein Haus.
 — Den Heimweg.
 — Ich hab ein Plastikradio gehabt und einen roten Kamm.
 — Im Busch, es ist still, und plötzlich der Knall unter meinen Füßen. Das Feuer von der Bombe, das an mir hochschießt, ja.
 — In meinem Leben ist alles dunkel. Tut mir leid, so ist das nun mal.
 — Dafür haben wir den Frieden.
 Und den Führer, der sie in den Krieg geschickt hat, belohnen sie mit Verzeihung.
 — Seit ich ohne Augen bin, kann ich ihn nicht mehr sehen. Jetzt folge ich seiner Stimme. Ich kann zwar nicht genau sagen, wie sein Gesicht ist, aber wie er ist schon: groß und stark. Stimmt's?

Sie haben für ihr Land gekämpft, viel und oft, bis es zu einem Land von Kriegern wurde und die Erde brachlag. Bis aus ihr Menschen wuchsen. Menschen mit Luftwurzeln, Erdwurzeln, Stiele statt Knochen, Saft statt Nerven. Wurzeln statt Beine, Wurzeln, fruchtbar in der Erde, die sie verstümmelte.
 Groß, fast körperlos, tauchen sie am Morgen aus dem Nebel der Hochebene auf, aus dem frischen Eukalyptusduft. Zeu-

gen von Alptraum und Wunder, an die Umrisse der Bäume geklammert, werden eins mit ihnen, laufen auf ihren Wurzel-Knochen-Rumpf-Holz-Stelzen-Prothesen: Krücken: eine neue Spezies, halb Mensch, halb Pflanze, zur Hälfte echt, zur Hälfte vorgetäuscht, von der Flora geschaffen.

Es ist Morgen, und sie kommen auf mich zu. Der Duft der Blätter steigt mir in die Nase, beißt, wie gerufen für meine Tränen, gegen die ich machtlos bin. Der erste Baum aus Holz und Fleisch erreicht mich, ich kann nicht fliehen, der Schock hält mich fest. Ich drücke ihre Hände, den lebendigen Schatz, der ihnen geblieben ist.

– Das Leben geht weiter, nur anders.

In Bonga sind mehr als tausend dieser Menschen durch ihre Wurzelprothesen der Erde anverwandelt – alle Kriegsopfer der UNITA; heute sind auch noch die aus Knibili und Montalegre hinzugekommen. Man wird sie fotografieren und dann aus der Armee entlassen, was für die meisten kaum von Bedeutung ist.

– Als ich kapiert hab, daß ich nie mehr sehen kann, dachte ich: jetzt ist alles vorbei. Aber ich war schon vorher Christ und hab gewußt, daß ein Mensch nicht einfach Schluß machen kann, wenn er will.

Bonga, wo der Wald aus Bäumen und Menschen mit penetranter Unerschrockenheit eine Handvoll zerstörter Häuser in Besitz genommen hat, paßt nicht recht zu den Schönheitsprodukten, die es hier auch gab. Das einstige Bonga: ein Kolonialdorf, entstanden um eine Fabrik, die Brillantine auf der Basis von Eukalyptusöl herstellte. Das heutige Bonga: offene Feuerstellen, zerschlissene Planen und Nieselregen, Rohstoffe, die keinen Industriezweig interessieren. In den Ruinen seiner Häuser und Leiber ist Bonga wieder zurückgekehrt zum Wald, zu den Verstümmelten. Bäume, die Bäume bewohnen. Die Brillantine war eine Mode, die nicht wiederkehrte.

Ein Zimmermann stellt Prothesen her. Betreibt Gartenbau in der Tragödie der anderen: pfropft auf, wo der Krieg gestutzt hat. Sein Rohmaterial: ein Wasserrohr aus galavanisiertem Plastik und ein Autoreifen.

– Man nimmt ein Stück Rohr, erwärmt es am Feuer, und paßt es dem Verstümmelten an. Es wird zurechtgeschnitten und mit der einen Höhlung entweder am Kniegelenk, am Ober- oder am Unterschenkel befestigt, in die andere kommt ein entsprechendes Stück Holz mit einem Fuß aus Autoreifen.

Im einzigen Haus mit Dach, in dem ein Feuer knistert, eine Mörserkeule auf- und niedersaust, Lachen erklingt, werden tausend Männer abgelichtet, sitzend, im Hintergrund ein Bett- tuch als Dekoration. Männer ohne Beine, ohne Arme, ohne Augen, ohne Brauen, ohne Zähne, ohne Ohren, ohne Haut, einer ohne Nase, ein anderer ohne Gesicht. Überleben ohne Gesicht, nichts mehr, abgeschnitten, entstellt sein, Grauen er- regen. Hoffentlich sagt er nichts, seine Stimme muß gespen- stisch klingen. Was wird auf dem Foto sein? Ein Gesicht? Das schafft nicht einmal die Chemie: bestenfalls einen Umriß.

Jetzt nimmt ein Mann Platz, der seinen Geruchssinn verlo- ren hat.

– Nach dem Unfall haben sie mich behandelt, meine Augen hab ich zwar nicht wieder, aber dafür hat mich das Le- ben wieder. Ich hab gelernt, wie man wahrnimmt mit den an- deren Sinnen. Nur mit dem Riechen, da klappt's nicht so recht – bis auf Zwiebeln und Eukalyptus.

Ein ehemaliger Frontkämpfer, beide Beine amputiert, steht aufrecht auf zwei Wurzeln, die seine Hosenbeine füllen. Einer seiner Füße ist ein Stück Reifen, Marke Michelin, sichtbar noch auf dem »Spann«. Stolz zeigt er mir seine Prothesen, ich wollte nicht glauben, daß er Prothesen trägt. Ich hatte ihn auf einem Fahrrad kommen sehen.

Mit genau diesem Rad dreht jetzt ein anderer beidseitig Amputierter Kreise um mich, und seine »Beine« bilden durchaus ein organisches Ganzes mit dem Gefährt.

In der ehemaligen Fabrik hat man die Deckel von den Kesseln genommen und an die Wände gestellt, umfunktioniert zu Tafeln, um den Menschen Buchstaben und Zahlen beizubringen. Die Schüler verteilen sich über Bänke aus Brettern und Radfelgen.

Manche legen ihre Prothesen ab, empfinden es als Wohltat, wenn die Luft ihre Stümpfe streift, wie sie sagen. Sie lehnen sich an, irgendwo, warten, bis das Ameisenkribbeln vorüber ist. Eine geduldige Haltung, die ihnen etwas Linderung verschafft. Die Mehrheit, ohne Krücken oder Prothesen, kriecht im Schlamm, fleht um Aufmerksamkeit, eine Handvoll Maismehl. Einige werden nur sichtbar, wenn sie stöhnen oder sprechen, aus dem Dreck, in den Chamäleonfarben der Natur.

– Ein Mann, der nicht sehen kann, ist wie ein kleines Kind, er denkt immerzu und tut nichts. Er kann nur zu zweit leben. Hin und wieder hat man seine kleinen Freuden, aber man braucht jemand, der sie einem zeigt. Dafür muß die Regierung sorgen.

Die Frauen sieben Maniokmehl für das Wochenende.

Ein Mädchen, kriegsversehrt, eilt durch die Kälte Richtung Fabrik, es trägt ein Neugeborenes auf dem Rücken: brüllendes Leben.

Ich will fort von hier. Der Duft der Bäume ist wie ein schweres Gift.

Niederschmetternd, diese Zuversicht, in Bonga.

– Das Leben geht weiter, nur anders.

Geräusche wie Duftvariationen. In der Kargheit von Caiundo surfe ich durch die Kurzwellen auf der Suche nach rettenden Landschaften. Wüsten, leere Räume in uns, erwarten mich dort, zu jeder Zeit, in der Stimme des Muezzin, der in sie hinaus singt, hoch oben auf einem Minarett. Schlafe ich ein über diesem Ton, bewegen sich die Dünen innerhalb ihrer eigenen Wellen. Im indischen Kerala verlangt eine alte Kriegskunst von den Kriegern die Geschmeidigkeit von Schlangen: sie müssen sich drehen können in einem Loch, dessen Durchmesser exakt dem des eigenen Körpers entspricht. Wenn ich aufwache aus der Wüste, werde ich die Veränderung im Sand wahrnehmen, an seinem Windgeruch, nur daran. Das Abendgebet wird das Morgengebet sein. Das warme Licht wird als kaltes Licht aufgehen. Der Sand ist ein anderer als gestern, als gerade noch. Das Zentrum des Nichts hat sich bewegt, und diese Vorstellung von Bewegung, unter diesen Umständen, ist tröstlich.

Hugo unterbrach das hypnotische Gesumme meiner Siesta. Der *jango* lauschte unserer Unterhaltung: Fotografie und Psychologie, Aufmerksamkeit und Fokussierung, Blick und Anblick, Geräusche, die ich auf meiner Reise einfange, das Radio als einziger Lebensfaden. Hugo stand auf und holte einen völlig unerwarteten Gegenstand aus seinem Zelt: ein Fotoalbum.

Eine Brise flutete durch die Hitze im Schatten. Nahaufnahmen: Handschriften, einzelne Gegenstände, Filigranarbeiten, kräftige Texturen und vibrierende Farben, leuchtend, sonnig und dennoch zurückgenommen. Linien und Blumen, Rauhes und Glattes, Rost und Flechten, Gitter, Zersetzung – Zeitläufte auf alternden Oberflächen. Aufnahmen organischer Stoffe, auf denen die Nähe dieser granulierten, fast mikroskopischen – jedenfalls vom Objektiv herangeholten – Welt verborgenen Prozessen Leben verleiht, im Chlorophyll, in den Bakterien, im Schimmel, im Humus, in der Korrosion, in Sedimenten.

Ich erinnere mich an eine besonders schöne Aufnahme: ein grünes Blatt ganz aus der Nähe, die Oberfläche gefurcht, überfein, mit winzigen Fasern im Inneren des Grüns – die Transparenz der Lider birgt Kapillaren von dieser Dichte. Und darauf Wassertropfen in unregelmäßigen Abständen.

Überaus elegant und jenseits der Wirklichkeit von Caiundo: die Fotografien des Salvadorianers Hugo Santa-Maria.

Der Unimog war das einzige Kapital von Matos, einem luso‑angolanischen Mechaniker mit Jimi‑Hendrix‑Frisur und einer wie in Ruß gewaschenen Haut. Er wohnt seit 1975 im Kuando Kubango der UNITA. Die Provinz ist sein Gefängnis.

– Ich hab schwer pokern müssen. Sonst wär ich längst tot ... Zwei aus verschiedenen politischen Lagern unter einem Dach, das haut nicht hin. Ich von der einen Befreiungsbewe‑gung, sie von der anderen. Aber Sozialismus ist Kommunis‑mus. Wir haben Schluß gemacht. Ich mußte bleiben ... Sagen Sie meinen Eltern, im Hotel, in Ericeira Bescheid, daß ich noch am Leben bin.

Das Fahrzeug, in Cuangar gemeldet, würde ohne weiteres in jeden *Mad Max* passen. Kriegsausschußware, ausgeschlach‑tet: kein Kühlergrill, das Fahrerhaus so gut wie leer (ohne Bo‑den und Innenausstattung). Die Straße ist überall zu sehen: durch die Windschutzscheibe, unter dem fehlenden Armatu‑renbrett, oder wenn man senkrecht am Motor (genau zwischen den beiden Sitzen) vorbei nach unten schaut, zwischen dem Gewirr aus Hebeln für Gangschaltung und Vierradantrieb. Die rechte Tür schließt nicht richtig, und ich kann mich nicht anlehnen; sie ist mit einem Strick an einer Eisenstange befe‑stigt, auf der die gelbe Plane des »Verdecks« liegt. Das Fahrer‑haus ist hinten offen, das Rückfenster fehlt. Der Motor, ohne Haube, strahlt eine unerträgliche Hitze aus, und nur nachts, und bei gedrosselter Geschwindigkeit, streicht sein heißer Atem wohltuend über den Körper. Den Platz für meine Füße hat eine Batterie okkupiert, aus der zwei nackte Kupferdrähte ragen, die jeweils mit einem einfachen Knoten an den beiden

Polen befestigt sind. Die Federung ist eine Katastrophe, bei jeder Erschütterung hüpfen die beiden Drähte aus den Polen und spucken beim geringsten Kontakt mit dem Karrosserieblech kleine Funken.

Der Unimog springt nur an, wenn man ihn schiebt, deshalb greift Matos bei jedem Halt zu einem an der linken Tür befestigten Stock und spießt ihn vom Fahrerhaus aus mitten ins Herz des Motors, damit der Gaszug blockiert ist und der Motor gleichzeitig mit hoher Drehzahl weiterlaufen kann. Auf diese Weise geht der Leerlauf nicht »runter«. Der Wagen hat zwei Scheinwerfer (der linke ist defekt, der rechte flackert stark) und in der Mitte ein riesiges Lichtauge. Das Dumme an der Sache ist, man kann sie von innen weder verstellen noch ein- oder ausschalten, nichts erinnert auch nur entfernt an ein Armaturenbrett, mit Ausnahme des Kilometerzählers – der nicht funktioniert. Will Matos die Scheinwerfer einschalten, steigt er aus, stellt sich vor den Unimog und hantiert so lange in dem aus dem Motor ragenden Kabelgestrüpp, bis eine Verbindung zur Lichtmaschine hergestellt ist. Eine langwierige Prozedur, die unzählige Male wiederholt werden muß, da sich die Kabel immer wieder von den Scheinwerfern lösen. Ein flüchtiger Blick sagt mir, daß die Lichtmaschine von der leckenden Batterie zu meinen Füßen gespeist wird, deren Säure sich in meine Schuhsohlen frißt.

Der Unimog läuft tadellos, bis er nur zehn Minuten vor Calai mitten in der Nacht seinen Geist aufgibt. Mir nichts dir nichts, wie bei einem Infarkt. Matos diagnostiziert:

– Dem ist die Luft ausgegangen. Der Filter ist verstopft.

Wir versuchen ihn anzuschieben. Er rührt sich kaum von der Stelle. Ein paar Schritte weiter fällt das Gelände zum Fluß hin ab, aber es ist gefährlich, den Unimog im Dunkeln zum Wasser hin auszurichten. Auf der gegenüberliegenden Seite sieht man einen von elektrischen Lichtern aufgerissenen Himmel: Rundu, der südafrikanische Stützpunkt, auf namibischem Gebiet, fast in Rufweite. Auf der angolanischen Seite verrät nur Hundegebell die Anwesenheit von Menschen. Einer von Matos' Assistenten macht sich auf die Suche nach Helfern. Er bleibt nicht lange fort.

– Zwei Hütten, das ist alles. In der ersten haben sie gesagt, wenn ich nur einen Schritt näher komme, lassen sie die Hunde los – dabei waren die längst los und sind mir hinterher. In der anderen wollte der Mann schon mit, aber dann hat die Frau nein gesagt, aus Angst vor einem Überfall, hätte ja ein Trick sein können.

Wir verbrachten die Nacht zusammen auf dem Unimog unter freiem Himmel, bei klirrender Kälte und einem Firmament, das ich bereits auswendig kannte. Daß ich doch noch ein Auge zutun konnte, verdanke ich Oberst Nunda, der auf der Karrosserie seine Decke mit mir teilte.

Das Aufwachen war abrupt. Der Unimog bewegte sich, ich hob den Kopf: Was war los? Direkt vor mir, der Fluß, der in seiner ganzen Breite rasend schnell in meine blinzelnden Augen kam, und Matos, der brüllend am Steuer saß. Wo waren die anderen? Ich drehte mich um, in Panik: der Unimog wurde auf die Sandböschung geschoben. Wenn der Motor ansprang, müßte Matos nach rechts oder links abdrehen. Wenn nicht, dann landeten wir kopfüber im Wasser.

Er ist angesprungen.

Sie brachten Stühle in den leeren Raum. An den Wänden hingen zwei Galo Negro-Plakate und zwei Savimbi-Aufkleber. In den Kragen seiner unechten Schaffelljacke vergraben, öffnete Oberst Nunda übertrieben vorsichtig seine Damenhandtasche – weißes Nappa mit einem Schnappverschluß aus zwei verchromten Kugeln – entnahm ihr ein Kurzwellenradio nebst abgebrochener Antenne (legte beides feierlich beiseite) sowie ein kleines Papierbündel, das er dem Gemeindevorsteher übergab, und verlegte sich anschließend auf das gleiche Begrüßungszeremoniell wie bei unserer Ankunft:

– Es geht uns gut

– Es geht uns auch gut, im allgemeinen, mehr oder weniger.

– Jaaa

– Jaaa,

plapperten unsere Gastgeber mit zerstreuter Beflissenheit nach. Sie erlaubte dem Oberst, das Gespräch mit abgewandtem Blick fortzuführen, indem er sich bei sich selbst bedankte:

– Viel'n Dank. Wir, Oberst Nunda, vom Stützpunkt Caiundo, Schlacht von Mavinga, Ostfronteinsatz und Operationen in Moxico, sowie Major Resistência und Brigadier Olavo ...

– Jawohl, ja.

– ... Wir sind also hier mit dem Auftrag, der uns nach Calai geführt hat und der darin besteht, dem Herrn Journalist Begleitschutz zu geben. Er befindet sich auf einer Erkundungsreise nach Mosambik, und sein Wunsch ist, über Jamba zu

fahren, und gemäß oberster Weisung von Brigadegeneral Kalutotai, Oberkommandierender der Region Caiundo, und von Oberst José Maria, Kommandant des dortigen Stützpunkts, der uns beauftragt hat, den Herrn Journalist zu begleiten und für ihn Sorge zu tragen, ist es uns gelungen, diese Stellung hier unter großen Schwierigkeiten zu erreichen. Dabei sind ferner unser Flügeladjutant sowie Oberstleutnant Fogacho, der, wie Sie wissen, auf Weisung der Führung, in Luanda ist, bei den Angolanischen Streitkräften, und mit allen Papieren in Ordnung und vom Großen Alten persönlich unterschrieben, und auf dem Weg nach Jamba, um seine Frau und seine Kinder nach Bailundo zu holen ...
– Viel'n Dank.
– Jawohl.
– ... Wir haben also die volle Unterstützung und Genehmigung der Führung, der Gemeinsamen Kommissionen und der Bastion, damit unsere Abordnung auch ans Ziel kommt. Nur, der Transport hat sich als schwierig erwiesen, weil nämlich ein großer Mangel an Fahrzeugen besteht, das einzig vorhandene mußte in Caiundo selbst beschlagnahmt werden – das von Abel –, das uns in Cuangar, aufgrund zahlreicher technischer Mängel, im Stich gelassen und seine Aufgabe somit nicht erfüllt hat. Wir haben unsere Abordnung dem Gemeindevorsteher von Cuangar vorgestellt, der im Rahmen des Möglichen für die Übernachtung und eine kleine Mahlzeit gesorgt hat. Der Herr Gemeindevorsteher von Cuangar hat keine Mühe gescheut hinsichtlich der Erlaubnis, die dem Herrn Journalist durch die Führung erteilt worden ist, und hinsichtlich des Interesses der Bewegung an der Reise von einem Besucher durch diese Gebiete, und er hat es daher für ratsam erachtet, dem hier anwesenden Herrn Matos ausdrückdrücklich zu empfehlen, seinen Unimog für diese Mission zur Verfügung zu stellen, weil es außer ihm kein Transportmittel

mehr gab. Und jetzt sind wir also hier, um das Fortkommen von dem Herrn Journalist auf dem Weg zur Bastion zu sichern, von wo er schon eine Genehmigung und eine Einladung hat, und zwar ohne weitere Probleme, weil die Strecke nämlich, offen gesagt, miserabel war und wir es wegen unserer Verspätung sehr eilig haben. Das Programm hat vorgesehen, die Bastion zum Jahrestag der Geburt unseres Großen Alten zu erreichen, aber der Abel hat es nicht möglich gemacht, sobald ich zurück bin, werde ich einen Vermerk machen und eine Beschwerde einreichen, weil er nämlich, wenn wir ihn in diesem Prozeß mit einschalten, dem Interesse der Bewegung dienen muß. Und jetzt würden wir gern wissen, ob Sie eine kleine Mahlzeit für unsere Abordnung ermöglichen könnten, weil wir nämlich nichts mehr gegessen haben seit Cuangar. Hiermit spreche ich Ihnen im voraus meinen Dank aus.

– Viel'n Dank.

Anschließend ergriff ich das Wort, mit der Demut derer, die da Leid tragen. Ich erklärte die Reise: Idee, Route und Beweggrund, Ausgangs- und Zielort, Zeitraum und Verzögerung, zitierte ungeschriebene Beglaubigungsschreiben, führte nicht belegbare Kontakte an, suchte nach Weisungen aus Bailundo, Luanda und Jamba, die nie eingetroffen waren. Beendete mein Gestammel mit einem Dank für den freundlichen Empfang und bat um ein schnelles Fortkommen.

– Wir haben viel Zeit verloren, allein in Caiundo neun Tage. Ich würde gern unverzüglich nach Jamba aufbrechen, ich hätte gestern schon dort sein sollen, zum 3. August. Jetzt habe ich die Festlichkeiten bereits versäumt. Ich möchte mich nicht länger als eine Stunde hier aufhalten.

Ungeschickt an einem Ort, wo Schweigen bereits so viel bedeutet wie etwas Falsches sagen.

Der Gemeindevorsteher sprach als letzter, mit verhaltener Begeisterung. Sein Lächeln war säuerlich, seine Freundlichkeit protokollarisch. Sein Kiefer quadratisch, unter hohen, wie aus Holz geschnitzten Wangen. Seine Augen tiefliegend, blitzend – zwei Funken Bosheit –, der einzige Lichtquell in diesem hochgewachsenen, schlanken Körper, nicht mehr jung und nicht alt, und gekrönt von weißem, zurückgekämmtem Filz.

– Ich möchte Sie willkommen heißen in Calai. Hier besucht uns keiner. Es ist uns eine Freude, einen portugiesischen Journalisten hier zu haben. Wenn Sie Amerikaner, Südafrikaner, Engländer oder Franzose wären, ja, wie könnten wir uns denn da überhaupt verstehen? Wir würden wohl kaum die schwesterliche Sprache sprechen, die uns eint. Sie sind weiß, ich bin schwarz. Die Hautfarbe spielt keine Rolle.

Natürlich nicht, außer für Menschen, bei denen es mich kalt überkommt: Menschen, denen auffällt, daß Haut eine Farbe hat. Meine hatte die falsche. Und seine war nicht schwarz, ungeachtet aller ideologischen Bemühungen.

– Man hat uns nicht informiert, daß Sie hier durchkommen. Eigenartig. Wir werden die Bastion kontaktieren. Aber keine Sorge. Es ist bestimmt alles in Ordnung. Kann ich sonst noch etwas für Sie tun?

Wir hatten seit zwei Tagen nichts mehr im Magen.

– Ich würde mir gern das Gesicht waschen.

Die Frau des Gemeindevorstehers verschwand hinter einem Türvorhang und brachte etwas Wasser und ein sauberes Handtuch. Als ich die Schüssel zurückgab, bemerkte ich, daß das »Wohnzimmer«, in dem wir uns befanden, der einzig halbwegs intakte Raum war. Das übrige Haus, im Halbdunkel, erhellt nur von flüssigen Sonnenprojektilen, war notdürftig mit Ziegeln ausgebessert und schwarz vom Rauch der Feuerstelle. Es gab weder einen Abzug noch Fenster, und das Mobiliar schien sich auf ein paar Stühle, Töpfe, Matten und Decken zu beschränken.

Der Gemeindevorsteher, der jetzt leise Umbundu sprach, bat die »Abordnung« der UNITA vor die Tür, um sich dort zu beratschlagen. Kurz darauf kam das jüngste Mitglied des »Empfangskomitees« herein. Noch bevor Roberto den Mund aufmachte, wußte ich, was mich erwartete. Er setzte sich und schlug das unvermeidliche Notizbuch auf. Es war noch keine neun Uhr, und der Tag war bereits unrettbar verdorben.

– Ich bin der Gemeindesekretär für Öffentlichkeitsarbeit.
– Von Calai oder von der UNITA?

Es fing nicht gut an.

– Calai gehört der UNITA. Wir benötigen einige Auskünfte bezüglich Ihrer Anwesenheit. Reine Routinesache.
– Bitte fragen Sie. Ich hab nichts zu verbergen.
– Das Problem ist in erster Linie ein politisches ... Sie sagen, sind Sie auf Reisen, aber es gibt Reisen unterschiedlicher Art, wie Sie wissen. Handelt es sich hier um eine Informationsreise?
– Nein. Ich möchte schlicht Leute kennenlernen.
– Aber Sie sind Journalist. Und Leute geben Informationen weiter. Und Journalisten ermitteln. Sie stellen also Ermittlungen an.
– Nein, ich reise. Das ist ein Unterschied. Ich arbeite in eigener Sache. Die Leute erzählen mir Geschichten. Und wie ich Ihnen bereits sagte, bin ich weder im Auftrag meiner Zeitung unterwegs, noch interessiert mich der Friedensprozeß.
– Aber dann schreiben Sie doch darüber und machen Geld damit. Es ist immer dasselbe mit den Ausländern.
– Nein, das tue ich genausowenig, wie Geld der Grund für mein Buch ist. Ich mache kein Geld, sondern gebe Geld aus. Dafür habe ich mein Stipendium. Und wenn ich Geld machen wollte, dann bestimmt nicht in Kuando Kubango. Ich bin nicht hier, um Diamanten zu schmuggeln.
– Diamanten, wie kommen Sie auf Diamanten? Haben Sie schon Steine gekauft?

— Aber nein!

— Sie, der Journalist, Sie haben von Diamanten angefangen. Ich frag mich warum? ...

— Warum, warum ... Einfach so. Um Ihnen zu sagen, daß ich nicht geschäftlich hier bin. Ich bin auf dem Weg nach Jamba. Das ist alles. Ich will nach Sambia, und nichts sonst. *Hame dukombé dikassi logopita ondjira.* Ich bitte um Durchreiseerlaubnis. Das ist ja wie im Mittelalter in Europa! Da staunen Sie, was? Was glauben Sie eigentlich, wer ich bin? Ein Spion?

— Warum interessieren Sie sich überhaupt für den Vorgan?

— Ich hab schon viel über ihn gehört. Schließlich ist der Vorgan nicht irgendein Sender. Außerdem war bis jetzt kaum wer dort. Ich möchte den Direktor interviewen. Aber nur, wenn es geht. Wenn nicht, dann fahr ich direkt nach Sambia weiter.

— Na sowas, ich bin gar nicht auf die Idee gekommen, daß Sie Spion sein könnten. Das nehm ich zu Protokoll.

— Ich hab von Spionage geredet, weil Sie damit angefangen haben.

— Unsinn. Sie verlieren die Nerven. Sie haben gesagt, Sie wollten nicht länger als vierzig Minuten in Calai bleiben. Was ich dabei nicht verstehe ...

— Das hab ich nicht gesagt. Das haben Sie falsch verstanden ... oder ich hab mich nicht deutlich genug ausgedrückt. Ich bin bereits schwer im Verzug mit meiner Reise. Ich hätte nie gedacht, daß ich so lange brauche, bis ich durch Angola durch bin.

— Wenn's Ihnen wirklich um Ihr Buch geht, müssen Sie sich eben entsprechend Zeit nehmen. Und anschließend geht's wieder nach Luanda, oder?

— Ich kann nur wiederholen: Luanda liegt hinter mir. Das war nur der Ausgangspunkt für meine Reise, es gibt nämlich keine Flugzeuge zwischen Lissabon und Lobito. Ich geh von hier nach Mosambik und von dort nach Lissabon. Und damit Sie's wissen, meine Tochter kommt im Oktober zur Welt. Daher die Eile, *okay*? Nach meinen Berechnungen müßte ich bereits in Zaire sein.

– Und weshalb? Kennen Sie wen in Kinshasa?

– Ich hab mich wohl wieder nicht klar genug ausgedrückt. Ich geh nicht nach Kinshasa und war auch nie dort. Ich geh nach Lubumbashi, und auch nur, wenn Zeit dazu ist. Ich glaub, diesen Teil der Reise kann ich bereits vergessen.

– Haben Sie Freunde dort?

– Ich hab dort weder Freunde noch kenn ich wen in Zaire. Ich will nur hin, weil Capelo auf seiner Reise durch Shaba gekommen ist.

– Sie haben natürlich Kameras dabei.

– Zwei Fotoapparate. Ich bin kein Fotograf. Ich hab seit zwei Wochen nicht mehr fotografiert, und seit zwei Wochen keinen Menschen mehr interviewt. Ich verlier hier nur Zeit, das ist alles. Ich hab ein Foto von Matos gemacht, aber mit Genehmigung von Oberst Nunda. Das kann er bezeugen. Ich begreif nicht, warum Sie mich diesem Verhör unterziehen. Die Sache wird allmählich unangenehm, und das gefällt mir nicht. Wenn Sie einen Verdacht haben, reden Sie nicht lange drumrum!

– Ich hab keinen Verdacht. Reine Formalität alles. Sie reden zuviel.

– Weil Sie zuviel fragen. Bei mir ist alles in Ordnung. Ich hab mit der Gemeinsamen Kommission gesprochen und weiß, daß die in Bailundo ebenfalls unterrichtet sind. Ich hab nichts zu verbergen. Alle, die von meiner Durchreise wissen müssen, sind genau informiert. Und zwar per Post. Und über Satellit. Jamba weiß Bescheid und hat die Genehmigung erteilt. Ich hab sogar ein Capfax von der UNAVEM in der Angelegenheit. Und jetzt heißt es hier in Calai, Sie wissen von nichts.

Was ist eigentlich los hier in Calai? Haben Sie Funk? Fragen Sie nach! Ich kann Ihnen nur sagen, in Cuangar hat man unsere Abordnung anders empfangen! Wer sind Sie überhaupt? Halten Sie sich etwa für besser als die Führung? Wo ist überhaupt der Gemeindevorsteher?!?

Roberto streckte die Waffen und zog wütend ab. Später kam derselbe Mann, der ihn auf mich angesetzt hatte, mit einer lauen Entschuldigung, wobei er sich der widerwärtigen wie kindischen Taktik bediente, mit der man das Opfer in zwei Schritten neutralisiert. Der eine greift das Opfer an, um es zu schwächen, der andere tritt als Retter auf, um sein Vertrauen zu gewinnen.

– Er ist schon verwarnt worden. Ich bitte um Nachsicht, die Jüngeren überschreiten manchmal ihre Kompetenzen. Wir hier machen Ihnen keine Probleme.

Nein, natürlich nicht. Das nicht vorhandene Problem aber war, daß ich mich wieder einmal in einer Art zermürbender, halboffizieller Gefangenschaft befand, mich weder frei bewegen noch sprechen oder fotografieren konnte. Ich war ohne meinen Rucksack und kam auch nicht an ihn heran. Sie hatten den ganzen Tag, um ihn zu durchsuchen (ich glaube, sie haben es nicht einmal getan). Als ich mich vors Haus setzte, um in der Sonne etwas Wärme zu tanken, verfolgten mich schräge Blicke. Viel zu sehen war nicht: Hühner und Schweine auf einem Misthaufen, eine handvoll Hütten, ein paar Steinruinen und in der Ferne, auf der anderen Seite des Kubango, Rundu und Namibia. Ein anderes Land, auf einem anderen Planeten, eine Lichtsekunde entfernt.

In Angola hat man die Vorstellung, daß Information Macht ist, auf perverse Weise in die Tat umgesetzt. Gesehenes kann berichtet, Gesagtes nicht mehr rückgängig gemacht werden. Für eine Bevölkerung im Krieg und dazu verdammt, zwei siamesischen Totalitarismen zu dienen, kann Information

zur Waffe in Feindeshand werden. Und genau deshalb gibt es, wie mir zahlreiche Angolaner unverblümt erklärten, in diesem Land auch eine regelrechte Kultur der Lüge.
– Sag nie, was du denkst. Das haben mir schon meine Eltern beigebracht. Und ich geb es an meine Kinder weiter. Lügen heißt überleben. Die Zivilisten lügen aus Notwehr. Die Militärs aus taktischen Gründen. Die Politiker aus Böswilligkeit. Und alle tun es mit Methode, in kollektiver Schizophrenie. So daß selbst ein nigerianischer Offizier der UN-Friedenstruppe darüber staunte:
– Die Leute hier lügen mehr als bei uns. Und das will was heißen, in Nigeria haut dich nämlich jeder übers Ohr. Da kommst du nicht gegen an. Die erzählen dir, daß du ein hundertprozentig sicheres Geschäft machen kannst, und wenn du dann vertrauensvoll dein ganzes Geld investiert hast, merkst Du plötzlich, daß du übers Ohr gehauen worden bist und ohne einen Pfennig dastehst. Ich weiß, wovon ich rede. Die geben sich als große Geschäftsleute aus, als Millionäre, und du glaubst denen. Die quartieren dich im besten Hotel von Lagos ein und schleppen dich in die teuersten Schuppen. Und falls du besonders mißtrauisch bist, tun sie, als wären sie von der Regierung: die nehmen dich am Flughafen in Empfang, und wenn du mit deinem künftigen Geschäftspartner ins Hotel kommst, natürlich in einer Limousine, erwartet dich bereits eine Meute Journalisten mit Kamera und Blitzlicht zum Interview. Nicht einer ist Journalist, die tun nur, was man von ihnen verlangt, die ziehen das Spiel durch, lassen dich nicht aus den Fängen und scheuen keine Kosten, nur damit du ihnen in die Falle tappst, und wenn du drin bist, wirst du bis auf den letzten Blutstropfen ausgesaugt, und plötzlich merkst du, daß dir nicht mal mehr die Kleider auf deinem Leib gehören ... Aber dann ist es bereits zu spät, und du darfst barfuß kehrt machen.

In der angolanischen Leere sind die Menschen die Orte, und die Menschen sind, was aus ihnen macht, wer das Sagen hat. Calai, so zerstört, abgelegen und arm wie Cuangar, hat sich als weit schlimmer erwiesen, und zwar schlicht durch das Wesen seines Gemeindevorstehers. Wer dorthin kommt, weiß nicht, wann man ihn wieder gehen läßt, und solange das krankhafte Mißtrauen der UNITA nicht beseitigt ist, läßt es die Zeit weiterwachsen. Ich rührte mich einen Tag lang nicht von der Stelle und wurde doch immer aus der Ferne beobachtet. Der Fremde auf dem Präsentierteller. Aber niemand wagte sich näher. Jeder hält sich stillschweigend an die Vorschrift: Alles, was nicht erlaubt ist (und selbst, was erlaubt ist), ist verboten. Die Umkehrung des Rechtsstaates, ein Punkt, in dem MPLA und UNITA sich immer einig waren. Als einziger verstieß der einzig freie Mensch von Calai gegen dieses Prinzip: der Dorftrottel, der mir sein verdrecktes Taschentuch zeigte und mir Diamanten zum Kauf anbot. Er wurde vertrieben, zu meinem »Schutz«.

Auf Weisung des Gemeindevorstehers begann man den Geländewagen zu reparieren, der, an zwei Rädern aufgebockt, neben dem Haus stand. Er war »das einzig verfügbare Fahrzeug«. Und ich wurde ein weiteres Mal aufgefordert, das Entgegenkommen der UNITA in Dollar zu bezahlen: weder Öl noch Benzin waren vorhanden und mußten daher heimlich in Rundu beschafft werden. Eine Mission für Nundas »Adjutanten« – einen blutjungen Rebellen, mit einem intelligenteren Lächeln als sein Vorgesetzter, mit Muskeln, die förmlich die zerschlissene Uniform sprengten und Tennisschuhfragmenten an den Füßen. Er setzte auf Befehl mehr als einmal illegal über den Fluß, wobei er sinnlos seine Haut riskierte, um Zigaretten und Bier für die höheren Dienstgrade zu besorgen, die nicht die geringsten Anstalten machten, das wenige, das es gab, mit ihm zu teilen.

Der junge Rebell hatte das Gefühl, etwas Unrechtes zu tun, als ich ihm heimlich etwas namibisches Geld zusteckte, damit er sich einen Wunsch erfüllen konnte: ein Bier, Zigaretten, Essen oder ein Geschenk für sein Mädchen in Calai. Ich schätze, die Spende wurde von den anderen konfisziert, jedenfalls hat er nichts für sich gekauft. Neun Jahre nach dem Fall der Sowjetunion und acht Jahre nach Abschaffung der sozialistischen Wirtschaft durch die angolanische Regierung vertritt die UNITA weiterhin eine seltsame Vorstellung von Privateigentum. Das Individuum ist die Partei, und als Gegenleistung sorgt die Partei für das Individuum, ein hartnäckiges Festhalten an einem seltsamen, von Jonas Savimbi erfundenen Maoismus faschistischer Prägung, der seine revolutionäre Vorhut – die Bauern – in mittelalterlichen Wirtschaftsstrukturen hält. In vielen Gebieten der UNITA wurde Geld erst vor kurzem als Zahlungsmittel eingeführt, und der Tausch von Naturalien unter Leuten, die nie einen Geldschein zu Gesicht bekommen haben, ist weiterhin an der Tagesordnung. Für ein Huhn fährt man auf einem Lastwagen mit, ein T-Shirt erbringt mehrere Liter Honig, mit Maniok kauft man Stangenseife. In Grenzregionen, wie Kuando Kubango, ist Geld zwar weiter verbreitet, akzeptiert aber werden nur amerikanische und namibische Dollar.

In Calai erlebte ich zwei Prototypen für die fragwürdige Beziehung der UNITA zum Geld: den Oberst, der, mit einer über einwöchigen Mission in der gefährlichsten Gegend Angolas betraut, nicht einen Pfennig Geld bei sich hatte und auf Schritt und Tritt von der Freizügigkeit der anderen abhängig war; und den verzweifelten Oberstleutant, dessen Taschen vor unnützen Geldnoten überquollen und der sich bei mir fünf Dollar für Zigaretten leihen mußte: In Luanda hatte er vergessen, daß *Kwanzas* in den Einöden am Ende der Welt wertlos sind ...

Fogacho wurde so schnell ungeduldig wie jemand, der ans Befehlen gewöhnt ist. Der Hunger stieß ihm auf und verschaffte sich unter Protest Gehör. Ein Hoch auf die schlechte Kinderstube! Sie tischten uns mitten am Vormittag süßen Reis auf, ich steuerte meine letzte Dose Würstchen bei. Ein Festmahl kurz vor dem Aus.

Ich übergab dem Gemeindevorsteher einen Zettel mit einer Nachricht, um das Ereignis daheim zu melden. Eigentlich hätte die Nachricht per Funk von Calai nach Jamba, von Jamba nach Bailundo und von Bailundo nach Lissabon gehen müssen. Sie war nicht lang: »Laß es Dir schmecken. Tu's für mich.«

Falls sie je abgeschickt wurde, angekommen ist sie nie und nirgends.

Am 4. August 1997, als die Tempelwächter noch ihren Rausch vom Fest des Großen Alten ausschliefen, bereitete mir die UNITA einen unvergeßlichen Geburtstag.

Gegen 19 Uhr keuchte der alte Unimog durch die nicht vorhandenen Straßen von Calai, verschwand unter unserem Beifall Richtung Fluß, kam auf der anderen Seite wieder zurück, versuchte einige Pirouetten: Technische Tests, die er mit Erfolg bestand. Nunda und Matos verabschiedeten sich. Die Abordnung hatte ihre Mission erfüllt. Wir fuhren los. Zehn Minuten später, auf der Straße nach Dirico, blieb das Wrack mit einem nichts Gutes verheißenden Geräusch im Sand stehen. Ich stützte den Kopf in die Hände und wußte bereits, was Moma sagen würde:

– Das Differential ist hin.

Wir kehrten im ersten Gang nach Calai zurück, brauchten eine Stunde für sechs Kilometer. Moma schwitzte. Seit 1990 steckt eine Maschinengewehrkugel in seiner Wirbelsäule. Seither ist er Physiotherapiepatient. Er wurde in Bela Vista, Provinz Huambo, geboren und trat im Alter von dreizehn der UNITA bei. Sein ganzes Dorf war ausgelöscht worden, darunter sieben Personen aus seiner Familie. 1971 war er das letzte Mal in Luanda, aber die Stadt fehlt ihm nicht.

Trotz vorgerückter Stunde mußten wir ein Transportmittel finden, das uns »das einzig verfügbare Fahrzeug« ersetzte. Moma lud mich bei sich zu Hause ab.

– Ich hab einen Schwarz-Weißfernseher.

Der winzige Apparat Marke Giant war an eine Autobatterie angeschlossen und strahlte NBC (Namibian Broadcasting Cooperation) aus. Ich sah mir eine Debatte über Wasser an und bekam Lust auf einen Tee aus den Kräutern, die der Gemeindevorsteher von Cuangar in seinem Garten gepflückt hatte. Seit zwei Tagen meine einzige Nahrung. Eine Petroleumlampe brannte. Oben an der Wand hing ein Vorhang an einem Nagel, den ein Bild mit drei Rosen verdeckte: *»Love is for two, three is for divorce.«* Ein Kalender von den Leichtathletik-Weltmeisterschaften in Athen und ein Fotoapparat teilten sich einen Haken. Und natürlich überall Aufkleber der Partei.

Alles Gute zum Geburtstag.

Es war beinahe Mitternacht, ich konnte dieses Datum nicht einfach verstreichen lassen. In meinem Rucksack war eine Kassette von Marilyn Monroe. Ich suchte *»Happy Birthday Mr. President«*. Fand dabei etwas besseres: *»My Man«* von Billie Holiday. Gefolgt von Roy Orbinsons *»In Dreams«*.

Ich hörte mir mein Geschenk an, genoß es zusammen mit dem Tee. Es ist gut, über sich selbst zu lachen, solange man noch klar genug ist im Kopf.

Moma kam herein: wir konnten in einem Kamas weiterfahren. Ich mußte nur Geld für ein paar Kanister Diesel und eine Dose Öl locker machen.

Wer dort hin will, muß die höllische Fleischstraße überstehen, wo die Menschen sich drängen, beschimpfen, Schlachtvieh in Stücken auf den Schultern tragen, ganze Köpfe – alptraumhafte Fleischlappen, die Blut und Fliegen in die Gesichter der Entgegenkommenden wippen. Hinter den leeren, gestärkten Mehlsäcken am Boden und den hockenden Frauen davor. Weit hinter den »Stehventilatoren« mit einem Licht auf halber Höhe. Und noch hinter den Töpfen mit den brodelnden Kutteln und den Körben voll knackiger Larven. Ganz hinten, hinter den Schrauben und Petroleumlampen, hinter dem Mann, der aus Autoreifen Sandalen »für den Export« herstellt, dort ist sie. An der höchsten Stelle des Marktes, hinter dem Uhrmacher-Mechaniker und dem Haken-Reparierer, dort steht die Bude des »Apothekers«.

Seine Frau ist da. Er selbst ist gerade einer Kreißenden zur Hilfe geeilt.

Wurzeln, Körner, Früchte, Kastanien, Samen, Knollen, Reptilienhäute, zermahlene Straußeneier, Federn, Knochen, Pulver und heilende Exkremente, Asche, bunte Fläschchen, kleine Behälter mit Essenzen.

– Bist du gesund, oder brauchst du was?

Wer die Wahl, hat die Qual!

Sabongo-Früchte, zweitausend der Kranz, hilfreich bei Magenbeschwerden verschiedenster Art.

Quibaba-Rinde, ein interessantes Malariamittel, vergleichbar der Chinarinde.

Abutua, eine Kletterpflanze aus dem Planalto: ein Sud aus zerstampften Wurzeln, Blättern, Zweigen, Rinde oder Früchten lindert Gonorrhöe und eine Reihe anderer Geschlechtskrankheiten (insbesondere, wenn sie chronisch sind); hilfreich auch bei Schlangenbissen und als schweißtreibendes Mittel bei Erkältungen.

Losna de Humpata: eine Art Beifuß, der in Huíla aufgebrüht und als magenstärkendes Mittel bei abklingendem Sumpffieber verabreicht wird, in Pulverform gegen Würmer, vor allem bei Kindern.

Múbafo-Rinde, bei syphilitischen und skorbutischen Geschwüren.

Dongo-Samen aus dem Kongo, für den Magen (anstelle von Pfeffer auch als Würzmittel verwandt).

Zum Stillen von Blutungen, selbst bei *liamba*-Rauchern, ist *encotahoté* wirksamer als jedes andere Pulver. Es wird aus einem aromatischen, stark duftenden und harzigen Gras im Sertão von Huíla gewonnen. Zudem soll es gut gegen Gebärmutterblutungen sein.

Cachinde-candange: ein kleiner Strauch, hilft als Tee (kalt oder warm) gegen Kopfschmerzen; sein wohlriechendes Harz wird auch als Dufttherapeutikum bei rheumatischen Beschwerden und leichten Lähmungen genutzt, und im Haus läßt es sich schlicht statt Weihrauch verwenden, früher, von den weißen Siedlern deshalb Wandrosmarin genannt.

Cahémbia-émhbia, ein Malvengewächs für Absude und Emollienzien.

Gipepe-Samen, äußerlich wie Muskatnüsse und auf allen Märkten zu finden, als Tonikum, Stimulans und Magenmittel.

Mucumbi-Rinde, gekocht, gegen skorbutische Geschwüre im Rachenbereich.

Catete bulla-Pulver: aus den zarten Stielen und Blättern des gleichnamigen Krauts gewonnen und von den Zauberheilern im Landesinneren als wirksames Mittel bei skorbutischen Krankheiten im Rachenbereich angesehen. Darreichungsform auch als starker Aufguß.

Pemba-Pulver, eine fast allen angolanischen Zauber-Heil-mitteln beigemischte Ingredienz. Wird zusammen mit *caseque*-Pulver in gelöster Form bei nervösen und rheumatischen Kopfschmerzen verabreicht. Dient auch zur Gesichts- und Körperbemalung und wurde früher von besser gestellten Schwarzen und im Landesinneren lebenden Weißen als Kalkersatz benutzt.

Mubafo-Harz wird zur Wundheilung aufgetragen.

Mulemba-Bärte, diese Flechten eines Feigengewächses heilen als Absud mit Hautausschlag verbundenes Fieber und Durchfälle, sowie, äußerlich angewandt, Wundgeschwüre.

Mundondo, eine Kletterpflanze, deren Wurzel, mazeriert, bei Husten und anderen Brustleiden lindernd und lösend wirkt. Ihre Blätter schmecken, mit Öl oder Butter gekocht, wie Spinat. Bei chronischem Husten allerdings greift man besser auf die *musoso*-Rinde zurück.

Rinde und Frucht des *mulôlo*-Baums, für adstringierende Absude bei Wechselfieber, entzündlichem Hautausschlag und Geschwüren.

Wurzel und Rinde des *molungo*-Gewächses gegen Syphilis im Sekundärstadium, in gekochter Form (die Wurzel) und in der gleichen Dosierung dargereicht wie die Stechwinde oder Sarsaparille.

Das großartige, mit zahlreichen Mineralien und Pflanzenstoffen versetzte *tacula*-Pulver, in der angolanischen Naturmedizin und zur Herstellung von Zaubermitteln (sowie zur Körperverzierung) so häufig verwandt wie kein anderes seiner Art. Die Neugeborenen werden in seinen tiefroten »Glanz« gehüllt, und an Festtagen lassen es sich die Frauen nicht nehmen, ihre Füße mit ihm zu bemalen, damit es aussieht, als trügen sie Schuhe ...

Nicht zu vergessen das *umpeque*-Öl, für Körper und Haar der jungen Mädchen, oder für ein gutes Essen.

Jetzt aber kommt die Kälte, und gegen die ist kein Kraut gewachsen. Auf dem *Chioco* habe ich nur eine Jacke erstanden, lang und scheußlich, aus grober, verwaschener Baumwolle, mit Tabakresten in einer Tasche. Sie schien mir das Wärmste aus dem »Kleiderhaufen«, aus dem man nimmt und verkauft, was die Mildtätigkeit der reichen Länder in Pakete packt. Auch eine braune Mütze, so häßlich wie billig, war darunter.

Sie kommt näher, ich spüre es. Ich kenne ihr Summen, es legt sich in der Ferne über den Tag. So kündigten sich die Heuschreckenplagen an. Eine dunkle Wolke, wie eine geflügelte Decke, und mit ihr ein höllisches Kreischen. Sie sind über uns hergefallen in den ersten Jahren von Lubango. Wer nicht krank im Bett lag, lief aus dem Haus, um das Geschmeiß mit Feuer zu bekämpfen. Wir setzten uns auf freiem Feld gegen die tausend Flügel des Satans zur Wehr. Ein ungleicher Kampf. Es nahm kein Ende mit ihnen. Wir zündeten Feuer an und schwenkten brennende Fackeln, Tücher, schlugen bis zur Erschöpfung auf Blechdosen, schrien ihnen Worte entgegen, die sie nicht verstehen konnten, denn der Teufel hat sie taub geschaffen. Einmal haben sie eine ganze Ernte vernichtet, Monate Arbeit umsonst. Die Pflanzungen gingen zugrunde, zernagt von endlosen Insektenschwärmen. Uns blieb nur das Getöse im Kopf, der Hunger auf dem Feld und das Grauen aus der Bibel.

Mein Mann hat diese Heimsuchung nicht miterlebt. Er starb in dem Jahr, als man beschloß, Lubango zu kolonisieren. Ich bin gleich mit dem ersten Treck hoch ins Chela-Gebirge, mit meiner jüngsten Tochter, die beiden älteren hab ich im Grab zurücklassen müssen. Es war nicht wie heute, es gab noch keine Eisenbahn von Stadt zu Stadt. Nur Karawanen. Es waren Tage in Ochsenkarren und Nächte auf befestigten Lagerplätzen. Mein Schwiegersohn gehörte zu den ersten Siedlern in Huíla und ich zu denen in Moçâmedes. Ich bin übriggeblieben von den ersten Siedlern aus Pernambuco. Wir waren eine Zuckerrohrpflanzung mit einer kleinen Mühle ... Ein Stück Brasilien für uns: wir haben Land genommen und Häuser gebaut, es war ein Jahr wie im Fieber.

Mein Name war mir ins Gedächtnis geschrieben, aber das ist geschrumpft mit der Zeit. Eines Morgens bin ich aufgewacht, und es war weg. Es ist nicht weiter schlimm und macht auch keinen Unterschied: ich habe zugesehen, wie der Tod alle mit sich genommen hat, von denen ich mich so gern rufen ließ. Meine Eltern in Madeira, meine Töchter in Moçâmedes, meine Enkel in Lubango. Es ist einfacher so, bald wird keiner mehr wissen, wie einer heißt, der gestorben ist, und mein zwei Monate alter Ururenkel wird sich nie erinnern, daß er mich als Schatten wahrgenommen hat. Vor vierzig Jahren habe ich eine Akazie gepflanzt, ein robuster Baum. Er hat mir zwar nichts gesagt, aber ich denke, auch er neigt sich dem Ende zu, die Falten im Stamm sind matt geworden.

Ich habe ihn zum ersten Jahrestag meiner Witwenschaft gepflanzt. Mein Mann und ich, wir waren sechsunddreißig Jahre zusammen, wir haben in Cavaleiros gewohnt. Unsere Hochzeit war die erste in der Kolonie – an Allerheiligen. Die Santo-Adrião-Kirche stand noch nicht, obwohl sie schon mit dem Bau begonnen hatten. Vom Marinestützpunkt war eine Korvette gekommen, weil der Kaplan eine Messe an Land lesen wollte. Und wir haben die Gelegenheit wahrgenommen und uns zwischen den provisorischen Mauern der Festung die ewige Treue geschworen. Mein verstorbener Mann war das einzige mir verbliebene Bindeglied zum Meer. Als der Pater sprach, standen wir unter einem Dach aus Segeln und Planen: Es war meine unwiederbringlich letzte Fahrt über den Ozean. Ich war gerade sechzehn damals. Ich habe Manaus nie wiedergesehen und den anderen nie begreiflich machen können, wie es ist, an einem Fluß ohne Ufer geboren zu sein.

Sie kommt näher. Diesmal gehe ich nicht nach draußen. Diesmal kommt sie mit einem Geräusch, das kein Kreischen ist[1].

[1] Diese kurze Autobiographie, mündlich an zwei achtzigjährige Frauen weitergegeben, die ich in Lubango interviewte, dürfte die einer Frau sein, welche »Weihnachten 1927 bereits vierundneunzig Jahre alt war«; nachzulesen in der Sonderausgabe des Wochenblatts O Sul de Angola zum hundertsten Jahrestag der Gründung von Moçâmedes. »Die ersten Siedler aus Pernambuco« waren tatsächlich jene 170, die auf dem Schiff *Tentativa Feliz* [*Glücklicher Versuch*] unter dem Geleit der Brigg *Douro* über den Ozean gekommen und am 4. August 1849 an Land gegangen waren. Wie der »Ehrentafel der Gründer« zu entnehmen, die sich in der zitierten – und in einem winzigen Abstellraum des Kulturamtes von Namibe stapelweise vorhandenen – Ausgabe befindet, gibt es drei Möglichkeiten für die Identität der Frau: Es könnte sich bei ihr um Hortense Raquel da Silva handeln (Tochter von António Romano Franco und Joana Raquel da Silva, sofern Hortense nicht Raquels Schwester war), um Balbina Generosa da Conceição (auf der Liste stehen das Ehepaar Augusto Lebreman und Helena Maria da Conceição), um Maria oder Francisca (eine der beiden Töchter von José de Almeida Moniz und Joaquina Rosa de Jesus). Sie war eine »chicoronha« (Verballhornung von »senhor colono« und Bezeichnung für die Nachfahren von Leuten aus Madeira).

Daniel Libermanns Odyssee begann an dem Tag, als ihm die Diebe Mandela, Chocolate und die anderen stahlen.

— Es gibt Schwarze, da denkst du, der Typ, der ist dem John Kennedy wie aus dem Gesicht geschnitten. Und mit den Tieren ist es wie mit den Menschen. Selbst mitten auf der Koppel findest du welche, die nicht nur so aussehen, sondern auch so sind. (Ich hatte nie einen Kennedy-Ochsen.) Alle meine Tiere haben einen Namen, alle. Chocolate, Dayan, Capelo. Mandela. Andorra, Jamaica, Argentina, und in der Art. Namen von Ländern, Städten oder Leuten von hier. Die Dinamarca. Oder traditionelle Namen, ausgefallene, wie Chicangona, Sirimovenda. Den Dayan hat Jerónimo getauft — nach dem israelischen General.

Libermanns Gesicht hellt sich kurz auf, als er von seinen Rindern spricht. Dann verschmilzt es wieder mit dem Halbdunkel des Zimmers. Sein ältester Sohn schwitzt die Malaria aufs Sofa; die Krämpfe pflanzen sich durch die Decken fort und entwinden sich seinem stöhnenden Mund wie erschöpfte Schlangen. Die Luft riecht nach Fieber, die Wände sind verblichen, selbst das Licht der Lampe ist fahl. Libermanns Stimme klingt müde. Vor einigen Tagen ist er zurückgekommen von

— einer traurigen Geschichte

und versucht jetzt die Welt wieder ins Lot zu bringen. Im November 1992 und im Januar 1993 raubten ihm Viehdiebe sämtliche Tiere seiner Fazenda Alí (*»Rancho Cotchó River«*), 80 Kilometer südlich von Benguela. Ebenso erging es Francisco Muchila, Albano Dias dos Santos, Horácio Pedrosa,

Tchipindo Nambolo, Ndjamba Ieva, Catchiwe Tchiweka, Maubala Tchihewa, Kachilawa, Mupossela, Nbiavi Chongolola, Chiópio Okaohamba, Kachiapi Limeke und anderen Züchtern. Die Fazendeiros konnten Vieh und Diebe ausfindig machen und versuchten mit Hilfe der Behörden wieder an ihr Eigentum zu kommen. Schwieriger, als es auf den ersten Blick schien. Denn die zuständigen Behörden verweigerten den Männern jegliche Unterstützung, sie selbst waren die Diebe. Auf der Suche nach seinen Tieren und auf der Flucht vor den gedungenen Mördern des angolanischen Innenministeriums verbrachte Libermann zwei Jahre in der wüstenähnlichen Weite von Namibe.

Seit einigen Tagen ist er wieder zurück. Er sitzt im Haus herum. Und das ist schlecht. Libermann liebt seine Tiere wie andere Leute Menschen lieben. Er liebt sie, wie man ein Kind liebt. Oder eine Frau. Alle Tage. Eine große Weide, seine Liebe. Er lächelt wieder, als er sich an die *makas*, die Auseinandersetzungen mit seiner Frau erinnert, weil er es keine 24 Stunden ohne seine Tiere aushielt. Am Wochenende fuhren seine Freunde zur Baía Azul, an den Strand. Auch Libermann fuhr in diese Richtung, nur ein Stück weiter, auf die Fazenda Alí, und nahm dort ein Bad in seiner Herde.

— Ich war einer der wenigen, die eine Schwäche für besonderes Vieh hatten. Ich wollte nur was mit Vieh zu tun haben, das exotisch war. Da war ich rigoros. Nur exotische Rassen. Rassen, die am meisten Gewicht zulegen, am schnellsten, Vieh, wo die Kuh, anders als die übliche Kuh, immer ihr Kalb säugen kann. Meine Stammbäume waren astrein: Zebu-Brahman, eine arabische Rasse, Afrikaander, von Südafrika eingeführt, eine Kreuzung mit Büffeln, die beste überhaupt, und Santa Gertrudes, aus Amerika, eine Kreuzung zwischen Rind und Bison.

Die Fazenda Alí, in Calahande, umfaßt 25 000 Hektar und verfügt über genügend Weideland für 10 000 Stück Vieh. Daher konnte Libermann Tausende fremder Tiere von Fazendeiros oder Unternehmen wie *África Textil* auf seinem Grund unterbringen. Insgesamt hatten die Diebe zweitausend Stück Vieh aus Benguela geraubt.

Der Verdacht fiel sofort auf die UNITA. Im September 1993 aber entdeckte Libermann, daß nicht Rebellen die Diebe waren. Außer Rindern hatte man ihm auch seine Ziegen und Pferde gestohlen. Dank der Pferde stieß er auf die richtige Spur. Jemand hatte sie in Dombe Grande gesichtet, einem Gemeindebezirk südlich von Benguela. In Dombe gab es nur zwei Züchter: ihn und Fernando Poentes da Silva. Tiere mit Libermanns Brandzeichen waren im Besitz des dortigen Polizeikommandanten aufgetaucht, eines der lokalen *sobas* und eines Händlers aus der Region. Für Libermann der Beweis, daß

– die Viehdiebe »von dieser Seite« kamen.

Über einen ehemaligen Hirten erfuhr er wenig später, daß man ein Stück weiter unten, in der Provinz Namibe, ebenfalls Vieh gesichtet hatte. Libermann und andere Züchter wandten sich an den für die Verteidigung zuständigen Vizegouverneur von Benguela, und auf dessen Geheiß an den Gemeindevorsteher von Baía Farta, der sie wiederum an den Gemeindereferenten für Verteidigung verwies. Das Vieh wurde schnell ausfindig gemacht.

– Wir brachten alles mit zurück. Zweitausend Tiere, der Rest war bereits von den lokalen Chiefs verhökert worden.

Libermann konnte nicht ahnen, daß einer der Beamten in den Diebstahl verwickelt war. Der Provinzdirektor der Kriminalpolizei von Benguela (PIC), ein Mann namens Coelho. Er war mit der Klärung des Falls beauftragt und zugleich Koordinator der weitverzweigten Diebesbande. Er befand sich zu diesem Zeitpunkt gerade auf dem Weg zurück in die Stadt

– und trommelte ein paar Alte aus der Gegend zusammen, damit sie sagten, das Vieh würde ihnen gehören und behaupteten, wir hätten es gestohlen, wir die Eigentümer!

Der Gouverneur von Benguela ordnete an, die Tiere so lange in Dombe Grande zu lassen, bis der Sachverhalt geklärt sei. Obgleich nichts darüber hinwegtäuschen konnte, daß Hunderte von Tieren Libermanns Brandzeichen trugen – was sowohl bei der Steuerverwaltung als auch bei der veterinärmedizinischen Aufsichtsbehörde registriert war –, steckte man den Fazendeiro ins Gefängnis, in Einzelhaft, und das ohne formale Anklage. Ebenso verfuhr man mit Francisco Muchila. Nach sechs Tagen erschien der Direktor der PIC.

– Ich habe die Weisung, Sie freizulassen. Sie können sich Ihr Vieh holen.

Nicht ein Rind war mehr in Dombe: Der Provinzkommandant der Polizei und Direktor Coelho hatten die Tiere wegbringen lassen.

– Bis auf die von den Einheimischen ohne Brandzeichen.

Drei- oder vierhundert von ursprünglich zweitausend Tieren. Unter denen aber befanden sich sechsundzwanzig mit Libermanns Brandzeichen, die hatten sie schlicht übersehen. Als der Züchter auf Rückgabe seines Vieh pochte, beriefen sie eine Versammlung ein und schrieen:

– Der Libermann ist von der UNITA, macht ihn kalt!

Libermann wägte die Situation ab:

Waffen und Munition waren verteilt,

die Leute angewiesen, ihn zu liquidieren,

bis Benguela waren es 105 Kilometer, und er mußte das Vieh vor sich hertreiben:

– Ich war immer mein eigener Herr gewesen, mit der Peitsche hinter dem Vieh herlaufen, das kann ich nicht,

und überhaupt,

– nur sechsundzwanzig Stück? Nein danke.

Am nächsten Tag erzählte Libermann dem Direktor der PIC von dem Vorfall.

– Gehen Sie da bloß nicht mehr hin!

Vier Tage später sieht der Fazendeiro vor seiner Tür sechsundzwanzig Tiere auf den Lastwagen eines anderen Züchters vorbeifahren. Es sind die Lastwagen von Osvaldo.
— Die gehören den Polizeichefs,
sagt Osvaldo. Libermann weiß, daß sich die einzigen Koppeln in Polizeibesitz zwischen dem Zuchthaus und der Fazenda von Simões befinden. Dort waren seine Tiere nicht nur versteckt gewesen, sondern auch in den Besitz des Kommandanten übergegangen.

Eine zweite Pilgerfahrt zum Gouverneur führte Libermann und die anderen Züchter erneut nach Dombe Grande. Diesmal schienen die Behörden es ernst zu meinen: das Vieh, das bei der ersten Rückgabe fehlte, sollte den Züchtern jetzt in einem anderen Gemeindebezirk zurückgegeben werden. Aber dann meinten sie es doch nicht ernst:

— Kein Stück Vieh weit und breit. Dafür ein Zettel unter einem Stein. »Die Männer sind nach Namibe. Sie haben uns gewarnt.« Jetzt ging die große *maka* mit dem Direktor der Untersuchungsbehörde und dem Polizeikommandanten los.

Drohungen: in Kriegszeiten verschwinden viele. Und zwar für immer. Die Viehdiebe waren von den Behörden bewaffnet worden, da sie angeblich zur Zivilverteidigung gehörten.

Libermann unterbreitete den Fall Moco,

Marcolino Moco, dem Premierminister mit dem Lausbubengesicht, inzwischen von Luanda ins Sekretariat der CPLP nach Lissabon weggelobt. Im März 1995 kam die dritte Viehbefreiungsexpedition aus heiterem Himmel, in zwei von der Regierung zur Verfügung gestellten Hubschraubern. Sie landeten in Camacuio, der nördlichsten Gemeinde der Provinz Namibe. In den Hubschraubern befanden sich Viehzüchter, Anwälte, Delegierte der Generalstaatsanwaltschaft sowie militärischer Begleitschutz. An diesem Tag hatte sich selbst das Vieh zur Landung seiner Besitzer eingefunden. Diesmal war es da.

— Wir wollen uns nach den Rindern von Libermann und den anderen umsehen.
— Yah, kein Problem, wir können uns gleich hier zusammensetzen und die Sache besprechen.
— Dann lassen Sie derweil doch eine Kleinigkeit zu essen herrichten.
— Eine Kleinigkeit zu essen? Ja, was möchten Sie denn?
— Kaffee? Milch? Brot? Uns geht allmählich das Brot aus, wir haben nur noch Bananen ...
— Wir haben weder Kaffee, Milch, Bananen, noch sonst was. Nur Maniokbrei und Fleisch.
— Dann machen Sie eben ein bißchen Maniokbrei und Fleisch.
— Dazu muß man aber ein Rind schlachten, eine Ziege, und den Maniok muß man stampfen und reiben ...

Damit war die Sache erledigt: es fehlte eher an Kooperationsbereitschaft als an Eßbarem. Anwälte, Delegierte und Begleitschutz kamen zu dem Schluß, daß sie unter diesen Umständen auf keinen Fall in Camacuio bleiben konnten.

— Dann bleibt eben der Libermann, und in zwei, drei Tagen ... Gibt es hier Funk?
— Ja.
— ... Also, in zwei, drei Tagen meldet sich der Libermann in Benguela, und dann kommen wir und holen ihn und die anderen.

Libermann meldete sich nicht. Er und die anderen Fazendeiros blieben auf eigene Verantwortung in der Arena. Am fünften Tag erschienen die ersten Mucubal in Camacuio,
— Nomaden aus Kenia, die kommen wegen der Weiden her, die interessieren sich nur für das Vieh. Sie haben gefragt:
— Irgendein Problem hier?
— Wir müssen dem Herrn Libermann sein Vieh zurückgeben, es trägt nun mal sein Brandzeichen.

Die Mucubal waren anderer Meinung als die Beamten:

– Hören Sie, wir haben mit der Sache nichts zu tun. Das mit den Waffen, das war der Genosse Kommissar, der Genosse Kommissar hat die Munition ausgegeben, der Genosse Kommissar hat die anderen, die aus Benguela gekommen sind, empfangen, und sie haben ausgemacht, daß wir die Rinder wegholen aus der Fazenda von dem Herrn Libermann. Und deswegen haben wir die Rinder auch mitgebracht. Nur die Pferde nicht. Die Rinder, die Truthähne, die Gänse, die Schweine, das haben wir alles hergeholt. Und das hier haben wir dafür bekommen.

Das besagte Vieh.

– Außer dem Vieh von dem Herrn Libermann ist da auch noch Vieh von den andern Herrn gewesen. Es war mit da, auf der Fazenda, und deswegen haben wir das ganze Vieh auch mitgebracht, und nicht nur das von dem Herrn Libermann. Wir haben mitgebracht, was da war. Ja, und die Leute, die hier sind, die wollen natürlich auch ihr Teil von uns abhaben. Deswegen, Genosse Kommissar, damit wir zahlen, zahlen erstmal Sie, dann zahlen wir auch.

Schöner Schlamassel. Die Mucubal wollten das Vieh nur zurückgeben, wenn der Kommissar – oder der Bürgermeister, wie er sich seit der Spaltung seiner Partei nannte – ebenfalls den vereinbarten Anteil zurückgab. Ein Viehhandel, an dem viele beteiligt waren, die einzigen allerdings, die dabei nichts zu suchen hatten, waren die legitimen Besitzer des Viehs. Man mußte sie beseitigen. Der erste Anschlag auf Libermann, den hartnäckigsten der Fazendeiros, wurde eine Woche später auf einem Gipfeltreffen zwischen Bürgermeister, Gemeinderäten und den *sobas* der Mucubal beschlossen. Der Polizeikommandant von Camacuio setzte die Fazendeiros davon in Kenntnis.

– Sie können davon ausgehen, daß es Ihnen hier in ein,

zwei Stunden an den Kragen geht, und zwar auf Befehl des Bürgermeisters.

In Anbetracht der drohenden Lebensgefahr begab sich Libermann stehenden Fußes zum Bürgermeister.

— Herr Bürgermeister, da kommt Ihr Mann von der Zivilverteidigung (Sie nennen das wohl eher Milizen) und sagt, man will uns umbringen.

— Ach was! Das gilt nur für Neger und ...

— Und was bin ich?!?

— Aber nein, doch nicht Sie, Herr Libermann ...

— Nun, Sie wissen, wo wir uns aufhalten. Eine Kugel hat keine Wahl. Die schießen mich nachts ab, in dieser Stadt gibt's nicht einen Funken Licht. Ich bin mit den anderen Männern in der Grundschule untergebracht. Wie stellen es denn da die Kugeln an, daß sie den Libermann nicht aussuchen, wenn ich mitten unter ihnen bin? Die Männer und ich, wir werden hier bei Ihnen in Ihrem Rathaus schlafen.

Gesagt, getan. Libermann kam unbewaffnet ins Rathaus. Ohne Personalausweis und ohne Armbanduhr, mit allen Männern und zerlumpt wie sie waren. Als die Mucubal eintrafen, hatten die anderen ihr Lager bereits im Haus des Bürgermeisters aufgeschlagen. Denn kein Mörder begeht einen Mord unter dem Dach seines Auftraggebers.

Das war ihre Rettung.

Am nächsten Tag beschloß Libermann, einen anderen Kurs einzuschlagen und ging nach Lubango. Camacuio gehört zu Namibe, und der Gouverneur dieser Provinz

— heißt Joaquim da Silva Matias. Ich hab die Schulbank mit ihm gedrückt, wir waren beide im *Seminário Menor do Jau*, in Huíla, und anschließend im *Seminário Maior do Christo-Rei*, in Huambo. Wir steckten immer zusammen. Und auch dieser Baltazar Manuel, der Gouverneur von Huambo war, war mein Schulkamerad, und noch andere. Aber der Gouverneur von Namibe hat Angst vor euch und dem Bürgermeister, weil ihr einflußreicher seid als er. Mit dem verhandel ich erst gar nicht, ich geh direkt zum Gouverneur von Huíla, Kundi Pahiama, der ist nicht nur Gouverneur, der ist auch General. Der wird mich anhören: ohne weiteres.

— Also, wo drückt der Schuh?

— Ich bin mit dem Hubschrauber hingeflogen. Ohne großes Gepäck. Geplant waren drei Tage. Ich hatte weder Geld noch Lebensmittel dabei. Ich hab Hunger gehabt. Und die Kerle wollen mich die ganze Zeit nur umbringen, hetzen die Mucubal auf mich. Die Mucubal selbst sagen, sie handeln im Auftrag. Ein Mucubal stellt keine Munition her, keine AKs, keine RPG7, keine 60mm und keine 80mm Mörser. Aber die dort haben das alles. PKMs und mehr.

— Was schlägst du vor?

— Wenn du mich fragst: den Bürgermeister von Camacuio verhaften. Die einzige Lösung.

Lubango, die Hauptstadt von Huíla, ist zuständig für die Militärgerichtsbarkeit in den südöstlichen Provinzen. Kundi Pahiama versorgte Libermann und seine Leute mit Lebensmitteln, zwei Kamas-Lastern, zwei Toyota-Geländewagen und sechzig Mann Begleitung. Bürgermeister Major Kalitoko Capela wurde verhaftet und gestand, einer der Drahtzieher des Viehraubs zu sein. Beschuldigte aber zugleich den Polizeikommandanten von Benguela, Oliveira Santos; der war inzwischen an einen Ort versetzt, wo er um nichts auf der Welt hatte hin wollen — nach Huíla. Er und Kundi Pahiama hatten nie miteinander gekonnt. Jetzt wurde er in den Gouverneurspalast zitiert:

— Da klaust du inzwischen also Rinder, Oliveira.

— Quatsch, ich muß dreiunddreißig Stück Vieh bezahlen, das ist alles. Die Tiere, die ich hab schlachten und in den Lundas verkaufen lassen. Der Rest geht auf das Konto vom Herrn

Provinzdirektor der Kriminalpolizei und seiner Bande. Die haben das Vieh auf meiner Fazenda abgestellt und wissen genau, was aus den Tieren geworden ist. An die muß sich der Libermann wenden. Nicht an mich. Wenn ich für die dreiunddreißig Rinder zahlen muß, zahl ich eben.

– Libermann, was willst du?
– Ich will kein Geld, ich will mein Vieh. Der Oliveira geht jetzt und kauft mir dreiunddreißig Rinder aus dem Bestand von Fernando Borges,
dem besten Züchter in Angola,
– und anschließend hol ich sie mir von dort ab.

Wenn man diese 33 Tiere dazurechnet, hat Libermann insgesamt 60 Rinder zurückbekommen, von 287, die geschlachtet oder verkauft wurden, die Kälber und Ochsen, deren Brandzeichen nicht mehr gut sichtbar waren – um die dreihundert Stück – hat man ihn nicht mitnehmen lassen. Nach dem Raubzug auf der Fazenda Alí hatte man das Vieh aufgeteilt. Etwas über zweihundert Tiere waren nach Namibe gekommen, der Rest nach Benguela, von wo er als Beefsteak auf Flugreise ging. Von sechsunddreißig Pferden bekam Libermann ganze sieben zurück.

– Vom Kleinvieh erst gar nicht zu reden.

Zu Beginn der großen Expedition waren achtundzwanzig Fazendeiros hinter ihren Tieren her. Nur sieben hielten bis zum Schluß durch, unter der Führung von Libermann. Sie bekamen fast ihr gesamtes Vieh zurück. Die meisten gaben auf, weil die Strapazen zu groß waren. An manchen Tagen hatten sie nichts zu essen. Die feindseligen Gemeindevorsteher und Bürgermeister wiesen die örtlichen Händler an, Libermann nichts zu verkaufen.

Keiner der Männer starb, aber statt ihrer starben andere. Während des ersten Überfalls kamen fünf Hirten um. Carlos Costa, Direktor der Zuckerfabrik von Dombe Grande,

– der dort arbeitet, aber hier wohnt,
kam der Herde am späten Nachmittag in die Quere, wurde beschossen und sah sich gezwungen kehrtzumachen.

1992 wurde Chiópio Okahamba, »ein Mann im dritten Lebensalter«, von den Räubern überrascht, während er zusammen mit seinen Söhnen Kihuta Kahemba und Katoko Buinda sowie einem Onkel, Nhave Chongolola, sein Vieh hütete. Der alte Chiópio konnte fliehen, nicht aber die anderen. Sie wurden gefesselt, geschlagen und anschließend in eine Gegend namens Nailowe verschleppt, wo »man die Geiseln alle kalt und erbarmungslos ermordet und ihre Leichen auf freiem Feld hat liegenlassen«.

Besagter Chiópo fand sein Vieh später im Besitz verschiedener Personen wieder, darunter zwei Männer namens João Dalivila und Bombo, sowie ein »sehr bekannter *soba* mit besten Beziehungen zu Leuten aus der Verwaltungsbehörde« von Camacuio. Er hieß Maluwa, »*soba* der Mucubal«. Wie sich herausstellte, gehörte João Dalivila zur Mörderbande von Nailowe, mußte aber nur zwei Tiere zurückgeben, alle übrigen hatte er bereits verkauft. Er wurde in Benguela verhaftet, aber auf Weisung des Direktors der PIC wie auch andere Mitglieder des Rings wieder auf freien Fuß gesetzt.

Bombó hingegen erklärte sich bereit, dem alten Chiópio die übrigen Räuber zu zeigen. Er fuhr mit ihm nach Mamué, einer Gemeinde an der Grenze zwischen Benguela und Namibe, wo er dafür sorgte, daß man den Alten fesselte, schlug und zwei Monate lang unter unwürdigen Bedingungen gefangenhielt. Als es Chiópio gelang, nach Dombe Grande zurückzukehren, machte er keine Ansprüche mehr auf sein Vieh geltend und schwieg.

Kachiapi Limeke, ein siebzigjähriger Mann aus Dombe Grande, wurde am 30. November 1994 vollständig ausgeraubt. Auch ihn fesselte und schlug man. Drei seiner Neffen beschlossen, »nach ihrer Herde zu suchen, die schließlich der ganzen Sippe gehörte«. Sie fanden die Tiere im Besitz von Bombó und zwei weiteren Personen, Bepessala und Kakinda, Männer, die bei den Züchtern von Benguela einen schlechten Ruf hatten. »Die Männer waren bewaffnet und hatten den Befehl zu töten und haben die Neffen von Kachiapi umgebracht; ihre Namen im Leben waren Katoko, Caliua und Felo Liangolo.«

Während der zweijährigen Verfolgungsjagd quer durch Namibe ermordeten die Viehdiebe auch einen alten Angestellten der Fazenda Alí und eine Frau, die für die Kantine zuständig war. Sie teilte

— die Verpflegung für die Pferde-, Rinder-, Schweine- und Ziegenhirten aus. Die Fazenda hat fünfundzwanzigtausend Hektar, die Hirten haben sich ihr Essen mit dem Pferd geholt oder mit dem Traktor. Ich möchte mal wissen, was die Kerle sich bei der Frau gedacht haben. Sie war im siebten oder achten Monat schwanger. Die müssen sich gesagt haben: Wir nehmen das Vieh von diesem Libermann mit, muß ein Weißer sein, und die da, die schlitzen wir auf, wenn die ein Kind von einem Weißen hat, dann ist sie bestimmt seine Frau. Sie haben ihr den Bauch aufgeschlitzt, einfach so. Sie hieß Maria de Fátima. Die dachten, ich bin weiß und sie ist meine Frau, nicht nur meine Angestellte. Sie ist gestorben. Sie war die Tochter vom Leiter meiner Reitschule, ein Cuanhama, er hieß Lourenço, er hat die Pferde zugeritten und den anderen Reiten beigebracht. Und einer der einheimischen Hirten, Cachilehuma, war der Mann dieser Frau.

Die Fazenda Alí hatte fünfundsiebzig Landarbeiter und zahlreiche Produktionsanlagen. Alles fiel der Zerstörung, der Plünderung und dem Vandalismus zum Opfer. Seit seiner Rückkehr hat es Libermann nicht übers Herz gebracht, den Ort aufzusuchen. Was er von dort hört, ist nicht ermutigend.

Er arbeitet inzwischen auf einer anderen Fazenda, Mbulo, in Huíla. Sie ist nur achttausend Hektar groß und gehört seinem Vater.

— Meine Tiere sind auf der Fazenda, die an die der alten Cahombe grenzt, der Mutter von Kundi Pahiama. Wenn sie meine Tiere jetzt stehlen wollen, müssen sie auch ihre stehlen, und das ist verdammt gewagt. Außerdem sind die Leute dort ganz anders, Vieh ist der wichtigste Besitz für die Eingeborenen und das heiligste Gut. In Huíla leben Nyanekas, Mumuilas, Muanas, Cuanhamas. Ein anderer Menschenschlag.

Nur Fernando Borges besitzt Herden von der gleichen Qualität wie er, versichert Libermann. Die sechzig Tiere, die er zurückbekommen hat, haben sich bereits vermehrt, es sind jetzt einhundertachtzehn, aber es wird wohl noch eine Dekade dauern, bis er wieder auf dem gleichen Zuchtstand ist wie früher. Libermann, ein ausgebildeter Tierarzt, betrachtet sich als

— Viehzüchter. Ein Viehzüchter hat eine besondere Beziehung zu seinen Tieren. Nehmen wir zum Beispiel eine Kuh, die alt ist und nicht mehr kalbt, da gibt's nur eins: abstoßen; aber sie ist mir ans Herz gewachsen. Sie hat fleißig geworfen, Stiere und Kühe, die sogar Preise gewonnen haben auf den Märkten, da werd ich doch die Kuh nicht nehmen und einfach schlachten lassen. Und Fleisch essen von so einer Kuh? Nicht dran zu denken! Ich kann doch nicht zusehen, wie so eine Kuh mit der Machete abgemurkst wird. Also laß ich sie so alt werden, bis sie stirbt. Es bringt zwar nichts ein, aber ich zeig, daß ich ein Herz habe. Jerónimo, der hatte mal eine Kuh, die war krank, und ich hab gesehen, daß sie's nicht mehr lange macht, aber gesagt hab ich ihm das nicht. Ich hab sie behandelt, hab alles getan. Als sie dann nicht mehr konnte, ist sie eben gestorben. Mit den Hunden ist es genauso. Ich behandel auch die Hunde von meinen Freunden. Ich sag doch nicht, hör mal, das lohnt nicht, schläfer das Tier ein, es hat Bruzelose, da ist nichts zu machen. Nein, so was sag ich nicht. Nicht mal bei Tuberkulose und auch nicht bei Maul- und Klauenseuche.

Libermanns Leidenschaft ist auf seine Kinder übergegangen. Seine Tochter war erst zwei, als sie zum ersten Mal zu ihm in den Wagen geklettert ist, im Morgengrauen, während der Motor warmlief, und auf der Fahrt ist ihr nichts entgangen:

– Papa, das Tier da, das gehört uns. Papa, hast du was zum Festbinden dabei, damit wir's zurückbringen können?

Der Jüngste mischte sich schon als Winzling unter die Tiere, trieb sie mit einer Rute auseinander, kroch unter ihre Bäuche, lugte zwischen ihren Beinen durch, bis er fand, was er suchte.

– Mein Ochse, das is der da.

Er merkte sofort, daß er fehlte, als Libermann wieder nach Hause kam. Chocolate war nicht zurückgekommen. Chocolate, sein Ochse, der denselben Namen hatte wie er.

»Für die Kläger und die anderen ungenannten Geschädigten bedeutet Viehzucht ein Stück Kultur, Reichtum, Leben, Identität, Geschichte und ererbten Besitz.«

Die obersten politischen und juristischen Instanzen, vom Präsidenten der Republik bis zum Generalstaatsanwalt, waren über die Machenschaften einer Diebes- und Mörderbande informiert, die vom Innenministerium in Benguela aus agierte – unter Beihilfe etlicher Offiziere der Angolanischen Streitkräfte. Daniel Libermann fand, eine solche Regierung verdiene keinen Respekt. Seine unermüdlichen Beschwerden und Petitionen endeten stets mit der gleichen lakonischen Formel:

»Ich bitte um Gerechtigkeit!«

Still liegen die beiden Galeonen in der Ferne vor Anker, die weißen Segel eingeholt. Zart verschwimmen die Umrisse ihrer schwarzen Leiber im gleißenden Licht der Wüste – das Tiefblau von Himmel und Meer ist ein ätherisches Abbild der Erde. Die Galeonen warten auf ihre Fracht, Fische, die in kleinen Booten kommen. Tag für Tag das gleiche geschäftige Treiben, und doch ist jeder Tag ein neues Vergnügen für João Tomás da Fonseca. Stunde um Stunde sitzt er vor dem Ozean, den Strand im Auge, die Anlagen. Von seinem Thron aus kann er zugleich die Galeoten auf dem Wasser betrachten und die Angestellten an Land überwachen. Er braucht nicht einmal aufzustehen: jeden einzelnen Arbeiter hat er von seinem Platz aus im Blick, kommt so der Faulheit auf die Schliche, dem Unvermögen, den Fehlern, der Schlamperei, dem Diebstahl; beim kleinsten Verstoß greift er zur Glocke. Ein kurzes Bimmeln, und der Aufseher straft den Schuldigen. »Dieser Aussichtsturm meiner Villa«, denkt João Tomás da Fonseca, »ist das genialste Bauwerk hier am Strand. Und *Mucuio I* und *II*, meine beiden schwarzen Vögel, zu schön, wie sie auf dem Wasser schlafen ...«

— Als er hierherkam, gegen Ende des letzten Jahrhunderts, stand dieses Haus noch nicht. Zuerst hat er gewohnt, wo jetzt die Ruinen sind. Die Galeonen brachten Waren in den Norden von Angola, nach Cabinda, nach Gabun und in den Golf von Guinea. Alles, was hier so umgeschlagen wurde: getrockneter Fischrogen und Haifischflossen. Tuche und Edelhölzer ... Die Villa ist vom Anfang dieses Jahrhunderts, er hat sie mit allem Komfort gebaut, mit fließend warmem Wasser und einem Heizungssystem. Von den beiden Schilderhäusern, die Sie sehen, war das eine für den Wächter und das andere für die Zentralheizung. Und hinter dem Haus, wo jetzt die beiden Taubenschläge sind, da waren Bad und Küche; mit fließend warmem Wasser.

João Tomás da Fonseca ist bereits seit Jahrzehnten tot. Mário Faria kannte den Alten selbst nicht. Nur dessen Kinder. Er ist sechsundvierzig Jahre alt. Sein Vater hat fast fünfzig Jahre hier gearbeitet, als Verwalter des Fischereibetriebes. Seine Mutter war in der Konservenfabrik tätig und hat sie später geleitet. Seine Onkel und Tanten haben ebenfalls hier gearbeitet. Mário ist Nachkomme einer Generation von Fischern.

Mário steht auf den steil abfallenden Felsen und blickt auf Mucuio zu seinen Füßen: dieser Strand ist sein Leben. Ohne Mário und seine Erzählungen wäre er ein geschichtsloses Foto: ein Sandstreifen wie viele andere, klein, unzugänglich, verloren zwischen den schroffen Klippen, in die die Wüste von Namibe mit den dunklen Farben ihrer Täler mündet. Eine Handvoll weißer Ruinen in der Mitte, ein schlankes Gebäude, wie eine quadratisch angelegte Stallung, und die kuriose Villa. Das wäre alles.

Aber nicht der Ort, an dem wir gerade sind. Das Mucuio aus Mários Mund ist anders. Es ist das Mucuio der Galeonen, von dem man ihm erzählt hat, das Mucuio des Alten auf seinem Aussichtsturm. Vielleicht trägt er einen Hut, vielleicht eine Leinenweste. Da sind sie, wir sehen sie vor uns: Es ist ein Leichtes. Und auch am Hauptbrunnen sind wir dabei, es wird gerade frisches Wasser ausgeteilt an die »europäischen« Familien (die angolanischen mußten sich mit dem brackigen Wasser vor Ort begnügen). Es kam einmal wöchentlich aus der Stadt in Fässern auf Ochsengespannen, später dann in Tankwagen, bis die ersten starben, vergiftet vom Kupfer des Leitungssystems. Auch John Wayne – unverkennbar sein

Gang – kommt an den Strand, wird größer und größer, schreitet O-beinig zum Duell, in Höhe des Kühlraums, auf dessen weiße glatte Fläche Mários Vater in den 60er Jahren mit einem 16-Millimeter-Gerät die *Saloons* der alten, in Namibe-Stadt gekauften Western projizierte. Der Strand ist zu neuem Leben erwacht: selbst die 2,5 Kilogramm schweren Makrelen- und Thunfischdosen, mit »Conservas de Mucuio« auf ihren Papieretiketten, sind wieder in die Hände einer Hausfrau aus dem amerikanischen Mittelwesten gelangt, dorthin exportierte man hier früher unter anderem ...

Mucuio war ein florierender Fischereihafen: Salinen, Fischmehl- und Konservenfabriken, Salz- und Trockenfisch, eine kleine Tiefkühlproduktion, eine Schiffswerft. Über zwanzig kleine Schiffe lagen vor Anker. Mário erzählt mit dem ausgeprägten Tonfall der Algarven von einem 80-Tonnen-Fischdampfer mit zwei Schleppnetzen (eigens für Rot- und Brandbrassen) und zwei Fangvorrichtungen, für die man je vier, wenn nicht mehr Boote benötigte, um auf die sogenannte valencianische Art fischen zu können. Die Boote hielten die Netze auf dem Meeresgrund und leerten sie zweimal täglich. Sofern sie nicht ausgebessert werden mußten, blieben sie monatelang im Wasser – eine Fangmethode aus dem Süden Portugals.

Der Fisch brachte es mit sich, daß Menschen an unwirtlichen Orten wie Mucuio zur Welt kamen. Der erste Fischereibetrieb von Moçâmedes wurde 1843 von einem Algarven namens Fernando Cardoso Guimarães gegründet (nach einem 1840 mit einheimischen Stammeshäuptlingen geschlossenen Abkommen zur Niederlassung weißer Siedler). Bereits ein Jahr später schickte Königin Dona Maria in ihrer Gnade tausend Angelhaken nach Moçâmedes, als Bestätigung für den Fischreichtum jenes Küstenstrichs ... Die Mucuio benachbarte Baía das Pipas erhielt 1854 eine Lizenz als Fischereihafen. 1857 besaß Moçâmedes sechzehn Fischereibetriebe mit vierzig Kuttern und zweihundertachtzig Sklaven sowie vier weitere Betriebe an den Stränden des Nordens (bis Lucira). Der wirklich große Aufschwung sollte sich jedoch erst Ende des folgenden Jahrzehnts einstellen, dank der Einwanderer vom Algarve, die ihre eigenen Boote mitbrachten. Als erster kam 1860 ein gewisser José Guerreiro de Mendonça aus Olhão. Die Menschen vom Algarve hatten mehr Glück mit dem Fischfang als die Pernambucaner mit ihrer Landwirtschaft.

Sie wurde nur in den fruchtbaren Wüstentälern, wie Bero und Griaul, heimisch, und zwar wiederum dank des Meeres: die amerikanischen Walfischfänger hatten die Küste als eine Anlaufstelle für frischen Proviant entdeckt, was den Handel (auch von Elfenbein und Harz) an Angolas entlegendstem Küstenstrich ermöglichte.

Die Fischverarbeitung in Mucuio war der Beginn einer Siedlung: im *compão* (dem quadratischen Gebäude) lebten, unterteilt in »Vertragsarbeiter« und »Freiwillige«, über fünfhundert »Europäer« sowie an die hundert Angolaner, und bei den Klippen, in rund hundert Hütten, weitere Arbeiter. Als der Fischereibetrieb 1978 geplündert und eingestellt wurde, löste sich die Gemeinde auf.

Mário kehrte 1984 mit der Genehmigung für einen neuen Betrieb zurück. Und mit ihm viele der ehemaligen Arbeiter. Neue »Hütten« entstehen, der *»compão«* wurde renoviert (die einst Rassen trennende Mauer eingerissen) und die Salz- und Trockenanlage wieder in Betrieb genommen. Mários ganzer Stolz ist das Internat, wo der Fischereibetrieb an die dreißig Straßenkinder beherbergt und erzieht – Obdachlose der Wüste! Auch eine Schule gibt es, mit achtzig Kindern, denen der Arbeiter. Ein kleines Wunder an einem ungastlichen Strand eines gegeißelten Landes.

Mário geht weiter einer vorsintflutlichen Fischkonservierungsmethode nach – der einzig möglichen an einem Ort, an dem jegliche Infrastruktur zerstört ist. Der frische Fisch wird ausgenommen, gesäubert und in Becken mit einer Salzlake gelegt. Kleinere Fische drei bis vier Tage, größere länger. Anschließend wird der Fisch erneut mit Salzwasser gewaschen und auf Holzgestellen getrocknet. Sie beherrschen das Bild von ganz Mucuio, ein kurioser Anblick. Der so konservierte Fisch heißt, wie bereits erwähnt, *mulamba*.

Ist die Salzlake gut, hält sich der Fisch Monate, ohne an Frische und Geschmack zu verlieren. Dann macht es auch nichts, wenn er nicht gleich Absatz findet, wie es derzeit der Fall ist. Der Fisch verkauft sich nicht, da es an Geld fehlt und der Schwarzmarkt von Mal zu Mal schneller und mehr liefert.

– In Namibe und in Tômbua, da wird es besonders deutlich. Vorgestern hatten allein in Tômbua die Laster, die ich kontrolliere, an die sechzig Tonnen *mulamba* geladen. An einem einzigen Tag. Sechzig Tonnen Trockenfisch, das sind in Lebendgewicht über hundert. Wir schätzen, daß in Tômbua pro Monat an die fünf- bis sechshundert Tonnen Fisch schwarz verkauft werden, Fisch mit Kopf. Alles illegal, da werden keine Steuern gezahlt, nichts, und Hygiene oder Qualität, das kannst du vergessen.

Unmengen frischer Fisch werden täglich den Planalto hoch nach Lubango gekarrt. Mário Faria meint, wenn es eine vernünftige Verbraucherpolitik gäbe, könnte ein Teil des Fisches zu Mehl, Öl, Trockenfisch und Konserven verarbeitet werden. Aber nichts dergleichen geschieht. Und die Bevölkerung von Lubango kann nicht allen frischen Fisch, der zu ihr gelangt, verbrauchen und vermarktet einen Teil als Pökel- und Trockenfisch, allerdings auf dem Schwarzmarkt und ohne das nötige Prozedere. Man will den Fisch nicht verkommen lassen, aber zusammen mit den schnellen und schlampigen Konservierungsmethoden der fliegenden *mulamba*-Händlerinnen von Namibe führt das schlicht dazu, daß man sich im angolanischen Landesinneren von verdorbenem Fisch ernährt.

Fisch ist für Mário nicht einfach Fisch. Fisch, das ist ein ganz bestimmter Geschmack, ein Genuß, eine Wissenschaft. Wir gehen durch seinen Betrieb, vorbei an Becken mit Salzlake und »Ballen« mit Anschovis, Fisch in Öl und Rabenfisch, ein Gang wie durch ein Museum. Ein Ozeanarium aus plattgedrücktem Meeresgetier.

– Sehen Sie, was für unterschiedliche Farben so eine *mulamba* haben kann? Die hier ist nach der traditionellen Methode konserviert: einen Monat in einer gut gesättigten Salzlake, die sieht anders aus als eine, die im Schnellverfahren hergestellt ist. Unsere muß dreißig oder auch sechzig Tage ziehen, es hängt von der Gegend ab, in die sie verschickt wird ... Das da ist Wahoo, eignet sich bestens für Konserven und Fischpaste, eine saubere, weiße, schöne Paste, ein schwerer Fisch. Was wir früher hin und wieder »Thunfisch« genannt haben, ist eine Thunfischart, wie der Wahoo, der weiße und der rote Thunfisch. Wenn wir so einen Wahoo frisch vom Meer mitbringen, wird er entgrätet und zusammen mit Kartoffeln und Tomaten gekocht, köstlich, sag ich Ihnen, und mit Zwiebeln ... Jetzt müssen wir ihn pökeln, in der gesamten Provinz ist keine einzige Konservenfabrik mehr in Betrieb ...

Eine solche Liebe kultiviert man auch für den Magen. Die *mulamba* war ursprünglich ein Erzeugnis der Fischer. Von der Fabrik kann man sich wieder der Küche zuwenden, anderthalb Jahrhunderte in der Zeit zurückgehen. Und hier ein Vorschlag für einen sturmgepeitschten Nachmittag:

– Eine *mulamba* kann aus Schwertfisch sein, aus Rabenfisch oder Stichling. Wichtig ist vor allem, wie man den Fisch öffnet. Man schneidet ihn am Rücken auf, an der Mittelgräte, und wenn man eine *mulamba* aus Rabenfisch oder Stichling haben will, entfernt man meistens den Kopf. Anschließend stellt man eine ganz schwache Lake her, mit wenig Salz, es darf nicht stark vorschmecken. Darin läßt man den Fisch dann für einige Stunden ziehen, ehe man ihn ein, zwei Tage lang trocknet, das geht schnell. Wir hier essen den Fisch gegrillt, zusammen mit Bohnen und Palmöl, das Gericht heißt *mufete* – den Stichling grillen wir, ohne ihn auszunehmen, wir legen ihn so, wie er ist, aufs Feuer. Der Kopf ist das Beste am Fisch – das gilt auch für den *kalulu*, mit Palmöl. Wenn wir einen Seehecht haben, einen Rabenfisch, einen *pungo*, einen *guemba*, also sogenannte Edelfische, dann lassen wir immer den Kopf dran ...

Mário beschreibt den Aussichtsturm als einen Käfig aus Fenstern, die den Blick in alle Richtungen freigeben. João Tomás da Fonseca lehnt sich wieder zurück in seinen knarrenden Sessel. Seine Arme auf den Lehnen umarmen das Turminnere und setzen sich wie eine Zange in den beiden Klippen fort, der Fels als Verlängerung seiner Hände, als Ausdehnung seiner Macht. Seine felsige Umarmung schließt den Strand mit ein, das Meer, die zwei Galeonen. Noch gehört ihm der Himmel nicht, eines Tages aber wird er ihn besitzen, jawohl. Mucuio, dieser Strand, ist sein Leben.

Henri Valot setzte mich auf dem Mercado Rocha Pinto ab, einem der gefährlichsten Märkte Luandas; ich besorgte mir dort eine Fahrgelegenheit, die erste meiner Reise. Henri, ein Franzose mit brasilianischer Kindheit, ist als UN-Menschenrechtsvertreter in Angola. Ich habe zwei Geschenke von ihm bei mir. Michel Serres' *Atlas* und Henris eigene Landkarte, von unschätzbarem Wert: sein erster Brief nach Luanda. Er hat ihn im Oktober 1996 geschrieben, aus einer Stadt im Landesinneren. Einer »verfluchten Provinz«. Eine schreckliche Erfahrung, grauenvoll. Henri war bereits Menschenrechtsbeauftragter in Kambodscha und Mosambik gewesen.

Hier ist alles anders.

»Auf meinem Tisch herrscht ein heilloses Durcheinander: Karl Maiers Buch *Angola: Promises and Lies*, zwei Radios Marke Motorola UHF und VHF, ein Drucker Canon BubbleJet; zwei 125 ASA Filme, die Afrikanische Charta der Menschen- und Völkerrechte (auf Portugiesisch), Lesenotizen, ein tausendteiliges *Puzzle*: *Die Erwartung* von Gustav Klimt, und ein weiteres Buch: *Le Secret du Roi* von Gilles Perrault. Den musikalischen Hintergrund heute abend bildet die von Carlos zusammengestellte Kassette *Selecciones del Mundo* mit Cesária Évora und *Transglobal Underground*, *Deep Forest* und den großen Sängern Mexicos. Wir bewohnen ein geräumiges Appartement, komfortabel und ohne Möbel, ein zweites Stockwerk in einer kleinen Stadt, in der mehrgeschossige Häuser selten sind. Ein *nonsense* mitten in Afrika, denn es ist nicht einfach, in einer Wohnung zu leben, in der seit Jahren kein Wasser mehr aus dem Hahn kommt. Ist unser Tank leer, müssen wir zum nahen Fluß, und anschließend mit den vollen Eimern hoch in den zweiten Stock, ein Hin und Her und Auf und Ab, das nicht selten in einer Wasserschlacht endet und unser Samstagnachmittagsbemühen jäh zunichte macht. Das in dieser Stadt so kostbare Naß findet sich dann auf den Stufen wieder, und die Nachbarn schauen entsetzt aus ihren Türen. Wir suchen nach einer anderen Unterkunft, nach einem Haus mit einem Brunnen im Garten.

Die Frau, die für uns arbeitet, kann nur mit Kohle kochen, wir bringen ihr gerade bei, wie es mit Gas geht. Sie lernt sehr schnell.

Die Stadt stirbt Stück um Stück, die Straßen fallen an die Erde zurück, die Mauern bekommen Risse, die Beamten arbeiten in zerstörten Gebäuden und lassen den Griffel fallen, sobald die Welternährungshilfe Lebensmittel verteilt. Das WFP hat das Sagen in der Stadt, behaupten die wenigen Geschäftsleute, das WFP und seine unlautere Konkurrenz, das WFP, das 90 % der Bevölkerung in den von der Regierung kontrollierten Gebieten ernährt. Das WFP, das mit dieser umfassenden Lebensmittelverteilung gern Schluß machen würde, aber nicht weiß, wie. Wir leben weiter im Ausnahmezustand, von einer positiven Entwicklung kann nicht die Rede sein, die ›Lage‹ ist nicht danach, wir müssen den am stärksten Betroffenen helfen, denen, die alles verloren haben, die nicht wissen, wohin sie gehen und an wen sie sich wenden sollen. Selbst mitten in der Stadt werden alte Rechnungen beglichen, die UNITA hält den Flughafen besetzt, der Hunger macht sich bemerkbar, ein weiteres städtisches Zentrum, das nicht mehr versorgt werden kann, daher der Hunger, immer wieder Hunger. Morgen für Morgen auf meiner Türschwelle Quinzinho, ein fünfjähriger Knirps; Quinzinho hat Hunger, ich mag ihn, diesen Knirps, ich gebe ihm, worum er mich bittet, gebe ihm, was er braucht.

Furchtbar, der Hunger. Quinzinho spricht ihn aus, schreit ihn heraus, unter Tränen, ich bücke mich, setze mich neben ihn, höre ihm zu, erinnere ihn, daß die UNICEF Essen ausgibt und daß er weiß, wo, ich beschließe, mit ihm hinzugehen. Nichts tut sich dort, jemand hat die Lebensmittel gestohlen, enttäuscht machen wir kehrt, gehen zum Markt, ich kaufe Brot, Sardinen, Kekse, Bonbons, Seife, Bananen.

Quinzinho ißt gegen seinen Hunger an.

Die seelische Verfassung, meine wie die der Angolaner, ist extremen Schwankungen unterworfen. Auf die banale Höflichkeitsfloskel, ›Wie geht's?‹, anworten sie stets mit ›Es geht‹, ›Durchwachsen‹, oder ›Miserabel‹ ... Anhaltende Spannungen, die mir zusetzen, Vertrauensbrüche, Fragen nach der Rechtmäßigkeit unseres Hierseins. Beobachter der Menschenrechte in Angola ... Ich habe oft unmögliche, unklare oder nicht klar definierte Tätigkeiten ausgeübt, aber diese hier ist zweifellos die schlimmste. Wer beobachtet, ist zwangsläufig auf die Sinne angewiesen, auf das Auge vor allem, auf das Wort, auf eine gemeinsame Sprache. Daher stelle ich mich auch verbal auf die jeweilige Situation ein, bediene mich komplexer Annäherungsstrategien. Die Reaktionen meiner Gesprächspartner sind völlig irrational; einige sind, kaum stellt sich die Menschenrechtsfrage, begeistert, entschlossen, wohlgesinnt; andere wiederum verschließen sich, werden mißtrauisch: lösen die Menschenrechte in ihnen die Vorstellung von einem Rechts-Imperialismus aus? Von Ansprüchen, welche die Welt an sie haben könnte?

›Maître‹[1], Unterzeichner des Protokolls von Lusaka und ehemaliger Außenminister der Republik Mali, ist ein kleiner

---

[1] Maître: Bezeichnung für Alioune Blodin Beye, Sonderbeauftragter des Generalsekretärs der Vereinten Nationen in Angola. Der Vermittler in den angolanischen Friedensverhandlungen kam im Juni 1998 in Ausübung seines Amtes bei einem Flugzeugabsturz unweit von Abidjan ums Leben.

runder Mann, mit lebhaften, bisweilen listigen Augen, ein gerissener Politiker, ein afrikanischer Diplomat, ein Unterhändler ohnegleichen, ein offensichtlicher ›Legitimist‹ (so korrupt die Regierung auch sein mag, sie ist und bleibt souverän; daher stellt, wer die angolanische Regierung angreift, die fragile Autorität der jungen afrikanischen Nationen in Frage). Die in französischer Sprache verfaßten Beobachterberichte werden dem ›Sonderbeauftragten‹ übermittelt: ›Maître‹ ist durchaus ansprechbar in der Menschenrechtsfrage, 1980/81 hat er persönlich am Wortlaut der Afrikanischen Charta mitgearbeitet. Zudem liest er meine Berichte aufmerksam, versieht sie in seiner ungeschickten, fast kindlichen Handschrift mit Randbemerkungen.

Meine Leser, französischsprachige Afrikaner, schätzen geschriebenes Französisch. Als ich Ende Juni, in Luanda, der Hauptstadt des Landes, festhing, wurde ich gebeten, ›Maîtres‹ Reden für ein Seminar über Menschenrechtsfragen zu schreiben. Eine Neubegegnung mit Jean Genet auf angolanischem Boden: *Die Neger* und der Rollentausch von ›Negern‹ und Weißen auf der Bühne erschienen in einem anderen Licht. So wurde ich zum weißen ›Neger‹ eines kleinen schwarzen Mannes und Befehlshabers über eine weiße Wagenflotte mit der Aufschrift UN. Wer die *MPB*, die *Música Popular Brasileira* kennt, und insbesondere *Tropicália II* von Caetano Veloso und Gilberto Gil, wird sich an den Song ›*Haiti*‹ erinnern, dessen Text auf die Hautfarbe anspielt. Meine ›Neger[1]‹-Karriere kam und ging wie der Blitz ... In diesem Zusammenhang fällt mir ein Buch von Érik Orsenna ein, François Mitterand soll an den Rand des ersten Redeentwurfs aus der Feder des neuen ›Negers‹ im Elysée geschrieben haben: ›Für wen halten Sie

---

1 A.d.Ü.: Das Wort »Neger« (Nègre) hat im Französischen auch die Bedeutung von Ghostwriter.

mich?‹. Mehr oder minder die gleiche Frage ließ mir ›Maître‹ nach der Lektüre eines meiner Texte zugehen, der mit folgenden Worten schloß:

›Der Fürst, der König, der Große Alte, ja, selbst der Präsident der Republik, sie alle haben ein und dieselbe Pflicht, ein und dieselbe Aufgabe ihrem Volk gegenüber: neben der jedem menschlichen Wesen angeborenen Würde muß, wer an der Spitze eines Staates steht, mit Würde der Verantwortung nachkommen, die ihm sein Volk übertragen hat. Und in den Bereich dieser Verantwortung gehört zweifellos an erster Stelle die Gewährleistung der Grundrechte seines Volkes.‹

Meine ›Neger‹-Karriere war, wie gesagt, von kurzer Dauer. Und es ist gut so, ich wurde zurück ins Landesinnere geschickt, zu meinen Menschenrechten.

An manchen Sonntagen ruft ›*Hotel Romeo*‹ *(it's me, the Human Rights call sign)* ›*Alpha Whisky*‹, ›*4 Alpha*‹, ›*42 November*‹, und wir fahren nach Pungo Andongo. Zwei Stunden Sandpiste, die uns den *Inselbergen* näher bringt, großen Felsformationen mitten in der Landschaft. Niemand weiß, wie sie dorthingekommen sind. Ein Ort von touristischem wie historischem Interesse. Über das Königreich Ngol herrschte einst eine Königin. Königin Jinga. Als die Portugiesen Afrika entdeckten, mußte sie von der Küste in das unwegsame Landesinnere fliehen und stieß nach vierhundert Kilometern auf diese majestätischen Felsen. Dort ließ sie sich mit ihren Ehemännern und Amazonen nieder und drückte dem Fels ihren kleinen Fuß wie einen Stempel auf: der Abdruck ist noch heute zu sehen, ehrfürchtig konserviert, und der Gedanke, daß eine Königin so energisch aufzutreten vermochte, daß sie selbst im Stein Spuren hinterlassen hat, gefällt mir.

Auch Candula ist von touristischem Interesse: Viktoriafälle im Kleinformat. Nicht einfach zu erreichen, die Straße dorthin ist vermint, und die Katarakte liegen auf UNITA-

Gebiet. Deshalb muß man eine Aufklärungsmission erfinden und den russischen Hubschrauberpiloten einen Flug mitten hinein vorschlagen, was sie im allgemeinen akzeptieren. Dann geht die Maschine beindruckend senkrecht über dem Wasserfall nieder, Sergej tritt mir seinen Kopilotensitz ab, und ich bin Beobachter im doppelten Sinn des Wortes.

Eine verfluchte Provinz. Um einen solchen Posten an einem solchen Ort anzunehmen, muß man an Schicksal glauben. Geheime, aber zuverlässige Kräfte haben mich hierhergeführt. Ich habe mich oft an Mauern gestoßen, habe aber auch Freunde gefunden, und eine junge, unbeschwerte Liebe.«

Später Nachmittag, im Cangalo-Viertel kündet unheilvoll dumpfes Läuten offiziell die Nacht in der immer nächtlichen Stadt an. Im Ghetto der Kriegsversehrten schlägt der Katechist Pedro Sebastião auf einen Metallring an einem Strick. Es ist die Stunde für den Religionsunterricht, gleich wird Pedro Sebastião, mit der Bibel in den mühsam angewinkelten Armen, die Kinder der Kriegsversehrten von Bié in den göttlichen Geboten unterweisen. Er beginnt mit dem ersten:

– In Kuíto, das war der Krieg. Den hat Gott nicht befohlen.

Es ist nicht schwer, den Schlachtplan von Kuíto zu erklären. Steht man auf dem Balkon des Rathauses, reicht eine ausholende Geste. António da Conceição Gonçalves, oder schlicht Tony, Vize-Gouverneur von Kuíto und zuständig für Wirtschaft, beschreibt eine solche Geste, und da, wo er die Kartographie der Trauer zeichnet, sehe ich die Zerstörung:

– Kuíto ist ein Massengrab. Überall liegen Menschen unter der Erde. Auf dem Platz vor der Kirche, in der Kirche, in diesen Anlagen, an der Avenida, in den Häusern, in den Gärten, in den öffentlichen Gebäuden. Ich spreche nicht gern davon. Ich habe meine Eltern und meine Kinder verloren. Und Sie, passen Sie auf, es fallen noch immer Ziegel von den Dächern.

In seine Geste schließt der Vize-Gouverneur das Stadtgebiet mit ein und das kahle Grasland ringsum. Eine Hand, fünf Finger, und achtzehn Monate Krieg werden faßbar, neun davon unter Belagerung der UNITA. Die Front verlief längs der Avenida Joaquim Kapango. Sie durchquert die kleine Stadt von Norden nach Süden. Im Osten lag die von der UNITA, im Westen die von der Regierung kontrollierte Zone. Kein Viertel, in dem nicht infiltriert wurde, alle bekämpften sich von allen Seiten und nach allen Seiten hin.

Im Zentrum, an der Praça da Independência, hielt die UNITA das Gebäude der Provinzregierung besetzt, und die FAA die nur wenige Meter entfernte Nationalbank. Ein weiterer Kampfplatz war der dahinterliegende Bischofssitz. Und gegenüber, auf der anderen Seite der Joaquim Kapango, hatten die Regierungstruppen das Gabiconta-Gebäude, mit seinen fünf Stockwerken das höchste der Stadt, zu ihrer Festung gemacht.

Dort kämpfte Olímpia, verzweifelt.

– Irgendwann wollte ich eine Waffe. Ich war auf den Tod gefaßt, aber wenn ich schon sterben mußte, dann im Kampf. Wenn dieses Gebäude fiel, dann fiel ganz Kuíto, und der Krieg in Angola hätte anders ausgesehen.

Olímpia wohnt noch immer am südlichen Ende der Joaquim Kapango, gleich im ersten Gebäude, wenn man von Huambo aus in die Stadt kommt. Damals wurde ausnahmslos alles zerstört. Das Kino, die Turnhalle, die Kirche, das Priesterseminar, die Schule, das Waisenhaus. Das Hotel Kuíto. Und in den Gärten der Häuser die Autos, in denen heute Familien wohnen, die keine andere Bleibe haben.

Panzer feuerten mit waagrecht gestelltem Rohr. Man schoß aufeinander aus den Häusern, aus zwanzig Meter Entfernung. Schoß gezielt, mit haßweißen Augen. Auf beiden Seiten gingen an strategisch wichtigen Punkten Heckenschützen in Stellung, die »Trommler« und »Drescher«, sie schossen auf jeden, der ihnen vor den Lauf kam, und verhinderten, daß den Verletzten geholfen wurde. Überall in der Stadt wurden Minen gelegt, in den Häusern, in den Trümmern, auf den Wegen, den Fußballplätzen.

Ein französischer Offizier, der in Kuíto Leute im Minenentschärfen ausbildet, erzählte mir, er und seine Männer hätten bis Juli 1997 einundsiebzig unterschiedliche Sprengkörpertypen gefunden, und das mehr oder minder überall.

— Wir machen oft unsere Scherze und sagen, wenn wir uns ein wenig anstrengen, finden wir hier auch noch die restlichen siebenhundert Typen — es gibt an die achthundert verschiedene Munitionstypen auf der Welt. ExJugoslawien macht jede Menge Werbung dafür. Entschieden zuviel. Und sämtliche Organisationen »leisten Hilfe« dort. Der Krieg hier war anders als alle, die ich kenne, Kambodscha, Afghanistan, Bosnien. Länder mit konventioneller Munition. Hier gibt es jeden Minentyp. Die selbstgebastelten rechnen wir erst gar nicht dazu. Das Material hier ist vom Feinsten, und hergestellt ... nun ja, von allen. Israel, Südafrika, China, Korea, Frankreich, Rußland, Amerika, allen. Hier können wir unsere Studien treiben. Und kein Mensch hat je was von Kuíto gehört.

Die Sprengkörper stecken nicht immer in der Erde. Heute morgen hat man die Franzosen von der Minenräumschule gerufen, die gerade den Flughafen absuchten. Ein Paket mit einer Mine war aufgetaucht. Vor ein paar Tagen haben sie aus einem Privathaus eine ganze Kiste mit Mörsern fortgeschafft — bei Kriegsende zurückgelassen vom damaligen Mieter.

— Die Kinder hier spielen mit Boden/LuftGeschossen, sie sind etwas länger als eine Spanne, Blindgänger, die ihnen jederzeit in den Händen explodieren können. Vor kurzem hat es einen Jungen zerfetzt. Wahnsinn. Ich weiß nicht, wie sie diese Stadt hier wieder aufbauen wollen.

Sie werden es. Und ob. Ohne Hilfe aus Luanda, Kuíto will um keinen Preis aufgeben. Ich kenne keinen anderen Ort in Angola, der einen so ausgeprägten Überlebenswillen hat. Wie sonst die Zukunft angehen, wenn die ausländischen Spezialisten nach einer Stadtbesichtigung zu dem Schluß kommen, daß es nur eins gibt: einebnen und wieder aufbauen, ein anderes Kuíto, an einem anderen Ort. Dafür ist zwar kein Geld vorhanden, aber die Hartnäckigkeit sehr besonderer Menschen.

Martinho, der Fahrer, der mich nach Kuando Kubango bringt, ist ein gutes Beispiel, er hat den Kampf nie aufgegeben während des zweijährigen Krieges in dieser Stadt.

— Die Leute waren so verzweifelt, daß sie ihr Leben riskiert haben, sie sind durchs feindliche Feuer gelaufen, um an die Fallschirme zu kommen. Die Regierung hat sie wahllos über der Stadt niedergehen lassen. Wir haben damit immer so viel Sand wie möglich geholt, um Salz rauszufiltern. Einmal hab ich dreißig Kilo auf meinem Rücken durch das Minenfeld von Kunje geschleppt, und zu Hause ergab das ganze drei Löffel Salz. Suppenlöffel.

In einer Seitenstraße schlagen drei Männer einen Sarg mit weißem Satin aus.

Ein Polizist macht auf der Dachterrasse des Gabiconta-Gebäudes Bodybuilding – mit einer Radachse der Benguelabahn.

Die Musikgruppe *Okangalo* nutzt die wenigen Minuten Strom, um im örtlichen Kulturhaus zu üben. »Treibjagd« wird gespielt. Auf einer roten Guitarre:

> *Was es in Kuíto zu sehen gab*
> *Das vergeß ich nie*
> *Menschen, die nach Essen suchen*
> *Und sterben*
> *Die nach Wasser suchen*
> *Und sterben*
> *Menschen in Gärten begraben*
> *Kinder mit Krücken*
> *Tote Frauen*
> *mit lebenden Kindern auf dem Rücken*

In der Außenwand von Olímpias Wohnung ist ein Einschuß, loch größer als die anderen. Ein Freischärler der angolanischen Streitkräfte hatte sich dort verschanzt. Er schoß auf das Viertel, verriet sich, und damit hatte es sich ausgeschossen für ihn. Die UNITA schoß zurück, daher das Loch. Schoß ein zweites Mal, mit einem 60 Millimeter-Mörser; es blieb nicht viel übrig von seinem Kopf. Da, wo er gestorben ist, ist noch immer ein Fleck zu sehen.

– Er hat stark geblutet. Ich begreif das nicht, mit dem Blut von Menschen. Wir haben alles versucht, aber es geht einfach nicht weg.

Dem Gabiconta-Gebäude gegenüber steht ein Sportpavillon. Das Dach fehlt, und die Eisenträger werfen ein Schattengitter auf den glänzenden Körper eines Fußballers, der sich über einer roten Schüssel wäscht. Juliana hängt oben in einer Ecke der Zuschauertribüne Wäsche auf. Im Draht ein gekreuzigtes Plüschtier.

An der Avenida lebt eine Familie im Garten vor ihrem zerstörten Haus. Sie haben mir ihre Zimmer gezeigt: ein Chevrolet Apache, der es nicht mehr tut.

Ganz oben am Gabiconta, dem Gebäude, das am meisten ausgehalten hat, prangt unversehrt in Orangerot:

»Schlußpunkt«.

SEELEN⁄tief, seelen⁄tief, seelen⁄tief, seelen⁄TIEF, seelen⁄tief, SEELEN⁄tief, seelen⁄tief⁄tief, SEELEN⁄SEELEN⁄SEELEN⁄ tief! Kleiner Zug SEELEN⁄tief, fährt die Serra hoch, seelen⁄ tief seelen⁄tief, hat seine Mühe SE⁄SE⁄SE⁄SEELEN⁄tief⁄see⁄ len⁄tief, die Lok und zwei Tankwagen seelen⁄tief⁄seelen⁄TIEF, drei Frachtwagen seelen⁄tief⁄tief, zwei Passagierwagen SEE⁄ LEN⁄SEELEN⁄SEELEN⁄tief!

Ich sitze im letzten. Mit zwei Abteilen, »Holz⁄« und »Exklu⁄ sivklasse«. Dazwischen, auf dem kleinen Verbindungsgang, der ehemalige Gepäckraum. Ganz hinten ein Kämmerchen: die ehemalige Toilette.

Wir fahren durch die schwarze Nacht. Ein dunkler Ein⁄ druck: ich sehe nichts im Abteil. Ein nicht ganz so dunkler Eindruck: ich sehe meine eigenen Knie nicht. Ein leerer Stahl⁄ kasten, dieser Zug. So wie er aus dem Stahlwerk gekommen ist. Nichts drin, keine einzige Tür, keine Fensterscheiben, keine Rahmen, keine Bänke (dafür ein Brett), kein Bodenbe⁄ lag, keine Verschalung an Wänden und Decke. Nicht einmal Schatten, kein Licht, nicht ein Licht fährt mit. Ich schrecke zusammen. Vorn, die einzige Beleuchtung auf dieser Strecke: der Scheinwerfer der Lok.

Bis Bibala, am Fuß der Serra da Chela, war der Zug voll. In der »Holzklasse« saßen die Passagiere dichtgedrängt auf Salz⁄ säcken, zudem drei Beamte der Eisenbahngesellschaft auf einem eigens für sie reservierten Platz; im »Gepäckraum« fuhren zwei Kriegsversehrte mit, zusammengerollt auf dem Boden; in der »Exklusivklasse« sechs Passagiere einschließlich meiner; und weitere Leute und Säcke im »Waschraum« und auf dem Gang.

Dann stiegen alle aus, und mit ihnen der Tag. Unmerklich gewannen wir an Höhe, in aufsteigenden Kurven, Meter um Meter, umfuhren die steilaufragende Wand der Serra da Chela. Auf fast zweitausend Metern dann eine Kälte, die jeden Nichtsahnenden umbringt – eine Kälte, so unbarmherzig, wie ich sie nie erwartet hätte in Angola. Nichts im Rucksack konnte mich vor ihr schützen. Eine Kälte ohne Ende. Sie kam geradewegs durch die Fenster und ging durch die Türen wieder hinaus. Ich war ihr schutzlos ausgeliefert, fühlte, wie ich bis auf die Knochen erstarrte in diesem Zug: Stahl, nichts als Stahl, der wie meine Knochen die Kälte speicherte.

Spät in der Nacht, mitten im Gebirge, hielt der Zug, und erneut fielen Passagiere ein. Ich sah sie, viele, alle, ohne einen Funken Licht: sie nahmen Gestalt an durch hastig gesprochene Worte, im Geräusch schneller Schritte auf dem Schotter, im keuchenden Atem von jemandem, der in wenigen Minuten möglichst viele Kohlesäcke aufladen muß.

Ich fuhr fast allein weiter in diesem Käfig, ein schwarzer Kasten, offen hin zum Firmament, zu einem weniger schwarzen Schwarz. Kein Mond war da, aber auch keine Wolken. Ringsum überall Berge, hoch wie die tiefsten Sterne. Ein Anblick wie für einen Maulwurf, der in einem Planetarium von der Erde abhebt. Irgendwo im Abteil fuhr ein Junge mit, ich wußte es, da er vor Kälte bibberte und jammerte. Nur der Wind war noch zu hören, die Lok war weit weg, und der Wind schien von den Waggons Besitz ergriffen zu haben, als in Sekundenschnelle plötzlich die Räder aus den Gleisen sprangen und der Zug außerhalb der Fahrspur weiterrollte.

Eine mehr-als-vollkommene Stille. Was deckte sie zu, wie lange dauerte sie? Die Dunkelheit machte uns zu blinden Passagieren. Hin und wieder schaltete Senhor Cambuta, der »Verwalter« der Eisenbahngesellschaft, in der Mitte des Waggons eine mit drei Scheiben (gelb, grün, rot) verkleidete Lampe an, sie hing über einem eigens für ihn aufgestellten Tisch, an dem er Abfahrts- und Ankunftszeiten, Verspätungen und andere Vorkommnisse von Interesse schriftlich festhielt. Oben auf der Serra da Chela entzündeten die Passagiere vorn im Wagen eine Kerze, dann ein Holzfeuer. Das Nichts nahm Gestalt an, trist, flackernd, arm.

Der Junge war am Verzweifeln vor Kälte. Ich hörte seine Zähne aufeinanderschlagen. Es ging ihm wie mir. Ich zog mein altes – weißes! – Badetuch aus dem Rucksack, schlang es um den Kopf und ließ die Enden auf die Schultern fallen: ein Araber im Exil. Ich zählte Sterne, verlor mich erneut aus der Zeit. Ein anderer dunkler Eindruck: ich konnte die Stunden nicht lesen. Ich gab es auf, in den Kurven nach vorn zu sehen, nach Lichtern Ausschau zu halten. Eines Tages würden wir ankommen.

Wir kamen mitten in der Nacht an. Allerdings entpuppte sich der Bahnhof von Lubango und Sitz der Eisenbahngesellschaft als die falsche Anlaufstelle: er lag völlig im Dunkeln, außerhalb der Stadt, kein Transportmittel weit und breit, kein Telefon, um eines zu rufen. Hunderte von Menschen kampierten längs der Gleise, in Decken vergraben, aneinandergedrängt, auf den Tagesanbruch wartend.

Ich ging zu Fuß in die Stadt – auf Umwegen, um den Hunden auszuweichen – und erreichte halb ohnmächtig die beiden rumänischen Wachposten vor dem Tor der UN-Friedenstruppe. Es war nicht einfach, die Situation zu erklären. Ich hatte eine Akkreditierung der Vereinten Nationen, schaffte aber nicht, sie aus der Tasche zu ziehen. Die Finger gehorchten mir nicht mehr.

– Entschuldigung, dd... daß ich so rede. Iiich kann nich richtich rreden, weil mmir ist so kalt. Eeiskalt. Die Pportugiesen, bbitte.

Sie brachten mich zum Sendezelt. Der rumänische Wachposten klopfte mehrmals. Bis eine Stimme von innen ertönte:

— Wer da?!? Was gibt's?!?
— Pedo Mendsche ...
In der Tür erschien, lachend wie immer, Feldwebel Pratas.
— Kommen Sie rein, Mann! Sie sind ja der reinste Eiszapfen! Schon zu Abend gegessen? Hier haben Sie ein Bett. Nehmen Sie sich noch eine Decke von nebenan. Sie müssen doch einen Bärenhunger haben.
— Schuldigung, Feldwebel. Nur keine Umstände. Mir ist kalt, ich bin müde, das ist alles. Gehen Sie schlafen, ich komm allein zurecht.

Das restliche Zelt war aufgewacht, der Feldwebel erklärte rasch den Sachverhalt, faßte eine zwölfstündige Reise in einem knappen, unmißverständlichen Satz zusammen:
— Das ist der Journalist.
Die Lichter gingen aus. Der Feldwebel war hellwach und aufgekratzt. Ich hörte noch, wie er quer durchs Zelt sagte:
— Eines Tages erwischt es Sie, Mendes!

Zum Schluß, selbst bei Verspätung, doch immer an der gleichen Stelle – der Endstation, dem Terminus, dem Anfang – wird die Lok ihrer Ungeduld mit einem Pfiff Luft machen. Dann setzen sich die Waggons aus englischer Fichte mit immer kürzeren Spasmen in Bewegung. In den Abteilen geraten die stockfleckigen Bilder eines kunterbunten Folklore-Portugals ins Zittern. Arcos de Valdevez, Vila Franca de Xira (eine Stiercorrida), das Kloster von Mafra. Bei Portinho da Arrábida eine Zeltreihe am Strand. Das Leder auf den Sitzen ist geblieben. Die Messingbeschläge sind verschwunden.

Die Fahrt beginnt bei Kilometer Null, und die Fahrscheine aus rosa Pappe sind vertrocknete Blätter aus einer anderen Zeit. Die Zielbahnhöfe tragen noch die Kolonialnamen: Nova Lisboa, Silva Porto, Teixeira de Sousa, eine Annäherung an ferne Orte, eine Reise in die Vergangenheit.

Endstation. Terminus. Auf der anderen Seite von Afrika, gegenüber, auf der anderen Seite, soll es angeblich ein Hotel gleichen Namens geben oder gegeben haben. Mit dieser Reise ist es ebenso: die Richtung spielt keine Rolle, wohin sie auch geht, sie endet unweigerlich am selben Ort. Zwangsläufig – dem ersten, letzten, einzigen Bahnhof. Das Ziel ist schon vor der Abfahrt erreicht. Von Meer zu Meer, von einer Endstation zur anderen, haben die Ingenieure einen trügerischen Zauberzug auf den Weg gebracht.

Das Hotel Terminus in Lobito, von der Eisenbahngesellschaft 1932 als Erweiterungsbau der Pension Lobito errichtet, ist frisch renoviert. Man hatte es bereits als Kriegsopfer abgetan, da übernahm es die UNAVEM als Versorgungsstützpunkt. Der Franzose nutzte sein gewinnendes Wesen, schickte aus Luanda ein Fax: ich sei wegen einer Reportage über Menschenrechte unterwegs und müsse ein Zimmer haben. Es sollte mein bestes für Monate sein. Aber das Pech stellte sich auf dem Filmnegativ ein: nach der ersten Aufnahme in Lobito brach sich die blaue Linie des Meers mit einem Krachen in meiner Nikon, und die Farben verschwammen im Sucher. Das zweite Negativ ist verbrannt und der restliche Film vorläufig nicht zu gebrauchen. Ich habe noch die Olympus.

Ich rief Lissabon an, irgend etwas schien mir nicht zu stimmen.

Portugiesischer Rundfunk, Erstes Programm, Francisco Sena Santos:

– Schön Dich zu hören! Wo bist Du?

– In Lobito.

– Al Berto ist gestorben. Wir widmen ihm das Kulturmagazin. Tut mir leid, daß ich dir das so einfach sage.

Zeitung *PÚBLICO*, Bildarchiv, Luís Ramos:

– Der Sucher ist nur dazu da, damit Du siehst, was Du fotografierst. Nimm ihn raus und fertig.

Unterwegs zum Zug, auf dem Bahnhofsplatz, da, wo die Akazien weiß vom Kot einer Albatrosart sind, deren Name mir entfallen ist, die Nachricht von einem Verlust. Schlimme Nachrichten wirken schneller als alles andere. Aus der Ferne und unvermittelt richten sie noch größeren Schaden an.

»verlassen laufe ich durch verwinkelte städte, allein, suche den neonfaden, der mir den weg hinaus zeigt.«

Das Meer liegt rechts der Eisenbahnlinie. Links klammert sich eine Nation von Flüchtlingen mit ihren Nägeln im Sandstreifen fest, krallt sich ans Unglück, das ihnen bestimmt war, der Krieg hat ihnen den Rückweg ins Buschland abgeschnitten, und sie werden weinen und Kinder zur Welt bringen an der Küste, die sie nie zuvor gesehen haben. Demobilisierte,

Verstümmelte und Arbeitslose drängen aus den Ghettos, in denen man sie einsperren will. Wir fahren durch Chongorói: sie laufen auf die Haltestellen zu, auf Prothesen und lahmenden Füßen, überfallen den Zug, werfen Krücken und Zuckerrohrstangen in die Waggons, um besser aufspringen zu können. Die Beinlosen, die Glücklosen, sehen den anderen hinterher, zornig, zum Bleiben verdammt, flehen ein letztes Mal um Hilfe, auf einer Höhe mit dem Schotter, eine Handbreit entfernt von den riesigen Eisenrädern, die sie zermalmen, erlösen können.

Auf dem Friedhof von Catumbela spielen Männer Karten, und im Staub liegen Kleider zum Verkauf. Die romantische Musik aus Rádio Morena läßt die Mädchen schüchtern lächeln, sie schmücken sich mit dem Licht des Atlantiks – unverschämt schön in den Vorstädten Benguelas. Zwischen dem Hin und Her der Schaffner junge Soldaten und Polizisten, schläfrig, und die Füße schwer vom *liamba*.

– Genau die sterben!

Gleich ist es so weit und der Zug am Ziel – die Eisenbahngesellschaft von Benguela befährt nur 30 Kilometer ihrer 1400 Kilometer langen Strecke – aber jede Abfahrt ist wie vor einer langen Reise. Die erste Klasse hat noch immer etwas von früher, man hat sie in den ältesten Waggon verlegt, Baujahr 1928. Mit einer roten Laterne hinten und einer Tür, die den Blick auf ein Schienenbündel zwischen dem Schilf und den Palmenhainen von Catumbela freigibt.

Abfahrt. Von draußen ein letzter Ruf.

– Die Toten bleiben!

Die Eisenbahngesellschaft hat Pleite gemacht, dennoch hat alles weiter seine Ordung: die Reisenden warten am Terminus, der Endstation, auf den Zug und steigen ein, das geknipste Billet in der Tasche.

»*es war eine reise über die heilige milchstraße. wilde palmen, unge-*

nießbare brunnen, karawanen, nachtwandelnde nomaden, städte aus sand und asche. nachmittags steckten sie ihn in eine zwangsjacke, banden ihm die hände auf den rücken.«[1]

Sie fahren zur Grenze – und weiter, viel weiter noch.

---

[1] Beide Zitate aus: Al Berto, *O Medo*, Assírio & Alvim, Lisboa 1997

II

ÁFRICA HOTEL

»Ich hab Seelenschmerz«

In Corto Maltese, Angola, stand ein Hotel mit einer Uhr. Die Uhr gibt es noch, in Luanda. Dort, im Exil, wartet sie auf ihre Rückkehr.

Das Motiv für die Flucht des Stamatis Kalokouvalos aus seinem Land bleibt dunkel, vermutlich hat es mit Politik zu tun, der türkischen Frage vielleicht. Stamatis setzte oft aufs falsche Pferd – in der Politik, in Geschäftsdingen, im Spiel. Es war ein hochfliegendes Leben. Stamatis, auf Poros[1] geboren, verließ Griechenland als junger Mensch, in den 80er Jahren des 19. Jahrhunderts; glaubhaften, aber abgelegenen Quellen zufolge war er zunächst in Algerien, dann in Alexandria, Ägypten, zu einer Zeit, als der Dichter Kavafis die Stadt inspirierte. Dort machte er auch sein erstes Hotel auf. Es lief schlecht und recht, schließlich war Stamatis berufen zum Journalisten und nur verführt zum Unternehmer.

Stamatis zog weiter, die Landkarte abwärts, auf den Spuren seiner Klientel in der Diaspora. Er war zwar Korrespondent für Zeitungen in Griechenland, schrieb aber vor allem für die zahlreichen griechischen Emigranten im südlichen Afrika. Nach Ägypten ließ sich Stamatis Kalakouvalos, betört von den Versprechungen schnellen Reichtums, im kongolesischen Elizabethville nieder. Er hatte kein Glück.

Als nächstes ging er nach Südafrika, wieder als Korrespondent für griechische Zeitungen. Damals, um die Jahrhundertwende, hält er sich mehrmals über längere Zeit im Norden Mosambiks auf, das gerade die Kolonisierung durch die Briten

---

[1] Sein Elternhaus existiert noch und steht unter Denkmalschutz.

erlebt. In Beira freundet sich Stamatis mit einem unbekannten Dichter an, Manuel Mendonça de Oliveira, Landvermesser der *Companhia de Moçambique*. Man weiß wenig über diesen Mann, aber das Wenige spricht zu seinen Gunsten: »Ein kultivierter Mensch, diszipliniert und unbescholten, der seine beruflichen Pflichten getreulich erfüllte und sich meines Wissens während der Zeit, in der wir zusammen arbeiteten, nie etwas hat zuschulden kommen lassen«, schrieb sein Vorgesetzter. Diese Erklärung war Teil des Verwaltungsprozesses gegen den Gouverneur der Bezirke Manica und Sofala, Pinto Basto, oder Pinto »Biesto«, wie der Dichter in einem seiner Gesuche schrieb. Manuel Mendonça de Oliveira, der auch für das Metereologische Observatorium von Beira zuständig war, erhielt im August 1906 wegen eines unverschuldeten Meßfehlers einen Verweis und wurde für acht Tage vom Dienst suspendiert. In seiner Würde gekränkt, reichte Oliveira im September die Kündigung ein, ungeachtet der zunehmend schwierigen finanziellen Situation seiner in Lissabon verbliebenen Familie, denn die Kompanie schuldete ihm sowohl ein halbes Jahr Lohn als auch einen ihm zustehenden bezahlten Heimaturlaub im Königreich[1]. Oliveira, ein am Indischen Ozean gestrandeter Mystiker, begegnete dort dem Buddhismus und beschritt dessen Weg. Er starb in Quelimane am Sumpffieber. In Lissabon schreckte zu genau dieser Stunde seine Frau auf, erhob sich und ging zu ihrer Schwiegermutter, um ihr mitzuteilen, ihr Sohn sei soeben in Mosambik gestorben. Ein Segelschiff überbrachte die Todesnachricht erst Wochen später.

Stamatis, der Großbritannien wenig schätzte, zog im Burenkrieg und der ihm vorausgehenden politischen Krise mit

---

[1] Dies ergibt sich aus den Belegen Nr. 1–19 der Verteidigungsschrift des Landvermessers sowie der Beschlüsse des Gouverneurs Pinto Basto und des Direktors der Abteilung Landwirtschaft der Companhia de Moçambique.

Artikeln, Feuilletons, Versammlungen, Reden und Polemiken gegen die Engländer zu Felde. Nach Kriegsende waren ihm die Sieger auf den Fersen, und er hätte unweigerlich in einem der furchtbaren englischen Konzentrationslager für Kriegsgefangene geendet, hätte ihm die griechische Gemeinde nicht geholfen.

Der Journalist konnte Südafrika verlassen, diesmal mit gefälschten Reisedokumenten. Das Ziel: Huambo. Dort begann er ein neues Leben unter falschem Namen, nämlich Dáskalos, Meister, so hatte man ihn auf politischen Versammlungen innerhalb der griechischen Gemeinde Südafrikas genannt. Auf dem griechischen Konsulat gründete Kalokouvalos eine neue Familie. Ihr Name sollte Sinnbild angolanischen Nationalstolzes werden. Er selbst war der Vater des Dichters Alexandre Dáskalos.

In Huambo eröffnete Stamatis ein Hotel – schlicht als »Hotel des Griechen« bekannt –, wurde Eigentümer einer Zigarettenfabrik, einer Bäckerei und eines Großteils der städtischen Immobilien. Aber der Reichtum war nicht von Dauer, der Hotelier-Journalist verspielte ihn in einem Kasino, das sich in den zwanziger Jahren in einem Hotel im Granja-Viertel befand und von weißen Siedlern, Transportunternehmern und Vertragsarbeitern besucht wurde. Man spielte dort Roulette. Dáskalos arbeitete vorübergehend auch bei der Eisenbahngesellschaft von Benguela, das war nicht einfach für ihn, der die Engländer haßte.

Soweit bekannt, war Stamatis Dáskalos nur einmal verheiratet. Mit einer zwanzig Jahre jüngeren Frau, einer Goenserin, die selbst niemals in Indien gewesen war und sich im Kolonialministerium um eine Stelle als Lehrerin in Goa beworben hatte. Dort lebte die Familie ihres Großvaters, der als Arzt nach Lissabon gekommen war[1]. Man schickte sie jedoch nach

---

[1] Wir, Direktor und Senat der Medizinischen Hochschule von Nova Goa, tun kund und zu wissen, daß António Joaquim Guilherme Nunes de Oli-

Angola, genauer nach Bié, und als sie dort vorstellig wurde, legte man ihr nahe, ihr Glück in Huambo zu versuchen, da ihr Platz bereits besetzt sei.

Zaida Matilde, so hieß die Lehrerin, war eine strenggläubige Katholikin. Sie kam ohne Ehemann. Dáskalos lernte sie als Fünfundzwanzigjährige kennen. Sie hatte ihre Tochter und ihren vierzehnjährigen Bruder bei sich. Sie besaß erstaunliche telepathische Fähigkeiten. Sie war die Witwe von Manuel Mendonça de Oliveira, einem unbekannten Dichter aus Mosambik.

veira, Sohn des José António de Oliveira, gebürtig aus Nova Goa, nach dem Besuch des Studiengangs Medizin dieser Hochschule die gemäß Verordnung vom 11. Oktober 1865 erforderlichen Examen erfolgreich absolviert hat. Er hat in allen Fächern summa cum laude bestanden und wurde daher am 22. Mai 1868 im Rahmen des Rigorosums mit den neun ersten Preisen, entsprechend den neun Fächern seines fünfjährigen Studienganges, ausgezeichnet. Daher stellen wir ihm gemäß Artikel 151 der Studienordnung für Medizin im Staat Indien die vorstehende Urkunde aus und erklären ihn für befugt, den Beruf eines Mediziners und Chirurgen gemäß den darin niedergelegten Regeln und den damit verbundenen Rechten und Pflichten auszuüben. Alle in- und ausländischen Institutionen und wissenschaftlichen Einrichtungen werden gebeten, dies anzuerkennen. – Gegeben in Nova Goa, den 17. Juni 1868.»

»Lubumbashi, Zaire, 21. 8. 97

Eine widerliche, mit Kohlensäure versetzte *Grenadine* verklebt mir meinen vor Durst klebrigen Mund. Ich drehe mich nicht um und kann doch die Ungeduld des Jungen sehen, der in meinem Rücken Halbkreise dreht. Er ist keine fünfzehn Jahre alt, in Uniform und bewaffnet mit einem Maschinengewehr so groß wie er selbst. Als ich zu schreiben anfing, begann er den Tisch zu umrunden. Er ist der diensthabende Wachposten. Er dürfte weder aus Shaba noch aus Zaire sein. Wahrscheinlich ist er aus Ruanda, wie auch die anderen, die meinen Wagen im November auf der Straße nach Goma durchsucht haben. Ein kleiner Banyamulenge[1], ein Kindersoldat.

Bemerkenswert, die Ordnung im kongolesischen Chaos. Die einzig unangenehme Erfahrung bisher war der Formalitätentunnel an der Grenze: zwei Gänge zur *santé*, wo die Sanitäter die Impfpässe beäugen, als seien sie Falschgeld, und eine kleine Irritation meinerseits, weil das Visum für Zaire, das man mir in Luanda ausgestellt hatte, gefälscht war. Ich hatte hundert Dollar dafür bezahlt und mußte nun noch einmal sechzig für ein weiteres locker machen ...

Mit den typischen Gesten kindlicher Verschämtheit spricht der Kabila-Dreikäsehoch einen alten Weißen an, der mit einer in Tücher gehüllten Kongolesin gekommen ist. Ich sitze im

---

[1] Banyamulenges: Tutsis ruandischen Ursprungs aus Zaire, leben in der Region von Kivu, westlich des Sees gleichen Namens. Wesentlich am bewaffneten Aufstand gegen Marschall Mobutu im Oktober 1996 beteiligt.

Park Hotel auf der Esplanade. Ein Kreuzgang um einen riesigen, zwei Stockwerke hohen Kaktus.

In einer Ecke lauert eine Band – *l'orchestre* – die uns gleich mit leicht verdaulichen *standards* beglücken wird. Die Musiker tragen grellrote Jacken: Die *Grenadine*-Band.

Man hat mir das Sägewerk des Portugiesen O. Fernandes gezeigt, oder vielmehr das, was von seinem Gefängnis übriggeblieben ist. 1990 wollte ihm der Staat eine Entschädigung von neunzigtausend Dollar zahlen. Er gibt sich nur mit drei Millionen zufrieden. Die wird er nie bekommen, und das weiß er. Er wird nie von hier weggehen, auch das weiß er. Ein klassischer afrikanischer Fall:

Portugiese, weiß, jung, alleinstehend, die Zukunft gepachtet, kommt er in den 50er Jahren – mit der Benguela-Bahn –, um Handel zu treiben; zuvor hatte er am Colégio de São João de Brito unterrichtet, das zur *Angolanischen Agrarhandelskompanie*, in Boa-Entrada, Gabela gehörte. Er war also Lehrer in Angola gewesen oder hatte, wie er sagt: ›Maiskörner gezählt, wenn Sie so wollen. Und Benzinkanister. Und Schrauben‹ in den großen Lagerhäusern der *Kompanie für den Handel mit Eingeborenen*. In Elizabethville fand er ›das beste Krankenhaus im ganzen südlichen Afrika‹ vor, Muchengue, und meint, ›hier war der Rassismus ausgeprägt, die Schwarzen konnten praktisch nirgendwo hin, Zutritt zu öffentlichen Einrichtungen bekamen sie nur, wenn sie einen Personalausweis besaßen, und den hatten nur sehr wenige‹.

Fernandes pachtete zunächst in Mweka eine staatliche Bäckerei und betrieb anschließend in der gleichen Region Forstwirtschaft, eine Palmölproduktion und ein Sägewerk, zu dem später ein zweites in Elizabethville hinzukam. In Kasai hatte er 460 Angestellte, eine Schule mit 6 Lehrern für die Kinder der Arbeiter, einen kleinen Staudamm, der die nötige Energie lieferte, Laster, Traktoren, Motoren, Kräne, Zisternen usw., er zählt alles auf –, die Vergangenheit scheint ihn, wie auch den alten Teixeira, über das Inventar einzuholen.

Heimlich, hinterrücks hat das *Orchester* begonnen, schmalzige Stimmung zu verbreiten. Alle Musiker sitzen, einschließlich des Manns an der Elektroorgel. Sie steht auf einem grün betuchten Tisch. Ich habe noch nicht herausgefunden, was genau für eine Melodie sie spielen, es scheint aber irgendeine *Garota de Ipanema* zu sein.

Am 30. November 1973, nach Mobutus Rede zur Afrikanisierungspolitik, verlor Fernandes alles auf einen Schlag. ›Bis auf die Schulden, ich habe sechs Jahre gebraucht, um sie abzuarbeiten.‹ Er wurde Angestellter bei seinem zairischen Nachfolger. Aus der *Serração Lusitana* (!), dem Lusitanischen Sägewerk, wurde die *Scierie Kamaramba* (Lokomotive). 1974 verhaftete man Fernandes in Katanga, angeblich hatte er Diamanten, Gold und Elfenbein im Gepäck. Man hielt ihn drei Tage lang in einem mit Menschen vollgepfropften Container fest, in dem alle ihre Bedürfnisse verrichteten. ›Sie haben mir einen Platz an einem Türspalt gegeben, damit mir die Luft nicht ausging.‹ Auf der Polizei wurden Kinder verhört, denen man Hölzer zwischen die Finger steckte und dann zudrückte. Fernandes hatte seinen Namen zwischenzeitlich einem finanzstarken Juwelier aus Ecuador zur Verfügung gestellt, der jemanden mit gutem Leumund in der Stadt suchte. Zudem wurde er teilhabender Geschäftsführer der *Scierie*. Dort ist er noch heute.

Ein klassischer afrikanischer Fall.

Auf der Terrasse befindet sich ein Videoklub. Das Angebot für die Woche vom 4. bis 10. August: *Intime Entscheidungen*, *Die Feuerprobe* und *Kalte Rache*.

Ich habe in einem griechischen Restaurant mit zwei hier ansässigen portugiesischen Familien zu Abend gegessen – ich glaube, ich war heute in einer der beiden einzigen Textilfabriken von ganz Zaire. Ich habe ein sieben Meter langes Tuch erstanden – der letzte Schrei unter den bedruckten Stoffen – in den Farben der Demokratischen Republik Kongo und mit dem Konterfei von Laurent‑Désiré Kabila in silbrigen Medaillons. Die Lage ist ruhig, aber nicht unproblematisch: die Katanger sind die Leute aus Ruanda leid, die sich hier niedergelassen haben. Jetzt, nach dem Sturz Mobutus, sollen sie in ihr Land zurück. Die Ruander aber bleiben, da sie in den Minen arbeiten, angeblich fließt das Geld aus Shaba direkt auf die Bankkonten in Kigali. Man hat bereits mit der Fusionierung und Verstaatlichung aussichtsreicher Unternehmen begonnen. Die Prognose der Portugiesen: die Verbündeten von gestern sind die Gegner von morgen.

Ein Koloß von Mann springt mit einem Handy (das Telefonnetz funktioniert nicht) aus der Bar auf die Terrasse.

– *J'arrive dimanche!*

Ein Kellner mit Weste kommt vorbei, alt, klein, traurig. Er hinkt mit dem linken Bein, und in der linken Hand hinkt sein Tablett.

Einer der ruandesischen Kommandanten wohnt im Hotel. Er tut sich keinen Zwang an in seiner FPR‑Uniform[1]. Kommt und geht, umgeben von einem Schwarm Hofschranzen, die ihm sein Handy tragen, seinen Diplomatenkoffer, ihm die Wagentür aufreißen und den Lift für sich in Beschlag nehmen. Der Sitz der AFDLC, der Demokratischen Allianz zur Befreiung des Kongo, liegt direkt gegenüber auf der anderen Straßenseite.

Die *Grenadine*‑Band hat es geschafft, fast alle Instrumente mit trägen Streicheleien einzuschläfern. Die noch wachen

---

[1] FPR: Front Patriotique Rwandais [Ruandische Volksfront], seit 1994 an der Macht, seither in Forces Armées Rwandaises [Ruandische Streitkräfte] umbenannt. Zusammen mit Uganda und Angola Hauptstütze der Revolte unter Kabila.

schnurren unverständliche Melodien. Der Handy-Mann ist in Rage geraten, vielleicht wegen seiner Frau.
— *J'arrive dimanche! C'est pas possible de rentrer avant. J'ai du travail ici. J'ai des chocolats pour toi et une cassette vidéo.*
Damit war das Gespräch beendet. Kein Abschiedskuß, nichts.«

Als Teixeira 1954 nach Elizabethville kam, sah er zum ersten Mal in seinem Leben eine Badewanne. Guimarães, die Stadt, in der er geboren war, im portugiesischen Minho – hatte ihm einen solchen Luxus nie geboten. Selbst eine Dusche gab es für ihn erst, als er in der Schule mit dem Fußballspielen begann. Er kam mit der Benguela-Bahn nach Elizabethville, in einem der Sonderzüge für belgische Siedler, BCK[1]. Er reiste in einem Schlafwagen, der dem jungen Mann von dreiundzwanzig Jahren eine weitere Premiere bescherte: weiße Bettlaken,

– so sauber und gut gestärkt, daß sie einem weggerutscht sind.

Teixeiras erster Wagen war ein kaffeebrauner *Vauxhall*, leichter zu fahren als das Rad, das er in Portugal hatte. Er kaufte ihn für 5000 Francs und verkaufte ihn für 8000. Er besaß noch andere Wagen: Mercedes, Peugeot, Pontiac, Volkswagen. Sämtliche Marken. Teixeira ist Mechaniker. Er arbeitete bei *Congo Motors*, die *General Motors* der belgischen Kolonie.

Guimarães hatte zwar Konditoreien, aber in der Biographie des Mechanikers fehlte damals noch das nötige Geld für Orangeade und Kuchen. Das gab es erst in Elizabethville. Doch die Wärme verlangte schnell nach mehr: man trank *mazout* (Die-

---

[1] Lobito war in den 50er Jahren der Haupthafen für Reisende aus Belgisch Kongo. Die belgische Schiffahrtsgesellschaft hatte zu Beginn des Jahrzehnts eine Schnellverbindung zwischen Antwerpen und Lobito in Betrieb genommen. Dort gingen Passagiere mit Ziel Katanga an Land. Nach einem zweistündigen Zwischenaufenthalt fuhr man dann mit dem Dampfschiff weiter nach Matadi, im Unteren Kongo. Die Fahrt Antwerpen – Lobito dauerte 14 Tage.

sel) – ein nobles Mixgetränk aus Whiskey und Cola – am späten Nachmittag, im *Cafe Sport* oder im *Palace*.

– Wir haben jede Menge davon geschluckt. Es ging einem so glatt runter, man hat's gar nicht gemerkt.

Es war warm in Belgisch Kongo. Im Paradies ist es immer warm, sonst würde Eva kaum nackt herumlaufen. In Elizabethville stieg der Mann aus dem Minho an sämtlichen Swimmingpools ab und ging fast täglich zum Tanz,

– mal rechts, mal links,

unter den Esplanaden zu Bier und Fritten mit reichlich Senf, und ins Cinéma RAC. Teixeira, der aus einem Haus mit nur einem Raum kam, in dem sich alles ums Brennholz drehte, hatte zuvor nie auch nur den Fuß in einen Swimmingpool gesetzt und wußte auch nicht, was ein *Thé Dançant* in nasser Badekleidung ist. Nein, das wußte er nicht. Er wußte nur, daß ihm das Land, aus dem er kam, das Elend auf den Leib geschrieben hatte.

– Bis rein in die Knochen. Baden, ja wo denn? Höchstens bei der Feuerwehr, hin und wieder.

– Boga! Boga‚Boga! Boga‚Garoupa!
...
– Booga, Boga‚Boga‚Garoupa!
...
– an‚Boga‚an‚Boga‚Anchova‚Garoupa!
...
– Boga‚Boga‚Boga‚Boga‚Garoupa, Boga‚Boga‚Anchova, Sardinhaa Abrótea‚an‚Garoupa!
...
– an Boga‚Boga‚Boga‚Boga‚Bogaaa! Boga‚Boga‚Boga‚Anchova‚Sardinha‚Abrótea‚an‚Garoupa – bitte kommen!

Meer ruft Wüste. Wüste antwortet nicht. Scheinbar schwierig, so eine Funkverbindung: ein Ozean, auf dem es still ist, und eine Küste ohne Lichter. Kaum zu schaffen. Da kommt man leicht ab vom Kurs, wenn selbst der Funk… Irgendein Tag wird schon werden, so viel ist sicher, dann findet uns die Sonne, selbst hier. Vielleicht ziehen uns auch die Strömungen oder die Fischschwärme in die Bucht. Unsere einzige Chance.

Nehme ich an.

– Hallo, Chico, guten Tag?!

Endlich Antwort vom Festland. Und wenn wir in Seenot wären? Das Boot interessiert sie nicht, sie fragen zuerst nach dem Fisch.

– Makrelen, mittelgroß. Die Hydraulik hat nich richtig funktioniert, sieht nach Makrelen aus. Wir müssen nachgukken, wir haben ein Problem mit dem Klüsenrohr, is ziemlich klein, ein Boot is von Figueras und eins von Ferrol, is ziemlich kurz. Die Ringe lösen sich nich.

Vier Fischerboote der ANGESP, der staatlichen angolanischen Fischereigenossenschaft, laufen täglich aus. Alle anderen liegen am südlichen Ende des Hafens vor Anker. Warten hinten an der Rua do Tômbua, bei den Fischmehl- und Konservenfabriken, riesige verlassene Gebäude, mit Kaminen aus Ziegeln und höher als Leuchttürme, verfallende Einrichtungen am Meeresrand, von Wanderdünen bedroht. Der kleine Kasuarinenwald, der den Sand fernhielt, ist abgeholzt – Tômbua ist kaum größer als ein Stadtviertel, zwei Plätze und eine schmale Ruinen-Schlange nach Süden hin.

Aus den Konservenfabriken sind Höfe geworden, hier mischen sich einheimische Kinder mit Flüchtlingen und ehemaligen Kriegsteilnehmern aus fernen Provinzen, so fern, daß man in Tômbua nur ihre Namen kennt. Hier, in der Wüste von Namibe, stranden diese Menschen, angeschwemmt vom Krieg im übrigen Land, ohne Geld und Kraft für den langen Weg zurück nach Norden-Norden-Norden. Sie beäugen die Fremden aus dem Inneren ihrer Baracken, durch die Türen aus Fischernetz und die Bullaugen der großen Wracks: ihre Wohnungen – Schlepper aus morschem Holz, Boote zwischen Schlick und Ratten, in denen das Steuerhaus die Zimmer sind und die gebrochenen Masten die Wäscheleine. Manche sprechen ferne Sprachen, Kikongo oder selbst Lingala. Das gleiche verworrene Menschen-Puzzle wie in Lobito, wo jetzt Bauern vom Planalto Fischernetze an Land ziehen.

João de Sousa hat beschlossen, die Netze auszuwerfen, er hat »einen Hauch« gesehen, »einen winzigen Hauch« – einen kaum wahrnehmbaren Strich auf der Papierrolle, mit dem die Meßnadel die Tiefe in Faden anzeigt und Fischschwärme unter dem Boot.

– Also, wir haben jetzt beigedreht, saugen die paar Makrelen hier auf, 800 Kilo oder 700 oder was weiß ich, ja, und dann is also der große Schlauch gerissen, nein, nich gerissen, rausgesprungen. Und aus der Traum, bei dem eisigen Wind nachts, da war nichts zu machen. Ja, und deswegen sind wir noch immer hier, versuchen das Problem mit dem Schlauch zu lösen. Wir nehmen jetzt also Kurs auf die Küste. Hörst du mich nu oder nich?

– Ich höre, João, ich höre.

– Okay, und zu was für'm Schluß seid ihr gekommen, bei euch im Norden?

...

In Porto Alexandre wurde vor der Dekolonisierung mehr Fisch als in allen anderen Kolonialhäfen angelandet[1]. Rund hundert Fischerboote waren dort registriert. Heute ist die ANGESP nicht in der Lage, ihre 12 Fischkutter gleichzeitig einzusetzen, denn selbst wenn ausreichend gefangen würde, könnte der Fisch nicht ins Landesinnere transportiert werden. Ohne das spanische Kapital der ANGESP in dem *joint-venture* würde in Tômbua längst kein Fisch mehr gefangen[2]. Die Beziehung zwischen Madrid und Luanda geht auf das Jahr 1977 zurück, als die Angolaner zwei spanische Schiffe aufbrachten, eine Zeit, als noch ein Drittel der »spanischen« Garnelen aus Angola kam. 1981 beschlossen die beiden Länder den Bau von 37 Fischkuttern mit Ring- und Schleppnetzen[3]. Gabrieli-

---

1 1973 wurden in der kleinen Hafenstadt 350000 Tonnen Fisch, vor allem Tiefseefisch, angelandet, von dem wiederum 80% für die Fischmehlproduktion bestimmt waren. Die restlichen 20% wurden gepökelt oder tiefgefroren. Heute beträgt das Fangvolumen nicht einmal mehr 18% der Menge von vor 20 Jahren. Dennoch wird weit mehr Trockenfisch hergestellt als zur Kolonialzeit: die Fischmehlproduktion wurde eingestellt. Tômbua hat zwei Fabriken, jedoch ohne Bedeutung. Vor der Unabhängigkeit waren es siebzehn. Um im Fachjargon der Herren aus Luanda zu sprechen, ist die Politik heute darauf ausgerichtet, die Proteinversorgung der Bevölkerung auf direktem Wege sicherzustellen.
2 Spanien war allerdings bereits 1964 über einen Vertrag mit Portugal in das angolanische Fischgeschäft eingestiegen.
3 Die Freundschaft zwischen beiden Ländern geht auf zwei Besuche des an-

tos, der größte spanische Garnelenfischer, dessen Flotte seit 1978 vor der angolanischen Küste operierte, hatte 22 der 37 aus den galicischen Werften Vigo, El Ferrol und aus Figueras stammenden Kutter unter Vertrag. João de Sousa, Bootsführer der Garoupa, der Mero, der Anchova, der Sardinha und der Boga, bestimmt die Fahrgeschwindigkeit der Kutter auf Spanisch: *Para, listo de maquina, despacio, poca, media, toda ...*
— Hier Boga!
— Hörst du mich, João? An die Arbeit, an Land reden wir dann, Ende!

In einer der leeren Fabrikhallen befindet sich inzwischen der Kohlenmarkt. Das Revier der *tiantónios*, wie die Männer genannt werden, die sich als Träger von Fischkisten, Kohlensäcken und dem Wenigen, das es auf den Rücken zu laden gibt, etwas Geld verdienen. Der Schmutz hat ihre Züge verwischt: die *tiantónios* teilen sich ein und dasselbe Gesicht, sind bedeckt von einer dicken Schicht aus Ruß und Fischtran, in der Hals und öliges Hemd verschmelzen, die Hosen schmierig, die Füße nackt, in Asche und Staub.
— Fertig, Mann. Hat geklappt, das Ding hat sich bewegt, der Schlauch is nich geplatzt, nur rausgesprungen, wir setzen ihn jetzt wieder ein. Wir bleiben, eine Scheißnacht, nu kommt er wohl bald, der Tag. Viel Wind. Und Robben bis zum Geht

---

golanischen Präsidenten José Eduardo dos Santos in Madrid (1982 und 1984) zurück. Damals unterzeichneten die beiden Regierungen ein umfangreiches Investitionspaket in verschiedenen Wirtschaftsbereichen. Das Vertrauen der spanischen Sozialisten in die MPLA überlebte sogar den Ölschock von 1986 – als der Barrelpreis von 40 auf 16 Dollar fiel. Felipe Gonzales setzte diskret auf die Zukunft von Angola, als selbst Verbündete wie die Sowjetunion Luanda die Kredite aufkündigten. So wurde auch mit spanischer »Entwicklungshilfe« 1991 die »Schnelle Eingreiftruppe der Polizei« finanziert – die *»ninjas«*, die im Jahr darauf die Schlacht um Luanda gewinnen sollten. Desgleichen steuerten die spanischen Sozialisten den größten Teil der Mittel für den Wahlkampf der MPLA und von José Eduardo dos Santos im Jahr 1992 bei.

nicht mehr. Hm! Spielen die, oder was? Also, das Netz is unten. Sieht nach Makrelen aus, wir ham sie drin, 600, 700, 800, und nu weiß ich nich, nehm ich den Fang an Bord und bring ihn in den Laden oder schmeiß ich ihn weg. Also, was jetzt, sag du auch was!

Ich sah ihnen bei der Arbeit zu, saß an der Tür des Steuerhauses, und im Herzen des Boots stampfte der Motor. – Zwei! *Fiuuuuuuuu*... Drei! *Fiuuuuu*... Vier! *Fiuuuuuu*...

und hoch oben, über der leichten Wellenbewegung der Morgendämmerung, schwankte das Kreuz des Südens

– Einundzwanzig! *Fiuuuuuu*...

im Takt mit dem langsam rhythmischen Gleiten der Schwimmkörper

– achtunddreißig! *Fiuuuuu*...

zu den rauhen Kadenzen der Trillerpfeife eines Fischers auf der Brücke

– einundvierzig uuund Schluß!

Als ich wenig später wieder aufwachte, war ich hintenübergefallen und lag zusammengekauert zwischen Planen, den Kopf in einer kleinen Kajüte mit Funkgeräten und Rettungswesten. Jemand erbrach sich. Es mußte ihm sehr schlecht gehen, der Kutter hallte ringsum wider von krampfartigen Lauten. Das Geräusch war unverkennbar.

So schien es: Aber niemand erbrach sich, die Robben bellten, der helle Wahnsinn: hunderte, tausende Robben, ein quirliger Teppich auf der Meeresoberfläche, der zischte, wirbelte und sprang, als sei das Wasser heißes Öl. Sie hatten uns eingekesselt, machten selbst João de Sousa verrückt, fielen in Schwärmen über den Fang in den Netzen her, schlugen sich die Bäuche voll.

– Jetzt guck dir das an! Diese Gauner! Die reinsten Freßsäcke, verputzen den Fisch tonnenweise. Fressen und scheißen, fressen und scheißen! Das gibt's doch nich! Springen, beißen den Kopf ab, schleudern, zack, den Rest durch die Luft, und nichts wie hinterher. Und ein Gezanke is das ums Fressen.

Der Mond glänzte auf den Leibern der Tiere, bis von Tômbua die Sonne herüberkam, Löcher in die Wolken brannte und mit ihren Strahlen glitzernde Flecken aufs Wasser warf. Nur der Morgenstern war noch am Himmel, und am östlichen Horizont die Grenzlinie des Meers, weiß gestrichelt von den Felsen der Steilküste. Es wurde Tag, noch ehe sich der Ring der Flotten schloß – die beiden Enden werden über eine Winde eingezogen, bis das Netz nur noch ein Sack voller Fische ist, der an Bord gehievt wird. Zuvor aber müssen die letzten Robben vertrieben werden. Die Seeleute schreien und schlagen mit Eisenstangen gegen das Eisen des Kutters; die hartnäckigsten Tiere werden mit Bambusstöcken zurück ins Wasser katapultiert.

– Die Abrótea hat ganze drei Tonnen, nicht mehr, sie haben alles abgesucht, zu viel Wind.

– Und die anderen Boote?

– Nichts, absolut nichts.

– Und hier nicht ein Stichling auf dem Radar, alles Makrelen.

...

– Hast du's runtergelassen? War's nun unten, oder haben die Ratten euch die Leine angefressen?!

– Meister João de Sousa, der Bootsführer, brachte mich nicht zur Baía dos Tigres[1]. Wir fuhren zurück, mit unseren Makrelen. Der Koch griff ein paar heraus, und zum Frühstück gab es gebratenen Fisch. Nur der Kaffee war halbwegs genießbar. Als wir in den Hafen einfuhren, umzingelten Kinder den Kutter auf kleinen Kork- und Styroporplatten – ihren Booten. Sie hingen sich an die Garoupa und versuchten die Fische zu

---

[1] Tigerbucht

ergattern, die ins Wasser fielen, als die Kisten, von Seemann zu Seemann, vom Oberdeck auf den Kai geworfen wurden. Die kleinen Geier-Fischer paddeln und steuern flink mit den Händen, im Kampf um die Makrelen, vor Kälte zitternd, mit den Beinen im Wasser, denn die Styroporplatten sind winzig, bieten kaum Platz für ein halbes Dutzend Fische, die sie anschließend auf der Straße für 50000 *Kwanzas* das Stück verkaufen.

Es ist spät geworden in dieser schlaflosen Nacht des Countdowns im Osten. Die BBC ist wie alle Welt in Hongkong, während ich auf eine Mitfahrgelegenheit nach Namibe warte. Ich sehe, ohne mich umzudrehen, eine Sterneneinsamkeit in diese Wüste kommen, die sich bis zu meinen Füßen dehnt, bis hin zu den kleinen Wellen, die am Holzsteg lecken, an der Flotte aus Schrott, die den Strand mit Rost überzieht. Es ist kalt geworden.

Carlos, ein Angestellter des Fischereibetriebs, hat in seinem Jeep ein Paket mit Schallplatten, es kam heute vom Algarve. In seiner Sammlung ist eine LP aus den 70er Jahren: *Rost lebensnah*. Den Namen der Band habe ich vergessen.

Zwei Seeleute haben die Garoupa gewartet und gesellen sich zu mir. Wir hören Kurzwelle. Die Stunde Null: Engländer und Chinesen feiern – für mich deprimierend weit weg – die Übergabe einer wunderschönen Bucht.

– Schon passiert.

– Schon passiert? Dort ist schon Mitternacht. Die Typen dort haben schon zu Abend gegessen – die sind älter als wir.

Brigadegeneral Kalutotai, Herr über den Krieg in der Region Caiundo, kann mich zur Umkehr zwingen. Kann mich meine Reise fortsetzen lassen. Kann mein Verschwinden betreiben – nichts ist einfacher in dieser Provinz. Man hat mich gewarnt in Menongue. Es wäre kein Verbrechen. In diesen Einöden am Ende der Welt verflüchtigen sich die Leben von allein. Während Kalutotai überlegt, nutzt er meine Anwesenheit.

Er hat mich ausgiebig verhört am ersten Tag. Rief Brigadier Osvaldo hinzu, der mein Wiegenlied von A bis Z in ein kleines Heft notieren mußte. Anschließend spannte er sein Netz.

– Die Bewegung und wir haben keinerlei Einwände gegen Ihre Reise, nicht im geringsten. Der Transport allerdings ist ein Problem. Unser Kamas kommt nicht in Frage, er schluckt 700 Liter Diesel bis Calai. Abel, der einzige Schwarzhändler, der so weit fährt, hat sich vorgestern auf den Weg gemacht, und wir haben keine Ahnung, wann er zurückkommt. Es bleibt nur noch mein Jeep. Der aufgebockte Land Cruiser. Bei dem fehlt die Kardanwelle für das Getriebe. Falls Sie eine auftreiben, bringt Sie mein Fahrer bis Cuangar.

Kalutotai hoffte, ich könnte das Unmögliche möglich machen, mitten in der Wüste eine Kardanwelle für das Getriebe eines Geländewagens »Baujahr 1947« ausgraben, sie dem Brigadier vor aller Augen und mit Hilfe der UNAVEM nebst einigen Fässern Treibstoff übergeben, und auf diese Weise das von internationaler Seite verhängte Embargo gegen die UNITA ein klein wenig sabotieren.

Ein heroisches Unterfangen. Ich fuhr zurück nach Menongue und zu seinen beiden Autowerkstätten, die eine gehörte der UNAVEM, die anderen dem Portugiesen Lopes. Mit einer Kardanwelle für ein so altes Modell konnte allerdings niemand aufwarten. Immerhin entdeckte ich bei meiner verzweifelten Suche auf dem Schrotthaufen einer katholischen Missionsstation in Menongue einen Land Cruiser wie den von Kalutotai. Er war aufgebockt – anscheinend üblich für das »Baujahr 1947« –, und hinter dem Schuppen und dem Jeep lag mutterseelenallein das Getriebe. Intakt, massiv, schwer.

– Hol den 14er Schlüssel, befahl der Meister.
– Haben wir nicht, sagte der Lehrling. Der ist im andern Wagen. Kommt gleich. Bestimmt. Wir müssen kurz warten.
– Wann genau kommt denn der Schlüssel?
– Punkt 12.

Es war bereits 12 Uhr 15. Wir verabredeten uns für halb zwei, damit Schlüssel und Meister genügend Zeit hatten, aber als es dann soweit war, hatte sich noch immer nichts getan.

– Es gibt so gut wie keine 14er Schlüssel. Der Wagen ist immer noch nicht da.

Um 14 Uhr 30 sollte, mit mir oder ohne mich, ein LKW des sambischen Bataillons Menongue Richtung Caiundo verlassen. Er konnte nicht länger warten, da die Fahrzeuge der UNAVEM nur bis Sonnenuntergang fahren dürfen. Der brasilianische Hauptmann Spies, mit dem ich am Morgen gekommen war, mußte noch früher zurück.

– Ich nehm das ganze Getriebe! Wieviel wollen Sie?
– 300 Dollar.

Moreira, einer der »Blauhelme« der portugiesischen Fernmeldeeinheit, explodierte vor Empörung über den Meister.

– 300 Dollar für das Ding da! Für das Geld kannst du dir so eine Scheißkarre mit allem Drum und Dran kaufen! Der hat sie wohl nicht alle, der Mistkerl!

Wir begannen zu handeln. Dort, zwischen dem Schrott, befand sich »das« Getriebe. Nicht irgendein Ding, nein. Ein Schatz, ein Filetstück, ein Rettungsanker. Ich sah es an und sah unter der Öl- und Staubschicht meinen Passierschein nach Calai winken.
— 100.
— 150, Minimum. Reden Sie mit dem Pater.
Ein Fehler. Der Pater wollte gerade gehen, ich hätte ihn gehen lassen sollen. Und das kam dann dabei heraus, wegen 50 Dollar und 30 Sekunden:
— Ich kann Ihnen nicht das ganze Getriebe verkaufen, Bruder. Nehmen Sie sich das Teil, das Sie brauchen, und lassen Sie uns den Rest, wir können ihn vielleicht für unsere anderen Wagen verwenden. Nehmen Sie das Getriebe und bringen Sie es zu Senhor Lopes, er macht es Ihnen auf.
Wir schleppten das Trum in die Werkstatt. Es war schwer wie Blei und verlor Öl noch und noch. Lopes war natürlich weder an seinem Arbeitsplatz noch zu Hause.
— Er ist nur schnell ein paar Holzfäller holen gefahren, an der Straße nach Bié. Am späten Nachmittag ist er bestimmt zurück.
Bestimmt! Moreira fing an die Geduld zu verlieren und mich zu verfluchen. Er hatte dienstfrei. Hatte sich den Tag beim Aufstehen anders vorgestellt. Bescheidene Wünsche, Schwimmen im Fluß. Wir verlangten einen 14er Schlüssel, und er kam. Dann andere, in allen Größen, mit denen wir über das Getriebe herfielen. Schraubenzieher kamen uns zu Hilfe, Ringschlüssel, Maulschlüssel, Meißel, eine französische Zange in konzertierter Aktion mit Engländern und der technisch-moralischen Unterstützung durch die angolanischen Mechaniker von Lopes. Schließlich riefen wir nach dem Brecheisen, das verschiedene Hämmer mitbrachte, die ihm beim Ausweiden des Getriebes assistierten. Wir glänzten vor

Schweiß, Öl und Wut, die Nägel blutig geschlagen, die Finger blau. Endlich ergab sich das Getriebe, brach auseinander und spuckte uns eine letzte grünschimmernde Ölblase vor die Füße. Wir keuchten noch siegestrunken über dem kleinen stählernen Ungetüm, als wir die Pleite bemerkten: die Kugellager wollten sich nicht aus dem Gehäuse lösen, und somit saß die Kardanwelle weiter fest.

Die Schlacht zog sich drei weitere Stunden hin – eine Meisterprüfung in Kfz-Mechanik. Zum Glück war Spies wegen eines Generators in Caiundo aufgehalten worden und wartete auf mich.

– Jetzt kommen wir in die Dunkelheit. Aber entspannen Sie sich erstmal. Wir tun, was wir können, damit wir Sie loswerden.

Am nächsten Morgen, nach achttägiger Suche, meldete ich mich bei Kalutotai, um die Mission für gescheitert zu erklären. Die Spinne hörte mich ungeduldig an und begann ihr Spiel von neuem.

– Aber da haben Sie doch eine. Warum haben Sie nicht gleich das ganze Getriebe mitgebracht?

– Es war nicht zu kaufen, General. Menongue können Sie vergessen. So ein Ersatzteil gibt es nur in Luanda.

Ich weiß nicht, was frustrierender war: die Feststellung, daß ich mich umsonst abgemüht hatte und das Getriebe des Paters eine andere Kardanwelle hatte als das des Brigadiers; die Entdeckung, daß Kalutotai, in Erwartung der unvermeidlichen Rückkehr des Krieges, intakte Wagen im Busch versteckt hielt; oder das Wissen, daß die UNAVEM zwar Fahrzeuge vermutete, offiziell aber nur das »Baujahr 1947« und den Kamas mit seinem leeren Tank »sah«.

Ich gab Kalutotai die ramponierte Kardanwelle seines Land Cruisers zurück. Ich mußte kehrtmachen, und zwar ohne Fährmann. Allein, stehend, wie ein Bittsteller vor dem Thron des Flusses, paddelte ich langsam auf das andere Ufer zu. Kalutotai, der Gebieter über diese Gewässer, hat mir die Zukunft noch nicht vorausgesagt. Am Abend lud mich Spies, eine Miniaturausgabe des Schauspielers Rutger Hauer (*Terror auf der Autobahn*) zu einem *Gaucho*-Mate ein.

– Kapitalismus ist Ausbeutung. Kommunismus bringt keinen Fortschritt. Aber dieses Land ist das reine Elend. Hier gilt nur ein Gesetz: wer kann, befiehlt, und wer klug ist, gehorcht.

Mozart und der Wind steichen sanft über das gelbe, schulterhohe Gras. Wir gehen einer hinter dem anderen. London ist direkt mit uns verbunden, und die Savanne erschauert unter den glückstrunkenen Klängen der Symphonie. Ich halte die Royal Albert Hall fest in einer Hand und bewege die Antenne hin und her, um das Schwanken der Lautstärke auszugleichen. Rebellen begleiten mich, der Gleichschritt ihrer knirschenden Stiefel akzentuiert das Besondere dieses Augenblicks. Das Brüllen des Flusses kommt näher. Wir müssen bei der Brücke übersetzen, die 1975 gesprengt wurde. Auf der anderen Seite wird ein Wagen warten. Der Tag heute ist anders als sonst: wir sind früh aufgebrochen, gehen gegen die Sonne, und in der Hoffnung, das Ziel noch vor Dunkelheit zu erreichen. Es ist höchst unwahrscheinlich. Aber Mozart: die Musik, der Fluß, Violinen, das Boot, das das Schilf teilt ...

Auf der anderen Seite des Flusses, wo die Ebene sich fortsetzt, südwärts, ein gutes Stück über das zerstörte Dirico hinaus, dort, wo das Wasser auf wundersame Weise in Kraftstrom übergeht, ist ein Mann. Ein Mann in Namibia, auf der stummen Kehrseite seines Lebens. Noch kenne ich ihn nicht, er sitzt im Schatten. Trägt kurze Hosen. Ich werde ihn sehr viel später treffen, auf meinem Weg, und immer am Fluß, diesen Mann, den ich noch nicht kenne und der jetzt dort lebt. Zwischen Mehlsäcken und Öl, und mit Habichtsaugen in einen Krieg eintauchend, der ihn töten gelehrt hat, nicht aber die Freude am Töten.

Der Mann steht auf.

John van der Merwe war ein ungewöhnlicher Soldat der südafrikanischen Streitkräfte, die 1975 in Angola einfielen. Unter seinem Kommando »fegte« – ein Wort, das er gern gebraucht – ein Bataillon angolanischer *bushmen*, die *Flechas Negras* [*Schwarze Pfeile*], gemeinsam mit dem Bataillon *Búfalo* [*Büffel*], die Truppen Agostinho Netos und Fidel Castros vor sich her, von Kuando Kubango bis Cuanza Norte. John van der Merwes militärische Laufbahn hatte kurz vor der Invasion begonnen, im Februar des gleichen Jahres: Stützpunkt Omega, Caprivizipfel, Südwestafrika. Nach einem neuntägigen Aufenthalt in Pretoria, im Hotel Metropol, nach einem Gespräch mit einem Apartheid-General, dem Schöpfer des John van der Merwe.

Auf Anweisung des Generals gab man ihm vier Uniformen, eine Pistole und einen Fahrer bis Omega, dort rekrutierte die südafrikanische Armee, zusammen mit einigen portugiesischen Militärs und Siedlern, die *Flechas* und die *Búfalos* und bildete sie aus. Als erstes beauftragte man John van der Merwe, alle *bushmen* einzusammeln, die aus Angola geflohen waren und verstreut am rechten Ufer des Kubango/Okavango lebten. Vorzügliche Spurensucher, schlaue Kämpfer, extrem widerstandsfähige Männer. Bereits die PIDE hatte diese, in zahlreichen Militärbasen zum Aufspüren von Rebellen ausgebildeten Buschmänner, weiträumig eingesetzt.

– Angolaner, älter als das schwarze Volk Angolas, ohne Dörfer, Leute aus dem Busch, die mal hier, mal da essen.

In Omega wurden die *bushmen* in zwei Kompanien zusammengefaßt. Ihre erste Kampfhandlung auf dem Kriegsschauplatz war ein Gefecht mit der SWAPO, dort, wo sich heute Jamba befindet, in der angolanischen Grenzregion von Luiana und Nambangando. Kurz darauf folgte die Operation Sabena: ein tollkühner Vormarsch nach Norden, in Richtung Luanda.

– Wir haben alles weggefegt, von Dirico bis Serpa Pinto und von Serpa Pinto bis Pereira d'Eça, wo wir zum ersten Mal Mann gegen Mann mit der MPLA gekämpft haben, das war vom 12. bis zum 14. August 1975.

John van der Merwe betont immer wieder, Pretoria habe ursprünglich nicht die Absicht gehabt, in Angola einzumarschieren, sondern nur die Grenze zu seiner südwestafrikanischen Kolonie säubern wollen.

– Die Kubaner waren schuld an dem ganzen Schlamassel, die reinste Provokation, sie haben uns gezwungen, zurückzuschlagen. Wär es darum gegangen, Angola wegzufegen, hätten wir das in zwei, maximal vier Wochen geschafft.

Südafrika aber wollte nicht einmarschieren. Oder wollte nicht, daß die Welt erfuhr, daß es bereits einmarschiert war. Die *Flechas* und die *Búfalos* besetzten eine Stadt und zogen sich anschließend vier, fünf Tage in den Busch zurück, ehe es weiterging, von Überfall zu Überfall, von Ortschaft zu Ortschaft, von Zerstörung zu Zerstörung. Und das drei Monate lang, bis Novo Redondo. John van der Merwe erinnert sich: »Viel Feigheit, jede Menge Bremsklötze. Pretoria wollte und wollte wieder nicht, während die Militärs vorwärtsdrängten.« In dieser langen Zeit verlor van der Merwe nur zwei Männer.

– Und einen durch einen Unfall. Ich war damals Feldwebel.

Seine hundertsechzig *bushmen* (und fünf in die südafrikanische Einheit aufgenommene Portugiesen) bildeten die Angriffskraft. Die *Búfalos*, die achthundert Mann zählende Besatzungskraft, ernteten, obgleich sie erst später hinzustießen, die Lorbeeren des Feldzugs, was sich insofern verstehen läßt, als der Oberbefehlshaber beider Kräfte, Oberst Bretemburg, der Gründer des Bataillons war.

Am Unabhängigkeitstag Angolas, dem 11. November, befand sich John van der Merve in Novo Redondo, konnte aber keine Pontons nach Norden über den Fluß legen, da das Gefecht nur hundert Meter von der zerstörten Brücke entfernt stattfand und keine Pioniereinheit unter solchen Umständen effizient arbeiten kann. Fünf MIGs flogen an diesem Tag im Tiefflug über ihre Köpfe hinweg die Küste entlang, allerdings ohne Bomben abzuwerfen. Den *Flechas* gelang es nicht, mit einem Konvoi von achtundzwanzig Lastwagen die Stromschnellen im Randgebiet von Cuanza Norte zu passieren, und in der Serra da Gabela setzten ihnen die FAPLA mit ihren 122 Millimeter-Geschützen höllisch zu. Doch außer dieser Kampffront der »Vereinten Kraft« FNLA/UNITA, stieß eine zusätzliche Einheit »bereits weißer Südafrikaner« von Osten auf die Hauptstadt vor. Und von Norden die FNLA unter Holden Roberto bis nach Catete.

– Wir hatten Luanda schon in der Zange. Haben den Krieg aber in Catete verloren. Wenn man eine Stadt einnehmen will, braucht man Deckung durch die Artillerie, aber Holden Roberto wollte nicht, daß Kinder und Unschuldige umkamen, und weigerte sich, Luanda unter Beschuß zu nehmen. Von dem Augenblick an, als die Schwarzen sich einmischten, gab es Interessenkonflikte und ein wüstes Durcheinander. Der südafrikanische General geriet darüber dermaßen in Rage, daß er den nächstbesten Hubschrauber nach Uíge nahm und von dort aus nach Südafrika zurück flog. Auf seinen Befehl hin wurde die Operation schließlich eingestellt.

Lauter Fakten in John van der Merwes Kopf. Ebenso wie die Geschichte, daß sich Agostinho Neto und andere hohe Politiker vor dem unmittelbar bevorstehenden Fall Luandas fünfzehn Meilen außerhalb der Stadt in Sicherheit gebracht hätten. Desgleichen steht für ihn fest, daß der Krieg bereits wegen der Amerikaner verloren war, den geheimen Drahtziehern der Operation Sabena, die durch ihre Unentschlossenheit »zu einem Zeitpunkt, als Tag und Nacht Kubaner nach Angola eindrangen«, angeblich wichtige Zeit vertat. Breschnew und Kissinger, ein Abkommen, zwei Rückzüge, und die Sache wäre erledigt gewesen.

Die Kolonne der *bushmen* stieß am 21. Dezember von Novo Redondo aus in See, abgelöst von weißen Soldaten (bei den *Flechas* alles in allem nicht mehr als zwanzig, bis hinunter zum Feldwebel: Offiziere, Kampfwagenfahrer, Sanitäts- und Nachschubpersonal ...), und Weihnachten wurde in der Etappe verbracht. John van der Merwe sollte am 5. Januar wieder nach Angola an die Front, aber zu diesem Zeitpunkt befanden sich die Truppen Pretorias bereits auf dem Rückzug.

– Ich weiß nicht, ob das gut oder schlecht war. In Angola hat sich die Lage seither jedenfalls nicht mehr stabilisiert. So gesehen war es also schlecht.

Südafrikas Niederlage brachte zudem das Scheitern eines anderen Vorhabens mit sich: die Übergabe des neuen Angola an Holden Roberto und die Zerschlagung der UNITA konnten nicht stattfinden, denn

– die FNLA vertrat eine vollkommen andere Ideologie: Sie wollte, daß die Weißen weiterhin im Land bleiben; sie wollte zwar an die Regierung, aber die Weißen sollten deshalb nicht gehen. Das hat die FNLA wiederholt deutlich gemacht. Wo die UNITA auftauchte, wurde gemordet, geplündert und geraubt. Die Massaker der UPA, das war ganz am Anfang, 1961, aber damals war Jonas Savimbi auch noch mit Holden Roberto zusammen ...

John van der Merwe und seine Männer kehrten am 5. Januar 1976 in den Caprivizipfel zurück. Er wurde zum Oberfeldwebel des Bataillons ernannt und befehligte bis 1978 die *Flechas* auf dem Stützpunkt Omega, als »RSM«, als Regiment Sergeant Major mit Kommando- und Disziplinargewalt. Dies bedeutete drei Jahre lang Militäreinsätze gegen die SWAPO, jedoch nie gemeinsam mit der UNITA und niemals auf namibischem Gebiet – »hier bei uns hat es nicht einen Hinterhalt, nicht eine Rebellen-Mine gegeben«. Die *Flechas* wurden in Westsambia eingesetzt – in der Anfangsphase unterhielt die SWAPO Stützpunkte auf einigen Inseln im Rio Kuando, in der Sambesi-Ebene – und in Angola, »ganz tief in Angola«. Eines der wichtigsten Ausbildungslager der SWAPO befand sich in Henrique de Carvalho, zweitausend Kilometer vom Caprivizipfel entfernt! John van der Merwe war als RSM eigentlich Standortkommandant, nahm aber selbst an vielen Einsätzen teil, da

– meine Männer mich gern bei den Einsätzen dabeihatten und mich sogar darum baten. Selbst Offiziere, die ganze Kompanien befehligten, fühlten sich sicherer, wenn ich mit von der Partie war: es gab ein starkes Zusammengehörigkeitsgefühl, nach dem Motto: Entweder alle gehen drauf oder keiner!

1978 hatte er genug. Er bat um seine Versetzung nach Pretoria und wechselte nach einem neunmonatigen Fachlehrgang von der Infanterie zu den Pionieren. Mit dem Resultat, daß er wieder zurück nach Omega kam: seit drei Jahren baute man dort an einer Landepiste, und die Armee benötigte jemanden, der in der Lage war, die Arbeiten abzuschließen. Nach nur neun Wochen stieg John van der Merwe, ursprünglich als Mechaniker gekommen, gemeinsam mit einem Ingenieur und einem Topographen zum Leiter der Einheit auf und stellte eintausenddreihundert Meter Rollfeld so weit fertig, daß sie asphaltiert werden konnten.

Er fand zwar »Geschmack an der Sache«, blieb aber nicht lange bei den Pionieren. John van der Merwe wurde von seinem ehemaligen Kommandanten, General Zangos, kontaktiert und aufgefordert, ja, »fast gezwungen«, den *Rekies* beizutreten, der Elite unter den südafrikanischen Elitetruppen. Eine sechsmonatige Ausbildung für vierhundert aus einer Heerschar von zweihunderttausend ausgewählten Männern: Von den fünf oder sechs, die das Rennen machten, war jeder einzelne eine Kriegsmaschine.

Die *Rekies* hatten aufgrund der neuen Militärpolitik Pretorias mit der Rekrutierung von *Búfalos* begonnen:

– Die Afrikaner haben eine andere Taktik als die Europäer. Der Schwarze paßt sich leichter an, ist zäher. Er braucht keine Nahrung und kein Wasser. Er kämpft zwar nicht besser – weil ein Schwarzer ohne einen Weißen nämlich keinen Finger rührt, wozu auch –, aber er kennt das Gelände, und wenn er einem Weißen traut, dann setzt er sich voll und ganz ein.

Die *Rekies* wollten, daß John van der Merwe zwischen Südafrikanern und *Búfalos* dolmetschte und sich um sie und ihre Familien kümmerte: um ärztliche Versorgung, um Medikamente und Verpflegung sowie um ihre militärische Ausbildung und Wagen mit zivilen Nummernschildern für den Transport innerhalb Südafrikas usw. (er sollte vor allem gewährleisten, daß während der Fahrten nicht gesprochen wurde). Doch das war es nicht, was John van der Merwe wollte.

– Ich hab das Handtuch geworfen, na ja, nicht ganz. Ich hab dem Kommandanten gesagt, ich wollte weiterkommen. Andernfalls würde ich mich wieder zurückmelden, zu den Pionieren.

Van der Merwe hatte die Fallschirmjäger im Auge. Die Südafrikaner setzen ihre Fallschirmjäger als Aufklärungskommandos ein. Angenommen, zwei Männer werden vierzig Kilometer von Luanda entfernt während der Nacht abgesetzt und müssen die Mission allein ausführen, Pretoria die gewünschte Information liefern, also herausfinden, wo die und die Raffinerie liegt, wie sie arbeitet, wie viele Soldaten dort stationiert sind und welche Art Waffen sie benutzen; der Auftrag muß erfüllt werden, um jeden Preis; anschließend ein vereinbarter Treffpunkt zu einer vereinbarten Zeit, und der Rückzug in einem Schlauchboot oder einem Unterseeboot, das heimlich in der Ferne wartet ...

Doch van der Merwe wollte nicht zu den Aufklärern. Sondern zu den Unterstützungseinheiten. Angenommen, es gilt, das Hauptquartier in Luanda anzugreifen; oder jemanden aus einem Gefängnis der angolanischen Hauptstadt zu »befreien«; wann immer, auch jetzt, wenn nötig, springen die *Rekies* aus einer Höhe von fünfunddreißigtausend Fuß, damit das Flugzeug nicht auf dem Radarschirm erscheint; so hoch oben tragen alle, Springer wie Flieger, Sauerstoffmasken, weil der Absprung aus einer Höhe geschieht, in der es kein Leben gibt; wer springt, weiß, daß er in einem Umkreis von dreißig Kilometern ankommt, direkt im Zielgebiet – es sei denn, er hat das Pech, mitten in einer feindlichen Kaserne zu landen, was so gut wie nie passiert, da man im allgemeinen unbewohnte Gegenden auswählt und dort oft schon ein heimlich eingedrungener Kommandotrupp wartet ...

— Ich bin viel gesprungen.

John van der Merwe war von November 1978 bis 1983 bei den *Rekies*. Dann wollte er weg, es war nicht einfach, schließlich bekam er die Erlaubnis, nach Windhoek zu wechseln (wo er vor seiner Zeit in Durban bereits schon einmal kurz stationiert gewesen war), und zwar wieder als RSM, im Baubataillon des *South West Africa Engeneer Regiment* [SWAER]. Es war sozusagen sein erster Schritt aus dem aktiven Dienst. Ein Jahr später ging er zurück ins Zivilleben, hätte Pretoria seine rechtliche Situation nicht schamlos ausgenutzt, wäre dies bereits früher geschehen. Erst 1984, auf ein harsches Schreiben an die südafrikanische Regierung hin, erhielt John van der Merwe die Aufenthaltsgenehmigung für die Kolonie Südwestafrika. Das war im Januar, im August schied der Fallschirmjäger aus der Armee aus.

— Ich kann sagen: Ich wurde zu diesem Leben gezwungen. Aber ich habe immer für etwas besseres gekämpft und hatte viel Erfolg. Ich bin oft dekoriert worden. Die von der Armee haben mich schon dreimal aufgefordert, wieder zu ihnen zu kommen.

John van der Merwe war neun Jahre lang Handlanger Pieter Bothas, der mit seinem »Buschkrieg« eine gezielte Destabilisierungspolitik im südlichen Afrika betrieb. In seiner Erinnerung war die südafrikanische Armee unglaublich, ohne ihresgleichen auf dem gesamten Kontinent. Eine beispielhafte Organisation, in der nichts schiefging und nichts fehlte: eine Armee, die um neun Uhr abends, wo auch immer sich ihre Leute befanden, eine Dakota einsetzte, Essen, Wasser und Zigaretten abwarf; eine Armee, die, sobald sie über Funk das SOS ihrer im angolanischen Landesinneren eingekesselten

Kämpfer erhielt, auf der Stelle Flugzeuge losschickte und innerhalb weniger Minuten mit dem Feind aufräumte.

— Und zum Schluß sagten die Piloten immer: *If you need me again, call me, please!*, die Piloten der Impalas, Kampfmaschinen, daß du nur so mit den Ohren schlackerst. Bildschöne Flugzeuge. Kaum sind sie in den Himmel entschwunden, rasieren sie auch schon im Tiefflug die Bäume ab. Reiben ganze Kolonnen auf.

John van der Merwe hat Dinge hinter sich, an die man sich nicht gleich erinnert. Die erste Geschichte, und am schwierigsten zu erzählen, ist die von dem Tag, als er eine entsicherte Granate auf der Brust trug; wenn er schon sterben mußte, wollte er sich wenigstens selbst umbringen.

Es war in Benguela, die sogenannte Vereinte Kraft hatte den Flughafen (ohne Widerstand) besetzt. Am Ende des Rollfelds befand und befindet sich wahrscheinlich noch immer ein Fußballplatz, auf dem die südafrikanische Einheit ihr Lager aufschlug. Sie wurde am folgenden Tag überraschend von der FAPLA und den Kubanern samt einer Verstärkung aus Novo Redondo angegriffen. Feuer von allen Seiten, über vierhundert Soldaten eingekesselt. Sie hatten Pech und verloren ihre schwere Artillerie durch einen einzigen feindlichen Treffer, er vernichtete den gesamten Mörserzug — acht Mann starben, zwei davon waren auf der Stelle tot, die anderen schwer verletzt, die Geräte nicht mehr einsatzfähig. Trommelfeuer, das immer heftiger wurde, bis die FAPLA bemerkte, daß die südafrikanischen Mörser schweigen. Einem Kommandotrupp gelang es den Kessel zu durchbrechen, in einem Fahrzeug, dem vier Granaten nichts anhaben konnten; sie wollten Verstärkung holen — die *Búfalos*. John van der Merwe blieb mit den anderen zurück und glaubte wie sie, es sei das Ende.

— Die Lage war aussichtslos. Doch dann haben wir uns spontan entschlossen, die Typen, einzeln, Mann gegen Mann, wegzufegen! Als sie uns kommen sahen, so ungeschützt, sind sie langsam zurückgewichen. Als ich die Granate in die Hand nahm, hab ich nur an Gott und an meine Familie gedacht. Mein letzter Tag. Wir waren, wie gesagt, alle bereit, hatten unsere Granaten, und wollten sie nur zünden, wenn die anderen uns zu nah kamen: dann mußten wir zwar ins Gras beißen, aber der Feind mit uns. Also, ruhig Blut! Wir entsichern unsere Granaten und halten sie mit den Zündern immer schön dicht an die Brust. Und rufen uns zu: Ganz ruhig! die Typen haben die Hosen voll, ganz ruhig! Und plötzlich: feeeertig, los!!! Und wir raus aus der Deckung, kaltblütig und wie Schlangen im Zickzack. Wir haben mehrere Dutzend über den Haufen gefegt und sind durchgekommen. Aber viele sind auf der Stecke geblieben ...

Es war der 15. August 1975. Vielleicht der schlimmste von John van der Merwes letzten Tagen – andere verschweigt er vielleicht.

Das war das Ende!

– Ein Mörder war ich nicht, nein. Man darf nur töten, um sich zu verteidigen: darauf sind wir trainiert, das gehört zum Leben von einem Mann. Ich war einer, der im Kampf viele auf diesem Rücken hier getragen hat: Schwarze, Feinde, um sie zu retten. Ich hab viele gerettet. Es ging mir nie darum, andere aus dem Weg zu räumen. Deshalb hab ich die Sache auch nicht länger ausgehalten. Ich war nur leider gezwungen, so viele Jahre zu bleiben, sie haben mir ja nicht die nötigen Papiere gegeben ... Ich hab Trauriges durchgemacht. Aber töten aus Spaß, nein.

Da steht nun ein Mann aufrecht auf der anderen Seite des Flusses.

Ben-Ben, der spätere Chef des Generalstabs der FALA und Kronprinz Jonas Savimbis, war noch Fähnrich, als er zu João Miranda nach Dirico ins Haus kam, um ihn in den Tod zu eskortieren. João Miranda stand seit zwanzig Tagen unter Hausarrest, da er in den Augen der UNITA ein Agent der PIDE war, ein Reaktionär, ein Kolonialist, ein Faschist, kurz, einer zuviel. Der Gefangene bekannte sich zu keinem der Anklagepunkte und wies insbesondere den letzten weit von sich.

João Miranda, 1945 im portugiesischen Bragança geboren und seit seinem elften Lebensjahr in Angola, hatte seine Familie und sein Geschäft in Dirico. Die örtliche Verwaltung, die Polizei und viele Freunde hatten versucht, das Urteil von ihm abzuwenden, doch die UNITA beharrte darauf, ihn mit der PIDE in Verbindung zu bringen. So blieb nur die Flucht. Ein Kamerad aus Zeiten des Militärdienstes, verhalf João Miranda in einer Januarnacht des Jahres 1975 zur Flucht, indem er heimlich Diesel beschaffte, damit sein Kamerad nach Mucusso entkommen konnte.

Unter dem Vorwand, Einkäufe in Huambo erledigen zu wollen, hatten seine Frau Elizabeth und die Töchter die Ortschaft bereits in entgegengesetzter Richtung und in einem anderen Fahrzeug verlassen. Ihr Plan war, bei Calai über den Rio Kubango zu setzen. Als Miranda in Mucusso die Grenze nach Südwestafrika passierte, reagierten die südafrikanischen Behörden prompt. Sie benachrichtigten umgehend ihre Einheit in Rundu, die sofort Soldaten ausschickte, um die Familie in Calai in Empfang zu nehmen.

Familie Miranda war in Sicherheit.

Der örtliche Polizeikommandant, Inspektor Erasmos, brachte die Mirandas in einem Gästehaus der Regierung unter. Noch am gleichen Nachmittag erschien Loots, ein pensionierter General und aktiver Offizier im Zweiten Weltkrieg, in Begleitung von Leutnant Silva, einem portugiesischen Offizier aus Madeira.

Nachdem man João Miranda verhört hatte, erklärte man ihm, er erhalte zu Monatsende ein Gehalt, und zwar vom ersten Tag seiner Flucht aus Angola an gerechnet.

Anschließend wurde die Familie im Interesse ihrer Sicherheit nach Grootfontein überführt, im nördlichen Hinterland der Kolonie. Hier, auf dem größten Militärstützpunkt Namibias, verbrachten die Mirandas einen äußerst unerquicklichen Monat, in einem Zelt und ohne zu wissen, was man mit ihnen vorhatte. 1962 hatte Miranda zum letzten Mal kaserniert gelebt. Als er seinen zweijährigen Militärdienst absolvierte, spitzte sich der Kolonialkrieg in Angola dramatisch zu. Es waren zwei erbärmliche Jahre, in einer erbärmlichen Armee, die ihre Soldaten mit einer Vier-Tages-Ration für zwei Wochen in den Busch schickte, wo sie sich mit rohem Maniok und brackigem Sumpfwasser behelfen und zu Fuß marschieren mußten, da es an Fahrzeugen fehlte. Verglichen damit war Grootfontein eine großartige Militärbasis.

Eines Tages dann erschien dieser Mensch ohne Namen, kommt also nach Grootfontein, mit einer Arbeitserlaubnis auf den Namen von João Miranda und einer Hercules C-130, in der die gesamte Familie nach Pretoria geflogen wird.

Dort erwartet sie eine große, blonde Dame mit einem großen schwarzen Schlitten, beide von der Regierung; zwei Verhöre im Hauptquartier von Pretoria; Fragen über Fragen: Was Miranda von Angola hält, vom Krieg, von der Unabhängigkeit, der Flucht der Weißen, der Zukunft, und ob es in Zukunft ein Zurück gibt; schließlich ein Angebot, das er nicht ablehnen kann. Alles geschieht viel zu schnell. Und der Portugiese João Miranda tritt, ohne mit der Wimper zu zucken, in die Apartheid-Armee ein. Seine erste Mission: im Caprivizipfel, Südwestafrika.

— Der General hat mich auf Südafrikanisch willkommen geheißen und gesagt, ich soll mein Portugiesisch vergessen und meine Vergangenheit. Ich hab den Mann nur freundlich angelacht, was sollte ich schon sagen, ich konnte seine Sprache ja nicht. Ein portugiesischer Militär hat dann für mich gedolmetscht: »Ich danke dir, daß mich dein Land aufgenommen hat.« Und ich ohne die leiseste Ahnung, was mit mir werden sollte! Aber sie haben mich mit offenen Armen empfangen. Ich hab mich nicht angeboten, und sie haben mich nicht aufgefordert. Ich wurde schlicht einverleibt. Unterjocht, wie der Schwarze sagt. Und ich hab brav ja gesagt. Brav. Ich wollte eine Arbeit. Wollte nicht nach Portugal, versteht sich. Alles, was ich hatte, war in Dirico geblieben, und so ohne alles in Portugal auftauchen, wie Tausende andere, das war nichts für einen Mann wie mich. Nein, wirklich nicht.

Ich sag Ihnen eins: daß mir ja niemand schlecht von den Südafrikanern redet, das laß ich nicht zu. Die haben Tausende Portugiesen wie mich aufgenommen. Ich hatte das Glück, nach Pretoria zu kommen, in eine Wohnung, mit allem Drum und Dran, und zwar umsonst. Die hätten mir sogar Geld gegeben, wenn ich sie darum gebeten hätte. Ich hab nicht einen Pfennig bezahlt für das, was ich bekommen habe, das *flat T4* oder *T5*, voll ausgestattet, vom Klopapier bis zur Seife. Meine Frau mußte sich nur ums Einkaufen kümmern, damals kam ein Haushalt bestens aus mit hundertfünfzig Rand. Heute reicht's gerade mal für ein Päckchen Zigaretten.

João Miranda sitzt auf der Terrasse seines Hauses in Mukwé, Namibia, den Rio Kubango im Rücken, und Angola, jenseits der Stromschnellen, liegt für ihn zwei Jahrzehnte weit zurück. Er hat wieder einen anständigen Lebensmittelladen, ist sein eigener Chef und besitzt ein Haus in Chitembo, westlich von Mukwé und südlich der Ebene von Dirico. Er hat Jahre in diesem Laden vertan, als er noch anderen gehörte und Banditen seine Brotherren waren: José Francisco Lopes und Arlindo Maia, zwei Portugiesen, Geschäftsführer der FRAMA, einer Gesellschaft, die in den achtziger Jahren für die Regierung von Pieter Botha die UNITA gegen Elfenbein, Diamanten und Edelhölzer mit Waffen belieferte.

Der Mann sitzt auf einem Stuhl und trägt kurze Hosen. Jetzt kenne ich ihn schon ein wenig besser.

1975 gab man ihm auf Befehl des Generals vier Uniformen, eine Pistole und einen Fahrer bis Omega und sagte:

– Von jetzt an bist du Südafrikaner. Du kommst in ein neues Land. In Omega heißt du anders. Von heute an bist du ein anderer. Nicht mehr João, sondern John. John van der Merwe.

Ein Schreibtisch mit zwei Telefonen, zwei Handys und einem Walkie-Talkie.
– Hallo? ... Versuch sie im Sender zu erreichen. Ich muß auch mit ihr reden ... Übrigens, ich muß auch mit Michael reden ... Ja, bitte ... Nein, er ist nicht da. Ruf ihn in London an! ... Hast du schon? Danke.

Das Büro von Paulo de Sousa in Lusaka ist ein Käfig mit positiver Stressladung. In ihm sitzt der beschäftigtste Mann von ganz Sambia. Der Platz ist eng bemessen und bietet doch Raum für alles mögliche: Wurst wird hier hergestellt und Dickmilch, Werbekampagnen werden gestartet, Rundfunkmagazine geplant, Models auf den Laufsteg geschickt, Hühner gezüchtet, Schönheitswettbewerbe abgehalten, Führungskräfte geschult, Filmkritiken geschrieben, Laientheater wird gespielt und Kaffee exportiert ... Hinter allem steckt Paulo. Gleichzeitig.

Paulo de Souza – oder Paul – wurde als Sohn portugiesischer Einwanderer in Ndola, im sambischen *Copperbelt*, geboren. (Seine Eltern lernten sich im selben Englischkurs kennen) Sein Vater war in einer deutschen Bierbrauerei beschäftigt.

– Wauuuuu! Mein Dreieck! ... Ja? Hm, hm ... Also dann müssen wir das mit dem Zoll erst regeln und können so lang nichts machen. Du bleibst aber am Ball, ja? Laß ihn vor der Tür, ich fahr ihn dann rein, wenn die Sache gelaufen ist. O.K., tausend Dank.

Für seinen Jeep muß Paulo 25 % Zoll zahlen, »da der Wagen aber gewissermaßen geschäftlich genutzt wird, kann die *clearance* auch auf 15 % gesenkt werden«. Für diese Fahrzeugkategorie braucht man ein Dreieck.

– Hallo? Keine Antwort.

Bis zum Alter von sechseinhalb Jahren ging Paulo in Sambia zur Schule. Anschließend schickten ihn seine Eltern nach Portugal auf ein Internat, wo er das erste Schuljahr wiederholte, da es sein erstes Jahr mit Portugiesisch war. Im Anschluß an die Schule kehrte er nach Sambia zurück und meinte, wie alle Portugiesen, unbedingt die Familientradition fortsetzen zu müssen: der Großvater war Schlosser gewesen, der Vater hatte in einer Schlosserei gearbeitet, Paulo wollte Maschinenbauingenieur werden.

– Hallo? Was ist das für ein Typ in der Crest? ... in der Mariondale Farm? ... Salim Patel ... Sieh zu, daß du ihn erreichst.

Es gab zwei Möglichkeiten: London oder Johannesburg. Paulo mochte Europa nicht und wollte seine Familie häufiger als nur einmal im Jahr sehen. Als er sein Ingenieursdiplom in der Tasche hatte, merkte er, daß er sich geirrt hatte, daß ihn der Maschinenbau allein nicht glücklich machen würde, und änderte seine Berufspläne.

– Hast du durchgestellt? Danke. Hallo? Hallo Nomsa, ja, es geht so ... Hast du gute Nachrichten für mich? Bestens! Um wieviel Uhr? ... Zehn Uhr früh, ist das in Ordnung? O.K., zehn Uhr früh, für welchen Job? ... Ein Kindermädchen und einen Koch. Soll ich sie mir einzeln vornehmen? ... Nein, nein, wir wollen einen Mann oder eine Frau zum Kochen und eine Frau als Kindermädchen, eine Hausangestellte ist bereits vorhanden. Gut, ich rede auf alle Fälle mit ihnen, schick sie nicht weg, ich suche, wie gesagt, ein Kindermädchen und einen Koch ... O.K. Bist du sicher? Haben sie auch genügend Erfahrung? O.K., wir sehen uns Montag, aber schick mir noch ein paar andere rüber. Ich werde mir wohl mehrere ansehen müssen ... Danke! Bis dann also.

Paulo sucht auch Hausangestellte für seinen Brotherrn. Offiziell ist er persönlicher Assistent des Chefs des größten sambischen Wirtschaftsunternehmens. Man hat eigens eine Stelle für ihn geschaffen, die viele Aufgaben umfaßt: von der Werbung und der Öffentlichkeitsarbeit bis hin zu allen logistischen Details, die die Maschinerie des Imperiums in Gang halten. Eine verrückte Anhäufung von verschiedenen Branchen, denn durch das Wachstum der Galaun Group entstanden Bedürfnisse, die zur Schaffung neuer Wirtschaftszweige führten, zumal der Markt diese Lücken nicht füllte. Molkereibetriebe, die Produktion von Erfrischungsgetränken und Fleisch, Bau- und holzverarbeitende Unternehmen, eine Supermarktkette (die einzige in Sambia), sieben Kaffeeplantagen und seit neuestem Wechselstuben.

Paulos Traum war seit jeher, »im Kunstbetrieb mitzumischen«. In Portugal hatte er mit Theater und Lyriklesungen begonnen, in Südafrika bei einem sogenannten R.A.G. (Remember and Give)-Projekt mitgemacht. Theater in Sambia ist eine schwierige Sache. Das Interesse ist gering, und wer ein Stück pro Jahr herausbringen will, muß sich gewaltig anstrengen. Von dem Geld, das die Galaun Group ihm zahlt, will Paulo etwas auf die Seite legen: für einen Schauspielkurs im *Actor's Studio* von New York, das ist sein Plan, sein heimlicher Wunsch.

– Hallo? Danke ... Hallo? Hallooo!! Vielen Dank ... Du hast also nur einen gemacht? Ok ... Großartig, tausend Dank. Sie kommt hier zur Mittagszeit vorbei, und ich erklär ihr die Sache, damit wir sie abschließen können und du heute nachmittag alles hast. Du bist ein Schatz. Das hast du großartig gemacht. Ja ... Danke, und Tschü-üß!

Sambia »ist eine kleine Stadt«, in der ein »verdeckter Rassismus« herrscht, und die Gesellschaft in verschiedene Gruppen zerfällt: Mischlinge, Griechen und *white zambians* (ihrerseits unterteilt in Sambier südafrikanischen Ursprungs »mit Kolonialistenmentalität, und Sambier, die dazu stehen, daß sie hier geboren sind, und die hier ihren Geschäften nachgehen, und zwar egal mit wem«).

Kurz bevor Paulo 1991 aus Südafrika zurückkam, hatte er die Organisatoren von Miß World kennengelernt. Paulo schlug ein sambisches Konkurrenzunternehmen kurzerhand aus dem Feld und übernahm die Organisation des Auswahlwettbewerbs für Miß Sambia. Da bot sich die Modebranche geradezu an, und Paulo gründete mit Elizabeth, der Siegerin des ersten Miß Sambia-Wettbewerbs, eine Model-Agentur – die *Splendour*. Er spielte auch den *chaperon*, als Elizabeth ihr Land beim Miß World-Wettbewerb repäsentierte. In Lusaka ein Skandal: »Da wollten einige Minister doch wissen, was für ein Interesse ein Weißer daran haben konnte, eine sambische Frau zu unterstützen.«

Miß Sambia hatte mit Vorurteilen anderer Art zu kämpfen: in einem Land, in dem bei vielen traditionellen Zeremonien Frauen mit nackten Brüsten auftreten, sind nackte Beine tabu. Mit einer Nachhilfestunde im *beauty bizz* konnte Paulo den Leuten klarmachen, daß der Badeanzug auf dem Laufsteg weltweit dazugehört.

– Hallo? Ja? Ja ... Das hättest du während der Mittagszeit machen sollen, Francis, wir gehen jetzt! ... Na ja, du hättest hingehen können, du mußt ja eh hin, oder? Na ja. Ich jedenfalls muß jetzt weg. Wo ist Henri? O.K., laß ihn, geh du hin und beeil dich. Danke.

Vor zwei Jahren gab es bei der Organisation des Miß Sambia-Wettbewerbs erneut Schwierigkeiten: Kandidatin war eine junge »Schwarze mit sehr heller Hautfarbe«, Tochter eines weißen Vaters und einer Mulattin. Wieder ein Skandal. Die polemische Forderung, der Präsidentschaftskandidat müsse »mindestens seit drei Generationen Sambier« sein, hatte die Gemüter bereits in Wallung gebracht. Ein absurdes Ansinnen in einem seit rund dreißig Jahren unabhängigen Land, dessen neuere Geschichte durch ein buntes Gemisch von Einwanderern aus ganz Zentralafrika geprägt ist.

– Hallo? ... Ja, Evans. Nein, bin ich nicht, ich bin nicht

allein, wenn du nur wissen willst, wie der Stand der Dinge ist, kann ich dir leider nichts Genaues sagen, ich warte noch auf einen Anruf vom Generaldirektor. OK? Danke.

Jeden Samstag moderiert Paulo in Radio Phoenix eine Talk-Show, in der er sich als *citizen of the world* vorstellt, um ja niemandem auf den Schlips zu treten. In Sambia ist es für einen Weißen noch immer eine heikle Angelegenheit, sich als Sambier zu bezeichnen. »Ich bin zwar nicht schwarz, aber Afrikaner.« Eine Haltung, die aufgrund der vorhandenen Vorurteile auf wenig Verständnis stieß, als Paulo im öffentlichen Fernsehen gemeinsam mit einem schwarzen Sambier *Sissy's Music Spotlight* präsentierte: Videoclips und Interviews mit der Unterstützung von *Radio France International*. In Sambia, wo es seit über zwanzig Jahren Fernsehen gibt, war Paulo der erste Weiße, der eine Sendung leitete.

– Ah, hast du's endlich gefunden? Ich notier's gleich hier.

Als Hollywood begann, Sambia mit flugzeugfrischen Videos seiner neuesten Filme zu versorgen, schrieb Paulo auch Kritiken für Zeitungen und Zeitschriften in Lusaka. Damit ist es nun vorbei; seit es Kabelfernsehen gibt, hat die Regierung die Importvorschriften verschärft, und die Videoclubs haben zugemacht. Paulos Leidenschaft für das Kino ging so weit, daß er 1994 als sambischer Co-Produzent von *Red Flower* auftrat, einem Kurzfilm unter kanadischer Regie.

Paulo hat auch einen Bemba-Namen (aus der Region von Ndola, woher er stammt), seine Models nennen ihn Chibale. Was so viel wie »großer Teller« heißt, im Sinne von großzügig, jemand, der immer etwas zu geben hat, nicht nur Geld. Das Wort hat noch eine zweite Bedeutung: Dickschädel. Auf der Straße, wo ihn Leute grüßen, die er nicht kennt, heißt er: Mr. Zambia.

– Hallo? Danke. Hallo. Mir geht's gut, und dir? Ja, Nancy? ... O.K., ich glaube, er ist nicht da heute, du mußt unbedingt mit ihm sprechen. Laß mich versuchen, dir ... Hallo? Die Verbindung ist unterbrochen. Hallo?

»Lobito, 14. 6. 97

Einsteigen? Besser nich. Doch doch. Und wenn er nu nich wiederkommt?
— S'war hier in Sumbe, als wir gehalten habn. Damit die Jungs das Gepäck ausladen unso, undamit er zahlen kann, hab ich ihm Geld in die Hand gegeben, unnu läßt er sich nich mehr blicken.
— Da bleibt nichts über, wirst sehn. Kommt drauf an, wieviel er hat. Wetten, daß der längst mit zwei, drei Mädels übern Markt spaziert? Wer weiß, vielleicht reicht die Knete ja.
— 10 Millionen!
Der Wagen lachte über den Alten, der sich in einer komisch dramatischen Situation befand.
— Da fahr ich nunach Lobito ohne Geld zum Zahlen ...
Ein Problem für den Alten, für den Fahrer nicht minder.
— Wer kein Geld hat, kommt nich mit. Besser, Sie steigen aus.
— Ne, ne, ich fahre!
Der Fahrer ließ den Motor an.
— Halt, Mann, halt. Ich geh ihn suchen. Fahrn Se doch kurz zurück, ich such ihn nur eben aufm Markt.
— Jetzt aber! Die Leute hier wolln fahrn, *kota*. Na was nu? Ich fahr nich zurück. Rein oder raus, nu machen Sie schon!
Nach ein paar hundert Metern hielten wir an einer Tankstelle. Und die Unentschiedenheit des Alten überlegte es sich anders:
— Rauslassen! Ich steig aus.

Draußen wartete bereits eine Frau, üppig wie ihr Gepäck.
- Is noch Platz? ...
Auf den neun Plätzen im Minibus saßen bereits vierzehn Personen. Und keiner war gewillt, ein ausladendes Weibsbild gegen einen dürren Alten eintauschen.
- Na klar is da noch Platz! Seh ich doch! Laßt mich rein, ich muß nach Benguela, dringend.
- Sie zahlen für zwei, ›junge Frau‹.
Die ›junge Frau‹ stieg ein. Und das Chaos brach aus. Damit wir auch nur den kleinen Zeh rühren konnten, mußte das ganze Gepäckpuzzle aus- und wieder eingeladen werden.
- Mach schon, hoch mit dem Sack! Weg mit dem Korb! Nimm schon den Fuß weg, sonst isser Matsch! Meine Tasche ganz nach hinten, bitte!
Taschen auf die Knie, Rucksäcke zwischen die Beine. Mehlsäcke unter die Sitze, Schüsseln und Töpfe. Jetzt war zwar alles verstaut, aber kein Platz mehr für den Gehilfen des Fahrers, den jungen Mann, der die seitliche Schiebetür öffnet und schließt und auf dem Markt Fahrgäste mit
- LobitolobitlobitlobitlobitLO-BI-TO!!!
anlockt und am Reiseziel das Fahrgeld eintreibt. Er hatte einen zairischen Akzent und einen unglaublichen Blick. Fotografieren durfte ich ihn nicht. (»Auch nich, wenn das Foto direkt da rauskommt, damit ich eins hab, auch dann nich«). Er hockte sich vor mich, im Reitersitz, auf einen kleinen weißen Küchenschemel aus Holz, das eine Bein zwischen die Tür und ein junges Mädchen in Shorts gzwängt, das andere zwischen ihre Beine. Zwei Schüchterne fünf Stunden zusammen in einem Wagen, so eng, daß keiner wußte, wohin mit den Händen.
- Niedlich, die beiden ...
In Canjala stieg nicht einer aus. Statt dessen kamen lebende Hühner mit verkackten Federn durchs Fenster, eine Staude

Bananen, und in Augenhöhe erschien, hochgehalten von einem Knirps, den wir erst später sahen, ein undefinierbares Trum Fleisch, frisch geschnitten, bluttriefend. Schaurig glänzend im verlöschenden Tag. Die Dicke tätigte den schlimmsten Kauf, ein riesiges Stück gepökeltes Büffelfleisch, das den Minibus augenblicklich in eine Folterkammer verwandelte.

– Los, schnell auf den Boden damit, junge Frau …

Die Straße nach Lobito ist katastrophal. Eine der schlimmsten von ganz Angola (fast so schlimm vielleicht wie die Strecke Caxito-Quibaxe).

– Die Straße, puuuh! Die is innem Zustand, ich weiß nich!

– Eine Tortur!

– Eine Strafe!

– Himmel auch!

– Ich weiß nicht, womit sie das Volk noch strafen! Als wär's nich schon genug gestraft!

– Angola kannst du vergessen, Mann! Mit dem ganzen Geld, das Angola hat, hätten die die Straßen längst reparieren können.

– Sauber, die Regierung! Die machen, was sie nich machen müssen, und was sie machen müssen, machen sie nich.

– Fahrn die von der Regierung überhaupt mit'm Auto? Wohl kaum.

– I wo!

– Warum schnappen wir uns nich einfach einen von den feinen Pinkels aus Luanda und setzen den aufnen Laster hier, kein Touristenauto, nee, aufnen Laster mit Fahrer, und schikken ihn quer durchs Gelände! Da sieht er dann, wie's is mit den Straßen, der feine Pinkel!

Und schon kam die nächste Vollbremsung, die in einem Schlagloch endete und uns gründlich durchstauchte. Wir liefen ständig Gefahr, von der Straße abzukommen, und alle Passagiere hielten die Hände am Wagendach, um den Kopf zu schützen, den Aufprall abzufedern, wenn es zu holprig wurde.

– He da! Der Fahrer fährt zu schnell. Wieso fährt der so schnell?

– Der fährt doch nich schnell. In Luanda, da hab ich Leute schnell fahrn sehen. Kommt einem nur so vor hier hinten, da denkst du, er sieht die Straße nich. Aber er sieht sie. Er is numal so. Hat's auf die Schlaglöcher abgesehn.

– 89, als die gefeiert haben in Gabela, da sind wir aus Sumbe alle hin. Und als die Woche rum war, da war die Straße auch schon gesperrt. Der Gouverneur ist mit dem Hubschrauber zurück. Und wir, wir mußten warten.

Von der Straße war man zum Thema Krieg gekommen.

– Die ganze Gegend hier, das hast du im Kopf nich ausgehalten! Wenn du hier durchgewollt hast, das war ...

Der Gehilfe ergänzte den Satz der Dicken mit einer Geste des Schreckens: fünf zu Krallen gekrümmte Finger.

– Die habn die Autos nur so abgefackelt, die standen hier überall rum, aber jetzt habn sie die alle weg aufn Schrott gebracht.

– Also, die Taktik damals war, wenn die am Morgen ein Auto angezündet hatten, gleich noch am selben Nachmittag nichts wie durch. Bis dahin warn die schon längst über alle Berge. Weil, es war ja derselbe Tag. Zwei Tage später, wer da an der gleichen Stelle vorbeikam, der mußte damit rechnen, daß sie ihm das Auto anzünden.

An der Südseite der Brücke von Canjala steht in Krakelschrift: »›Es ist sehr verboten, die Brücke mit einem sehr komischen Gesicht zu passieren.‹«

»Der Cazembe König ist eyn Schwarzer vom allerschönsten Schwarz, eyn statlicher Bursche mit Schütterbart, roten Augen, sehr gesprächig mit den weissen Händlern, die an sein Hof zu handeln komen«. So sah ihn vor fast 200 Jahren Pedro João Baptista, der den afrikanischen Kontinent in Begleitung eines gewissen Anastácio Francisco durchquerte. Ein zu Unrecht vergessenes Unterfangen, zumal es eines der bemerkenswertesten seiner Art war. Zwei des Lesens und Schreibens kaum kundige Sklaven hatten es als erste geschafft, Mosambik von Angola aus zu erreichen, auf dem Landweg – und zu Fuß.

Damals vertraten in den unwegsamen Gebieten des angolanischen Hinterlandes sogenannte *pombeiros* oder Buschhändler, zumeist Schwarze und Mulatten, die geschäftlichen Interessen der weißen Kolonialherren. Die *pombeiros* Pedro João Baptista und Anastácio Francisco besaßen das Vertrauen von Oberstleutnant Francisco Honorato da Costa, Direktor des Markts von Mucari, in Cassanje, Angola. Kein anderer Marktflecken war so sehr um Handelsbeziehungen mit dem Lunda Herrscher Muataiânvua bemüht, wie der, dem Costa vorstand. Die heldenhafte Reise nach Tete, der westlichen Grenze des portugiesischen Vordringens vom Indischen Ozean aus, brauchte ihre Zeit: von 1802 bis 1814. Und dennoch kamen Pedro João Baptista und Anastácio Francisco Mr. Livingstone um ein halbes Jahrhundert zuvor – dies muß sich wie eine bittere Ironie für den Missionar ausgenommen haben, der weit mehr für Afrika empfand als für die Afrikaner und den Kontinent offiziell als »erster« (1854–56) von Luanda bis Quelimane durchquert hatte. Die Buschhändler erreichten dieses Ziel vor allen berühmten europäischen Forschern, die in der zweiten Hälfte des 19. Jahrhunderts oft auf das amüsante Reisetagebuch Baptistas zurückgriffen[1], es ignorierten oder, wie die Unverbesserlichsten unter ihnen, verachteten.

Baptista und Francisco durchbrachen nicht nur die Kette tragisch gescheiterter Vorstöße ins Innere Afrikas, sie führten das letzte dieser Unternehmen sogar erfolgreich weiter. Im Oktober 1798 hatte der Portugiese Lacerda e Almeida von Tete aus Cazembe erreicht, wo seine Expedition jedoch endete. Lacerda war so von Krankheit und Erschöpfung gezeichnet, daß er nicht einmal mehr Kraft fand, in seinem Tagebuch den feierlichen Empfang festzuhalten, den man ihm in Cazembe bereitet hatte, wo er wenige Tage nach seiner Ankunft starb und begraben wurde. Eine Dekade später war das Erstaunen des Pedro João Baptista groß: »Der Cazembe König hat teekanen, tasen, schüseln, löffel und gabeln von Silber, teller von Lyßabonporzellan, korbflaschen, Feine hüte, schuschnallen, golden Geld, der Dublonen ganze und halbe, ist gar höflich wie eyn christenmensch, zieht den hut, wünscht guten Tag, guten Abend und guten Nachmittag, hat allerhand Gerätschaft vom weißen Mann, wie sie hier geblieben vom verstorbenen Herrn Gouvernör Lacerda und so manch andern weißen Bewohnern ebendises Stättchens (...) aldieweil es kei-

---

[1] Capelo und Ivens beziehen sich in ihrem unsterblichen »Von Küste zu Küste, eine Reise von Angola nach Mosambik« auf Honorato da Costa als den »kühnen Initiator dieses sympathischen Unterfangens«, nämlich der Durchquerung des Kontinents, und von den Buschhändlern schreiben sie, die »Männer, die einen solchen Dienst versahen, waren nicht in der Lage, auch nur für den schlichtesten wissenschaftlichen Wert zu bürgen«. Das Forscherduo stellt Mutmaßungen über die »unvorhergesehenen Ereignisse« an, die ihres Wissens nach »aufgrund der mangelnden Bildung der Protagonisten (...) dunkel blieben, dasselbe gilt für die wenigen Wahrnehmungen von Interesse: auch sie sind für die Wissenschaft nicht von Nutzen«.

nen gibt hier der diese Gerätschaft nach Tete könnt transportiren.«

Pedro und Anastácio Francisco waren die Ersten der Ersten, früher noch als Livingstone oder Vernon Cameron, Hermengildo Capelo und Roberto Ivens. Selbst das Mißgeschick zeichnete sie vor allen anderen aus – so gerieten sie zum Beispiel eine Woche nach Beginn ihrer Expedition in Gefangenschaft eines *soba* und mußten dort zwei Jahre ausharren, ehe Honorato da Costa Nachricht von ihrem Schicksal bekam und ein Lösegeld zahlte, damit sie ihre Reise fortsetzen konnten!

Nicht der Sieg, den die beiden Buschhändler errungen haben, ist von Belang, sondern die Aufzeichnung ihrer außergewöhnlichen Erfahrungen. Pedro João Baptista schrieb ein Tagebuch seines »Weges«, das für die europäische Kenntnis von Zentralafrika wie die Erfindung einer Geographie durch das Wort wirkte. Daß dieses Wort in den Augen der Grammatiker und Wissenschaftler des 18. Jahrhunderts ungeschliffen und ungenau war, ist dabei ohne jeden Belang. Es besaß die gleiche Kraft wie die inbrünstigen »Gesänge« der australischen Aborigines[1], die sich ihren Lebensraum im und durch den Gesang erfinden. Pfade, Steine, Flüsse, Wüsten, Echsen, Geister und Ahnen waren seit jeher da, (wieder-)erstanden als Ort aber erst durch das Erzählen.

Pedro João Baptista genoß das größte Privileg, das einem Reisenden zuteil werden kann: etwas zu sehen, das noch kein Blick berührt hat. Für ihn, wie für die Aborigines, die imaginäre Linien durch die scheinbare Leere Australiens ziehen, gab es eine höchste Wahrheit: die persönliche Landkarte des Fremden – die, von der hier die Rede ist – verzeichnete, bevor er sie in Worte faßte, keinen Lebensraum, nur Hinweise auf

---

[1] Siehe: TRAUMPFADE von Bruce Chatwin, Ffm. 1994.

ihn. Aus diesem Grund ist die Annäherung an diesen Lebensraum zugleich Erschaffung (der Ort entsteht), Kartographie (er erhält eine Koordinate) und Archäologie (da alles Vorhandene alles Gewesene voraussetzt oder offenlegt). Im Extremfall *ist* der Reisende, wie die »Linien« der Aborigines, sein eigener Bericht, wird eins mit ihm, bezieht seine Identität aus ihm; existiert nicht außerhalb seiner Landkarte.

Der »Gesang« Pedro João Baptistas offenbart einen wundersamen Erzähler – eine »Rarität von Qualität«, wie er sagen würde. Der *pombeiro* ist ein zweifach Fremder. Für die Portugiesen, die ihn für einen Sklaven halten, wie auch für jene Afrikaner, die der Übernahme weißen Kulturguts kritisch gegenüberstehen. Baptista wird ausgeschickt, sich den Anderen anzusehen und er geht und sieht einen Anderen, der anders ist als jeder andere, den die europäischen Forscher gesehen haben. Baptistas Anderer kann befremdlich sein, feindselig oder geheimnisvoll, nie aber exotisch; er ist ihm vertraut und lebt im Kreis der Familie – das ungläubige Staunen von Capelo und Ivens hätte Baptista gewiß oft als kindlich empfunden! Baptista war jene Fledermaus, die der alte Ganguela für mich in den Sand von Kuíto Kuanavale zeichnete:

– »Fledermaus.« Diese Zeichnung erzählt, wie allein solche Tiere sind. Die Vögel wollen nichts zu tun haben mit der Fledermaus, weil sie Zähne hat und keine Federn, und die Mäuse wollen nichts von ihr wissen, weil sie Flügel hat.

Mit das Schönste an Pedro João Baptistas Tagebuch ist sein Stil. Baptista, Sklave eines Marktfleckens, dessen größte Leuchte (sie dürfte nicht allzu groß gewesen sein) ein hinterwäldlerischer Militär war, hatte keine Schulbildung, war aber auch kein völliger Analphabet. Er war ein ungehobelter Schreiber, besaß jedoch einen außergewöhnlichen Scharfblick. Nichts entging ihm, wie seine Aufzeichnungen von Tete beweisen: angefangen bei den durch das brasilianische Exil des portugiesischen Hofes entstandenen Wirren, deren Grund »Groß Bonapart« war, bis hin zu der »Zwietracht, die in besaagter statt zwischen den einen und den anderen ist«, da niemand recht wußte, wer das Sagen hatte, ob Portugiesen oder Engländer. All das ergab einen, wenn auch formell konfusen, so doch differenzierten und überaus lebendigen Text. Der Buschhändler erfand eine anarchische Grammatik, die zuläßt, daß die direkte Rede ohne Vorwarnung einfließt, die Verben es nicht allzu ernst nehmen mit der Konjugation, die Interpunktion so unregelmäßig wie der Atem ist und gelehrte Wendungen mit einem Wortschatz einhergehen, wie ihn kein Lexikon verzeichnet. Wissenschaftlich begründete Daten fehlen – Himmelsrichtungen gibt es nicht, aber augenscheinlich geht, wer Richtung Osten geht, »mit der Sonne im Gesicht«. Baptistas Beschreibungen sind so präzise, daß die Orte, durch die er gekommen und an denen ihm etwas widerfahren ist, leicht auszumachen sind. Darüber hinaus erzeugt Baptistas methodisches Chaos Aufzeichnungen in Parallelen, die nicht selten auseinanderlaufen und in gewisser Weise den Surrealismus vorwegnehmen.

Pedro João Baptista und Anastácio Francisco wurden in Tete freundlich empfangen. An anderen Orten beschenkte man sie gar mit »negerKnaben, Schwarzen weibspersonen und junggetier«. In »Rios de Senna« erhielt Baptista »eynen Frakk von weissem Barchent sowie einen langen rokk mit dunkelblauem Futer und Knoepfen von kupfergold zwey teler von Lyßabonporzellan eyn par Stiefel«. Als Baptista jedoch das Papier für seine »Weg«beschreibung ausging, verweigerte man ihm neue Blätter. Ebenso Schießpulver und Waffen für einen sicheren Rückweg (beide lehnten es ab, per Schiff nach Angola zurückzukehren, da sie ihre Mission als nicht erfüllt ansahen). 1815 wurden sie in Rio de Janeiro mit weiteren Geschenken und Ehren bedacht.

Zudem blieb Baptista und Anastácio Francisco das Mißgeschick der *pombeiros* von Silva Porto erspart, die 1853/54 den afrikanischen Kontinent von Barotse bis in den Norden von Rovuma hinunter zur Ilha de Moçambique durchquerten. Kaum hatten sie alle Strapazen hinter sich, wurden sie unter Mißachtung ihrer Passierscheine wie Flüchtige zu fast einem Jahr Zwangsarbeit verurteilt und anschließend per Segelschiff nach Benguela ausgewiesen, wo man ihnen jede Entschädigung verweigerte.

Pedro und Anastácio brachen im November 1802 vom Marktflecken Mucari auf und trafen Anfang 1806 in Mussumba ein, der Hauptstadt von Muataiânvua. Sie setzten ihre Reise im Mai desselben Jahres fort und erreichten Cazembe im Oktober, wo sie bis Dezember 1810 bleiben mußten. Im Februar 1811 kamen die Buschhändler nach Tete und traten im Mai desselben Jahres den Rückmarsch nach Cassanje an, wo sie 1814 eintrafen. Auf dem Hin- und Rückweg wurden sie jeweils längere Zeit in Cazembe aufgehalten. Pedro João Baptista legte die Gründe für die politischen Machtkämpfe zwischen dem König von Cazembe und benachbarten Potentaten sowie Fragen, die königliche Geschlechterfolge von Muataiânvua betreffend, ausführlich dar. Die fortgesetzten Feldzüge und Kriegslisten des Cazembe-Monarchen machten es den Buschhändlern unmöglich, ihre Reise fortzusetzen, und dürften der Grund für ihren langen Aufenthalt an den Ufern des Moero-(Mweru)Sees gewesen sein.

Oder etwa nicht?

Durch den Herrn Doctor Mathias Jose Rebello daselbst, aus
Loanda und seines Zeichens Kreismedicus von Rios de Senna
habe ich mir erlaubt diesen Brief überbringen zu lassen an Ihro

> Aller durchlauchtigste Hoheit und Donna Pemba
> welche die Schwester des Cazembe ist,

Senhora da Salina rathlos bin in fortdauernder Liebe ich zu
Euch entbrannt und beinah Zehn Jahr sind nunmehr vergan‑
gen seit dem letzten besuch durch mich der ich im besagten
Land des Cazembe war, wo ich Euch begegnet, und da sol‑
ches ist sehe ich mich dahinschwinden ob des grossen Mangels
an Ihro ausserordentlicher Erscheinung, und nicht weiss ich
ob Ihr lebt oder tot seid erlauchte Pemba meiner Ergebenheit
die ich habe im einzigen Leben und weil der Nam von Ihro
Hoheit anmuthiger ist als fünf hundert der anmuthigsten
weibspersonen aus den Tälern von Arângua und Augen schö‑
ner als eine Korallenkette, die Augen der Senhora von Ca‑
zembe Edelsteine kupfer katzenaugen und wahrlich einge‑
brannt in Elfenbein.

Gottgewollt ist mir mein Vöglein aus Sansibar gestorben
welches Senhora Pemba in Gesang unterrichtet und besagtes
Angebinde das Ihr mir habt zukommen lassen ward hoch in
Ehr gehalten von mir daselbst, war es doch ein Widerhall von
Stimm und feinem Wort der Donna Pemba. Und weit ist der
strand der Traurigkeit ob des Vögleins Tod welches mich al‑
lein gelassen. Weil keinen Schritt ich kann thun, muss einge‑
sperrt ich bleiben in diesem Stättlein mit Namen Benguella

oder besser in der Feste mit Namen Benguella welche sehr betroffen ist von allerlei Fiebern und gefehrlichem Pesthauch welchen ich begegne seit ich zurück aus der Nation Brasil die da auch ist im Besize des *Mueneputo*, und Brasil ist viele Tage fern auf dem Schiffe mit der sonne stets im rücken, und dort hin ward ich geschikkt auf dem Ocean mit dem Gefährten Anastacio. Und besagte Tage sind vergangen mit Euch Senhora da Salina in meiner Erinnerung an allzuviel sehr salzig wasser im Munde wie wir es immer taten. Und auf dem großen Markte *Pumbo* von Rio de Janeiro hat man uns dem *Mueneputo* presentiret welcher in unsrem Stat und Koenigreiche da heisset Unser Herr Prinz Regent und welcher aus seinem Hofe fortgegangen, weil er sich nicht hat fangen lasen woln von Groß Bonapart. Dort angekomen, mit Gefehrte Anastacio erzälten wir den Weg welchen wir namen vom Markte Mucary in Cassanje bis nach Muata-Yanvo, und Muata-Yanvo bis zum Koenig Cazembe Bruder von Ihro Hoheit Pemba, und vom Pumbo Cazembe bis nach Rios de Senna, und den Verlauf von wegstrekk und Geschikk zurükk nach Mucary. Und Unser Herr *Mueneputo* welcher uns emfing mit vil Wertschezung, und mit großer Bewunderung, weil er unser beschwerlich Unterfangen hat reüsiren sehn, befahl mich mit dem Capitänsposten der Compagnie der Fußsoldaten zu belonen und mich fürderhin in einen uniformrock zu kleiden mit hosen, schuwerk und einen monatlichen Sold von zehn tausend réis.

Eine Raritet von Qualitet hab ich bei Hof gesehn, ein *Kissange* groß wie ein Olifant, pianno genannt und es hat den Salon gefüllet wo die titulirten Leut vom Pumbo Rio de Janeiro sich kleiden mit allem was es nur zu kleiden giebt, damen in tuch aus India und Seiden aller Art, von gleichem Effekt wie das Scharlachrot in ihren Venstern, und Biberdroguett und andre indische Cotonen, Schuwerk aus Samet und Gold im har und gehröck für die Senhores und Herren von Sklavenkneblein und schwarzen. Besagtes pianno ward mit einer Mannsperson davor besetzt und ich hörte auf besagtem Pumbo das *kissange* das uns spilte Senhora Pemba als durch ein Misterio der Allerhöchsten Jungfrau wir uns zu ersten Male sahn am Flusse Luarula an welchem Tage ich sogleich Gefallen fand in Ihro Hoheit. Das *Kissange* began zu weinen in mir Pedro, im Salon des *Mueneputo* und die anderen tanzten nach Art der Flamingovögel und dennoch bat ich, Pedro, unferzüglich um Rückkehr nach diesem Lande Staat von Angola so stark ward der wunsch mich einzuschiffen hin zu meiner Senhora, stärker als eine Herde rhinocerosse im Nacken.

Ich habe schon die Achtelchen Salz vom See consumiert, welche euer Senhora Pemba mir offerirt und welche ich gern betrachtet und hoch in Ehr gehalten auf ein Altärchen hab ich sie gethan in blaues Glas Gottvater möge mir verzeihn, und verflogen sind sie wie das Leben von besagtem Vögelein, Vögelein von Pemba. dergestallt das es den Anschein hat das nichts da bleibt von euch für mich auf dieser erd, euer duft oder Salz, und beliben möcht es Gott das Ich euch noch ein mal seh. Ein letztes mal ein Tag wo besagte wintergunst ihr mir gewären möget. Wintern ist mein einziger Gedanke in eurem Haus und eurer Kamer und imer sag ich das die Schöne Pemba abwesend mich verbrennt zu einem Häuflein Asche und mit Kupferbarren lodert in der Brust von ich Pedro João. Besagtes Salz das gekaut ich hab, Aschsalz aus Stroh Salz von Cazembe von den Landen genannt Cabombo Muagi Carucuige von eurem Weg und Steg Senhora und dem Vater von ebendiesem Lande, ist ein Salz das schmeckt wie jenes welches wir erschöpft in uns als wir zusammen über den Winter gekommen.

Da keinen Träger ich kunnt arrangiren ist es mir trefflich mißlungen euch einige Fläschlein mit Sanden zu offeriren, von Weg und Steg welche über dies Land Benguella hinausgegangen, und besagte Sande hab gesamelt ich für Senhora Pemba in der Hoffnung erneut zu komen nach dem Pumbo Cazembe, und die Samlung in diesen Jahren nach Brasil, aus der Wüste, gelbtöne, pfirsich, aschfarben, blutrothe, kastanienbraune, weiße und andere, war fielfeltiger an Farben als die Kaulbarsche, welche die Weissen aus Rio de Senna dem Cazembe offerirt. In der wüste, fühlen die Finger die Sande nicht einen gleich dem anderen aber alle erinnern an die Senhora da Salina, einige Sande fühlen sich an wie Ihro Haar, andere wie Ihro Mund, andere wie die Sohlen eurer füse, andere wie euer Schoos und ein anderer wieder wie in einer einsamen Bucht so man von Benguella mit der Sonne zur linken aufbricht, ein rauer Sand und dennoch zart wie die verborgene Frucht von Pemba, und dies sei ohne Arg gesagt und Zeugin sei mir Unsere Liebe Frau von der Emfengnis.

Und ich schaue mich an Tag für Tag in den zwei klainen spigeln aus güldnem Papir ein Geschenck von Euch, und sehe von fern mich dergestalt ändern das ich der schwarzen bevolen welche der Cazembe mir auf dem Wege nach Cassenge offerirt, das ich ihr bevolen Sprüche zu thun und Wahrsagungen, zu erahnen wo die Senhora Schwester des Cazembe ist, mit Beistand Unserer Emfangenen Jungfrau ist sie nicht gestorben und wartet noch auf dero Gnaden, und ich bevinde mich eynen weiteren Tag krank schwizend vor Glück im Wissen von dieser Wahrsagung und schicke nach *liamba*-Kraut. Alldieweil besagtes kraut den Brand im kopfe lindert und mir die Zukunft erzählt und mich an den ort der Pemba schikkt auf dem weg der Glückseeligkeit, ein Vöglein in Freiheit auf dem Jia Dia Panda[1]. Ohngeachtet wache ich krank auf und in ge-

---

[1] »Großer Weg«. Handelsroute, die Cassanje unter Umgehung des Imbagala Reichs mit der Hauptstadt des Lundareichs verband. Cf. Isabel Castro Henriques: *»Percursos da Modernidade em Angola – Dinâmicas comerciais e transformações sociais no século XIX«* (*»Wege der Moderne in Angola«* – *Handelsdynamik und sozialer Wandel im 19. Jahrhundert«*), Lissabon 1997.

fühl und gemüth ist mir als ob ich erliegen müßt und wünsch mich schnell davon in einem Binsenkörblein auf den wassern des Bihé bishin zum Flusse an welchem Euer Senhora lagert. Euer Sklave im Friden und der Liebe Ruh

Pedro João Baptista

Benguella, Febris anno 1822¹

---

1 Dieser Brief hat die Adressatin nie erreicht. Nach dem Tod seines Verfassers dürfte er sich mehrere Jahre lang im Besitz eines brasilianischen Drogisten aus Benguela befunden haben, der ihn Matias José Rebelo über den Seeweg zukommen ließ. Der Brief ist Teil des Nachlasses von Oitaviana Rebello de Moura e Menezes († 1978, Salisbury), Ur-Urenkelin des Arztes aus Tete; wir danken ihrer Familie, die ihn uns zur erstmaligen Veröffentlichung überlassen hat. Ein Schreiben von Matias José Rebelo an Dona Oitavianas Großonkel läßt vermuten, daß der Arzt aus Benguela zusammen mit Pedro Joãos Botschaft »ein Kästlein« mit »Spänen von Rhinozeroshorn« und »Elephantenhaar«, vermischt mit Sand und »blauen Gläslein«, erhalten hat. Seine Nachfahren haben jedoch nie von einem solchen Objekt gehört.

Er sitzt im *jango* mit dem Rücken zu mir, den Nacken kurzgeschoren, sitzt allein an einem Tisch aus riesigen Bohlen, mit geschlossenen Büchern in Wartestellung und einem Sammelsurium kurioser Gegenstände. Deutsche Tabaksdosen, sehr alt und sehr schön, hand- und rostbemalt. Tintenfässer. Federn, Eier, Steine. Glaszylinder mit Wurzeln, farbigen Pulvern, kleinen Reptilien, zarten Knochen, Vogelknochen vielleicht, Muscheln. Trockene Blätter, Knollen in einem Glas, von denen sich die Erde löst. Der Tisch könnte, so, wie er ist, als konserviertes Museumsstück in der Geographischen Gesellschaft von Lissabon oder Brüssel stehen. Zur Rechten und zur Linken von Norton zwei Stapel mit rosa Papier. Er rührt sich nicht.

– Ich kann nicht mit Ihnen reden. Ich hab Seelenschmerz. Ich kann mit niemand reden. Tut mir leid, junger Mann. Ich bin nicht in der Lage, Journalisten zu empfangen oder Besucher oder sonst wen. Ich hab Seelenschmerz.

Ich lasse nicht locker, fasziniert vom Tisch. Norton erhebt sich: auf meiner Höhe zwei blaue Augen, direkt, humorvoll, vernetzt mit einem Übermaß an Leben, eingerahmt von einer Tolle, kurz geschorenem Haar und einem weißen Vollbart.

– Ich bin in Benguela geboren und hab in Alto Zambeze gelebt, wo ich mit drei Eingeborenenfrauen gevögelt hab. Benguela war früher ganz anders, wußten Sie das? In den dreißiger Jahren, da hat die *Anofelix*[1] die Menschen dort in rauhen Mengen umgebracht, und zwar ganz furchtbar: sie hat ihren Urin

---

[1] A.d.Ü.: Anofelix. Richtig: Anopheles, wissenschaftl. Name für Malariamücke.

festgehalten, und die Ärmsten sind gestorben, weil sie nicht mehr pinkeln konnten. Als ich eines Tages mit einer Schwarzen bei der Lagune am Vögeln war, da, wo der Kanal rauskommt, der damals noch nicht so fertig war wie heute, hab ich entdeckt, wo die *Anofelix* herkam, ich hab nämlich ein paar Moskitos aus den Krebslöchern im Boden kriechen sehen. Das hab ich dem Dr. Franzão erzählt, der hat dann dort nachgraben lassen, und dabei sind sie auf die Larven von der *Anofelix* gestoßen. Ein zebroider Moskito: mit extrem langen Beinen und schwarzweiß gestreift. Ein großer Arzt, der Dr. Franzão.

— Der, nach dem die Straße benannt ist?
— Genau. Er hat damals das Krankenhaus geleitet. Alles war verseucht, und er hat extra aus England, von Fergusson, zwei Motoren zum Ausräuchern kommen lassen. Damit haben sie alle Parasiten umgebracht. Sogar zwei Männer hat's erwischt, die waren betrunken. Kommen Sie morgen wieder. Egal, wann. Ich bin dreiundachtzig. Ich hab gequalmt, gevögelt, gesoffen. Mit vierzig hab ich die Zigaretten Zigaretten sein lassen und bin auf südafrikanische *gangonha* umgestiegen – damit ist jetzt endgültig Schluß! Kommen Sie morgen wieder.

»Morgen« stand Norton um Reize feilschend mit einer Minderjährigen am Gartentor. Die Kleine versuchte ihm eine Schale mit grünen Bohnen zu verkaufen. Norton verhehlte nicht, daß er die Bohnen und die Schale kaufen würde, mit allem Drum und Dran, von Kopf bis Fuß, mit Herz und Hand, mit Sonne und Mond, mit Himmel und Erde, mit Haut und Haar ...

— Wieviel?
— Dreihundert ...
— Hundert, nicht mehr.
— Geben Sie zweihundertfünfzig!
— Hundertfünfzig, aber nur weil du ein so schönes Kind bist. Einverstanden, junge Frau?

Die kleinen Tricks verraten den großen Profi. Das Mädchen verkaufte verwirrt. Und Norton, die Augen auf den Fingerspitzen, massierte der Kleinen langsam und zart seine Kennerschaft unters Kinn, mit entwölkten Brauen und genußschweren Lidern.

Wir nahmen die Bohnen mit ins Haus und setzten uns in den *jango*. Die »junge Frau« blieb an der Tür zurück. Und er erzählte mir von Frauen und dem Teil Angolas, den er am besten kennt: dem »Todesdreieck«.

Norton hat Seelenschmerz: er kommt nicht darüber weg, daß ihn seine vierte Frau verlassen hat.

— Ich hab in Bigamie gelebt. Ich hab vier Frauen gehabt. Eine, die Josefa, hat sich taufen lassen, die ist jetzt in der Schweiz, in Frankreich oder Portugal, was weiß ich. Danach hab ich mir die, die auf und davon ist, genommen, und noch eine, die Maria; eine andere, die Feliciana, ist mir weggestorben. Also, die Clementina hat sich am 5. Januar in ihren Gehirnkasten gesetzt, daß sie ihr Heim verlassen muß, ihre Kinder, alles, nur damit sie ihrem Fanatismus folgen kann. Die Bibel ist in Parabeln und Metaphern geschrieben. Die Clementina ist dem Markus 10 gefolgt, Vers 29/30: »Jesus antwortete, und sprach: ›Wahrlich, ich sage euch: Es ist niemand, so er verläßt Haus, oder Brüder, oder Schwestern, oder Vater, oder Mutter, oder Weib, oder Kinder, oder Äcker, um meinetwillen, und um des Evangelium willen, der nicht hundertfältig empfange (...)‹. Das ist eine Metapher, aber sie hat sie befolgt. Hat einfach ihre Kinder verlassen. Ich hab das Erbe schon verteilt, die Bibliothek geht an einen Sohn, der in Portugal ist, mit einem Stipendium von der UNITA, ein modernes Badezimmer, der *jango*, ein Schlafzimmer, dieses Haus hier mitsamt Schlafzimmern, Eßzimmer und Fernseher und das Einfamilienhaus von unserem Erstgeborenen, das geht an ihn — und das alles war ihrs und das hat sie verlassen!

Der *jango* ist schattig. Ringsum, auf dem Boden, da, wo die Sonne Staub aufwirbelt, liegen Hunde, Hunde noch und noch, mit scheußlichen Wunden, rot und glänzend. Und Katzen, die ihre Bärte erregt an den Steinen reiben, auf denen Nortons Frauen immer Fisch putzen.

Im Hintergrund unseres Gesprächs steht ein Mädchen, jünger als eine »junge Frau«, Mulattin, mit hellen Augen von unbestimmter Farbe – es gibt Oliven, die so sind, beständig zwischen braun und grün changieren. Ihre Beine sind nackt und herausfordernd schön. Ihr Haar ist von einem hellen Kastanienbraun, lose und leicht gekraust. In Gedanken verfluche ich Norton, er versteht es, die anderen mit seinem Gerede anzustecken.

– Ist das Ihre Enkelin?
– Nein! Meine Tochter,
der Alte konnte sich kaum fassen vor Stolz.
– Ihre ... Tochter?
– Warum fragen Sie?
– Nur so ... Sie ist sehr hübsch, wenn ich so sagen darf.

Norton weiß mit Bestimmtheit, daß er Vater von mindestens vierundfünfzig Kindern ist. Wie viele Urenkel er hat, entzieht sich seiner Kenntnis.

– Ich hab sogar schon Ururenkel. Allein diese eine Frau hat acht Kinder mit mir. Und das Blondchen da, von der ist die Mutter gestorben, und zurückgeblieben sind zehn Kinder. Sie ist eine Halbalbino. Meine jüngste Tochter ist vier Jahre alt.

– Mit anderen Worten, Sie waren mit neunundsiebzig noch zeugungsfähig?

– Was heißt hier war? Bin ich immer noch. Wenn ich mir eine junge Frau nehme, ist mein Spermatozid immer noch ... bin ich immer noch aktiv.

– Woher wissen Sie das? Sind Sie sich da sicher?
– Na klar weiß ich das. Und ob ...

Einer von Nortons Freunden verriet mir, woher der alte

Mann weiß, was er weiß: er hat eine Tochter, die Ärztin in der Schweiz ist und der er jedes Jahr eine Spermaprobe zur Untersuchung ins Labor schickt. So ist sein erotisches Universum: systematisch, spontan und ehrlich, mit einem Firnis praktischer Lebensweisheit, die ihn von jeder Bosheit freispricht.

– Hol das *Flit* zum Sprayen her!

Ein Sohn – oder Enkel? bringt ein Insektenmittel.

– Diese verdammten Moskitos. (Sie erlauben?).

Norton, der wie die Buren-Farmer kurze Khakihosen trägt, sprüht, ohne aufzustehen, ausgiebig unter den Tisch, bis eine mörderische Giftwolke zwischen seinen Beinen aufsteigt.

– Es gibt da dieses *Baygon*, aber ich hab rausgefunden, daß dies Zeug hier besser ist, wesentlich besser. Einfach furchtbar, diese Moskitos! Sie müssen *Deom Super* nehmen,

Norton zeigt mir hustend die Dose, ehe er sie wieder zurück in die Reihe der Insektensprays auf dem Tisch stellt. Genug, um einen Garten zu entblättern.

Norton ist Sohn eines Lissabonners aus der Rua das Janelas Verdes, der Ende des 19. Jahrhunderts nach Angola kam, Rittmeister Júlio Alves Silva. Als er Jahre später von Benguela nach Alto Zambeze, in der angolanischen Enklave Cazombo, versetzt wurde, nahm er seinen Sohn mit. Der junge Norton nahm dort nicht nur seine ersten sexuellen Weihen, sondern entwickelte auch fleißig Vorlieben für bestimmte Ethnien:

– Die Luena-Frauen, die sind die sinnlichsten überhaupt, Nummer eins, weil sie an der Clitoris beschnitten sind und weil sie den Hüftschwung praktizieren. Die kreisen mit der Taille wie auf einem Kugellager. Und dann sind sie auch die sinnlichsten, weil sie lernen, wie man lutscht, die lutschen, als hätten sie Pfeffer im Mund: fff-hhhh, fff-hhh, fff-hhh … Die Luena-Frauen sind die anschmiegsamsten überhaupt, also für mich, und ich hab reihum alle angolanischen Stämme durchprobiert – alle, einfach alle, das können Sie mir glauben, und darauf bin ich stolz. Ich weiß nicht, ob Sie das wissen, aber ich bin da nicht ganz ungebildet, und ich sag Ihnen, in Ägypten, in Lybien, Tunesien, Marokko und Algerien, da haben die den Frauen die Klitoris amputiert. Jetzt haben die Vereinten Nationen das verboten. Die Frauen hatten dann ja keinen Spaß mehr, aber in Alto Zambeze war das nie so. Die haben beschnitten, aber nicht amputiert. Die Klitoris ist ja manchmal von einer Vorhaut bedeckt, und die kommt weg. Da spürt die Frau mehr. Und später, in der Pubertät, da fängt sie dann an und übt mit der Klitoris, die ein bißchen größer wird. Ja, und manchmal ist die dann so groß, daß der Eingang zur Vagina zu ist und unsereins ...

Norton beschreibt zwei »Vs« mit den Fingern, legt sie quer übereinander und deutet eine Öffnung an, durch die sein rechter Daumen lugt.

– Jetzt versuchen Sie's mal, und drücken Ihren Daumen auf meinen Daumen ... Geht nicht rein ... So direkt nicht, so nicht, sehen Sie? Der Stöpsel, wie die Leute das nennen, muß weg, damit ... Wer das nicht weiß, der hat wirklich keine Ahnung, der kommt nicht weit. Selbst mit Spucke nicht, weil da diese Sperre ist. Wir, die wir schon sexuelle Erfahrung haben ... Also, die Luenas, die wollen keinen Mann, der nicht beschnitten ist. Bräuche, Bräuche. Hygiene, Hygiene ... Und Sie?

– Nein.

– Da haben Sie keine Chance bei den Luenas! Die schauen nach. Ein Mann mit Vorhaut kann sich jede Menge Krankheiten zuziehen. Warum lassen Sie sich nicht beschneiden? Ist wirklich keine Sache. Ich, der ich jüdischer Abstammung bin, und wir alle hier im Haus, Kinder, Enkel, wir sind alle beschnitten. Selbst bei den Katholiken praktizieren manche die Beschneidung. Das ist biblisch, steht in der Schrift. Die israelische Rasse ist beschnitten. Ich hab's freiwillig getan, mit vierzehn.

Norton hat sich irgendwo kaltblütig mit einer Rasierklinge

in die Büsche geschlagen. Sechzig Jahre später fand er, seine Vorhaut sei »mit den Jahren« gewachsen, und nahm »eine Operation an einem Hodenbruch« zum Anlaß, sich ein zweites Mal beschneiden zu lassen. Er bat den ukrainischen Chirurgen aus Benguela darum. Die Sache verlief so reibungslos wie beim ersten Mal.

– Die haben Pulver, die phantastisch heilen, da oben in Alto Zambeze. Ich hab meine Initiation mit drei Frauen gehabt, zwei davon waren jung, und eine war ihre Tante, und die hat mir ihre beiden Nichten gegeben. Die da oben machen das so. Später, in der Klosterschule, hab ich dann Onanie praktiziert, was gegen das Gesetz Gottes ist. Wissen Sie, was Onanie ist? Masturbation. Faustfick. Das darf man nicht, das verbietet die Bibel.

Nortons erste rechtmäßige Frau war ein Mischblut – der Vater Mulatte und die Mutter Schwarze. Nortons andere Frauen, allesamt schwarz, lebten zusammen auf seinem von einer Mauer umgebenen Grundstück mit drei freistehenden Häusern und je einem Ausgang.

– Alle, sexuell gesehen, vom Bantustamm, und gut ...

»Die besten«, wohlgemerkt nicht die sinnlichsten, wie Norton betont, die mit einem großen »Vaginalvolumen«, sind die Frauen der Cuanhamas und Mumuílas. »Oberflächlich gesehen« haben sie eine ausladende, dicht behaarte Vagina, ein »Todesdreieck«. Die einheimischen Frauen haben eine kleine Vagina »mit wenig Schamhaar«. Aber Norton ist nicht Sklave seiner Vorlieben. Jeder Rasse ihr Bett. Er mag »weiße Frauen«. In Europa schätzt er besonders die aus dem portugiesischen Minho, »wegen ihrer weißen Haut«. Er hat nie eine weiße Ehefrau gehabt.

– Hat sich nie ergeben. Als ich hier ankam, war das die Hölle. Es gab so gut wie keine weißen Frauen. Wir hatten Sumpffieber mit Anurie. Sie wissen nicht, was das ist? Harnverhaltung. Sauber, sag ich Ihnen! Im Monat Mai ging es immer los damit. Wir haben ihn den Fiebermonat genannt. Wir alle hatten *lica*, winzige Pusteln, wie man sie durch das Schwitzen und die Hitze bekommt, eine Wahnsinnshitze. Bei dem *jango*, den mein Vater gebaut hat, sind die Pfeiler geborsten wie in einem Erdbeben, wir sind nur so gerannt. Seit damals hat sich das Klima geändert, ist anders geworden. Jetzt ist es frisch, das macht die Feuchtigkeit.

Norton lernte in Silva Porto (Kuíto), wo er Direktor der Chissamba Missionsstation war, Umbundu. Neben Portugiesisch, seiner Muttersprache, die er aus diesem Grund nicht dazu rechnet, spricht Norton acht Sprachen: unter anderem Umbundu, Tschokwe, Luchazi, Luena, Luwale, und versteht etwas Kimbundu und Suaheli.

— *Très bien, je parle quelque chose* auf Französisch, wenn ich in Frankreich bin. Wenn ich in Deutschland bin, sprechodeutsch, und wenn ich in Italien bin, *parlo italiano, niente maniente*. Die Italiener, die sind die schlimmsten Blasphemiker von ganz Europa. Die beschimpfen Gott: *porco Dio!*, Gott ist ein Schwein. *Tranca Madona!* Wissen Sie, was *tranca* ist? Genau. Spanisch ist die einzige Sprache, die ich nicht zu lernen brauche, *hablo um bocadito. Gosto das muchachitas* von ... von ... Na, verdammt nochmal! ... von Andalusien, die haben einen so schönen Wuschel. Also, wenn Sie mal nach Andalusien kommen, dann nutzen Sie die Gelegenheit für sexuelle Beziehungen. Da hat's Venushügel noch und noch. Sehr sinnlich, die Frauen, die haben Maurenblut, wie die vom Algarve.

Im Algarve hätte Norton übrigens beinahe ohne Kleider dagestanden, wegen einer heißblütigen Angelegenheit, als ihn »vier Kerle« mit

— Hier gibt's »Mösen« und: wollen Sie? lockten.

Er wollte und

— Um ein Haar wär die Sache schiefgegangen, aber mein

Fahrer hat aufgepaßt. Die Kerle hatten's auf meine Kleider und mein Geld abgesehen. Er ist gleich mit zwei Polizisten angerückt, ich war noch mitten drin im Akt. Das Luder hatte mich gezwungen, alles abzulegen. Die dachten, sie kommen so an meine Kleider ran. Ich hätte dumm geguckt, was?

Norton hat die Telefonnummer einer Friseuse aus Portimão, wo er einmal mit sieben Mädchen ins Bett gestiegen ist. »Es war an der Grenze«, eine teure Angelegenheit, aber die Frauen, »jawohl, mein Herr, die haben brav ihre Arbeit getan, von sechs Uhr abends an, jawohl, mein Herr«. Immer wenn er nach Portugal fuhr, ließ er sich in Portimão die Haare schneiden.

– Sagen Sie einfach, Sie kommen vom Norton aus Benguela, dann sehen Sie schon. In Portugal ist die Prostitution nämlich heimlich.

Anders als in Dänemark. Oder in Holland, da sind, »ob Sie's glauben oder nicht«, keine Holländerinnen in den Bordells zu finden. Wer mit einer »Eingeborenen« ins Bett will, muß, wie ihn ein spanischer Kollege aufklärte, in den Park zu den Cangonheiros, »das heißt, zu den Haschischbrüdern«.

Norton hieß nicht immer Norton. Im Kirchenregister der alten Senhora do Pópulo von Benguela ist er als Júlio Alves Silva vermerkt, »unehelicher Sohn von Júlio Alves Silva und Isabel Trindade«. General Norton de Matos, sein Patenonkel, gab ihm den Namen Francisco Norton Silva. Er war es auch, der Júlio zwang, Isabel zu ehelichen, nach einem Mittagessen mit der 9. Infanteriekompanie in Alto Zambeze, anläßlich des Übergangs von der Militärverwaltung zur Zivilverwaltung in dieser Region. Es gab Tigerfisch, »den sie dort Pungo nennen«. Zum Schluß verlangten die Militärs nach der Köchin, und Rittmeister Silva holte Isabel Trindade an den Tisch. »Die dachten, sie ist eine einfache Köchin. Das hat dem Norton Matos nicht gefallen, und er hat kurzerhand verkündet, Isabel wär die Frau von meinem Vater.«

Die Frau eines Helden. Als Júlio Alves Silva nach Angola kam, lebte Silva Porto noch, sie trafen zweimal zusammen, einmal in Benguela und einmal im Hinterland. Júlio machte sich während des Feldzugs zur Verteidigung und zum Verlauf der Grenze zwischen Alto Zambeze und Rhodesien verdient. Er sorgte dafür, daß eine Kupferader, die im heutigen Sambia lag, Angola zugeschlagen wurde. Lissabon zeichnete ihn für seine Tapferkeit aus.

– Zum Schluß haben die Engländer, und deswegen mag ich sie, Prügel bezogen und sich obendrein bei meinem Vater mit einem Orden dafür bedankt.

Nortons Besitz in dem alten und »hoch gelegenen« Stadtteil Benguelas, dem Bairro de São João oder Bairro da Peça, wurde 1937 für sechzehntausend Angolares erworben. Er stand voller Mangobäume. Der ehemalige Besitzer war Brasilianer und hatte die hohen Mauern errichtet, weil sein Gelände ein »Sklavengarten« war.

Damals gab es noch »Fisch im Überfluß«. Norton erinnert sich an einen Tag, an dem die Fischer übers Meer gingen, »übers Meer, jawohl, mit diesen Stiefeln bis oben hin«. Eine unerklärliche Naturkatastrophe oder Massenflucht war geschehen, die der Küste »Millionen« von Brassen bescherte. Der Strand war übersät mit toten und noch zappelnden Fischen, »die Fischer aus den Booten haben einen Riesenreibach gemacht an diesem Tag, die brauchten nur einsammeln«.

Eine andere unerklärliche Geschichte ereignete sich Jahre später im Cinema Calunga, als dort gegen Mitternacht plötzlich »Tausende« von Wachteln unbekannter Herkunft niedergingen.

– Die haben sich einfach hingesetzt, müde oder geblendet vom Kinolicht. Und alle haben sie sich bedient, selbst Damen und Mädchen. Wenn wir Licht hätten, ich hab ein Video ... Der Agostinho Neto hat gesagt, wir müßten zum Petroleum zurückkehren, und das haben wir gemacht!

Wenn Strom da ist, fällt Norton wie ein Geier über seine Videos her. Es fehlt ihm nicht an Filmen. In der Bibliothek, einem kleinen Haus neben dem *jango*, stehen gleich hinter der Tür, beschützt von einer Magnum 450 und einer 22-Lang, mehrere Regale mit Kassetten, »Pornos und alles«.

Es gibt auch Bibeln und »Programme zur geistigen Auffrischung«, Karikaturen von Breschnew und Fidel Castro, Bücher von Ellen White, einer Prophetin des 19. Jahrhunderts. Die vorherrschende Dekoration aber bilden Frauenporträts – echte und aus Illustrierten herausgerissene Photos von Berühmtheiten.

– Das da ist die Frau, die auf und davon ist. Clementina Katanha, Londuimbali, 21. Oktober 1952.

Die Bibliothek besteht aus zwei Räumen, verbunden durch eine Tür. In der Mitte des einen befindet sich ein breites, von Büchern, Zeitungen und einer »Auswahl« von *Reader's-Digest*-Heften umgebenes Bett. Es steht so unmittelbar hinter der Tür, daß jeder, der zum ersten Mal den Raum betritt, fast unweigerlich der Länge nach darüber stolpert und auf der Matratze liegen bleibt. Der alte Norton ist eben ein Lebenskünstler.

– Ich hab Apfel-Bananen. Möchten Sie?
– Wer schläft hier?
– Hier wird gelesen. Das da ist die Frau, die ich erst seit kurzem habe. Ich lese hier.
– Und das da, auf dem Bild, sind Sie, noch jünger, aber schon mit diesem Bart. Hat das mit irgendeinem Gelübde zu tun?
– Das ist Apfelbanane. Eine ausgezeichnete Banane.

Norton bricht einige Bananen von einer in der Ecke hängenden Staude. Hier, in der Bibliothek, hat ihn die Wirklichkeit wieder eingeholt und mit ihr sein Seelenschmerz.

Wie bestimmte metaphysische Libertins kann Norton seine Hände zwar nicht bei sich behalten, lebt aber mit himmelwärts gerichtetem Blick. Erst war er Katholik, dann »Protestant«, und nun lauscht er seit vier Jahren »der Botschaft« der Siebten-Tags-

Adventisten (das erklärt, weshalb Ellen Whites Bücher staub‑
frei sind).

— Der Katholizismus ist vom Glauben abgefallen. Und Sie, Sie haben zwar einen iberischen Namen, aber eine jüdische Nase ...

— Die ist nicht jüdisch, nur groß.

— Doch, jüdisch, sie ist gebogen. Im Ernst! Sie haben semi‑ tisches Blut, absolut. Wenn Sie zur Hitlerzeit in Deutschland gewesen wären, hätten die Sie eingesperrt! Aber die hätten's dann doch nicht getan, und wissen Sie warum? Weil Sie ein Unbeschnittener sind.

— Wozu sind die rosa Zettel?

— Scheine. Für die Tage. Die Tage von meinen Angestell‑ ten. Hier, links, die teuren Angestellten. Und da die billigen. Die machen verschiedene Arbeiten. Ich hab hier diese Sache, für außen: fünf Wagen, Taxis, die zwischen Benguela und Lo‑ bito Leute hin‑ und herfahren. Gehen wir. Ich kann nicht lange stehen, weil da, sehen Sie nur, das Riesending ...

Norton deutet auf seinen Bauch, wo die Weichteile sich offenbar von der Wirbelsäule gelöst haben und sich nach vorne wölben.

— Ein Bruch, abdominal‑, paratesticular!

Vor über zwanzig Jahren hat Tota die einzige Frau, die er je wirklich liebte, zum letzten Mal gesehen. Er weiß, daß es ihr gutgeht und daß sie in Portugal lebt. Er hat sie an einem Tag gerettet, als der Krieg ihn zwang, sein Leben für sie aufs Spiel zu setzen. Es gibt solche Entscheidungen, die einen Mann für immer um seine Vergangenheit kreisen lassen: er ist mit dem Leben davon gekommen. Auf dem Tisch unter dem Vordach steht eine halbleere Whiskyflasche.

– Es gibt zweierlei Absturz: den gewaltsamen und den frei gewählten.

Tota begann 1973 in einem Aeroclub mit dem Flugzeugfliegen. Mit einem STOL-Flugzeug. In besseren Zeiten war der Aeroclub der Traum aller jungen Draufgänger. Für 2500 Escudos monatlich konnte man fliegen lernen – für den Flugschein war ein Minimum von vierhundert Stunden erforderlich.

Er war einer der Besten, Tota. Eines Tages, als er merkte, daß am Fahrwerk etwas nicht stimmte, öffnete er die Tür, um nachzusehen: einer der Reifen hatte einen Schuß abbekommen. Es gelang ihm, auf nur einem Rad in Huambo zu landen. Kaum hatte er den Boden berührt, kam er von der Piste ab. Aber das war auch schon alles. Sie holten Kanister und leerten den Tank. Die Sache passierte in den beiden letzten Jahren vor der Unabhängigkeit, für ihn die turbulentesten seines Lebens, damals lernte er bereits, wie man nachts, bei Stromausfall, ohne Befeuerung landet: man stellt einen Wagen mit voll aufgeblendeten Scheinwerfern an den vordersten Punkt der Landepiste und längs davon, Seite an Seite, andere

Fahrzeuge, die sie ebenfalls mit ihren Scheinwerfern beleuchten.

1975, als der Kolonialkrieg in vollem Gange war, ergab es sich, daß Tota einen Konvoi von Zivilisten, unterstützt von bewaffneten Freiwilligen, befehligte (die Waffen waren gestohlen). Der Konvoi sollte Angola mit den Fahrzeugen der Piloten verlassen, die sich in Rundu oder auf der Piste von Kubango befanden. Tota überwachte den Konvoi bis Serpa Pinto. Weiter ließ ihn die FNLA nicht.

Damals lernte er auch Daniel Chipenda kennen, mit dem er sich in den folgenden Monaten eng anfreundete.

– obwohl mir seine Visage in Menongue nicht gefallen hatte.

Tota und Chipenda schlossen sich zusammen und unternahmen von Kuando Kubango aus Aufklärungsflüge für die FNLA, mit vier kleinen Maschinen, ihrer »Luftwaffe«. Tota hatte das Mädchen bei sich, das er über alles auf der Welt liebte – vielleicht, weil Liebe in Zeiten der Gefahr stets von jener äußersten Intensität ist, die nur angesichts des Todes entsteht. Das Mädchen saß neben ihm im Flugzeug, als er entdeckte, daß die UNITA auf die Stadt vorrückte. Er drehte in einem großen Bogen bei und tauchte im Sturzflug hinter den feindlichen Truppen auf.

– Eine Kugel durchschlug die Scheibe und blieb in der Rückenlehne des Sitzes stecken. Sie hat das Mädchen nur deshalb nicht getötet, weil es nicht angeschnallt war. Eine andere Kugel erwischte die Propellerspitze. Glücklicherweise war es keine Splittermunition.

Tota landete – auf nur einem Rad, ohne von der Piste abzukommen, und brachte die Nachricht von der Einkesselung und Informationen über die Art und Stärke der Truppen. Menongues Fall stand unmittelbar bevor und die UNITA würde keine Gefangenen machen. Die Zivilbevölkerung mußte evakuiert werden, aber dazu brauchte es ein paar kampfbereite Männer, die den Abzug deckten und den Vormarsch der UNITA aufhielten: Sie würden bei der Erstürmung der Stadt fallen. Es ging um ein nüchternes Kalkül. Entweder starben alle, oder einige opferten sich.

Tota entschied: er würde sterben, sie sollte leben. Die Kolonne verließ die Stadt und brachte sich in Sicherheit. Es war ein Abschied für immer.

Der Sturm auf Menongue war ein Inferno, aber Tota konnte entkommen. Es gelang ihm, mit dem einzigen verfügbaren Fahrzeug den Kessel zu durchbrechen. Er erreichte die Ostgrenze und gelangte sicher nach Kinshasa, wo Marschall Mobutu Chipendas Männer nicht etwa mit Wasser bewirtete – im Hotel und im Palast gab es nur französischen Champagner.

Tota kehrte Jahre später nach Angola zurück, als die Zeit genügend Gras über sein Engagement für Chipenda hatte wachsen lassen und er unbehelligt auf einer der Fazendas seines Onkels Fernando Borges – des größten Viehzüchters des Landes – leben konnte. Heute verwaltet er eine solche Fazenda in Humpata, mit Kühlhäusern und mechanischen Melkvorrichtungen, im Herzen des Anbaugebiets von Huíla, und beschäftigt sich mit Viehzucht, besonders der Kreuzung von Zebu-, Charolais- und Santa-Gertrudes-Rindern mit einheimischen Rassen.

– Es gibt zweierlei Absturz.

STOL-Flugzeuge sind Hochdecker und können auf extrem kurzen Pisten starten und landen.

– Ich hab sie geliebt. Ich hab sie wirklich geliebt.

Der jugoslawische Bürgerkrieg zeichnete sich an der philosophischen Fakultät von Lubango bereits Ende der 70er Jahre ab. Dort lehrten Hochschullehrer aus verschiedenen Balkanrepubliken, die im Grand Hotel Huíla gefährliche Stammesfehden untereinander ausfochten. Dabei geriet ein portugiesisches Mitglied der Fakultät zwischen die Fronten. Für die Joghurts, die er von einer Jugoslawin entgegengenommen hatte, wurde er quer durch die Serra da Leba gehetzt. Übel zugerichtet erschien er bei Maria Alexandre Dáscalos und Arlindo Barbeitos und konnte das Haus zwei Tage und Nächte nicht verlassen. Dem Paar erging es kaum besser. Der Wahnsinn an der Fakultät verband sich mit dem Klima des politischen Terrors, das in Huíla herrschte. Das Eintreffen einer Zelle von Veteranen der Roten Brigaden – mit ein paar jungen Dingern im Gefolge (jawohl!) – machte die Sache nicht leichter. Sie waren dem Ruf italienischer Linker aus Moçâmedes gefolgt, die dort Wein anbauten und Käse herstellten.

Etwas Unangenehmes geschah: Einige Lehrer aus Lubango, die sich auf italienischer Pilgerfahrt nach Namibe befanden, wurden von südafrikanischen Hubschraubern angegriffen und zusammengeschossen.

Hochfeine Herrschaften, das Grüppchen der *Brigate Rosse*, sie stammten aus dem Großbürgertum und sogar aus dem Adel, hätten Karriere machen können, vertraten aber radikale politische Standpunkte und gaben sich einem regelrechten Waffenkult hin. Auch die baskische ETA, vertreten durch einige geflohene Mitglieder, mischte in Lubango mit, selbst die Tupamaros warteten mit Kampfgenossen auf. Darunter eine fast sechzigjährige Uruguayerin, deren Zimmer im Hotel Continental – wo die roten Teppiche so oft unter Wasser standen, daß sie grau vor sich hinschimmelten – allgemein das *Bataclã* hieß, in Anlehnung an Jorge Amados Roman »Gabriela«. Die Unschuld in Person also, weshalb in ihrer revolutionären Keimzelle auch kein Attentat angezettelt, sondern schlicht Rote Beete mit Frischkäse verspeist wurde und Joghurt aus Milchpulver Marke Nestlé, sofern die Revolutionärin nicht gerade mit einer Schlafmaske bewaffnet Siesta auf der Hotelterrasse hielt. Als weiteren bunten Vogel leistete sich der Zoo einen geflüchteten (und noch heute aktiven) Kämpfer für die Rechte der Indianer Brasiliens, nebst einem deutschen Architekten (der inzwischen in Luanda lebt).

Ein dadaistischer Wirbelsturm hatte Huíla heimgesucht, dessen Auge ein Professor aus Zaire war, der sich Cité du Bois nannte (»ich bin aber nicht aus Holz«). Er war von Lubumbashi über Brazzaville nach Lubango gekommen, mit einer Schwemme von Hochschullehrern, allesamt Bakongos, die nicht ein Wort Portugiesisch sprachen. Cité du Bois war Leiter der Romanistischen Fakultät und verantwortlich für den Portugiesen Rui Teixeira, der an einer Doktorarbeit über Hemingway schrieb, und eine Rumänin, die Latein parlierte, als hätte sie es mit der Muttermilch eingesogen.

Cité du Bois trug Wickelgamaschen und einen orangeroten, löcherigen Pulli mit durchgewetzten Ellbogen, war dafür aber ein um so glänzenderer Literat. Er schrieb, und im Sprachunterricht prunkte er mit so großartigen Themen wie »Meine erste Reise im Flugzeug« – mit der faszinierenden Gestalt der Stewardess – oder »Der menschliche Körper«, mit dessen Hilfe er seinen Studenten die französische Grammatik näherbrachte, angefangen bei Kopf, Auge, Hals und »Schnurrbart, den einige tragen und andere nicht«, bis hin zum »Ohrenputzer-Finger«! Ein ebenfalls berühmtes Werk handelte von seiner Ankunft in

Lubango und seiner Begeisterung für die vielen Lichter dort, die westlich gekleideten Frauen (einschließlich der *mumuílas*?), und in einer Fußnote besprach er ein ihm unbekanntes Element europäischer Kultur: die Suppe. Kohlsuppe, Karottensuppe, Kartoffelsuppe, Fleischbrühe. Die Suppe! Dergestalt waren seine literarischen Werke: einer wissenschaftlichen Analyse würdig. Er betrachtete sich als angolanischen Autor französischer Sprache.

Zu Cités herausragender Stellung im Lehrkörper trug ein Topf bei, den er stets mit sich herumtrug – für Essensreste aus dem Grand Hotel. Zudem aß er ausgesprochen gern Mandarinen – wenn er nicht gerade schlief, versteht sich –, denn nicht selten wickelte er während der Lehrveranstaltungen seine Gamaschen ab, legte sie auf die Schuhe und die Beine auf den Tisch und nickte fröhlich ein.

Unter der Knute von Ambrósio Lecoki hingegen herrschte eine andere Atmosphäre. Er war gerade zum Erziehungsminister[1] aufgestiegen und betrachtete die Fakultät als Sprungbrett zum Präsidentenpalast (höher hinaus ging es schließlich nicht). In Lubango befand sich damals auch ein polyglotter Dozent der Universität Porto und Freund des Literaturgeschichtlers Óscar Lopes. Er stand auf der Abschußliste von Henri Lussailasio, dem Rektor der Philosophischen Fakultät, der hinter einem Vorhang versteckt seine Vorlesungen belauschte. Eine für den Dozenten zermürbende Situation. Eines Samstags verlor er die Beherrschung, riß den Vorhang brüsk beiseite und stellte so den Spion bloß. Die Strafe folgte auf dem Fuß. Er durfte die Provinz nicht mehr verlassen, was schwerwiegende Folgen für ihn hatte, da er sich in vorgerücktem Alter befand, an Diabetes litt und in ganz Lubango kein Insulin

---

[1] Sein Vizeminister war der damals politisch überaus aktive Schriftsteller Pepetela.

bekommen konnte. Sein Tod war vorprogrammiert. (Im letzten Augenblick gelang es, ihn und seine Frau heimlich aus der Stadt zu schleusen).

Es gab auch einen an Kinderlähmung erkrankten Psychologen und glühenden Verehrer Rimbauds. Ein LKW der FAPLA hatte ihn im Grand Hotel abgeladen. Lecoki mochte ihn nicht und teilte ihm mit, er bekäme zwar sein Gehalt, aber keine Lehrerlaubnis.

Panda, die Leiterin der Fakultätskanzlei, war von der Geheimpolizei und nahm, in ihrer Eigenschaft als Mitglied der Arbeiterkommission, Examen ab – sie drohte den Kandidaten mit Gefängnis und Prügel. Im Vorlesungsverzeichnis standen Lehrstühle, die schlicht erfunden waren, z.B für Geschichte der Völker in der Dritten Welt, Entwicklungsländer.

Der Tribalismus, nicht nur der unter den Jugoslawen, war eine konstante Bedrohung. Die Bakongo-Studenten allerdings waren ein Fall für sich: Es war bekannt, daß sie Zauberrituale abhielten, da zwei Kastraten zu ihnen gehörten: die letzten Nachkommen königlichen Geblüts und Opfer rivalisierender Gruppen. So war die Lage, als an der Fakultät die schönste Bakongo-Frau landete, die Lubango je gesehen hatte. Josefina verdrehte der gesamten Stadt den Kopf. Sie zog in das Studentenheim, das zwischen dem Institut und dem Gymnasium Diogo Cão lag, an einer Allee mit Palisanderbäumen, deren Blüte die Freude des gesamten Viertels waren. Der Dekan der Fakultät, einer der Männer, denen bei Josefinas Anblick der Atem stockte, ließ sämtliche Bäume fällen, da er fürchtete, ein Verehrer könnte über sie ins Zimmer der Schönen gelangen.

Josefina aber verliebte sich in jemanden, in den sie sich nicht hätte verlieben dürfen. In ihren Kommilitonen Cachove, einen Ovimbundu. Somit hatte die Philologische Fakultät ihren Romeo und ihre Julia. Für die Bakongos war der Fall klar: ein Ovimbundu, AUSGESCHLOSSEN, Josefina! Sie machten Druck.

Die Spannung stieg. Die Bakongos begannen geheime Versammlungen abzuhalten und inszenierten große Zauberzeremonien. Und überall die Staatssicherheit, die die Arbeiter terrorisierte – einer erhängte sich an einem Wasserspülkasten. Gerüchte machten die Runde, und der uruguayische Professor und ein Kubaner von der Philosophischen Fakultät hörten, daß etwas im Busch sei. Unheilvolle Anzeichen deuteten darauf hin: Maria Alexandre Dáskalos fand vor ihrer Wohnungstür regelmäßig Kaninchenknochen und mit unglückbringenden Substanzen gefüllte Tierhörner, hin und wieder auch kleine Ziegen, ertränkt und an einem Pfeiler ihres Hauses aufgehängt. Bis eines Tages der Uruguayer, Kommunist und Professor für Logik und Dialektik, der an den besten lateinamerikanischen Universitäten gelehrt hatte, aufgeregt erschien. Er wohnte in demselben Gebäude wie die männlichen Studenten. Hatte dort ein aquatisches Gemurmel vernommen, einen Chor von Stimmen, und war im Treppenhaus, in dem es kein Licht gab, auf Beobachtungsposten gegangen.

Und was sah er?: Eine feierliche Prozession von Bakongo-Studenten. Nackt bis auf einen Lendenschurz, das Gesicht mit Kreide geweißt und brennende Kerzen auf dem Kopf. Großes Entsetzen!

Die Affaire ging weiter, ungeachtet aller Einschüchterungsversuche. Cachova entschied, die Angelegenheit vor den Jung-MPLAlern zur Sprache zu bringen: er war das Opfer eines Falles von Tribalismus, ein Ding der Unmöglichkeit im neuen Angola. Allgemeine Betretenheit. Drohungen. Josefinas Familie darf nicht nach Angola einreisen. Die Partei in Aufruhr. Josefina wird in den Kongo zurückbeordert, und das bringt die Bombe zum Platzen. Arlindo Barbeitos, für seine harsche Kritik an den absurden Zuständen in der Fakultät bekannt, wird indirekt bezichtigt, in seinem Unterricht gefährliche Themen zu behandeln, ein Freund der Sozialdemokratie und ein Agent Westdeutschlands zu sein. Man entzieht ihm die Lebensmittelmarken – was im sozialistischen Angola den sicheren Hungertod bedeutet. Das Paar überlebte dank fremder Hilfe, doch sorgte Lecoki dafür, daß Arlindo Barbeitos die Hochschule verlassen mußte – Agostinho Neto war gestorben, José Eduardo dos Santos Staatspräsident geworden und die Wut des Erziehungsministers nicht zu besänftigen.

Dies alles geschah wohlgemerkt nach dem 27. Mai 1977 und den tiefgreifenden Säuberungen in Staats- und Parteiapparat und Gesellschaft. Der Staatsstreich gegen Agostinho Neto hatte Staatssicherheit und Polizei in Huíla gespalten, die jetzt einen schmutzigen Krieg nach allen Regeln der Kunst gegeneinander führten. Die Tundavala, ein steil abfallende, hunderte Meter tiefe Schlucht, in die sich der Planalto auf Meeresniveau stürzt, konnte sich nicht weit genug auftun, um die vielen Widersacher beider Seiten zu verschlingen. (Die Menschen wurden entführt, auf Friedhöfe gebracht, gefoltert und anschließend in die Tundavala geworfen). In Lubango fanden politische Auseinandersetzungen großen Ausmaßes statt, in deren Mittelpunkt zwangsläufig die Universität stand.

Die Beseitigung von Arlindo Barbeitos und Maria Alexandre Dáskalos war nur eine Frage der Zeit. Der Poet und Professor entkam unter Mithilfe von Freunden und getarnt als Angestellter der deutschen Bierbrauerei Ngola. Maria Alexandre per Flugzeug. Aber die Geschichte hatte ein verspätetes Nachspiel in Luanda, an einem Abend, als Maria Alexandre ein Konzert von Manu Dibango besuchte. Ein Freund brachte sie anschließend nach Hause, da sie in ihrem Eisschrank tiefgefrorenes Brot zum Tauschen hatte. Am Eingang des Wohnblocks standen zwei Männer.

– Genossen, der Aufzug geht nicht.

Sie steigen hinter ihnen die Treppen hoch. Im zweiten Stock stößt eine Hand die Tür zu Marias Wohnung auf. Die Unbekannten zücken die Waffen,

– Überfall!

Und schon setzt es Schläge für dies und das und alles, denn:

– du bist aus Lubango, wir kennen dich, jetzt zeigen wir dir, wo's langgeht.

Sie wollen Maria Alexandre umbringen, man verhandelt, sie wollen sie vergewaltigen, man verhandelt.

Sie sperren Maria mit dem Freund ins Bad und räumen das Feld. Die beiden sind, wie sie später herausfindet, entflohene Soldaten der Präsidentengarde und überfallen bestimmte Personen in fremdem Auftrag.

Nachdem die meisten Entwicklungshilfeexperten bereits im Winternebel des Jahres 1981 nach Luanda zurückgekehrt waren, hielt Cité du Bois, obgleich er seinen Posten verloren hatte, der Atmosphäre des Wahnsinns von Lubango noch lange stand – sie war ihm vertraut. Der Professor aus Zaire vertrat die Auffassung, zum Sattwerden genüge der bloße Anblick von Pflanzen. Er schloß sich auf seiner Veranda ein und aß Blumen.

Besteck gibt es nicht. Der Teller kreist über den Tisch, tanzt durch des Dunkel des Raums. Niemand hält ihn, er fliegt von allein. Niemand spricht. Auch die Hände sind unsichtbar, wenn die *fuba* vorbeikommt, graben sie die Finger in das weiße Maismehl; ein düsterer Festschmaus, Menschen wie Insekten, aus der Nacht geboren. Auf dem Tisch stand eine Petroleumlampe, aber ein wartender Schatten streckte seine Zange aus, griff nach ihr, ohne sie zu berühren, begleitete sie zur Tür und erlosch mit ihr im Dunkel. Nur noch eine Bierflasche ist da, in ihrem Hals brennt ein mit Diesel getränkter Lumpen. Das spärliche Licht, das er verbreitet, reicht nicht, um den Anwesenden Gestalt zu verleihen. Kann nur Augen sichtbar machen, hin und wieder Zähne. Sie gehören sechs Männern am Tisch. Schauen und essen; abwägen und warten. Ich bin unsichtbar geworden in einem Land, wo nur dann zu Abend gegessen wird, wenn es etwas zu essen gibt. In der Regel fallen die Tiere mit der Nacht ein, wenn sie dem Hunger und dem Durst auf den Leim gehen. Ich weiß nicht, wann ich wieder etwas zu essen bekomme.

In der Höhle von Brigadegeneral Kalutotai wird gegessen.

Während wir unisono unsere *fuba* kauen, vermute ich den General am Kopfende des Tisches. Aber vielleicht ist er da nicht. Vielleicht hat er den Raum verlassen, heimlich mit den Fledermäusen, die ein- und ausfliegen, rastlos, etwas vorbereiten, das ich nicht sehen kann und das mich beunruhigt – mein Ende? Vielleicht hat Kalutotai an seinem Platz die beiden Glühfäden zurückgelassen, die mich statt seiner beobachten. Solche Augen brauchen keinen Körper. Auch der schneidende Ton seiner Stimme ist noch da, der alle anderen zum Schweigen bringt. Kalutotai hat mein Leben in der Hand. Seit neun Tagen grübelt er, was er damit machen soll. Heute endlich hat er mich rufen lassen. Er hat das Grübeln aufgegeben, oder schlimmer noch, hat sich entschieden.

– Nehmen Sie ein wenig von der Beilage!

In Kuando Kubango ist Fleisch kostbar, nichts, was jede Woche auf den Tisch kommt, geschweige denn alle Tage. Unsere »Beilage« ist der reine Luxus, eine Soße, in der eine Handvoll Fleischbrocken schwimmen. Sie verleiht der *fuba* einen Geschmack, der meiner Zunge schmeichelt, etwas wachruft in mir. Die Vorstellung von einer Ziege ist so köstlich wie ihr Fleisch selbst – keines ist zarter.

Der Brigadegeneral lebt in einem jener kleinen, vom Bürgerkrieg und der südafrikanischen Invasion verwüsteten Häuser. An die zehn Ruinen vielleicht, nicht mehr, in denen die Krieger wohnen, an einer Straße, die es nicht mehr gibt, nur die riesigen Bäume der Allee stehen noch und werfen ihre Schatten auf eine Geschichte roher Gewalt. Dächer ohne Ziegel, hin und wieder liegt Stroh auf den Sparren, die Fenster sind mit Brettern vernagelt, in Erwartung des nächsten Gefechts – in Angola bricht mit jedem Tag ein neuer Krieg an. Das Mobiliar ist in Rauch aufgegangen, übriggeblieben sind Gegenstände aus Zink, Schüsseln, Schlafmatten, Löcher von Kugeln und Granaten, Hunde, Wäsche auf der Leine und Säuglinge, die unter freiem Himmel weinen, zwischen Wänden versengt von Nächten ewiger Kälte. Hinter den Ruinen steht ein Kamas mit leerem Tank und ein kleiner, fahruntüchtiger Geländewagen.

Die Privilegien von Kalutotai, Kommandant der UNITA im Militärgebiet von Caiundo. Ein Camp heißt so. Es befindet sich 17 Kilometer nördlich, in einem Dorf namens Kapico. Die kleine Ortschaft Caiundo – früher Zentrum für

Kantinenwirte und Buschhändler – liegt auf einer Anhöhe oberhalb des Kubango, ein strategisch wichtiger Punkt, die Brücke, die ihn einst mit dem südwestlichen Afrika verband, wurde zwar 1975 gesprengt, ist aber noch immer als solche erkennbar. Bei Tag, sofern der Tag friedlich ist, setzt sich der Brigadegeneral auf die Veranda zu ebener Erde und kontrolliert, ohne einen Finger zu rühren – es sei denn, er klopft mit der kleinen Peitsche gegen seinen Stiefelschaft –, die schnurgerade Straße Menongue-Namibia bis zum Fluß. Er sieht immer, bevor er gesehen wird. Vielleicht ist er nur deshalb noch am Leben.

Kalutotai stammt nicht aus Kuando Kubango. Er kam 1975 in diese Provinz, mit dem ersten Rückzug der UNITA, die ihre Etappe mit Leuten von außerhalb besetzte – mit Ovimbundu und anderen, aus noch entfernteren Landstrichen. Der Brigadier hat Luanda 1972 zum letzten Mal gesehen und seit der Unabhängigkeit auch keine der Städte an der Küste mehr. Sein Leben ist der Busch, und der Busch ist sein Fluch. Betten, Strom, asphaltierte Straßen, fließendes Wasser, Telefon – Kalutotai ist in eine Welt abgedriftet, in der kein Platz ist für die Annehmlichkeiten des Friedens. Caiundo ist ein Gefängnis mit Booten, und Kalutotai Bewacher seiner eigenen lebenslänglichen Haft. In Angola stellen die Parteien – zwei Armeen – keine ideologischen Alternativen dar, sie haben sich schlicht in regionale Kontingente aufgesplittert, und man kämpft und stimmt für den Ort, an dem man sich gerade befindet. Kalutotai und seine Männer sind an dieselben Ketten gefesselt, bei Tagesende stürmen sie ins Gelände, mit einem Ball aus Stoff und Schreien, die sie im Krieg gelernt haben, die einzigen, die ihnen einfallen beim Fußball und dem Tor vor Augen:

– Mach ihn kalt!!!

Heute, wie gesagt, ließ er mich rufen, nach neun Tagen. Abel, der Schwarzhändler, ist in Caiundo eingetroffen, und der Brigadier hat beschlossen, meine Reise voranzutreiben: Abel wollte 600 Dollar für 400 Kilometer Staubpiste quer durch vermintes Gelände (später erfuhr ich, daß er ursprünglich an 1200 gedacht hatte!); in einem Anflug von »Milde« drückte die UNITA die Transportkosten auf 300 Dollar.

– Ein Mafioso. Ich hab ihn erstmal an ein paar Namen erinnern müssen, die er schon länger nicht mehr gehört hat ... Wir sind nicht so, wirklich nicht. Die Partei hat alles im Griff, und wenn hier irgendwer was privat macht, dann, weil wir ihn lassen.

Es gab Einwände gegen Abels Mobilmachung, der sich im übrigen ungerührt in seinen Land Cruiser setzte, samt seiner Straßenuniform: einer UNITA-Baskenmütze chinesischer Machart. Ich sollte an der namibischen Grenze zwei Fässer Brennstoff zahlen, die Abel auf dem Rückweg bei dem Brigadier abliefern würde, und ausreichend Bierkästen, damit Kalutotais Feldlager den 3. August, Savimbis Geburtstag, gebührend feiern konnte. Überdies rächte sich Abel, er verzögerte die Abreise um zwei Nächte und nutzte die Zeit zu kleinen Geschäften in der Nähe des Camps.

Unsere Reise vollzog sich in zwei Etappen. Die erste von Kapico nach Caiundo, dazu mußten wir durch eine Furt im großen Kubango. Caiundo ist ein Kampfplatz in einem verminten Oval. Selbst die Ufer sind tückisch. Auf der linken Seite ist der Fluß nur an einer einzigen – verborgenen – Stelle zugänglich, und auf der rechten kommt man nur ein Stück unterhalb an einer ebensolchen Stelle wieder hinaus. Der Jeep röhrt wie ein herzkranker, altersschwacher Büffel, rutscht wie ein Krokodil zwischen dem Schilfrohr seitlich ins Wasser. In unserem Wahnsinn schlittern wir vorbei an den roten dreieckigen Schildern mit den weißen Totenköpfen, die jeder kennt. »Vorsicht Minen.« Falls wir keines umreißen, erreichen wir hoffentlich lebend den Fuß der Böschung ...

Ich saß hinten, eher staunend als verschreckt, und bis zu den Knöcheln im Wasser, jetzt begriff ich, warum die Besatzung aus mindestens drei Männern bestehen muß. Einer der Gehilfen sitzt neben dem Fahrer, das eine Bein im Wagen, das andere draußen, damit er sich mit einer Hand innen festhalten und mit der anderen den »Topf« des Luftfilters so weit über der Wasseroberfläche halten kann, wie die Länge des Schlauchs, der aus dem Motor kommt, es zuläßt. Der dritte Mann läuft vor dem Wagen her (unserer zog die Hosen aus, damit sie nicht naß wurden), um mit seinem eigenen Körper die Wassertiefen anzuzeigen. Salvador Dali wäre neidisch gewesen auf dieses Polaroid: ein Mann watet bis zum Gürtel im Zickzack durch einen Fluß, gefolgt von einem Jeep, der mit weit offener Motorhaube dampfend durchs Wasser schwimmt.

– Hier ist rundum alles vermint. Caiundo war ein wichtiger Standort, und die Kubaner haben uns überall Minenfelder hinterlassen.

– Woher wißt ihr, wo die Dinger liegen?

– Um die Stellen, wo es Leute erwischt hat, machen wir einen Bogen. Das Vieh entmint auch und markiert ... Und dann ist da noch so ein Ex-FAPLA-Mann, der nach der Befreiung von Caiundo bei uns geblieben ist und der UNITA viel geholfen hat.

Ich konnte nicht den geringsten Anflug von Ironie in Oberst Nundas Ausführungen feststellen, der angewiesen war, mich sicher nach Calai zu bringen. Wir erreichten das andere Ufer, die Blauhelme hatten es nie betreten, da niemand dort auch nur für die geringste Sicherheit bürgen konnte.

– Jetzt ist es schon nicht mehr ganz so gefährlich wie gerade noch. Hier liegen die Minen einen Meter von der Piste entfernt.

Mich fröstelte. Wie nah waren sie vorher gewesen? Im Rückspiegel sah ich, daß meine Lippen so eisig waren wie meine Füße naß.

Die zweite Etappe zog sich länger hin. In Caiundo befahl Abel, auszusteigen. Der Kühler machte Zicken. Hinter seinem Haus, unter einem *jango*, setzte er sich mit einem Gehilfen neben eine Feuerstelle in den Sand: zu einer kleinen Demonstration vorsintflutlicher Kfz-Mechanik. Der eine hielt den Kühler auf seinen Knien fest. Der andere nahm eine Eisenstange, die er im Feuer zum Glühen brachte, um mit ihr, wie mit einem Lötkolben, das Loch im Kühler zu verschließen. Aber das Lötmittel »klebte« nicht. Wie auch immer, der Kühler sah aus wie ein Sieb. War übersät mit Löchern und von einer trostlosen, porösen mehrlagigen Lötrinde überzogen.

– Das wird schon. Heute Abend geht's weiter. Das Essen is alle. Haben Sie noch Reis in Ihrer Kiste? Ich kann uns was machen lassen ...

Ich mußte noch lange warten nach dem Abendessen, als der Lumpen heruntergebrannt war und sie mich in die »Eingangshalle« schickten, deren Mobiliar aus Mehlsäcken bestand, die Ratten anzogen, ich spürte, wie sie im Dunkel gegen mich stießen. Kalutotais menschliche Insekten huschten auf die gleiche Weise ein und aus. Ich erkenne weiterhin nur Zähne und Augen – Totenköpfe:

»Achtung Minen.«

Die Boote liegen still, niemand wagt sich zwischen die Krokodile. Gleich ob wir bleiben oder fahren, die Nacht wird auf der dunkleren Seite des Flusses sein. Ich kann die Vorzeichen der Vögel und Sterne nicht deuten. Der Himmel glitzert verdächtig, seit Wochen schon. Nicht ein Funken künstliches Licht hier unten, vielleicht ist es das. Wie wohltuend war doch die Gewißheit am Vorabend des Abschieds von Carlos Seixas, in der Küche des Camps. Ich gab ihm das Buch zurück, das er mir in Luanda vor meiner Abreise geliehen hatte: *Him-*

mel über der Wüste von Paul Bowles. Er hatte meinen Jack London, *Die Abenteurer des Schienenstrangs*, nicht dabei, meine erste Lektüre in Angola.

Und das habe ich für mein Tagebuch daraus entnommen: »Der Landstreicher weiß nie, was im nächsten Augenblick geschehen wird; darum lebt er stets im Augenblick. Er hat gelernt, wie müßig es ist, Pläne zu schmieden, und er kennt die Freude, die darin liegt, sich von den Launen des Zufalls treiben zu lassen.«[1]

Carlos hat mir, bevor er nach Menongue und Luanda zurückfuhr und – zwei Tage später! – nach Portugal, wo er in einer Mühle im Alentejo ein Forschungszentrum für Hirtenkulturen einrichten will, einen Schatz überlassen: Eine Flasche Rotwein vom Kap. *Shiraz Reserve, 1995, Simonsvlei Wynkelder.*

– Den haben sie mir geschenkt. Nimm du ihn jetzt. Er wird dir weiterhelfen. Ein Wegegeld. Ein Freund.

Der letzte Eintrag in meinem Tagebuch ist ebenfalls ein Geschenk von Carlos. Ich habe es mir auf der Zunge zergehen lassen, während mich Kalutotais Spinnen mit nach Diesel schmeckendem *fuba* betäubten.

– Du wirst keine Probleme haben von jetzt an. Es reist sich nirgendwo so friedlich wie in einem Land, in dem Krieg herrscht.

---

[1] Deutsch von Erwin Magnus, Berlin 1961

Herrn Direktor Ventura
Leiter der Abteilung für Ausländer- und
Grenzangelegenheiten in Angola
DEFA – Kuíto – Bié – Angola

Werter Ventura,
 ich hoffe, vorliegendes Schreiben erreicht Sie bei gewohnter Gesundheit. Im Grunde wünsche ich Ihnen nichts Böses. Ich wünsche nur, daß Sie mich nicht vergessen. Sie dürften wissen, auch wenn Sie wenig wissen, daß sich Freunde aus eben diesem Grund schreiben. Um mit Ihren Worten zu sprechen, Herr Direktor: in vorliegender Sache!
 In vorliegender Sache also wende ich mich an Sie, um Ihnen all das zu sagen, was nicht gesagt wurde, als ich Sie in Kuíto traf.
 Ich habe nicht – ganz und gar nicht – die schlechte Angewohnheit, meinen Mund zu halten, wenn mir etwas sauer aufstößt. Ein Fehler, ich weiß. Aber ich weiß auch, Herr Direktor, daß Sie damals der Herr im Haus waren und ich Ihnen ausgeliefert war und daß Sie Fremden gegenüber keinerlei Sympathie hegen. Mit einer solchen Antipathie kann man in einem öffentlichen Amt Karriere machen. Und Sie haben es weit gebracht. Genau genommen sind Sie nur ein kleiner Stolperstein, Herr Direktor, und doch haben Sie das Zeug, anderen das Leben zur Hölle zu machen. Mit Ihrer Kolonialistenarroganz haben Sie einen Sklavenzorn in mir entfacht. Es ist himmelschreiend, Ventura, einen solchen Zorn schlucken zu müssen. Er schmeckt bitter. Sie sind zu jung für eine solche Er-

fahrung, und ich bin zu jung für einen solchen Affront ..., aber die Partei hat Ihnen etwas eingetrichtert, das Sie in Form von Schlagworten wieder ausspucken. Und was Sie getan haben, haben Sie mit Vergnügen getan. So etwas bezeichnet man als schäbig, mein Herr. Oder dumm, falls es denn nur aus Eifer geschah.

Vielleicht, Ventura, fragen Sie sich, wer eigentlich Ihnen diesen Brief schreibt. Ich helfe Ihnen auf die Sprünge: an einem Vormittag im Juli kam ein Ausländer in Ihre Dienststelle, um sein Visum verlängern zu lassen. Ein Weißer, ja, wenn Ihnen diese Formulierung lieber ist, zumal ich bemerkt habe, daß Sie, um in einem Menschen zu lesen, erst dessen Hautfarbe und Paß unter die Lupe nehmen, womit es sich dann ausgelesen hat.

Ein weißer Journalist. Nun, Ventura, strengen Sie sich ein wenig an, so viele Möglichkeiten gibt es nicht, nach Kuíto kommen nicht viele Ausländer, und Sie werden sich wohl kaum an einen erinnern können, der sein Visum in Kuíto hat verlängern lassen. (Deshalb ist Ihre Dienststelle, um ihre Existenz ein wenig besser vor sich selbst zu rechtfertigen, auch darauf verfallen, alle Ausländer zu zwingen, sich bei der Einreise anzumelden und für die Ausreise eine Genehmigung einzuholen, eine Vorschrift, die offenbar Ihrer Interpretation vom »freien Verkehr von Menschen und Gütern« entspricht.)

Ein Journalist, jawohl. Nein, der Glatzkopf, das war nicht ich, noch nicht, sondern Giovanni Diffidenti, ein Fotograf aus England und Italien. Er hat in Angola gelebt und eine Ausstellung über Minenopfer organisiert: *Die unterbrochene Reise*. Ein großartiger Mensch, dieser Giovanni, falls Sie das nicht bemerkt haben sollten. Wissen Sie überhaupt, Ventura, daß er die Kinder von Kuíto und Angola in einer kleinen Leica mitgenommen hat? – jawohl Leica, wie die Astronautenhündin – ich sehe, Sie sind ein kultivierter Mensch mit einer selektiven Erinnerung – Giovanni hat sie mit zu einer Konferenz nach

Ottawa genommen. Das liegt in Kanada, es war eine wichtige Sache. Und anschließend sind sie, die Invaliden, die mit den gebrochenen Flügeln, nach Stockholm geflogen und wurden dort Königen und Präsidenten vorgestellt, damit die Welt sie nicht vergißt. Emanuel Sapalo – zwei Beine und ein Auge durch eine Antipanzermine verloren –, für den »der beste Krieg mit dem Mund geführt wird ...«; Marta Mukumbi, 14 Jahre alt, ein Bein verloren, die »Strom für alle möchte, damit wir ins Kino gehen können und fernsehen und damit Wasser aus den Hähnen kommt«; die alte Josia Vicumga; der kleine Pinto da Cruz und Joaquim Pedro, der Arme und Augen durch eine Antipanzermine verloren hat und auf die Schultern und Augen von Joaquim Mafuco angewiesen ist ... Es war schön, Ventura, der einzige Tag, an dem Kuíto einen Krieg gewonnen hat, es war ... Aber was soll's, darum geht es hier nicht. Alle aus Ihrer Umgebung sind Überlebende, auch Sie, mit einem Unterschied allerdings: Die anderen haben sich ihre Würde bewahrt. Der Glatzkopf, derjenige, der immer in einem winzigen Pick-up durch Kuíto fuhr – mit Emanuel Sapalo am Steuer –, das war Giovanni.

Ich bin der andere.

Derjenige, der mit den nötigen Papieren in Ihre finstere Dienststelle kam und um die übliche Verlängerung seines Visums bat, die Sie ihm, Herr Direktor, ohne jeden Grund erst einmal verweigerten.

Derjenige, der einem absurden Verhör unterworfen und so lange mit Fragen bombardiert und eingekreist wurde, bis die Spinne endlich einen Vorwand hatte, ihr Gift zu verspritzen:

– Wenn Sie reisen, dann doch als ... Tourist, oder? Ist da nicht irgendeine Firma, für die Sie arbeiten in Angola? Eine Firma, die dafür bürgt, daß Sie genügend Geld zum Überleben und für den Rückflug haben? Eine Firma, die uns sagt, daß Sie kein illegaler Einwanderer sind? Haben Sie eine Kontaktadresse in Angola? Keine? Sie müssen aber eine haben. Sie müssen nach Luanda zurück. Wollen Sie nach Jamba?!? ... Was ist denn das für ein Ausweis, den Sie da bei sich haben? UNAVEM? Sie arbeiten für die UNAVEM? Nein?!? Ja, wozu haben Sie dann überhaupt diesen Ausweis? Nur Leute von der UNAVEM haben solche Ausweise. Und Sie sagen, Sie sind nicht von der UNAVEM. Das ist ein Widerspruch. Sparen Sie sich Ihre Worte! Sie reden zu viel! Sie reden viel zu viel!

Ich bin der andere, Ventura, derjenige, den Sie gefragt haben, ob Sie sich diesen Ausweis näher ansehen könnten, denn

– die Vereinten Nationen geben ihren Soldaten und Beobachtern Ausweise, aber nicht Journalisten. Haben Sie nicht gesagt, Sie sind Tourist? Wie können Sie dann behaupten, Sie sind Journalist? Wie? Sie sind kein Tourist? Sie lügen die Obrigkeit an. Das ist ein schwerwiegendes Vergehen. Äußerst schwerwiegend. Sie reden zu viel!

Ich bin der andere, derjenige, den Sie losgeschickt haben, Ventura, zu Fuß, quer durch die ganze Stadt, um den Verbindungsoffizier der UNAVEM zu holen, und den Sie dann auf halbem Weg haben abfangen lassen von einem Ihrer Lakaien

– Hallo! Hallo! Der Herr Direktor hat Anweisung gegeben, Sie sollen zurückkommen,

um ihm zu sagen, daß der Verbindungsoffizier nun nicht mehr nötig sei, um ihn noch ein wenig warten zu lassen, um ihn noch einmal mit Fragen zu bombardieren, eine idiotischer als die andere, und damit er dem Herrn Direktor die ganze Geschichte, die dieser bereits eine Stunde zuvor gehört hatte, schriftlich gab.

– Schreiben Sie in einer lesbaren Schrift! In einer Schrift, die wir entziffern können!

– Ich hab keine andere,

ja, Ventura, die gleiche Schrift, die Sie jetzt vor sich haben und die Ihnen vor Wut die Augen aufreißt, die gleiche Wut, die mich überkam, als Sie mir befahlen,

– in Großbuchstaben!

auf ein abgerissenes Kalenderblatt den Namen von David Wimhurst zu schreiben, dem Sprecher des stellvertretenden Generalsekratärs der Vereinten Nationen in Angola, und

– jetzt die Namen der Eltern,

der Zorn, die in mir hochkochte, Ventura, weil Menschen in Ihrer Position es fertig bringen, selbst aus dem simplen Niederschreiben der Namen von Vater und Mutter einen unerträglichen Akt der Erniedrigung zu machen.

Ich bin der andere, Ventura, derjenige, der Ihnen gesagt hat, daß Ihre Fragen beleidigend sind, Ihre Verdächtigungen ungerechtfertigt und Ihr Verhalten erbärmlich, jener andere, der sich geweigert hat, Ihr winziges Büro

– ohne den UNAVEM-Ausweis zu verlassen, den Sie, wie Sie wissen, nicht einfach einbehalten können, anders als meinen Paß, den Sie mir auch nicht zurückgeben wollen. Ich rühr mich nicht weg von hier, rufen Sie meinethalben die Polizei, die Armee, wen immer Sie wollen.

Es war nicht nötig, Sie hatten die Polizei schon gerufen, sie war bereits da, und zwar in Gestalt des Verbindungsoffiziers der PNA zur UNAVEM, der ungerührt behauptete, Journalisten seien nicht in den Friedensprozeß eingeschlossen, und mein Ausweis könne folglich nur gefälscht sein. Dieser Polizist ging anschließend mit Ihnen hinaus und ließ mich unter Aufsicht Ihres kompetenten Lakaien zurück, der meinet- und Ihretwegen diesen Tag ebenso verflucht hat wie ich, er hatte ihn sein Mittagessen gekostet.

Ich nehme an, Sie erinnern sich noch an Ihre Einschüchterungsversuche:

– Mit dem Kerl verlier ich noch die Geduld!,

mit mir, Ventura, als Sie die Geduld schon längst verloren hatten, weil die Spinne es absolut nicht haben kann, wenn ihr Opfer Widerstand leistet, das macht sie rasend, sogar Sie,

Herr Direktor, wußten nicht mehr ein noch aus vor Wut – warum eine solche Wut, Ventura? Sie haben mich nicht einmal mehr ausgefragt. Wissen Sie noch, wie Sie die Beherrschung verloren? Sie haben herumgefuchtelt und sich aufgeplustert und die wildesten Sprüche losgelassen über Ihre Behörde, die Vereinten Nationen, die Regierung, die Polizei, Kuíto, Luanda, an diesem Tag, diesem Nachmittag, am folgenden Morgen, am folgenden Nachmittag, zwei Tage lang, wozu, Ventura, wozu dieser Krampf?

Kleiner Ventura, Ihr Name heißt so viel wie Glück, und doch sind Sie das Unglück in Person, innen wie außen! Ich möchte, daß Sie begreifen, Herr Direktor, daß Sie keine Ahnung haben: jeder Beamte Ihrer Behörde kennt den Unterschied zwischen einem Visum und einer Visumsverlängerung. Sie sind entschieden zu mißtrauisch, Herr Direktor: Warum sonst haben Sie um alles auf der Welt ein Schreiben der UNAVEM aus Luanda verlangt, das die Rechtmäßigkeit meines Presseausweises bestätigt? Sie haben böswillig gehandelt: Ohne die Antwort abzuwarten, haben Sie Ihren Vorgesetzten angerufen und behauptet, da sei ein Journalist mit einem gefälschten Ausweis, woraufhin Ihr Chef natürlich Weisung gab, mein Visum nicht zu verlängern. Und wie klein Sie plötzlich waren, als man Ihnen am nächsten Tag die Mitteilung zeigte, die über Satellit gekommen war.

»Sehr geehrter Herr Direktro, ich möchte Sie davon in Kenntnis setzen, daß der portug Journalis, Pedro Rosa Mendes, im Besitz eines gltigen Presseausweises der UNAVEM ist. Er trägt die N#mmer 135 und ermächtigt ihn zur Nutzung aller Einrichtungen der Vereinten Natonen während seiner Reise durch Angola nach Moambik.«

Sie waren nicht Manns genug, Herr Direktor, einzugestehen, daß Sie einen Fehler begangen, eine falsche Information an Ihren Vorgesetzten weitergegeben und mich auf plumpe Weise verleumdet haben. Sie haben sich mies verhalten: als die

Ausländerbehörde von Luanda und Tony, der Vizegouverneur von Bié, Sie anwiesen, mir meine Papiere zurückzugeben, haben Sie es nicht fertiggebracht, mir meinen Paß zu stempeln, womit mein Aufenthalt in Kuando Kubango illegal war. Sie haben sich schäbig benommen, Herr Direktor Ventura: nachdem Sie sich zwei Tage lang vor einem Vertreter des Innenministeriums aufgespielt hatten, der ebenfalls in die Angelegenheit mit hineingezogen wurde, haben Sie meine Papiere dem Verbindungsoffizier der UNAVEM, Major Espinosa, übergeben. Sie waren dabei so lächerlich formell, daß er sich ein Lächeln nicht verkneifen konnte, als er sie mir, die Form wahrend, aushändigte.

Herr Direktor, Sie verkörpern

— *lo que en Uruguay llamamos el poder de los incapaces. Nunca hay que temer el poder de los capaces. Si uno es inteligente, sabe usar el poder que tiene. Usarlo o no usarlo. Pero te digo, tóma-te miedo al incapaz con poder. Hace desgracias, niño*[1].

Sie wußten es nicht, Ventura, aber ein brasilianischer Hauptmann hat Stunden damit verbracht, die Meldung aus Luanda an Sie zu entschlüsseln, weil man in Luanda mit *Windows* arbeitet und in Kuíto mit *MS-DOS*. Aber wissen Sie, was er mir erzählt hat?

— In Brasilien sagen wir immer, irgendwann gehört die Welt den Unfähigen. Sie sind nun mal in der Überzahl.

Der menschliche Genius, Ventura, schafft Dinge, die außerhalb Ihrer Vorstellungskraft liegen, und die Dummheit, Herr Direktor, hat eine Sabotagekraft, von der ich bisher keine Ahnung hatte. Mir fehlen die Worte in Portugiesisch, um

---

1 — was wir in Uruguay die Macht der Unfähigen nennen. Die Macht der Fähigen muß man nie fürchten. Ist ein Mensch intelligent, weiß er wie er mit seiner Macht umzugehen hat. Entweder er setzt sie ein oder nicht. Deshalb sage ich dir, hüte dich vor den Unfähigen an der Macht. Die sind gefährlich, Junge.

Ihnen das zu beschreiben, aber im Spanischen der Uruguayer gibt es ein Wort, das genau auf Sie zutrifft: *cortedad*.

Cortedad, das ist der Terror, in dem Ihre Untergebenen leben. Menschen, die Sie verachten, aber gezwungen sind, Achtung zu heucheln. *Cortedad*, das ist die speichelleckerische Erstklässler-Artigkeit, zu der Sie Ihre Leute verdammen: auf den Zehenspitzen gehen, mit niedergeschlagenen Augen an Ihre offene Tür klopfen, beim Hinein- und Hinausgehen stehenbleiben und die Fersen zusammenknallen wie beim Militär. *Cortedad*, das ist Ihre triste Dienststelle, ein finsteres Loch, Ihr Reich, mit von Kugeln ramponierten Stühlen und Schreibtischen, in dem nur spärlich Licht auf die Rücken Ihrer Leute fällt – durch die Einschußlöcher in den Latten vor den vernagelten Fenstern. *Cortedad*, das ist Ihre Vorstellung von Pflichterfüllung, die sich auf die große Macht kleiner Gemeinheiten beschränkt.

Cortedad.

Ich habe gehört, Herr Direktor, Sie seien sehr empfindsam und sehr gläubig. Ich war darüber zugleich entsetzt und beruhigt. Leute Ihres Schlags sind zu dramatischen Sinnesänderungen fähig. Gott ist ihre letzte Zuflucht.

Sie schauen mir nicht in die Augen, Herr Direktor, ganz wie das letzte Mal, als wir uns sahen: damals haben Sie es nicht fertiggebracht, heute können Sie es nicht. Was soll's: ich gebe Ihnen weder die Hand noch sage ich Ihnen auf Wiedersehen. Sie haben es auch nicht verdient. Dennoch verbleibe ich hochachtungsvoll

derjenige, der – aka!!! –
Sie nicht vergißt, werter Herr Direktor.

Der Andere

Liste der Tabus des *Mwata*:

1. Es ist ein Mangel an Respekt, die Hand des *Mwata* ergreifen zu wollen, es sei denn, er bietet dies in Ausnahmefällen an.
2. Geschenke dürfen dem *Mwata* nicht direkt übergeben, sondern müssen vor ihm auf den Boden gelegt werden, dann nimmt sie ein Dritter für ihn entgegen.
3. Der *Mwata* ißt allein für sich, die Tradition verbietet, daß man ihm dabei zusieht.
4. Gibt der *Mwata* eine Audienz, hat der Besucher mit gekreuzten Beinen auf einer Matte Platz zu nehmen. Es ist verboten, die Beine übereinanderzuschlagen.
5. Wer das Wort an den *Mwata* richten will, klatscht in die Hände, um kund zu tun, daß er etwas sagen möchte.
6. Es ist ein schwerwiegender Verstoß gegen die Lunda-Tradition, dem *Mwata* eine Todesnachricht zu überbringen, es sei denn durch einen seiner Sonderberater, andernfalls ist mit einer Geldbuße zu rechnen.
7. Um den *Mwata* zu grüßen, klatschen Männer in die Hände, Frauen tun dasselbe, jedoch kniend.
8. Es verstößt gegen die Lunda-Tradition, auf eine *Muselo*-Matte (die königliche Hängematte) zu treten, wenn diese auf dem Boden liegt. Geschieht dies, fordern die Haken der Hängematte eine Strafe und können den Zuwiderhandelnden züchtigen.
9. Besuche der königlichen Grabstätte in Lunde und aller anderen heiligen Orte sind nur eingeschränkt möglich.

Besuchern ohne Genehmigung ist es untersagt, sich ihnen zu nähern.
10. Besuchern mit blutenden Wunden ist es untersagt, den *Chipango* (Palastbereich) zu betreten.
11. Es ist verboten und ein Mangel an Respekt, innerhalb des *Chipango* zu rauchen.
12. Es ist verboten, Hunde mit in den *Chipango* zu nehmen.
13. Niemand (auch die Frau des *Mwata* nicht) darf die Nacht in der *Chota* (Palast) verbringen.
14. Während ihrer Menstruation ist einer Frau das Betreten des *Chipango* untersagt, und der Frau des *Mwata* das Betreten der *Chota*.

Mwata 18 – Der Rächer
Historisch-ethnographischer Kurzfilm

Darsteller
Mwata Munona II Chinyanta IV Kazembe XVIII, bekannt
als Kafumbe Kasemenwa Lufu
Weißer Forschungsreisender
Sekretär mit Roter Baskenmütze
Königliche Hoheit Ehefrau des *Mwata*
Wallace Sohn des *Mwata*

Synopsis

Mwata Kazembe, Erbe des mächtigen Königreichs gleichen Namens, Vasall des großen Muatiânvua, empfängt Weißen Forschungsreisender in seiner entlegenen Hauptstadt. Forschungsreisender hat unterwegs einen Neffen *Mwatas* getroffen, der ein benachbartes Reich zu befrieden versucht und ihm einen Brief für seinen Onkel mitgegeben hat. Weißer Forschungsreisender war lange allein im Dschungel und muß sich erst wieder an die Gesellschaft von Menschen gewöhnen. Er sieht abgerissen aus, ist erschöpft und wirkt zerfahren. *Mwata* empfängt ihn und möchte mit ihm über andere Forschungsreisende sprechen, Vorfahren des Besuchers, die von *Mwatas* Vorfahren einst freundlich empfangen und in der Nähe des Palastes begraben wurden. Als Zeichen seiner Großmut lädt *Mwata* den Weißen Forschungsreisenden zum Mittagessen in den Palast ein. Der weiße Forscher macht die Bekanntschaft von *Mwatas* Nachfolger. Bei Filmende wird ein letztes Mal deutlich, daß der weiße Forscher einem Reich von Barbaren entstammt.

1. Szene

Als Vorspann eine Sequenz von Nahaufnahmen: ockerfarbene Oberflächen, mit auffallend rauher lehmiger Struktur. Vor diesem Hintergrund erscheint eine Folge unbeholfener Zeichnungen – kindlich, aber geometrisch –, und unterlegt mit den ersten, sehr sanften Klängen eines Marimba-Orchesters. Die Farben sind die immergleichen Farben der Erde: rot, gelb, braun, grau. Später wird der Zuschauer bemerken, daß es sich um die Wände der Hütten eines Dorfs handelt.

Der Film selbst beginnt auf dem kleinen Platz von Mwansabombwe, der Hauptstadt von *Mwatas* Reich, zeigt in Großaufnahme die Beine eines Mannes, der Säcke mit Trockenfisch auf das Verdeck eines Busses lädt, sein Gesicht ist nicht zu sehen. Die Kamera fährt vertikal auf Bodenhöhe nieder, hält dabei Fenster und das Hin und Her der Fahrgäste fest. Der Bus, ein indisches Modell, ist von einer dicken Staubschicht bedeckt. Einzelheiten verraten dem Zuschauer die Tageszeit – früher Morgen – und geben zu erkennen, daß der Bus am Vorabend über die Sandpiste gekommen ist, was ebenfalls auf einen abgelegenen Ort verweist.

Die Kamera schwenkt im Halbkreis, fängt in wenigen Sekunden das übrige Geschehen auf dem Platz ein: kleine Kneipen mit Matten aus Zuckerrohr auf dem Boden, Kanister mit Brennstoff, auf denen sich Flaschen mit Benzin reihen, Wände, bemalt in den Farben von Coca-Cola. Im Hintergrund der Einstellung: Jungen, die im Sand mit Stöcken fechten.

Die Kamerafahrt geht weiter, Einstellung öffnet sich zur Rechten hin, zur Hauptstraße aus gestampftem Lehm, und der Blick des Zuschauers schweift automatisch in die Ferne, hin zu einer gebeugten, noch unscharfen Gestalt, sie gehört einem Mann, einem Weißen, wie sich wenig später zeigt.

Die Kamera »fährt« rasant und in Kopfhöhe die Straße hinunter. Der Mann kommt die Straße herauf. Großaufnahme des Mannes: Brille, matte Augen, ein vor Erschöpfung und Angst verzerrtes Gesicht. Der Mann bleibt stehen, betrachtet etwas. Er ist noch jung, er wendet sich nach links, die Kamera schwenkt nach rechts; ein Tor und ein dicht belaubter Mangobaum füllen das Bild: Der Eingang zu *Mwatas* Palast.

Die Kamerafahrt kann in der Krone des Mangobaums enden und im Himmel, das Bild verbrennt durch das Übermaß an Licht. Schnitt.

Dialog zwischen *Mwatas* Assistent, Sekretär mit Roter Baskenmütze, und Weißem Forscher, im Gegenschuß. Anmerkung: Bei der Montage die Bilder des Zuhörenden über die Stimme des Sprechenden legen. Der Dialog ist für die Kamera und für die Handlung ein Dialog zwischen zwei Stummen.

– Das ist ein Palast ...

– Ja.

– ... Wer den *Mwata* besucht, muß ein Geschenk mitbringen. Zum Zeichen der Ehrerbietung.

– Ich ... Ich reise seit Monaten durch ... durch fremde Gegenden. Ich habe nur das Notwendigste bei mir. Ich habe nichts für Seine Hoheit. Ich wußte nicht ...

– Macht nichts. Sie wußten nicht ...

Weißer Forschungsreisender ist entmutigt. Er hat sich gestern ausgiebig gewaschen. Riecht nicht mehr schlecht, weder für andere noch für sich selbst. Er trägt, was er einen Anzug-für-den-Besuch-beim-Botschafter nennt: ein Pierre-Cardin-Hemd, eine smarte Imitation aus der Cairo Road von Lusaka, und schwarze Hosen mit einem nicht zu übersehenden Loch am Knie. Die Kamera zeigt diese Details, wodurch klar wird, daß der Forschungsreisende keinen größeren Aufwand betreiben kann. Schnitt.

Sekretär mit Roter Baskenmütze zeigt ungerührtes Gesicht. Schnitt.

Der weiße Forschungsreisende schaut verzweifelt auf sein Handgelenk. Anweisung für den Kameramann: Kamera so auf den schmalen weißen Streifen am Handgelenk des Forschungsreisenden richten, daß ein weiteres Mißgeschick ersichtlich wird: ein gerissenes Uhrenarmband.

– Nicht mal die Uhr ...

Schnitt.

Weißer Forschungsreisender hat die Uhr in der Tasche. Groß: die Hand in der Tasche. Schnitt.

Kamera auf Sekretär mit Roter Baskenmütze, der sagt:

– Kein Problem. Wissen Sie, wie Sie den *Mwata* begrüßen müssen? Klatschen Sie in die Hände, aber nicht laut. Setzen Sie sich vor ihn auf die Matte. Wenn er kommt, stehen Sie auf, Sie dürfen ihn nicht ansehen, wenn er sich nähert. Zuerst nimmt er Platz, dann Sie. Den Brief, den Sie dabei haben, dürfen Sie dem *Mwata* nicht selbst übergeben. Geben Sie ihn mir, ich übergebe ihm den Brief.

Schnitt.

Halbtotale: beide Männer sind ganz zu sehen. Kurze Dialogpause. Schnitt.

Der Schatten des Mangobaums. Schnitt. Ein Hund trottet vorbei. Schnitt. Forschungsreisender im Schatten, die Hemdsärmel bis oben hin aufgerollt, er schwitzt, hat kein Geschenk für den *Mwata*. Schnitt. Forscher hält ein Aufnahmegerät in der Hand. Schnitt.

– Hören Sie ... Ich habe nichts Wertvolles bei mir, höchstens ein Seidenhemd. Ich weiß nicht, ob ...

Schnitt. Über das Ende dieses Satzes das Bild des Weißen Forschungsreisenden legen, wie er ein Paar Stiefel und ein Hemd im Zimmer eines Fertighauses verpackt. Schnitt.

Ein Mann erscheint am Palasttor und winkt. Der *Mwata* läßt bitten.

2. Szene

Großaufnahme: Krallen und wild aufgerissene Augen einer Löwin. Schnitt.

Kamera auf einen ausladenden Stuhl gerichet, so daß die quadratische Sitzfläche aus Holz im Mittelpunkt des Bildes steht. Unter dem Stuhl die ausgestopfte Löwin – Kopf, Pfoten und Schwanz –, in die vier Himmelsrichtungen weisend. Schnitt.

Großaufnahme eines vergoldeten, blank polierten Metallhelms, auf dem deutlich »*Sapeurs Pompiers de Paris 1897*« zu lesen ist. Noch vor dem nächsten Schnitt erscheint im Helm das Spiegelbild einer Gestalt. Der *Mwata* ist nicht zu erkennen, doch ist ersichtlich, daß es sich um ihn handelt – die Kamera verstößt also nicht gegen das Tabu (auch wenn dies dem unaufmerksamen Zuschauer entgeht). Schnitt.

Groß: Schuhe einer bekannten amerikanischen Marke. Die Kamera fährt langsam aufwärts, zeigt schwarze Jeans und ein weißes T-Shirt, dann bildfüllend ein joviales Gesicht: der *Mwata*.

– Herzlich willkommen!

Schnitt. *Mwata* setzt sich auf Löwenthron, im Hintergund auf einem Stuhl das Konterfei eines der ersten Könige von Kazembe. Schnitt. Forschungsreisender und Sekretär setzen sich am unteren Bildrand auf eine Stufe des kleinen Zementpodiums, das der *Mwata* errichten ließ. Kein Schnitt, die Kamera fährt nach oben und zeigt den heiligen Bezirk – ein einfacher Garten – und den Palast – ein Gebäude im englischen Landhausstil. Die Kamera unterbricht ihre Fahrt, der *Mwata* spricht:

– Es waren auch andere Portugiesen hier. Pinto, Gamito und »de Lacerda«. Sie kamen in friedlicher Absicht. Wir nannten sie *Chalila Mwana Bondo Uwali Kuposa Busanga* – das ist

Suaheli. Sie haben uns Flitterkram geschenkt. Das war vor zweihundert Jahren, wie Sie wissen. Anständige Leute. Einen haben wir gleich hier beerdigt, den »de Lacerda«. Ich erzähle Ihnen noch davon, aber heute morgen steht schon *business* auf meinem Programm. Wie wär's mit einer Audienz um 14 Uhr? Wo übernachten Sie?

Schnitt. Forschungsreisender versucht eine Antwort zu stammeln. Ist kurz vorm Umfallen. Schwitzt. Macht den Mund auf, bringt keinen Ton hervor. Schnitt. Forschungsreisender geht in den Hintergrund, Kamera zeigt die Ungeduld des Sekretärs mit der Roten Baskenmütze. Schnitt. Nah: Weißer Forschungsreisender schwitzt. Schnitt.

– Wo haben Sie gegessen?

Schnitt.

– Wo zu Abend gegessen?

Schnitt.

– Haben Sie gefrühstückt?

Die Bildeinstellung von *Mwata* bleibt bei allen Fragen unverändert, mit sehr kurzen Auf- und Abblenden.

Schnitt. Der *jango*, vom Palast aus gefilmt. Der *Mwata* steht von seinem Thron auf. Schnitt. Nah:

– Heute werden Sie im Palast zu Mittag essen. Man rufe Königliche Hoheit, meine Frau.

Schnitt. Königliche Hoheit kommt, und Weißer Forschungsreisender streckt ihr die Hand entgegen (verstößt damit gegen ein weiteres Tabu). Er bemerkt seinen Fehler und klatscht in die Hände, was alles nur noch verschlimmert, da der richtige Augenblick bereits verpaßt ist. Groß: *Mwata*, der während des Händeklatschens die Brauen hochzieht. Totale: alle drei wieder im Bild.

– 13 Uhr, paßt Ihnen das, Hoheit? Dann kommen Sie also um 13 Uhr zum Mittagessen, mein Herr.

3. Szene

Kamera vertikal für einige Sekunden auf einen gedeckten Tisch gerichtet: verschiedene Speisen, eine Palette von Farben, Düfte lassen sich ahnen: Huhn, Fisch, gekochte Gemüse, Orangen; auf dem Boden eine Schüssel mit Wasser, daneben eine Seife, ein kleines Handtuch. Schnitt. Großaufnahme von einer Schüssel mit Fleisch. Eine riesige Hand, Finger tunken eine weiße Masse in die Schüssel. Schnitt. Die Kamera dicht über dem Boden des Zimmers: Weißer Forschungsreisender sitzt auf einer Matte, essend, die Beine gekreuzt. An den Wänden Fotos, in dieser Einstellung jedoch nicht zu erkennen. Obgleich Forschungsreisender nicht im Vordergrund, ist ein schlürfendes Eßgeräusch zu hören.

Schnitt. Die Kamera fährt dreimal über die Wände des Zimmers; zweimal von links nach rechts, dann von rechts nach links. Kamera subjektiv aus dem Blickwinkel eines Menschen, der Bilder in einem Museum betrachtet. Das Eßgeräusch hält an. Kamerafahrt: Kalender, Schwarzweißfotos von früheren *Mwatas* und Stammeszeremonien, Gemälde, Wanddekorationen. Ein Löwenfell. Kamera groß auf Löwenmaul.

Schnitt. Kamera erfaßt auf Bodenhöhe zwei Beine von hinten beim Betreten des Zimmers, der Raum öffnet sich wie bei einem Western. Forschungsreisender sitzt im Hintergrund und sieht, während er sich nach rechts wendet, in die Kamera – mit offenem Mund, das Essen in der Hand.

Schnitt. Kamera in Gegeneinstellung, im Vordergrund der Forscher, den Kopf der Tür zugewandt, die im Hintergrund aufgeht. Umschnitt: ein junger Mann kommt herein. Er geht auf Forschungsreisenden und die Kamera zu. Umschnitt: Kamera aus der Froschperspektive. Der junge Mann grüßt und stellt sich vor:

– Ich bin Wallace, Sohn des *Mwata*. Ich komme, um mit Ihnen Mittag zu essen.

Schnitt. Forschungsreisender groß. Er verschluckt sich. Umschnitt. Seine Hände sind fettverschmiert. Schnitt. Die Teller: in der Annahme, er werde allein essen, hat sich Weißer Forschungsreisender die beiden Hühnerbeine und den besten Teil der Brust auf seinen Teller geladen. Prinz muß sich mit den Flügeln begnügen. Schnitt. Die Kamera, immer noch auf Bodenhöhe, fängt Wallace, Sohn des *Mwata*, ein, der Platz nimmt, sich die Hände wäscht und langsam, zögernd nach einem Flügel greift.

Schnitt. Bei *Mwata* die gleiche Einstellung wie bei Wallace, als dieser das Zimmer betritt. *Mwata* kommt näher, und die Kamera fährt bis zur Höhe seines Gesichts und hält *Mwata* in Großaufnahme fest. Er lächelt verhalten, aber überaus amüsiert.

Ich hoffe, es hat Ihnen geschmeckt. Wallace wird Sie später zum Bus bringen. Aber jetzt haben wir Zeit, uns ein wenig zu unterhalten. Ich erzähle Ihnen von Ihren Vorfahren, die hierher gekommen sind, um uns zu zivilisieren. Möchten Sie das aufnehmen?

ENDE

Sonntag ist Ruhetag im Tal des Bero (ein *mulola* oder trockenes Flußbett in der Wüste von Namibe, das jedes Jahr einmal Wasser führt, im Regenmonat März).

Der Clan sitzt rauchend und trinkend auf dem Maisfeld, rundum lachsrote Felsen. Der *soba* von Macala spricht in das Echo des Windes, umgeben von Frauen in königlicher Haltung. Seine beiden oberen Schneidezähne sind spitz zugefeilt, die beiden unteren hat er sich entfernen lassen. Er trägt wie die anderen breite Reifen, die seine Arme fast ganz bedecken; den gleichen Schmuck an den Fesseln. Er lädt mich zu einem gewürzten Tabak ein, ähnlich wie Schnupftabak, den er in dem goldenen Knauf seines Stocks verwahrt. Er spricht meine Sprache auf eine eigentümliche Art. Und ich kann die seine nicht. Mein Kassettenrekorder hat seine Worte festgehalten. Ich wollte sie zunächst nach den üblichen Regeln der Grammatik korrigieren. Aber beim Durchlesen fand ich sie überaus klar. Alles ist »*direktda*«. Und so sprach der Mucubal:

WASSER VERTROCKNET

> das wasser is vertrocknet
> im brunnen
> – motopumpe
> dem *mucuval* gehts schlecht
> wenn kein wasser da
> die *cacimba* gehört der regierung

im fluß viel wasser: wenns regnet
kommt er vorbei hier
gut für das feld
– is nur einmal vorbeigekommen dies jahr
angola das leidet
das wird hunger haben

vieh *direktda*
nur das da is noch da
hier gibts kein gras
direktda vorn ises hin

das geld is wo?
so is das
– mucuval hat kein geld auf der bank

cacimba
problem kein rohr is da
– wo is das rohr?
ohne rohr kein wasser da

wir *massango* trinken
wird auf dem markt verkauft
um kraft zu kriegen
– gibt kraft

dieser fluß is dünn
hat nur wenig wasser
man kann dort nich hin
– is nur stein

is wegen schlauch *direktda*
taugt nich

das rohr *direktda*
hat sich losgemacht *direktda*

hier wächst mais
— alles
aber kein wasser da
vertrocknet

ein tier tötet man nur eins an dem tag
ißt ein stück und fertig
das jahr drauf
das jahr drauf tötet man noch vier
oder noch drei
eins für das dorf
eins für die regierung
eins für meinen sohn

tötet
auf dem knie *direktda*
hah⸝hah! Messer gibts nich
bricht *direktda*
drückt zu *direktda*
und es stirbt
man tötet nich mit Waffe
so ja — es stirbt

José paddelt meinen Sarkophag an Inseln und Stromschnellen vorbei. Wir wechseln im Zickzack über eine Grenze: die Inseln sind teils Namibia, teils Angola. Ich liege auf dem Boden des Einbaums, die Arme eng am Körper, und der Einbaum, in den sich Kopf und Schultern zwängen, paßt sich meinem Körper an. Ein Sarkophag, ein Kasten nach Maß für die letzte Fahrt.

Wir mußten die Nacht abwarten, um in ihrem Schatten zurück nach Angola zu gelangen. Wegen des Embargos der Vereinten Nationen ist die angolanische Grenze in den von der UNITA kontrollierten Gebieten geschlossen, so auch in Kuando Kubango. Im Caprivi-Zipfel wird besonders scharf kontrolliert. Die Namibier – darunter Soldaten, die fließend Portugiesisch sprechen ... – patrouillieren flußauf- und flußabwärts. Ihr Eifer ist fanatisch und effizient, sehen sie jemanden den Fluß überqueren, schießen sie gezielt. Wie heute morgen, auf die Frauen, die Wasser holen wollten. Heute sind sie mit dem Schrecken davongekommen.

Auf angolanischer Seite gibt es so gut wie nichts. Bier, Mehl, Speiseöl, Kraftstoff, Batterien, Obst, Zigaretten kauft man in namibischen *Shops* – sie sind zumeist in portugiesischer Hand. Alles geschieht heimlich, verstohlen und leise. Ein wenig lächerlich, da sich die scheuen Kunden auf den ersten Blick selbst verraten: durch die Angst in ihren Augen. Die Bewegungen beim Kauf sind hastig, der Rücken gebeugt, die Schultern hochgezogen. Sie gehen in Fetzen und löchrigen Schuhen.

In Mucusso gibt es zudem kein Telefon. Vor drei Wochen hatte ich zum letzten Mal einen Hörer in der Hand, in Menongue. Es war nichts zu machen, ich mußte zum Telefonieren über den

Fluß. Das kostet einen ganzen Tag. Erst heißt es das Gelände sondieren und herausfinden, wann die letzte Patrouille vorbeigekommen ist. Dann schlängelt man sich durch die Stromschnellen bis zu der Insel, die dem Haus von T., einem Freund der UNITA auf namibischer Seite, am nächsten gelegen ist. Der Garten von T. erstreckt sich bis zum Fluß. Wer sich auf der Insel befindet, muß zwischen den Büschen warten, bis sich ein bekanntes Gesicht zeigt. Dann heißt es entweder kommen, weiter warten oder, sofern der Tag ungünstig ist, wiederkommen, ein andermal.

Vor dem *Shop* stand ein prächtiger Wagen. Intakt. Normal. Lackiert. Mit Scheiben! Ein Schock. Ich war allem entwöhnt. Meine Rückkehr von dieser Reise wird sein wie die eines Schwammtauchers vom Meeresgrund an die Oberfläche: ein langsames Aufsteigen, unter ständig nachlassendem Druck, vom giftigen Stickstoff zum frischen Sauerstoff.

In meinem Rücken, unter dem glatten Bauch des Boots, plätschert sanft das Wasser. Das Paddelgeräusch verstummt, wenn José eine leichte Strömung nutzt, um sich im dunklen Satin des Flusses treiben zu lassen. So, liegend, habe ich den Himmel vor Augen, kann mich jeden Augenblick in ihn stürzen. Ich betrachte das Kreuz des Südens von meinem Sarkophag aus, der entweiht ist durch die fünf in Mucusso bei mir bestellten Bierkästen – falls etwas passiert, hängen wir zwischen ihnen fest. Und wenn José sich in einer Stelle irrt? Manche Stromschnellen sind trügerisch, führen zu den Krokodilen. Die Flußpferde sind ein Stück weiter unten. Die Wasseroberfläche verbirgt spitze Felsen. Die Fahrt zieht sich hin, zu lang.

– Gleich sind wir da. Bei dem großen Stamm dort.

Und da ist auch schon Faustino, in seinem Hilux, mit ausgeschalteten Scheinwerfern, unter einem Baum, dessen Krone alle anderen überragt.

Idiotisch, ein Krampf: sein Leben dreimal aufs Spiel zu setzen für ein: – Hallo! Ich lebe!

Die Fähre überquerte den Mekong auf der ganzen Breite des Saals. Besiegte die Kraft der Strömung über der kräftigen Linie des Wassers und schwebte ein gutes Stück jenseits in die ersten Dünen der Wüste ein – nicht zu sehen im völligen Dunkel und doch gegenwärtig. Oben an der Straße segelt die mildeste Stunde des Tages, der nicht heiß ist. Dahinter dehnt sich der Bogen der Bucht, nimmt die kalten Strömungen auf, die Wärme der Küstenwolken. Hinter der letzten Reihe im Parkett, hinter der Eingangshalle und den Plakaten spiegelt sich die Bucht auf der weißen Fassade, an der ich lehne. Die schwerelose Fähre auf der Leinwand hat am anderen Ufer angelegt und wird immer wieder zurückfahren von dort, um diese Geschichte zu erzählen.

Um 19 Uhr 30 zeigte das Kino Namibe einen Film und mit ihm Indochina im Spiegel der verbotenen Nachmittage einer französischen Gymnasiastin aus Saigon.

Der Liebhaber von Jean-Jacques Annaud ist in einer Oase am Eingang zur Wüste ein unwirklicher Film, aber genau diese Ortsverschiebung hat einem banalen Werk hier etwas Überwältigendes verliehen. Marguerite Duras erfuhr niemals, daß sich ihre Jugend auch in einer algarvischen Villa im Süden Angolas versteckte, während einer kurzen Pause zwischen den ewigen Rambo- und Kung-Fu-Filmen vor Ort.

Auf dem Plakat am Eingang des Kino Namibe (ehemals Moçâmedes) kleben zwei unscharfe Fotos: ineinander verschlungene nackte Leiber. Jedes hat genau drei Zuschauer angezogen. Alle sechs in der Hoffnung auf einen pornographischen Festschmaus. Nachdem wir unsere Plätze gewählt hatten – eine siebenfache Unschlüssigkeit, die sich über fünfhundert Sitze auf drei Ebenen verteilte – erloschen die Kandelaber, und die Vorstellung begann. Unter dem feinen Nadelgeräusch des Projektors schob sich die Fähre zwischen die Dünen und das Meer von Namibe. Die Filmspulen waren stärker zurechtgeschnitten als ein Teller Spaghetti, und enttäuscht über das schickliche Werk nutzten sechs der Zuschauer eine der ersten Unterbrechungen, um die Vorstellung zu verlassen. Außer mir nahm nur der stumme Platzanweiser die tränenschwere Stimme Jeanne Moreaus bis zum Ende des Films in sich auf und saß andächtig vor dem so schönen Gesicht von Jane Marsh, dem jungen Gesicht der Duras vor dem jähen Altern mit achtzehn. Ein altes Bild, das auf der Leinwand als Regen erschien, fein wie der atlantische Nebel, der Namibe an diesem Abend überzog und mich beklommen erstarren ließ auf einer Insel der Strandpromenade.

»Die Geschichte meines Lebens gibt es nicht. So etwas gibt es nicht. Es gibt nie einen Mittelpunkt. Keinen Weg, keine Linie. Es gibt weiträumige Orte, von denen man glauben macht, es habe hier jemanden gegeben, das stimmt nicht, es gab niemanden[1]*.«*

---

[1] Aus: Marguerite Duras: Der Liebhaber, Frankfurt/Main 1985.

Er kennt das Zimmer noch nicht, auch nicht das Bett, das sich dort verbirgt, ein platonischer Altar im sanften Dunkel. Sie hat ihm noch nicht den Reis mit Stockfisch gebracht, das Frühstück vor Sonnenaufgang, weil er es so früh nicht will. Und so hat er auch noch nicht nach Kaffee verlangt. Der Schlüssel zu diesem Zimmer ist noch in ihrer Tasche, der Schlüssel zu einem Schatz, den sie seit jeher hütet, ist noch, tief in ihrer Tasche verwahrt, wo sie ihn mit nervöser Intensität spürt, wenn der Fremde sie nichtsahnend verstört. Vielleicht ist das Bett noch gar nicht da.

Nein, es ist noch nicht da, bestimmt nicht.

Sie wird noch Geld verdienen, Münze um Münze ihre Hingabe an ihn vermehren müssen, um das Bett kaufen und den Altar errichten zu können, eine Liebesfalle, in die er gehen wird, zunächst aus Müdigkeit, er wird sich ein wenig wehtun dabei, wird nicht gefangen, aber gebunden sein. Eine sanfte Falle

– so unausweichlich wie wirkungslos –,

die nur den Schmerz des Undanks in ihr auslösen wird, denkt er, wenn er fühlt, wie sich in diesem Zimmer die Fußeisen um die Schritte legen, die er tun muß. Der geringste Schmerz ist der, gegen den sie nicht ankommt: das einander Verfehlen, an dem keiner von ihnen Schuld hat.

Dieses Bett wird in der Mitte stehen, für immer. Gekauft mit dem Geld, das sie so nötig braucht.

Sie war in das Büro von Henri Valot gekommen, und so wie er sie am ersten Tag sah, sollte er sie auch am letzten sehen: Sie weinte. Ihr schönes Gesicht verströmte Tränen, unaufhaltsam, während des gesamten Gesprächs.

Ihr Gesicht, den Fotos nach, die er in Paris aufbewahrt: ihr Gesicht, das ist sie, eine kleine Person, zart wie Seidenpapier. Für ihn sollte sie nur Gesicht sein, bis zum letzten Tag. Als sie zu ihm ins Zimmer kam, hatte sie es noch nicht. Ein Gesicht ist nicht das kostbarste Opfer, das eine Frau bringen kann. Nicht in Kambodscha. In anderen Ländern mit anderen Religionen, vielleicht.

Sokim erklärte ihm, sie sei Krankenschwester und habe eine Augeninfektion. An diesem ersten Tag weinte sie nur deshalb. Henri sagte ihr, der Platz einer Krankenschwester sei im Krankenhaus, sie verfüge über eine Kenntnis, die überall im Land fehle. Sie kam auf den Vorhang des Schweigens zu sprechen, den er nicht kannte, aber ahnte, da hinter diesem Vorhang alle Gesichter sind, alle Augen, alle Frauen, alle Männer.

Sokims Eltern waren umgekommen, Opfer des Wahnsinns der Roten Khmer. Sokims ältester Bruder, Rathnal, hatte die Geschwister bei sich in Udong aufgenommen. Die Krankenschwester brauchte Geld, ihre Familie brauchte dieses Geld, und deshalb bewarb sie sich um eine Stelle in den Wahlkampfmannschaften.

(Henri rekrutierte zweihundertfünfzig Personen für die Vorbereitung zur ersten Wahl, für die Aufstellung der Wählerlisten. Liebesgeschichten entstanden zwischen jungen Leuten, die aus ein und demselben Dorf kamen, aber zum ersten Mal außer Haus arbeiteten. Die Rekrutierung war äußerst demokratisch, sie umfaßte alle sozialen Schichten, da bestimmte Aufgaben, wie z. B. Warteschlangen kontrollieren oder Stempeln, keine besondere Qualifikation erforderten.)

Er hat sie noch, die Fotos: Sokim und Henri in den Pagoden. Überall und immer wieder Sokim und Henri. Sokim, Henri und das Lächeln der anderen, die ihre wachsende Vertrautheit sahen.

Er hat es nicht gesehen. Und hätte er es gesehen, es hätte nichts geändert.

Fotos von Sokim, die er in Paris aufbewahrt, in Paris, wo sie nicht ist, weil er ein geschenktes Bett in Kambodscha zurückließ, das Bett, in dessen Anblick Sokim jetzt vielleicht versunken ist: ein leeres Bett.

Abends kamen die Weisen des Dorfs bei Rathnal zum Essen zusammen, Lehrer wie er, Mönche, Dorfälteste. Sokim war immer zugegen, immer am selben Platz, hinter Henri, um ihn zu bedienen, ihn und niemanden sonst, sie bediente ihn, und die anderen lächelten, das Lächeln der anderen, die ihre Liebe wachsen sahen. Sie stand immer. Wollte sich nie setzen.

Eines Abends sagte Rathnal zu Henri, sagte ihm, es sei an der Zeit, zu heiraten, die richtige Frau zu finden, sie sei vielleicht hier, dort, in diesem Raum. Rathnal wußte von der Liebe der Schwester: sie sprach Khmer und schickte zarte, von einem ihrer Brüder ins Englische übersetzte Liebesbriefe an Henri. Briefe, zugleich verschämt und eindeutig, die Schönschrift von Sokims Gesicht: überkommene Redensarten, Kühnheiten.

Tag für Tag brachte sie Henri einen Korb mit Früchten. Bananen, Mangos. Für das Dorf war Sokim Henris Freundin, diejenige⁄welche⁄alle⁄Tage⁄ihre⁄Zuneigung⁄mit⁄einem⁄Früchte⁄korb⁄zeigte.

Es gab noch andere, die ihm zugeneigt waren – »gab andere« – während der Zeit der Fruchtkörbe.

Sokim sparte das Geld, das sie verdiente.

Ende 1992 boykottierten die Roten Khmer den Friedensprozeß und griffen mehrere Vertretungen der Vereinten Nationen an, einschließlich des Distriktbüros, welches Udong am nächsten lag. Suvash Chandra Sarker, der Kollege von Henri, bekam Angst: seine Frau hatte vor zwei Monaten entbunden, und er wollte zurück nach Bangladesh. Er gab seine Arbeit zwei Monate vor den Wahlen auf und ließ Henri allein zurück, da der Provinzchef, ein alter Inder namens C. L. Rose, es so entschied.

David, ein kenianischer Polizist, und Hauptmann Anchev, ein bulgarischer Offizier, standen Henri zur Seite ... Eines Abends teilte man Henri mit, daß die Roten Khmer einen Angriff auf Udong planten. Da Henris großes Haus weithin bekannt war, erhielt er den Befehl, die Nächte in Phnom Penh zu verbringen. Das bedeutete jedesmal hundert Kilometer auf dem beschwerlichen Highway 1. Und das Tag für Tag.

Bis Sokim darauf bestand. Es war nicht das erste Mal. Henri hatte immer abgelehnt.

Ein Holzhaus auf Pfählen, ein großes Haus, für eine Familie mit vielen Brüdern und Schwestern. Henri wartete auf dem Treppenabsatz zum ersten Stock. Sokim holte einen Schlüssel und öffnete eine Tür.

Ein Zimmer, ein großes Bett, ein Moskitonetz, ein Teppich, ein Schrank. Henris Zimmer. Sokims Ersparnis.

Die Wahlen fanden statt, drei euphorische Tage, dann nichts mehr. Ein letztes Abendessen, überschattet, ein trauriger Tisch mit ausgewählten Speisen, die die trockenen Worte erstickten. Die Familie zog sich früh zurück, man ging stets zeitig zu Bett. Henri schlief sofort ein in seinem Zimmer. Die Abreise war am nächsten Morgen.

Mitten in der Nacht wurde an seine Tür geklopft. Es war Sokim. Sie weinte, wie am ersten Tag, diesmal konnte er ihre Augen nicht sehen, sie hielt den Kopf gesenkt, hielt ihre Schüchternheit dort verwahrt, Kopf und Schatten, hielt sie außerhalb dessen, was sie tun, versuchen wollte – die letzte Nacht: Sokim im Nachthemd, auf der Türschwelle, mit bloßen Füßen generationenalte Moralvorschriften tretend, die ihr verboten, dort zu sein, so, für ihn, sie, die sich fünfundzwanzig

Jahre lang der Familie und den Vorschriften gebeugt und gewartet hatte. Auf einen Mann.

Henri, wie sie glaubte. Diese Nacht mußte sie über den Abgrund springen, morgen war er nicht mehr da, um sie auf der anderen Seite aufzufangen.

Das Gesicht, das er kannte und das er jetzt nicht sah. Ihre Hingabe, ein letztes Mal, vor ihm. Die Schönheit dieser kleinen Frau, zart, unendlich zart, mit asiatischen Zügen, fein. Vieles ging ihm durch den Kopf. Er wollte nicht, daß sie zu ihm kam, versuchte sie sanft daran zu hindern. Und sie kam.

Er zündete die Lampe an, und sie legte sich auf sein Bett, das ihres war, auf den großen weißen Altar, wie niemand ihn hatte im Haus, da nur Henri in einem Bett schlief.

Sie legte sich zu ihm. Ihr Bett, sein Bett, sollte heute, in dieser Nacht, beider Bett sein. Sie verbrachten einige Stunden zusammen. Sokim klein, schmal, leicht wie eine Feder in seinen Händen.

Er war mitfühlend zu ihr, nicht mehr. Sie fühlte sich verschmäht.

Am Flughafen Tränen. Ihr letztes Geschenk: eine goldene Kette mit einem Buddha aus Ebenholz. Herznah: ein kleines Buddhagesicht.

Elle est retrouvée!
– Quoi? – L'Éternité.
C'est la mer mêlée
*Au soleil.*¹
– Diese Zeilen ... Noch einmal bitte, ja?
Songdeth war tausend Jahre alt.

1992 kam ich nach Udong, fünfzig Kilometer von Phnom Penh entfernt, ich sollte die Wahlen vorbereiten. Udong ist die Stadt der kambodschanischen Könige: Nach dem Niedergang von Angkor und den Einfällen aus Siam im 14. und 15. Jahrhundert ließen sie sich dort nieder. Bis 1866 war Udong Landeshauptstadt. Auf dem Berg Udong hat man die Asche der Könige Norodom und Sisowath in wunderbaren Stupas verwahrt: wie Sie sicher wissen, ist der Buddhismus der kambodschanischen Könige vom Hinduismus beeinflußt. Bis hin zu Sihanuk stand ihnen immer ein Brahmane zur Seite.

Wir suchten in Udong ein Haus zur Miete und entschieden uns für das große Haus von Sum Mol. Gleich beim ersten Gespräch erfuhr ich, daß im Erdgeschoß ein kambodschanischer Prinz lebe, der sich freuen würde, wieder Französisch zu hören.

Ich ging also hinunter, um mich vorzustellen.

Ein alter Herr mit langem weißen Haar erschien in der Tür, hager und bekleidet mit einem *sampot* (dem traditionellen Hüfttuch von Männern und Frauen): Prinz Norodom Songdeth. Seine Haut war ziegelfarben, gebräunt, die Stirn von tie-

---

1 Es ist ein Turm erhoben/hoch über alle Zeit./Am Meer, das mit der Sonne/ausrann in Ewigkeit.

fen Furchen durchzogen. Er empfing mich freundlich und ungezwungen. Und erklärte mir, er habe seit 1975 kein Französisch mehr gesprochen. Dachte, er hätte es verlernt. Um fünf Uhr nachmittags setzten wir uns nach draußen. Um Mitternacht stand ich aus der Hängematte auf.

Diese abendlichen Gespräche sollten sich ein Jahr lang fortsetzen.

An jenem Abend erschienen zu meiner großen Überraschung viele Menschen bei Songdeth, machten ihm ihre Aufwartung, brachten Früchte und andere Geschenke. Tag für Tag das gleiche Schauspiel: die Menschen kamen und warfen sich vor uns in den Sand. Und Songdeth mußte die Besucher mit einem Wort aus ihrer unbequemen Lage befreien. Zu mir sagte er:

– Ich bin nichts mehr, nicht einmal mehr Prinz. Ich stehe am Ende meines Lebens, aber das Wahren unserer Bräuche ist ein wesentlicher Bestandteil der kambodschanischen Kultur.

Ce peuple est inspiré par la fièvre et le cancer. Infirmes et vieillards sont tellement respectables qu'ils demandent à être bouillis. – Le plus malin est de quitter ce continent, où la folie rôde pour pourvoir d'otages ces misérables. J'entre au vrai royaume des enfants de Cham[1].

Songdeths Französisch war perfekt, er hatte es in den besten Schulen gelernt. Er gehörte zur königlichen Familie und war ein Onkel von König Norodom Sihanuk. Als die Roten Khmer 1975 in Phnom Penh einmarschierten, blieb er als einziger seiner Familie in Kambodscha.

Ich nehme an, er hegte eine gewisse Sympathie für die Roten Khmer und interessierte sich für Pol Pots kommunistisches Experiment.

---

[1] *Dein Volk ist von Fieber und Krebs begeistert. Die Greise und Kranken sind so zerblattert von Frömmigkeit, daß sie verlangen in der Hölle gebraten zu werden. Ein Narr ist, wer diesen Kontinent nicht verläßt. Diesen Tümpel, wo die schwarzen Kröten umherschleichen, um für diese elenden Menschenreste bei Gott Fürsprecher zu suchen. Ich aber bin gerettet! Ich trete ein in das wahre Reich der Kinder Chams.*

Aber Songdeths Herkunft erwies sich als Problem. Er tauchte mit Hilfe Sum Mols unter. Sie tauschten Aufgaben und Identitäten, und Songdeth wurde der *homme à tout faire* seines *homme à tout faire* (Nichts in den *Zofen* und den *Negern* von Genet ist erfunden). Songdeth suchte Unterschlupf in der großen Pagode von Battambang. Doch die Roten Khmer schlossen die Pagoden.

Songdeth und Sum Mol wurden nach Pursat geschickt, ein gigantisches Bewässerungsprojekt an einem Ort, wo die Menschen an Hunger, Durst und Erschöpfung starben. Songdeth sprach nie über die Gewalt der Roten Khmer. Wohl aber über die Arbeit und den Traum Pol Pots, Kambodscha wieder zur Größe der Tage von Angkor zu verhelfen.

1979, nach dem Einmarsch der Vietnamesen in Kambodscha und dem Fall des Regimes der Roten Khmer, fand Sum Mol seine Familie wieder, in einem kleinen Holzhaus unter dem großen Pfahlbau seines *homme à tout faire*. Es war für ihn zugleich eine Zeit der Einkehr, des Rückblicks auf das Leben, wie die Hindus es verstehen: ein Refugium, in Waldnähe, der Verzicht auf materielles und spirituelles Eigentum.

Songdeth sah aus wie sechzig
war aber tausend Jahre alt.

Zwischen 1935 und 1939 hatte man den Prinzen in Frankreich zum Piloten ausgebildet. Als die Deutschen einmarschierten, floh er nach London. Zu seiner großen Enttäuschung konnte er sich nicht als Pilot beweisen; da er dem Königshaus angehörte, ließ man ihn keine Einsätze über deutschem oder französischem Gebiet fliegen. Die Franzosen wollten nicht für den Tod eines kambodschanischen Prinzen verantwortlich sein. Man betraute ihn daher mit Verwaltungsaufgaben in dem kleinen Büro von *La France Libre*. Dem Büro von Charles de Gaulle.

Als der Krieg vorbei war, kehrte er nach Phnom Penh zurück, um dort ein Leben als Playboy zu führen. In den 50er Jahren importierte er eine *Harley-Davidson* aus San Francisco. Die erste in Kambodscha.

Songdeth war Berater Sihanuks und pflegte zugleich freundschaftliche Beziehungen außerhalb des Palastes – zur demokratischen Opposition.

Et le printemps m'a apporté l'affreux rire de l'idiot[1].

Norodoms Augen waren müde geworden. Auch wenn er selbst nicht mehr lesen konnte, seine Liebe zur französischen Literatur war geblieben. Eines Tages stand er zu meiner großen Überraschung vor mir in meiner Wohnung. Er, der kaum noch das Haus verließ, war die vielen Stufen hinaufgestiegen. Der Grund seines Besuchs: er wollte meine Bibliothek sehen. Ich hatte für meine kambodschanischen Abende ein paar französische Klassiker mitgenommen. Ich wollte meinen Aufenthalt in Kambodscha nutzen, um Werke wiederzulesen, die mich als jungen Mann geprägt hatten: Dichter des 19. Jahrhunderts (Baudelaire, Verlaine und Mallarmé) sowie einige große Romane aus dieser Zeit (Zola, Flaubert und Balzac) und anthropologische Schriften (Levi-Strauss, Mead, Clastres usw.)

Er griff nach Baudelaire, setzte sich, und ich sah, daß er nicht würde lesen können. Ich nahm das Buch, schlug *Parfum Exotique* auf und las es ihm vor, langsam. Ich habe an diesem Abend noch mehrere Gedichte vorgelesen, bis er einschlief. Ich habe ihm mein Bett überlassen und mich auf eine Matte im Wohnzimmer gelegt. Am nächsten Morgen, um 4 Uhr 30, weckte er mich und fragte, ob wir unsere Lektüre abends wiederaufnehmen könnten.

Diese abendlichen Lesungen sollten sich ein Jahr lang fortsetzen.

---

1 *Doch der Frühling packte mich an der Gurgel und brachte mir das Geröchel buckliger Narren bei.*

Zunächst Poesie: *Die Blumen des Bösen*, *Eine Zeit in der Hölle* und mehrere Gedichte von Mallarmé – für mich seit jeher eine schwierige Lektüre.

Sie gefiel ihm.

Flaubert hatte in seinem Haus einen *gueuloir*, er wiederholte dort laut Satz für Satz, was er geschrieben hatte. Seine Romane mußten insbesondere gut klingen. Flaubert versuchte sich in allen Stimmlagen, hin und wieder schrie er sogar ganze Passagen. Ich habe nie geschrien, sondern geduldig und aufmerksam *Die Versuchung des Heiligen Antonius* vorgelesen und die *Lehrjahre des Gefühls* (ein umfangreiches Buch, Dutzende Abende lang …). Auch *Verlorene Illusionen* von Balzac. Songdeth und ich, wir mochten diese beiden Bücher in der Tradition des deutschen Bildungsromans. Ich war fünfundzwanzig und lernte während dieser kambodschanischen Abende viel. Allerdings weiß ich nicht, was diese Romane letztlich für Songdeth bedeuteten. Er schlief regelmäßig in seiner Hängematte ein. Ich stellte dann den Generator ab, der von 18 bis 23 Uhr lief, und ging ins Bett.

Das Licht, bei dem ich vorlas, war so schwach wie das Augenlicht des Prinzen. Die Leistung des Generators verpuffte in einem Bündel von Drähten. Jeder einzelne Draht zog Energie ab: Radios, Kühlschränke … Kam Strom in unsere Lampe, flackerte er wie eine Kerze.

In der Vertretung der Vereinten Nationen hatte ich einen Fuhrpark von 14 Wagen, Land Cruiser usw. Gemeinsam mit einer Freundin kaufte ich einen alten ukrainischen *side car* Marke Ural, eine Kopie der deutschen *sides* aus dem Zweiten Weltkrieg. Er war grün. Ich habe ihn blau-weiß gestrichen. Eines Tages wurde Songdeth von König Sihanuk in den Königspalast von Phnom Penh gerufen. Er bat mich, ihn zu begleiten, wollte aber nicht mit dem Auto fahren, sondern mit dem Motorrad. Ich sagte:

— Mein Motorrad ist furchtbar, es läuft rasch heiß und kann jeden Augenblick stehenbleiben, lassen Sie uns ein Auto nehmen.

— Nein!

Er erschien zur vereinbarten Zeit mit einer typisch französischen Schirmmütze und setzte sich in den Beiwagen.

— Fahren wir!

Nicht nur unterwegs erstarrten alle vor Staunen, auch die Palastwachen, ehe sie das Tor öffneten und sich vor dem Prinzen in den Staub warfen. Ich setzte ihn vor der Treppe ab. Ein Mann vom Protokoll brachte ihn zum König.

Als ich Songdeth einige Stunden später wieder abholte, wollte er eine Stadtrundfahrt machen. Wir fuhren erhobenen Hauptes, er neben mir, beinahe zwanzig Jahre Abwesenheit vor Augen.

Auf dem Nachhauseweg kehrten wir in kleinen Straßenrestaurants ein. In Kneipen. Eine lange Reise, seine Rückkehr nach Udong ...

Songdeth war tausend Jahre alt.

Sur les routes, par des nuits d'hiver, sans gîte, sans habits, sans pain, une voix étreignait mon cœur gelé: »Faiblesse ou force: te voilà, c'est la force. Tu ne sais ni où tu vas ni pourquoi tu vas, entre partout, réponds à tout. On ne te tuera pas plus que si tu étais cadavre.« Au matin j'avais le regard si perdu et la contenance si morte, que ceux que j'ai rencontrés ne m'ont peut-être pas vu.[1]

---

[1] *Auf den Landstraßen, in Winternächten, ohne Dach, ohne Kleidung, ohne Brot, schnürte eine eisige Stimme mein Herz zusammen. »Ohnmacht oder Kraft? Nein Kraft. Du weißt bloß nicht, wohin du gehst, auch nicht, weshalb du gehst. Tritt überall ein. Gib Antwort auf alles. Man wird dich so wenig töten, wie du ein Kadaver bist.« Am Morgen war mein Blick so verloren und meine Haltung so tot, daß mich die, die mir begegnet sind, vielleicht gar nicht gesehen haben.* Sämtliche Zitate dieses Kapitels stammen aus: *Eine Zeit in der Hölle* von Arthur Rimbaud, in der Nachdichtung von Paul Zech, München 1963.

In Calumbeque blieb der Minibus stehen, und »aus Nettigkeit dem Journalisten gegenüber« durfte ich mich vorn, ins Fahrerhaus eines überladenen Lasters, setzen. Es war leer, ausgeschlachtet. Nur ein kleines Metallschild verriet eine frühere, glücklichere Inkarnation: »Hergestellt in der DDR«. Jetzt gehörte es zwei Geschwistern aus Huambo, Agostinho und Zinha.

Reisetagebuch, Heft II (das in Tômbua mit der mißlungenen Zeichnung des Trawlers »Roncador« beginnt):

»Caconda, 9. 7. 97
Zinha war eine Frau, und es gefiel ihr, so erhöht zwischen mir und dem Bruder. Als wir hielten, damit Agostinho die Muttern anziehen konnte – ein Rad drohte sich zu lösen –, entfaltete Zinha erneut ihren hoffnungslos fehlenden Charme. Ich glaube, Katzen verführen so, sie räkeln sich, weil ihnen nichts besseres einfällt. Zinha also fragte mich unverblümt:

– Eine Frau, die sieben Tage nach ihrer Periode mit jemand zusammen ist, kann die schwanger werden?

– Wie bitte?

– Eine Frau, kann die schwanger werden in der Woche nach ihrer Periode? Ich hab meine gehabt, ging am 23. los, es war ein Sonntag, stimmt's? Am 28. war sie vorbei. Macht also sieben Tage bis zum 7.

Das Führerhaus war entschieden zu eng für einen so persönlichen Zweifel und die Strecke zu lang, als daß ich vor einer so fundamentalen Ignoranz hätte auf und davonlaufen können. Am Morgen nämlich war ich mit einer lobenswerten

Absicht aufgestanden, nur der einen: Ich wollte noch heute bis Huambo kommen. Von allem, was ich mir an diesem Tag hätte wünschen oder hätte erreichen können, war Huambo bei weitem das Unmöglichste. Das Unwahrscheinlichste. Allmählich wurde mir ungemütlich. Meine Aufmerksamkeit versuchte sich abzulenken, mit den Hühnern zu meinen Füßen. Lebende Hühner, warme Hühner. Schöne Hühner.

Vergeblich.

– Wann waren Sie denn mit jemandem zusammen? Eine Woche später? ...

– Naja, die Periode war am 28. vorbei, also, nach 1,2,3 – der Juni hat achtundzwanzig Tage, oder? ...

– Nein. Dreißig. Demnach war Ihre Periode am 28. vorbei. 29., 30., 1., 2., 3., 4., 5., 6., 7. – macht neun Tage. Sie haben also nach über einer Woche mit jemandem geschlafen.

– Glauben Sie, ich bin jetzt schwanger? Ist eine Frau fruchtbar in dieser Zeit?

Wo zum Teufel bleibt Agostinho? So viele Muttern und Räder gibt es doch gar nicht festzuzurren! Ich zähle die Hühner: Es sind vier. Komisch: zwei weiße, ein schwarzes und ein braunes. Nervös vom Vibrieren und der Hitze des Motors in der Mitte des Führerhauses – wo Zinha saß, da es nur zwei Plätze gab – und den Schwefeldämpfen, die aufstiegen, sobald kein Wasser mehr im Kühler war. Kleinigkeiten, die wir nicht wahrnehmen!

– Direkt nach der Regel, das ist die fruchtbarste Zeit. So viel ich weiß.

– Dann bin ich also schwanger!

– Immer mit der Ruhe. So schnell geht es nun auch wieder nicht. Kommt auf die Frau an. Hm ... die einen werden leichter schwanger als die anderen. Hängt von den Hormonen ab, müssen Sie wissen. Man muß die Periode auch nicht immer an den gleichen Tagen haben. Auch nicht jeden Monat. Es gibt ganz unregelmäßige Regeln. Viele Frauen ... Warten Sie: die Sache ist genau umgekehrt. Die fruchtbarste Zeit vom Zyklus ist direkt vor der Regel. Klar, logisch: die Regel kommt, wenn der Fruchtbarkeitszyklus zu Ende geht. Die Eizellen usw. – also, das, was da ist, wenn der Körper zwar bereit, aber nicht befruchtet worden ist. Das alles wird dann abgestoßen ...

– Dann bin ich also schwanger!

Mit der Unterhaltung ging es wie mit der Schwangerschaft: nichts dahinter – höchst wahrscheinlich.

– Sie werden schon sehen, daß Sie's nicht sind. Und falls doch, was dann?

– Ich mach's weg. Mein Freund kann sich nicht entscheiden, gefällt mir nicht, sein Gerede. Er sagt, er will sich nicht binden. Höchstens im November.

– Na so was, warum höchstens im November? Entweder er liebt Sie, oder er liebt Sie nicht. Man entscheidet sich doch nicht für einen Monat. Dann will er jetzt also nicht mit Ihnen leben, aber im November, da will er? Das macht doch keinen Sinn, Zinha ...

– Genau. Ich hab nämlich rausgekriegt, daß er eine andere hat. In Huambo. Sie ist beim Staat. Er muß sich entscheiden, bei welcher er bleibt. Zwei kann ein Mann doch nicht gleichzeitig lieben.

– Nein, nicht gleichzeitig. Zumindest nicht auf die gleiche Art ... Welche Verhütungsmethoden kennt man denn so in Huambo? Sie müssen sich doch schützen. Jetzt haben Sie Angst, daß ein Baby kommt – einmal reicht nämlich!

– Ja, und zwar diesmal. Normalerweise schütz ich mich, aber jetzt, da haben wir's ohne was gemacht. Einfach so. Sonst nehmen wir immer ein Venushemd, ein Gummi.

– Und warum nichts anderes?

– Tabletten? Ne.

– Gibt es denn keine Pillen in Huambo?

– Na, die Tabletten da mit der Feder, aber davon kann man sich was holen. Die leg ich nicht ein.
– Hm? Ach so, die Spirale ... Aber ich meine die Pille ...
– Die Tablette, diese grünen Dinger, die man die ganze Zeit nehmen muß. Wenn ich welche hätte, ich würd sie schlucken. Aber so was gibt's nicht in Huambo. Hast du was gegen Schnupfen dabei?

Auf fast zweitausend Meter Höhe rumpelt die Savanne am offenen Fenster des Lasters vorüber. Ein Fußgänger käme schneller voran als wir. Die Hühner wärmen meinen linken Fuß, brüten ihn und schützen ihn so vor der kalten Luft, die von allen Seiten hereinkommt. Ein Sieb, dieses Fahrerhaus. Zinha ist für einen Augenblick eingenickt, Haar und einen Arm auf meiner Sitzlehne.

– Bleibst du lange in Huambo?
– Drei Tage, höchstens. Anschließend Kuíto.
– Dann sehen wir uns also Samstag. Ich bin auch da.
– Was ist eigentlich so los, in Huambo?
– Och, jede Menge! Picknicks in der Umgebung. Eine Disko. Ja, und irgendwelche Treffs. Magst du so was auch?
– Klar.

Ein Lastwagen kam uns auf unserer Spur entgegen – keine Seltenheit auf einer verwaisten Strecke. Der Bursche am Steuer hatte ein Grinsen so breit wie die Windschutzscheibe, und winkte. Zinha lächelte vielsagend.

– Kennen Sie den? Wer ist das?
– Ein Lastwagenfahrer ...
– Das hab ich gesehen ... Was ist mit ihm? Ist er Ihr Freund?
– Nein, aber ich gefall ihm. Er hat's versucht. Nur, er ist verheiratet. Ein verheirateter Mann, das kommt nicht in Frage.
– Also, wenn ich Sie so sehe, würde ich sagen: ein verheirateter Mann: ja.

Wer weiß.

Wir erreichten Caconda, als an ein Weiterfahren nicht mehr zu denken war. Huambo – die Stadt, die Pension, Pepe, Menschen, ein warmes Essen – morgen vielleicht, damit mußte ich mich abfinden, es fiel mir schwer. Der kleine Marktflecken war nicht auf fremde Übernachtungsgäste eingestellt. Ein Luftzug wehte durchs Fahrerhaus und versüßte mir meine trostlose Lage mit den zarten Ausdünstungen der Ananas, die Zinha hinter mir verstaut hatte.

Huambo – Am 20. Oktober fielen in Huambo der Ingenieur Fernando Marcelino, ehemaliger Direktor des Landwirtschaftlichen Forschungsinstituts, sowie seine Frau Dr. Miete Marcelino, Direktorin der Stadtbibliothek, einem Mordanschlag zum Opfer. Bewaffnete Banditen lauerten dem allseits bekannten Ehepaar vor dem Haus eines nahen Freundes auf: Dr. David Bernardino, Arzt, und ebenfalls weißer Hautfarbe.

Als der Wagen vor Dr. Bernardinos Haus in der Oberstadt hielt, wurde aus Maschinenpistolen Feuer auf die Insassen eröffnet. Auf dem Rücksitz des Wagens befanden sich zwei weitere Personen. Dilar, Nonne und Schwester des Arztes, die ebenfalls ums Leben kam, sowie Zaida Dáskalos, Bibliotheksdirektorin der Naturwissenschaftlichen Fakultät und Tante des Verstorbenen. Sie wurde mit einer Armverletzung und einem Splitter im rechten Auge nach Luanda überführt und von dort, in Anbetracht ihres kritischen Zustands, nach Lissabon.

Ein Sohn des Ehepaars, José Marcelino, überlebte den Anschlag unverletzt. Er befand sich zur Tatzeit, um 19 Uhr 30, ebenfalls auf dem Weg zu David Bernardino. »Ich wäre vor ihnen angekommen, aber ich hatte keine Zigaretten mehr, und da meine Mutter wie ich rauchte«, erklärte José Marcelino der Zeitung *O Planalto*, »machte ich kehrt und fuhr zwei, drei Wohnblöcke zurück, um Zigaretten zu kaufen. Als ich gerade zahlen wollte, hörte ich die Schüsse. Sie kamen genau aus der Richtung von Dr. Bernardinos Haus, aber ich hätte nie gedacht, daß sich dort so eine Tragödie abspielen könnte.«

José Marcelino traf als erster am Tatort ein, wo er mit dem furchtbaren Ende seiner Eltern konfrontiert wurde. »Der Wagen meiner Eltern stand vor dem Haus auf der Straße, kein Mensch weit und breit, der Motor war aus, und die Scheinwerfer brannten.« José Marcelino vermutete »einen Motorschaden« und dachte, sie seien hineingegangen, um sich von ihrem Freund Hilfe zu holen. Erst dann bemerkte er die zersplitterte Windschutzscheibe und entdeckte im Näherkommen die vier Opfer im Wagen. »Mein Vater trug noch seine Brille. Eine Kugel hatte ein Glas durchschlagen, es war nicht einmal zersplittert. Hatte nur ein Loch.«

José Marcelino läutete sofort bei Dr. Bernardino um Hilfe. »Aus Furcht vor den Verbrechern ließ sich Bernardino nur kurz am Fenster blicken: »Geh weg, schnell, sie sind noch da, es ist gerade eben passiert!« Als die Schüsse fielen, hatte sich der Arzt im rückwärtigen Teil seines weitläufigen Hauses befunden und sofort zum Telefon gegriffen, um Miete Marcelino zu sagen, sie solle zu Hause bleiben. Wie José Marcelino unserer Zeitung ferner erklärte, »nahm niemand ab«.

Die Provinzdirektion der Polizei von Huambo leitete eine Untersuchung ein, um die Drahtzieher des Verbrechens zu ermitteln; Gerüchten in der Stadt zufolge war das Motiv des Mordanschlags jedoch politischer Art. Fernando und Miete Marcelino waren bereits vor der Unabhängigkeit aktive Mitglieder der MPLA von Huambo, der Stadt, in der sie immer schon lebten und des öfteren von bewaffneten Gruppierungen mit dem Tod bedroht wurden.

Sie gehörten seit einigen Monaten einer Vereinigung von Intellektuellen und Hochschullehrern an, die für die Publikation des Oppositionsblattes *Jango* verantwortlich zeichnete. Die Zeitung wurde mit der MPLA in Verbindung gebracht, obgleich sie sich in ihren Artikeln kritisch zu allen Parteien äußerte, einschließlich der UNITA, die sich besonders stark angegriffen fühlte.

»Sie waren weiß und einflußreich. Nicht nur der *Jango* machte der UNITA zu schaffen, sondern auch die fehlende Unterstützung der Intellektuellen. Die Partei mußte einen großen Coup landen, um zu zeigen, wer in Huambo das Sagen hatte. Eine Warnung an alle, bei der wieder einmal die rassistische Karte gespielt wurde«, soll nach Informationen des *O Planalto* ein Freund der Familie Marcelino vor der Polizei geäußert haben. Er trägt sich mit dem Gedanken, Angola wegen der immer angespannteren Lage zu verlassen.

Das Attentat, in Lissabon von verschiedenen Persönlichkeiten des öffentlichen Lebens verurteilt, ereignete sich zu einem für den Friedensprozeß überaus kritischen Zeitpunkt, in der Folge der Präsidentschaftswahlen, deren Ergebnisse von der UNITA angezweifelt werden. Eine Welle der Gewalt hat sämtliche Provinzen erfaßt, insbesondere Bié, Huambo und Benguela, wo die Regierung die Bewegung von Jonas Savimbi beschuldigt, eine Schattenarmee aufzustellen und einen neuen Krieg vorzubereiten.

Das Ehepaar Marcelino hinterläßt sieben erwachsene Kinder. Nach einem einmonatigen Aufenthalt in Portugal beschloß neben José auch sein Bruder João, ungeachtet des Verbrechens in unserer Stadt zu bleiben. Ihnen allen sprechen wir hiermit unser Beileid aus.

In *O Planalto*, 7. 12. 92, hektographierte Ausgabe (letzte Ausgabe), Seite 3.

H.– Am 5. dieses Monats hat sich ein führendes Mitglied der UNITA anläßlich einer Versammlung der Bewegung auf dem Markt von São Pedro zum Mordanschlag vom 20. Oktober bekannt (Fortsetzung folgende Seite). Die von der Provinzdelegation der UNITA nicht bestätigte Nachricht erreichte uns über ein anonymes Schreiben. Der Mitteilung auf der Rückseite eines Flugblattes der FpD ist ferner zu entnehmen, daß dieselbe Person vor den anwesenden Parteimitgliedern äußerte: »Um die Marcelinos haben wir uns bereits gekümmert, jetzt nehmen wir uns den Bernardino vor.« O *Planalto* wird dem Fall weiter nachgehen und in seiner nächsten Ausgabe ausführlicher darüber berichten.

Idem, erste Seite:

»Mit dem gewaltsamen Tod von Dr. David Bernardino, dem der gewaltsame Tod dreier ihm nahestehender Menschen – seiner Schwester, des Ingenieurs Marcelino und seiner Frau – vorausging, hat die UNITA möglicherweise versucht, den Puls der Regierung zu fühlen, die allerdings in keiner Weise darauf reagiert hat (...) Vielleicht, weil bereits alle Stadtbezirke unter Kontrolle der UNITA standen, sie hatte die jeweiligen Kommissare und Bezirksvorsitzenden längst durch ihre eigenen Leute ersetzt.
(...)
Das Fehlen jeglicher Autorität machte es ihnen möglich, im Benfica-Viertel die Bevölkerung zusammenzutrommeln, lauthals den Tod von Dr. Bernardino zu fordern und immer wieder zu fragen: »Also, was hat er verdient? – Den Tod!« Den Worten folgte schnell die Tat. Sie hatten wirklich das Sagen in Huambo.«

In *Jango,* Seite 6, August 1993, Interview mit Manuel dos Santos Pinto, einem aus Huambo evakuierten portugiesischen Geschäftsmann.

Picassos und Quioco sind auf dieser Filmrolle zu sehen, und die Neonreklame des África Hôtels. Von rechts nach links geschriebene, verbeulte Buchstaben auf dem Dachsims eines 4 Stockwerke hohen Gebäudes. Ich habe sie von hinten aufgenommen. Das »Hotel« liegt an einer Straßenecke und ist innen offenbar unzerstört.

Zwischen der Neonreklame und den Picassos tauchte plötzlich José Marcelino auf. Es war unser zweites Zusammentreffen, an einem Sonntag, gegen Abend. Der Tag, an dem sich nichts rührt in Huambo außer ein paar Jugendlichen, die unweit von São Pedro im Regen tanzen, in einem zerstörten Haus, um einen *Sharp*-Recorder: Der Schwarzhandel mit *Kwanzas* macht's möglich. Ich kniete gerade über meiner Fahrradkette, neben einem von einer Rakete ausgeweideten Panzerwagen, als José auf der veröderten Avenida angefahren kam. Wir waren uns vor ein paar Monaten zum ersten Mal begegnet, im gleißenden Licht der Baía Azul, der Blauen Bucht, zwischen Garnelen und Weißwein, er lag im Sand, eines seiner Beine zuckte: eine mit Glas beladene Palette hatte ihm eine Woche zuvor den Muskel durchtrennt. Ich wußte nicht, daß er in Huambo war. Manche Zufälle sind eben unvermeidbar.

– Wo willst du schon hin in Huambo. Wir haben Zeit. Lad dein Rad hinten auf. Ich zeig dir was.

1949 reiste David Bernardino, Sproß einer angesehenen Familie aus Nova Lisboa (Huambo), in einer Kabine der *Angola* von Luanda nach Portugal, um dort Medizin zu studieren. Zwei Jahre später folgte ihm sein Bruder José (José wie der

Vater) und 1954 der jüngste Bruder, Luís. Während seiner Studienzeit unterhielt David engen Kontakt zu zahlreichen portugiesischen Intellektuellen. Persönlichkeiten aus dem Geistesleben und der Politik gingen in der Wohnung, die der Vater für seine drei Söhne in der Avenida de Roma gefunden hatte, ein und aus. Darunter ein junger angolanischer Arzt namens Agostinho Neto.

1960, in dem Jahr, als die PIDE Bernardino Senior festnahm, begann David in Dundo als Arzt zu arbeiten, für die Diamang, eine angolanische Diamantenmine. Dort lernte er auch eine der bedeutendsten Spezialistinnen für afrikanische Kunst kennen, Marie-Louise Bastin[1], und begann sich für die prachtvolle Kunst der Tschokwe, aus dem Nordosten Angolas, zu interessieren. Es waren prägende Jahre für David, der 1971 mit zwei Vorhaben nach Nova Lisboa zurückkehrte: Er wollte ein Hospital aufbauen und sein Elternhaus, das er allein bewohnen würde, seiner Welt entsprechend verändern. Er gab dem 1951 erbauten riesigen Haus innen und außen eine neue Gestalt. Die drei modernen Einrichtungsläden der Stadt – das provinzielle Angebot in ihren Schaufenstern verriet, wie wenig Geschmack die Kolonialherren hatten – genügten den Ansprüchen des Arztes zwar nicht, dafür aber paßten einige in Benguela bestellte Möbel wunderbar zu dem, was dieses Haus von allen anderen unterschied, nämlich die Verehrung für die Kunst der Tschokwe, die Leidenschaft für die Impressionisten und den italienischen Barock und zudem eine bunte Vielfalt von in London, Amsterdam und Algier erworbenen Gegenständen.

David, der kinderlos war, verwirklichte seine erzieherischen Ambitionen über die junge Generation der Familie:

---

[1] Autorin von *Art Décoratif Tschokwe* (zwei Bände), 1961, Companhia dos Diamantes de Angola

seine Neffen und Nichten und deren Freunde. Umgeben von van Gogh- und Matisse-Reproduktionen und riesigen Regalen, in denen sich mit Picassos verzierte Schachteln stapelten, führte er seine Schützlinge mit Diavorträgen in die verschiedenen Kunstrichtungen ein oder spielte ihnen Schallplatten vor – er besaß Hunderte –, um sie mit Instrumenten vertraut zu machen und ihr Gehör zu schulen. Einige dieser jungen Leute setzten seine Vorstellung von Basisarbeit in Stadtvierteln später in die Tat um, sie verteilten in den Elendshütten der schwarzen Bevölkerung *mocotó* und Milch – davon überzeugt, daß, wer das Volk erobern will, in seinen Niederungen beginnen muß.

David war ein unkonventioneller Mensch. Eine trotz seiner ausgesucht schlechten Kleidung distingierte Erscheinung, und hatte etwas leicht Überspanntes – ging er z. B. auf ein Fest, verfremdete er seinen Smoking mit einem üppigen Rüschenjabot. Dort, wo er herstammte, war er ein Fremder: seine Bildung ging über die übliche hinaus, und politisch lehnte ihn das konservative Nova Lisboa ab, obgleich einige der ältesten Familien der Stadt – die Lara, die Marcelino, die Dáskalos, seine eigene – in scharfer Opposition zum Regime standen.

Nicht der Estado Novo, sondern die UNITA ließ den Arzt gleich nach dem 25. April für seine politischen Überzeugungen zahlen. David Bernardino hatte Intellektuelle um sich geschart, Lehrer und junge Hochschulabsolventen, und die Demokratische Bewegung von Huambo ins Leben gerufen, die später in der MPLA aufgehen sollte (wie auch andere, in zahlreichen Provinzen Angolas entstandene Organisationen dieser Art). Im August 1975 gewann die UNITA den ersten Krieg von Huambo und begann mit ihrer Hexenjagd; David Bernardino verließ als letzter die Kaserne der portugiesischen Truppen Richtung Flughafen, mit Ziel Luanda. Sein Haus mußte für die Abwesenheit des Eigentümers büßen. Als die Regierung der MPLA die Stadt ein halbes Jahr später wieder einnahm, konnte David in seine Heimat zurück, er fand ein verwüstetes Haus vor, die Badewanne randvoll mit Fäkalien, die Möbel waren verschwunden, nicht ein Bild war mehr da, nicht eine Schallplatte. Alles hatte den Weg auf den Markt angetreten.

Der Arzt machte sich an den Wiederaufbau, diesmal ohne allzu großes Vertrauen in die Zukunft. Er verzichtete auf Bilder, um nicht erneut bestohlen zu werden, nicht aber auf die Kunst, die jetzt von der Hand Maria João Leite Velhos und anderer Freundinnen unmittelbar auf die Wand gemalt wurde: französische Tänzerinnen und elegante Lunda-Frauen, magische Masken und eine Zebraherde. Andere stumme Mitbewohner Bernardinos schützten die Fenster: schmiedeeiserne Tauben, Krokodile, Schildkröten und kubistische Geschöpfe, geschwungene Gitter, die den Blick auf den rückwärtigen Obstgarten freigaben. Um das Haus selbst war eine Mauer aus Poesie – Pessoa, Alexandre Dáskalos und andere – in riesigen Buchstaben gemalt, damit jeder, der außen vorbeiging, sie lesen konnte.

Die Fresken von Picasso, Matisse und die Kunst der Tschokwe empfingen in den folgenden Jahren einen Kreis von Menschen, für die der Arzt die Hoffnungen der Unabhängigkeit verkörperte und dem einen Sinn gab, wofür es sich zu kämpfen lohnte: die Universität, das Hospital, die Bibliothek, eine bestimmte Vorstellung von intellektueller Redlichkeit. Huambo war von seiner weißen Bevölkerung verlassen worden. Bis auf ein paar alte Freunde. Sie lebten die Einsamkeit derer, die sich für das Bleiben entschieden hatten. Der anhaltende Bürgerkrieg trieb sie in die Isolation. Der Alltag wurde zur Hölle: immer wieder Bomben, Attentate auf den Märkten, systematische Sabotageakte – es verging kaum eine Woche ohne einen Zwischenfall. Über Monate kein Strom, die Masten waren gekappt, über Jahre kein fließendes Wasser, die

Menschen vergaßen bereits, wozu es überhaupt Hähne gab, die Jüngeren hatten sie nie in Betrieb gesehen[1]. In einer solchen Umgebung überlebten die Menschen wie Widerstandskämpfer, unterstützten einander, und die sich von früher kannten, knüpften die Bande noch enger.

David hatte gern Leute um sich. Sein *jango* mit den roten Mosaiken wurde Treffpunkt einer großen Familie Gleichgesinnter. An den Wochenenden füllte sich sein Haus, und die Gäste brachten mit, was sie an Gutem für das gemeinsame sonntägliche Mittagessen beschaffen konnten. Manchmal brauchte es Wochen, bis sie alles zusammenhatten. Man aß Huhn in Blutsoße, *coq-au-vin* und gefüllten Truthahn. Die Frauen wetteiferten beim Nachtisch. Es gab immer Tee, literweise, ein Laster, das auf eine goensische Großmutter zurückging, die selbst nie in Indien gewesen war. Ab 18 Uhr trank man Tee. Der Wasserdampf legte sich über die dreiundvierzig Orchideen auf der Veranda und rann bei Kälte in Tropfen über die Hasen und Krokodile auf den alten portugiesischen Kacheln. David schätzte wohlgeordnete Gegenstände und förmliche Gesten. Die Tassen, der russische Samowar und der Kuchen wurden wie Opfergaben auf den schwarzen Granittisch aus seinem Arbeitszimmer gestellt. Für die Mittagessen rückte man den riesigen schmiedeeisernen Küchentisch mit der ovalen Marmorplatte auf die Veranda. Er hatte während der 30er Jahre in der Bäckerei eines griechischen Abenteurers gestanden (auch die Kacheln, blaue Fayencen, waren aus dem Müll gerettet worden). Einer von Davids Lieblingsfilmen war *Babettes Fest*. Das Ambiente dieses Szenarios versuchte er bis zum Ende unter seinem Dach in Huambo nachzuschaffen.

---

[1] Als José Marcelino 1997 eine Elektropumpe im Garten seines kleinen in der Oberstadt von Huambo zurückerhaltenen Hauses anstellte und ein Kind Wasser aus dem Schlauch kommen sah, ergriff es erschreckt die Flucht.

José Marcelino parkte den Wagen an der Stelle, an der seine Eltern am 20. Oktober 1992 ermordet worden waren. Seit dem zweiten Bürgerkrieg ist das Viertel vollständig verwüstet. Aus den Häusern sind Höhlen geworden, eine bizarre Architektur, in der eine neue Spezies Obdachloser halb versteckt in Löchern lebt, hinter Ziegeln und von Kugeln durchsiebtem Wellblech. David Bernardinos Haus steht leer. Man kann es über den rückwärtigen Teil betreten, geht an den von Matilde gepflanzten und inzwischen gefällten Zypressen vorbei und findet den Eingang neben einem Schuppen aus Zement und Planen. Früher war er Garage und Gästezimmer. Ein paar zerlumpte Kinder kommen heraus und gehen die Teppe hoch, die früher zur Küche führte. Nur die Mauern stehen noch. Das Dach ist eingestürzt, Schlafzimmer, Wohnzimmer und Flure sind ein einziger Raum, über dem sich der Himmel des Planalto wölbt, hoch und klar.

Aber David hatte recht, der Fries mit den Quioco im Wohnzimmer hat überlebt, auch die Maske über dem Eingang des Flurs, der zum Arbeitszimmer führte, das Zebra im Arbeitszimmer, der Matisse im Eßzimmer, die Picassos im Lesezimmer, hier und da an den Wänden afrikanische Zeichnungen und der Flug der schmiedeeisernen Tauben vor den Fenstern. Der Traum eines Mannes, der wie ein Zauber über einer Leere aus Schutt und Unkraut liegt.

– Halt, stehenbleiben! Geh nur da, wo der Boden aus Zement ist. Das alles hier ist nie entmint worden, vor zwei Wochen erst ist ein Kind in einem Garten an der Avenida umgekommen, von dem man dachte, er sei »sauber«.

Seit langem schon haben Kugeln und Regen die Poesie zusammen mit dem Verputz von der Hausmauer geblättert. Vielleicht hat, ich habe es nicht gesehen, das Gitter mit dem Geburtsdatum von Davids Mutter, Manuela, standgehalten – ein sechster Mai. Auf der Schwelle des Haupteingangs aber steht noch immer die posthume Ehrung für Miete Marcelino geschrieben, von David Bernardino selbst:

> Schließ, schließ diese Tür
> wie sie es gern hatte:
> Ihr zur Freude
> zur Erinnerung.

Wider alle Vernunft, zu der ihn seine Freunde mit verzweifelten Telefonaten aus Luanda, London, Brüssel und Genf rufen wollten, blieb David Bernardino in Huambo. Er weigerte sich, die Stadt zu verlassen, als sich bereits ein erneutes Aufflammen des Bürgerkriegs abzeichnete. Er wurde am 4. Dezember 1992 in »seinem« Hospital in Cacilhas ermordet, von denen, die auch das Ehepaar Marcelino getötet hatten. Bernardinos Haus war ein Reich, in dem für jedermann aus der Stadt Platz war. Die Ermordung dieser drei Menschen war mehr als ein politisches Verbrechen. Für Huambo war sie eine große Säuberung. Offiziell brach der Krieg am 5. Januar 1993 erneut aus.

Sie waren es, die Huambo verteidigt haben, und nicht die MPLA, wie man gemeinhin annahm. Die MPLA hatte Huambo längst den Rücken gekehrt, sie nicht. Mit ihrem Widerstand wollten sie ein Zeichen setzen, deutlich machen, daß noch nicht alles verloren war. Diese Stadt sollte leben, um jeden Preis. Luanda kümmerte sich einen Dreck darum. Aber sie, sie waren hier, weil sie ihre Heimat liebten, weil sie wollten, daß es den Leuten hier gut ging, daß es Strom gab und Wasser, dafür haben sie gekämpft.

Und gegen das Vergessen.

Die Liebe zur Heimat zeigt sich durch die Tat und nicht durch Parteiversammlungen und Geschrei, nicht durch »*nieder mit!*«, »*los!*«, »*mach ihn kalt!*« oder »*Hurra!*« Liebe zur Heimat, das heißt einen Baum pflanzen, um eines Tages Früchte zu ernten. Und diese Menschen haben ihren Baum unverdrossen weiter gepflegt. Im Stich gelassen von Luanda! Aber die UNITA hat das offenbar nicht gewußt:

seltsam.

Die UNITA hat geglaubt, sie seien aus Starrsinn geblieben, aus ideologischen Gründen. Falsch! Wie überstehen Menschen schwierige Zeiten? Als Gemeinschaft. Sie haben nicht in Ghettos gelebt, wie in Luanda, sondern in Familien, weniger durch Blutsbande verbunden als durch ein stillschweigendes Einverständnis. Dank der Atmosphäre, die sie sich schufen, konnten sie ihre Lage ertragen. Sie hörten klassische Musik und Ballettmusik von Kassetten, die man ihnen aus London schickte. Oder Opern. So haben sie es bis zu ihrem Tod gehalten. Sie hatten keine Ahnung, wie man mit einer Waffe umging, sie kamen zusammen, um sich am Leben zu erhalten.

1992 habe ich sie besucht, es war noch früh, acht Uhr morgens, ich ging ins Haus, David und Carmita, seine älteste Schwester, waren da und hörten Musik, auf voller Lautstärke. Klassische Musik überall im Haus. Und das in Huambo, das immer mehr zu seinem eigenen Gespenst wurde ... Und die Musik an diesem Morgen. Der frische Kaffee. Und dann das Mittagessen am Sonntag und der Optimismus dieses Mannes. Das Mittagessen, der *coq-au-vin*, der Kuchen ...

Nichts an Luanda hat ihn gereizt. Als er dort lebte, war das einzig im Gedanken an Huambo, an seine Rückkehr, mit Medikamenten, Saatgut und diesem und jenem. Er war ein Mann mit Stil und kein Freund von halben Sachen. Nicht umsonst verkehrten so viele Generationen in diesem Haus ... Er weckte in jedem irgendeine Vorliebe. Ich kann heute keine klassische Musik mehr hören, weil ich dann sofort entsetzlich heulen muß. Ich verdumme noch, wenn das so weitergeht.

Miete war eine faszinierende Frau, sanftmütig und zugleich kämpferisch, sie hat jahrelang in der Angolanischen Frauenorganisation gearbeitet und dabei nie Härte an den Tag gelegt, sie hatte nichts Zwanghaftes, war sich für keine Aufgabe zu schade. Dilar, die Missionarin, lebte in Kuando Kubango und brachte den Bauern Lesen und Schreiben bei. 1975 hat die UNITA sie in Bié festgenommen, nur weil sie Fernandos Schwester war. Auf Intervention ihres Ordens kam sie wieder frei. Dilar hat sich nicht einschüchtern lassen, sie reiste viel, war im Fernen Osten. Und zeigte den Leuten in Kuando Kubango unermüdlich, wie man strickt, wie man einen Knopf annäht, und erzählte dabei die erstaunlichsten Geschichten. Ja, zwei wirklich sanfte Frauen, liebevoll, mit großen Familien und vielen Kindern. Die Verkörperung der Mutter schlechthin, nicht der Matriarchin. Frauen von Kopf bis Fuß.

Denen da oben ist es vielleicht egal, wer sie umgebracht hat. Ihr Tod war sinnlos. Sinn hat nur das Leben. Wir gehören uns nur, wenn wir lebendig sind! Ihre Ermordung hat niemandem genutzt, damit wurden nur die getroffen, denen diese drei Menschen etwas bedeutet haben. Als Huambo bombardiert wurde, habe ich das Friedensmanifest unterzeichnet. Ich glaube, Huambo ist bis auf den Grund zerstört worden. Stadt und Menschen.

Diese Typen aus der Politik ... die widern mich an! Mir ist egal, wer sie getötet hat. Aber, daß sie tot sind, das ist mir nicht egal, sie fehlen mir, ich habe sie geliebt.

Maria Alexandre Dáskalos, Enkelin von Stamatis, Tochter von Alexandre, Nichte von Manuela und Cousine von David, hat ein feines Gespür für Poesie und anderes, das sie später lernte. Sie wußte, daß der Krieg zurückkommen würde, und schlimmer als zuvor, 1992 wußte sie, daß wieder Freunde sterben würden. Das sagte sie einem Botschafter in Luanda. Er demütigte sie mit einem Satz, dem zweiten von zwei Äußerungen, die sie alles lehrten:

– Das klingt hart jetzt. Aber ich bin wegen der Schwarzen hier, nicht wegen der weißen Angolaner, Kinder armseliger Auswanderer.

Jenes feine Gespür ist seit zwei Generationen in Marias Familie. Seit der Unabhängigkeit ist das Klavier dort ein verhaßtes Instrument, denn in Huambo hat man es geschafft, ein Folterinstrument daraus zu machen. Nach der Besetzung der Stadt durch die UNITA kam im Februar 1976 die MPLA zurück, mit Leuten der schlimmsten Sorte. Maria Alexandres Großmutter mütterlicherseits fiel bald auf, daß täglich zur Essenszeit in dem Haus hinter dem ihren auf einem Klavier gehämmert wurde. Eine intelligente Frau, diese Großmutter ...

– Was stellen die da nur an in dem Haus? Das überlebt das Klavier nicht ... Die tun doch Menschen weh, während sie spielen.

Dem war so. Die Jungen Pioniere der OPA hatten ihre eigene Fahne, und wenn sie die hißten, mußten in einem Umkreis von drei Häuserblocks alle strammstehen. Wer sich weigerte, bekam eine Kugel ab oder wurde verhaftet. Die Pimpfe der Pionierorganisation von Angola machten sich einen Sport daraus, übten für künftige Führungspositionen. Die Leute vom Land wußten nichts von der Fahne, achteten nicht auf sie und landeten im Keller des besagten Hauses. Es hatte einer Musiklehrerin gehört, die einige Monate zuvor geflohen war, und stand leer. Dort wurden sie gefoltert, und die Peiniger hämmerten auf dem Klavier, um die Schreie ihrer Opfer zu übertönen. Der Terror schreckt vor nichts zurück. Selbst vor einem Klavier nicht.

Daher Maria Alexandres Problem mit der klassischen Musik. Sie ruft in ihr ein Wissen wach, das sie vergessen will. Ihre Finger waren immer ganz Musik, aber seit man ihr Verwandte und Freunde getötet hat, ist Musik für Maria mit einem Fluch beladen.

Am 8. August 1975 starben im obersten Stockwerk des Postgebäudes von Huambo, an der ehemaligen Praça General Norton de Matos, gegenüber dem Regierungspalast, drei junge Aktivisten der MPLA im Granatfeuer der FNLA. Und ein mit Fotoapparaten behängter japanischer Journalist namens Ian Canecava. Maria Alexandre konnte jahrelang nicht an dieser Stelle vorbeigehen. Maninho Saraiva, Fadário Muteka und Gildo[1] waren ihre besten Kameraden gewesen.

Zwei Tage zuvor war Maria Alexandre nach Luanda geflogen und hatte, wie schon oft, versucht, allen zu sagen, daß Freunde in Todesgefahr waren. Im Stabsquartier der FAPLA erklärte man ihr, Huambo sei verloren, das wisse man seit sechs Monaten. Und sie unternahmen nichts, um das Leben ihrer

---

[1] Fadário war der Zwillingsbruder von Faustino Muteka, Vizeinnenminister der Regierung der Nationalen Einheit und Versöhnung (1997) und Politiker mit einer langen Karriere in der MPLA. Gildo war ein Bruder von General Faceira, eine herausragende Gestalt der FAPLA und später der FAA (einer der angolanischen Offiziere, der maßgeblich am Sturz von Mobutu Sese Seko beteiligt war, in seiner Funktion als Chef eines wichtigen angolanischen Kontingents, das Laurent-Désiré Kabila den Einmarsch nach Kinshasa ermöglichte). Saraiva war Neffe des Dichters Viriato da Cruz (Gründer der MPLA und einer der ersten Opfer des stalinistischen Fegefeuers der Partei: er starb 1973 an Entkräftung in einem Dorf der Volksrepublik China).

Leute zu retten ... Im Generalstab der FAPLA hörte Maria einen Satz, der sich ihr für immer einprägen sollte. Einen furchtbaren Satz, der erste von den zweien, die sie alles lehrten:
– Die Revolution braucht ihre Helden.
Ein harter Schlag für einen militanten Anhänger der MPLA. Die Partei kannte die Verwundbarkeit ihrer Kader in Huambo, einer kleinen Gruppe, die versuchte, die ländliche Bevölkerung zu politisieren. Nach der Unterzeichnung des Waffenstillstandsabkommens, das fünf Kampftagen – dem ersten Krieg von Huambo – Anfang August 1975 ein Ende setzte, fielen diese Menschen der ersten Säuberungsaktion in der Stadt zum Opfer – sie waren eine leichte Beute.

– Der Satz genügte, und es war vorbei mit meiner Begeisterung, denn ich habe Huambo leidenschaftlich geliebt. Alle auf dem Planalto – Weiße, Mulatten und Schwarze –, alle wollten nur eins: Die Stadt sollte vom Krieg verschont bleiben, sie war die Kornkammer des Landes, zudem waren die Ovimbundu die größte Volksgruppe in Angola, und wir wußten, daß eine falsche Politik ihnen gegenüber schwerwiegende Folgen haben könnte. Die UNITA tut den Weißen aus der MPLA von Huambo großes Unrecht, wenn sie ihnen diese Aufrichtigkeit und Sorge abspricht. Die UNITA weiß nicht mal, wie schlecht es diesen Leuten innerhalb der MPLA erging, sie sind mißhandelt worden. Einige haben überlebt. Andere nicht. Es gab da eine Gruppe, die auf dem Land aktiv war und mit der MPLA in Verbindung gebracht wurde, das hat ihnen ein Leben auf der Flucht eingebracht, von Hütte zu Hütte. Leute, die ich aus den Augen verloren habe.

Irgendwann, immer wieder, verschwanden Leute aus Maria Alexandres Blickfeld. Als sie 1976 zurückkehrte, fand sie eine andere Stadt vor. Eine ihr unbekannte menschliche Geographie. Eine neue Bevölkerung hatte vom »Asphalt« Besitz ergriffen, und die Frauen in den Hütten kamen ihr stark abgemagert vor, stark ...

gealtert. São José de Cluny, wo Maria aufs Kollegium gegangen war, war ein hermetischer Ort gewesen, die externen Schülerinnen kannten nicht einmal den Garten der Novizinnen, er war ihnen versperrt. Aber auch dort hatte sich der Krieg Einlaß verschafft, alle Türen aufgestoßen, und Maria Alexandre konnte hineinsehen, die Zedern waren gefällt, der Schwesternflügel und das Noviziat verwüstet. Für Maria von symbolhafter Bedeutung: ein Ort, von dem sie gedacht hatte, er sei ihr für immer verschlossen, für immer Geheimnis, lag plötzlich offen vor ihr. Der Anblick ist ihr unvergeßlich: diese Mauer, eingerissen wie viele andere auch ... Das übliche damals.

In der Wohnung von Maninho Saraiva standen vier Lautsprecherboxen, die zu Nachmittagen einluden, an denen nur Musik gehört wurde. Regennachmittage, an denen das Wasser in die Stille fiel und mitten in der Lektüre von *Em Defesa de Joaquim Pinto de Andrade*[1] verträumte Melodien von Vinicius de Morais entfachte, und den besten Chico Buarque, Gedichte von Eugénio de Andrade und Manuel Bandeira. Oder die Werke von Lenin, aus der Reihe »Herd-Eisschrank«, Bücher für den Untergrund. Sie hießen *O Fogão* [*Der Herd*] und hatten einen Gasherd auf dem Umschlag, oder *A Geleira* [*Der Eisschrank*], ein Titel, hinter dem sich auf minderwertigem Papier verbotene Klassiker verbargen. Auch Eisensteins *Panzerkreuzer Potemkin* konnte man in diesem Haus sehen.

Maria Alexandre – mit achtzehn die jüngste unter Freunden um die dreißig – hatte den Schlüssel zur Küche. Man ließ ihr freie Hand für gewisse kulinarische Abenteuer, schloß sie aber von Festen aus, die Sitten waren damals noch streng. (Die jungen Leute flirteten hier zwar eher als anderswo, »wir waren un-

---

[1] A.d.Ü.: *Zur Verteidigung von Joaquim Pinto de Andrade* von portug. und angolan. Intellektuellen und Juristen verfaßte Schrift zugunsten des oftmals inhaftierten angolan. Aktivisten Joaquim Pinto de Andrade.

gezwungener, das kam vom Klima«, Miniröcke, Bikinis und Hot Pants wurden Mode, aber »wirklich ausgetobt haben sich die Angolaner erst nach der Unabhängigkeit, die Revolution und die allseits geforderte Freiheit hatten eine dynamisierende Wirkung«.) Dafür aber hatte die Jüngste freien Zugang zu Büchern, durfte einen Blick auf verbotene Flugblätter werfen und politischen Gesprächen lauschen.

Sie kehrte um Weihnachten zurück. Nährte sich von Ruinen. Suchte Leute auf, Mütter von Freundinnen, die nicht mehr da waren, und frischte alte Kontakte auf, mit getrockneten Pilzen, Mixed Pickles und Kompott, Pflaumen in Sirup, Dinge, die sie herzustellen lernte. Ganze Nachmittage kann man so verbringen, auf Pilgerschaft, die Hände über dem ausströmenden Dampf der alten Wasserkessel, die Augen vergnügt auf den *Selecções do Reader's* aus den 40er Jahren, und absurden Geschichten von Löwen und Leoparden lauschend, Geschichten, die nur kennt, wer lange im Busch gelebt hat.

Ihre Großmutter, nicht die Tochter von Dáskalos, sondern die andere, Deolinda, die mit dem Klavier, kam als Zwölfjährige nach Angola, sie wuchs in Luanda auf, im *Hotel Paris*, und brachte eines ihrer Kinder in einer Hängemattensänfte zur Welt, da sie in Cuanza Sul in den Krieg zwischen zwei Stämmen geraten war. Ihr Mann kam aus São Tomé und träumte von einem eigenen Stück Land, sie ließen sich mitten im Busch nieder, wo sie zwanzig Jahre lebten. Einmal, als sie zum Brunnen ging, um Wasser zu holen, kam nicht ein Tropfen. Eine Boa hatte das Rohr verstopft. Geschichten dieser Art. Maria Alexandres Mutter fürchtet sich noch immer vor Löwen, sie hat sie an ihrem Haus vorbeilaufen sehen, als sie vier oder fünf war.

Löwen und Leoparden, damit mußte man leben, bis man schlafen ging, immer früh, aus Gewohnheit und weil es keinen Strom gab.

1987 brachte Maria Alexandre dort ihren Sohn zur Welt, ein Korb der Barmherzigen Schwestern von Huambo war sein Bett: Daniel, der Neugeborene, gebadet im Regen, dem Regen von Huambo, denn es gab kein Wasser.

Daniel verließ das Land, als er drei war, und kam mit sechs zurück. Drei Jahre Algerien: arabische Frauen und türkische Bäder, persische Poesie und Dissidenten aus Menghistus Äthiopien, Widerstandskämpfer der FMLN, Frauen, die im Terror des Bürgerkriegs als Faustpfand dienten; all diese Menschen, die später starben, und die Katholische Kirche, die Maria Alexandre mit dem Glauben versöhnte.

Zurück in Angola, sagte Daniel: Mama, ich will hier nicht spazierengehen. Maria Alexandre war immer gern um die Halbinsel von Luanda gewandert. Bis sie dann die Veränderung bemerkte: als man wieder bis zur Spitze der Halbinsel gehen konnte, als die Sowjets diesen privaten Strand nach sechzehn Jahren Besatzung verlassen hatten.

Inzwischen zieht es Maria Alexandre nicht mehr auf die *Ilha*. Wie ihr Sohn sagt, stehen dort »nur kaputte Häuser«.

Zaida Dáskalos hatte kurz vor ihrer Ermordung in Huambo eine Vision: Ihr altes Straußenei, das sämtlichen Evakuierungen, Belagerungen und Überfällen widerstanden hatte, zersprang bei ihrer Tochter in Luanda mit einem lauten Knall, ein Hinweis auf etwas, das diese erst verstehen sollte – als es eingetroffen war.

Eine Oper, rein zufällig und von fern, allenfalls so ist Musik noch erträglich für Maria Alexandre. Ich höre den Wasserkessel summen, während ich im Wohnzimmer auf sie warte, wo die Abwesenheit einer alten Hoteluhr tickt.

UMSONST STERBEN[1]

Schreie waren das Schweigen geboren aus
Bäumen feierliche Zeugen
starr die schnellen Gesten des Todes
der Menschen selektiert auf dem Asphalt.
Angst war der Mut umsonst zu sterben.

1974

---

[1] Fernando Marcelino: *Ensaio de Canto Motivado – Poesia*, Edition der ENDI-
PU-UEE, kein Erscheinungsjahr (nach 1989, Jahr des letzten Gedichts der
Anthologie).

Auf der Mauer um David Bernardinos Haus steht mit Kohle
geschrieben:

»Gebliben sind uns Geier auf dem Teler und [...] Zunge toter
Menschen«

Eine Maschinengewehrsalve hat den Sinn aus dem Satz gerissen, zusammen mit dem Putz.
 Er stammt aus einem unveröffentlichten Gedicht.
 Die Zerstörung des Bestandes der Bibliotheken von Huambo begann im März 1993. Das Hauptarchiv für Dokumente, die Stadtbibliothek – deren Leiterin Miete Marcelino
war – befand sich auf der Frontlinie, in der Oberstadt,
 – im Krieg hätte man schlicht gesagt, sie war eine Barrikade.
 Roberto Caetano Paulo, Beauftragter des Kulturministeriums für die Provinz Huambo, erinnert sich, daß die UNITA
damals mit ihren Truppen auf der Seite des Krankenhauses
stand und die Regierungstruppen gegenüber beim Gouverneurspalast.
 – Nach der Verwüstung der Bibliothek durch die Armee
begannen Soldaten und Bevölkerung mit der Plünderung.
Zuerst die Möbel, dann die Bücher.
 Die Möbel vor dem Gedächtnis.
 – Ein Teil unserer Archive ist auf dem Markt gelandet.
Wir haben Urkunden aus den Standesregistern gefunden, alte
und neue. Bei seinen Ermittlungen stellte der Kulturbeauftragte fest, daß Huambo innerhalb weniger Monate eine vollständige historische Dokumentation des Planalto nicht nur

dieses Jahrhunderts, sondern auch noch weiter zurückliegender Zeiten verloren hatte. Die Provinz beginnt mehr oder minder wieder bei Null, jetzt

— Ende des 20. Jahrhunderts. Die portugiesische Regierung hat uns eine Möbelspende versprochen, und der Wiederaufbau des Gebäudes, in dem früher das Rathaus war, geht zügig voran.

Auch das Planalto-Museum liegt in Trümmern, ist von vermintem Gestrüpp umgeben — und das ist keine Metapher. Die alten Bücher sind verschwunden. Hin und wieder taucht das eine oder andere auf dem Markt auf, zu einem überhöhten Preis, ein Zeichen, daß nicht sämtliches geplünderte Papier zum Feuermachen benutzt wurde. Hier entdeckt man in einem Privathaus eine Enzyklopädie, dort eine wissenschaftliche Sammlung, die irgendwer verkaufen möchte. In dem kleinen Gebäude, in dem sich das Büro des Kulturbeauftragten befindet, war früher eine Kinderbibliothek, sie hat sich in Staub aufgelöst; die einzige Geschichte für Kinder, die es hier noch gibt, ist auf der gegenüberliegenden Straßenseite zu finden, in den Trümmern eines Hauses Ecke Avenida Joaquim Kapango. Unter dem eingestürzten Dach und den verbogenen Eisenträgern stehen noch inmitten von Blumen Mickey Mouse und Donald Duck, riesige Wandgemälde, da, wo der Kindergarten war.

— Wir kaufen auf, was wir können. Augenblicklich sind wir mit einer Frau in Verhandlung, die juristische Bücher im Wert von fünfhundert Millionen hat. Das Museum ist fast vollständig geplündert worden. Es gab Tiere dort, Schaukästen mit dem Leben unserer Vorfahren (sic), historische Gegenstände und traditionelle Abbildungen. Karten und Fotografien, Skulpturen und Masken der Ovimbundu. Eines der besten Gemälde von den *Pedras Kandumbo* war in fremden Händen, die Leute haben es uns kürzlich verkauft. Jetzt suchen wir vor allem Literatur.

– Haben Sie eine Ahnung, was das bedeutet, da auf der Hausmauer von Bernardino?
Ich las Caetano Paulo vor, was ich mir notiert hatte. Es sagte ihm nichts. Aber am nächsten Morgen erschien ein Kulturfunktionär bei uns, ein Mann, den ich während meines Interviews mit Paulo nicht bemerkt hatte. Pepe kam und weckte mich,
– da ist ein *uomo*, der hat was für dich.
– Literatur, sagte der Mann, das ist Literatur. Auf der Mauer fehlt ein Stück.

Er zeigte mir das Fragment eines stockfleckigen, angeschimmelten Buchs der *Agência Geral do Ultramar – Lisboa/MCMLI*, der Einband unversehrt, der Inhalt stark ausgedünnt. ETHNOGRAPHISCHE BEITRÄGE ZUR GESCHICHTE DER VÖLKER ANGOLAS – IKUMA ÑI MIANDA IÁTUTCHOKUE (Sprichwörter und Redensarten der Quioco), von João Vicente Martins. Auf Seite 30, der letzten noch vorhandenen[1], stand in unregelmäßigen Buchstaben von Hand geschrieben der Schlüssel zu dem Gedicht auf der Mauer:

Wir haben Liebe vorgetäuscht
mit den Hüften der Schlange,
Auf Knien im Bann der Milch
das Gift der Nester beschützt.

Geblieben
sind uns Geier
auf dem Teller
und auf der Zunge der Geschmack toter Menschen.

---

[1] Das Buch ist in der Nationalbibliothek einsehbar. Es umfaßt 200 Seiten, einschließlich eines Index. »Zusammenstellung und Druck Dezember 1951« – das Jahr von Bernardinos Hausbau.

Die Gärten untersagen das Gehen,
gewellter Zink, gewellte Scholle.
Eine Erde ohne Ackerlängen.
Doch nie ging der Tee aus am Tisch.
Sie filmten seine Beerdigung,
um ihn endgültig zu töten.

Er, ein letztes Mal im Staatsfernsehen
und wir ein weiteres
ein letztes Mal
in Trauer weiß wie die Bucht:
die Neon-Sichel.

Unterzeichnet mit »Lídia«. »Eine Freundin der Familie«, erzählte mir sehr viel später in La Paz eine der Schwestern Marcelino und zog damit kalt wie der Altiplano einen Schlußstrich unter die Angelegenheit. Die Orthographiefehler auf der Mauer mit den Einschüssen sind schlicht als semantischer Ausrutscher zu betrachten. Und ein weiterer Beweis dafür, daß Poesie auch mit Kugeln geschrieben wird, zum Stolz der Herren Angolas: Dichter, die im Krieg verroht sind, und Krieger, die versucht haben, sich mit Versen reinzuwaschen.

Das Sprichwort auf Seite 30 des Buchs lautet: *»rísu riá-fua, tulu mu-ári«*. Und die wörtliche Übersetzung: »DAS AUGE IST ERBLINDET, ABER DER SCHLAF GEHT WEITER[1].«

---

[1] A.d.Ü.: Hier wird auf den sozialistischen Politslogan: »Der Kampf geht weiter« angespielt.

— Niemand entgeht seinem Schicksal.

Sebastião hat recht. Alles schien bereits geregelt, aber jetzt ist meine einzige Hoffnung der Wagen, den sie wegen einer Leiche auf den Weg geschickt haben, die hier irgendwo durch die Hitze irrt. Das Fahrzeug ist losgefahren, aber wann es eintrifft, weiß keiner. In Zumbo gibt es kein Telefon. Allmählich habe ich das Gefühl, daß ich es bin, der dieser Landkarte Unglück bringt. Ich habe mir die Gegend hier anders vorgestellt: ich bin von Tete nach Mosambik über den einzigen Ort eingereist, der keine Landverbindung mit der restlichen Provinz hat.

Die Flußpferde, voluminöse Fettkugeln, treiben an der Wasseroberfläche. Wie schwerelos. Unser Boot kommt immer näher. Tag für Tag die Berührung mit der Katastrophe. Das Weibchen, sofern es ein Weibchen ist, hat bereits aufgehorcht.

Der Mann ist bei einem Autounfall ums Leben gekommen, auf der Strecke nach Kanyemba, in Simbabwe, der gleichen Strecke, die ich ein paar Stunden zuvor befahren hatte (wohl eher Zufall). Ein verödeter Landstrich – die Leute in den *shoppings* und *fast-foods* von Harare ahnen nicht einmal, daß es überhaupt noch solche Straßen gibt. Bei einem Unfall kommt Hilfe oft zu spät. Und genau das ist eingetreten. Dazu waren noch alle betrunken, was niemand abstreitet, der Jeep geriet auf einer Brücke von der Fahrbahn ab, und ist wie im Kino unten an der Böschung zerschellt. Entgegen allem Anschein hat der Unfall laut oraler Obduktion durch das Volk mit Hexerei zu tun, wie Sebastião vergnügt erzählt.

— Gar nicht mal so abwegig. Hier gibt es Leute, die sind verhext. Im See sind Krokodil-Amulette. Das sind falsche Tiere, verhexte Menschen. Wenn einer wen fangen will, nimmt er sich ein Tier-Amulett, eine todsichere Sache. Der Betreffende wird zum Fluß geschleift, wo ihn der Krokodil-Mensch packt und in sein Versteck schleppt, dort läßt er ihn dann vermodern.

Der Unfall geschah Dienstagnacht, wurde aber erst am nächsten Tag gegen 10 früh entdeckt, um 15 Uhr kam Hilfe für die vier Verunglückten. Der Tote von Tete schwoll seit dem Morgen in der Sonne auf. Selbst das einzige Leichenhaus in der Region konnte nichts an seinem Zustand ändern, sämtliche Kühlfächer waren »belegt«. Sie mußten nach einem anderen Leichenhaus suchen. Schließlich fanden sie eines in Sambia, das noch Platz hatte. Der Leiter des Grenzpostens von Zumbo nutzt meine Zeit, um mir auch ja keine Einzelheit zu ersparen:

– Zum Glück haben die bei ihrer Suche nach einem Leichenhaus Wasser über ihn gekippt. Er ist dann etwas abgeschwollen.

– Zum Glück, ja ...

Ich habe beschlossen, jemanden anzuheuern, der Wasser über mich kippt, wenn ich sterbe und der Tag heiß sein sollte. Kein Weihwasser. Richtigwasser, Vielwasser. Von mir aus können sie mich in einen Fluß werfen, sofern er so imposant ist wie der hier.

Das Boot kommt immer näher, der Zusammenstoß scheint unvermeidbar. Ein Weibchen! Jetzt haben die Männer die Gefahr erkannt. Manövrieren angestrengt. Die Steine tun ihr Werk. Wenn sie ihnen ausgehen, ist Schluß. Glück gehabt – sie sind abgezogen. Um ein Haar! Selbst die beiden Grenzposten, an die Tiere gewöhnt, sind auf die Terrasse gekommen, um die Tragödie aus der Nähe mitzuverfolgen. Wie zwei Kinder. Aber die Tragödie ist ausgeblieben, und die Beamten sind zu ihrem Blaupapier zurückgekehrt. Flußpferde sind Pflanzenfresser, und doch verursachen sie die meisten tödlichen Unfälle in Afrika. In Zumbo ist der Fluß der einzige Verkehrsweg, er wird mit Ruderbooten befahren. Die drei Motorboote, die es hier gibt, gehören dem »Projekt«. Flußpferde reagieren unfreundlich, wenn sie sich belästigt fühlen, und machen kurzen Prozeß. Die Weibchen sind besonders gefährlich, wenn sie Nachwuchs haben. Die Fischer wissen das, aber würden sie warten, bis die Flußpferde das Wasser verlassen, kämen sie selbst nie hinein. Da man sie nicht töten darf – »die Buren« des »Projekts« haben das Gesetz auf ihrer Seite – bleibt nur eins: Reißaus nehmen oder die Tiere durch Lärm verscheuchen. Wenn das nicht hilft, greifen sie zu den Steinen. Jedes Boot führt ein halbes Dutzend als Ballast mit.

Während unserer Fahrt von Kanyemba nach Zumbo warfen Charles und Marcelino zwei Steine. Schlugen gegen die Bootswände und lärmten, ich mußte mich still verhalten. Es war dann doch nur ein großes Pflanzenknäuel, das im Wasser trieb. Aber die anderen drei, die wir anschließend sahen, entpuppten sich tatsächlich als Flußpferde, mit dem unverkennbaren Borstenbüschel auf dem Kopf, und hielten, wie sie es gerne tun, an der Wasseroberfläche Ausschau. Das Krokodil, an dem wir vorbeikamen, bereitete uns ebensowenig Schwierigkeiten: es war zwar sehr nah, verhielt sich aber ruhig und begnügte sich damit, parallel zu uns zu schwimmen. Wir drei lachten, es wurde bereits dunkel: In Europa blättern Leute ein Vermögen hin, um solche Viecher auch nur von weitem fotografieren zu können.[1]

Eine wunderbare Fahrt: Eine Stunde hinter Kanyemba glitt ich im Boot durch die Feuchte der Abenddämmerung, während über der Gebirgskette des Sambesi glutrot die Sonne unterging. Charles und Marcelino waren zuvor noch zwei Stunden flußaufwärts gerudert, um in Simbabwe zwei Kästen Bier zu kaufen. Wir erreichten Zumbo erst nach Einbruch der Nacht: nirgendwo eine Pension oder irgendein Platz, wo es etwas Eßbares

---

[1] Mir ist kaum je etwas so köstlich absurd vorgekommen wie ein Camel-Reklameplakat – ein Hauch von Abenteuer – auf dem Flugplatz von Johannesburg, als ich bereits alles hinter mir hatte. Ich muß dazu allerdings sagen, daß ich Nichtraucher bin ...

gab. Von allem anderen (Strom, Telefon, Wasser, Straßen ...) erst gar nicht zu sprechen. Dona Aziza, die Frau eines abwesenden Ehemannes, beschenkte mich mit einem Becher Milch, und Sebstião nahm sich meiner an.

Das schwache Geräusch ist das Schnaufen eines Flußpferdes im Wasser. Das laute Geräusch der bürokratische Minimalismus von Schreibmaschine und Stempeln.

Einer der Schwerverletzten ist gestorben.

In den Gärten am Fluß wachsen Pflanzen, die es den Flußpferden angetan haben. Die Eigentümer schlafen dort, wenn sie fürchten, daß sich die Tiere nachts über ihr Gemüse hermachen.

Die Terrasse des Grenzpostens ist auf einem Sockel aus alten Steinen errichtet, aus einer Zeit vor diesem Mauerwerk. Hier wurden einst Sklaven verkauft, genau an dieser Stelle.

Simbabwer, Sambier und Mosambikaner steigen die Treppen hoch, als kämen sie geradewegs aus dem Wasser. Sie gehen ins Haus und lassen sich dort ihre »Pässe« stempeln – zerknitterte Papierfetzen, die drei verschiedene Länder an diesem überall gleich milchigen Strom erfinden. Dort, wo der Sambesi nach Mosambik fließt, ist eine dreifache Grenze: Mosambik ist hier und auf der anderen Seite, wo auch Simbabwe liegt, allerdings ein Stück flußaufwärts; Sambia befindet sich auf der hiesigen Seite und ebenfalls ein Stück flußaufwärts, mit einem Wasserlauf zwischen hier und dort, dem Luangwa, einem Nebenarm des Sambesi. Zumbo, Kanyamba und Feira (der sambische Grenzposten) sind eine Wegkreuzung im Nichts, von ihren jeweiligen Zentren abgeschnittene Orte. Es wird viel Fisch gefangen und umgeschlagen – die Menschen essen ihn in Harare, Lusaka und sogar Lubumbashi. Mit anderen Worten: Der Fluß allein stellt Nationalität her.

Die Fischer kommen die Sklaventreppe hoch, die Treppe, auf der ich seit Stunden sitze, gebannt von den an der Wasseroberfläche treibenden Flußpferden. Hinten auf der Terrasse flattert am Mast die Fahne des Grenzpostens. Ich fühle mich hier oben fast wie auf einem Flaggschiff der FRELIMO, das den Fluß nicht befahren darf.

Sebastião sitzt am Stempel, während sein Chef kommt und geht, beschäftigt mit der *post mortem*-Bürokratie. Immer noch nichts von dem Wagen für die Leiche aus Tete.

Einmal im Monat, um den 15. herum, fährt ein Schiff von Cabora Bassa herauf, die Reise dauert zwei, drei Tage. Es kommt zu spät für mich, ich muß dann bereits in Quelimane sein. Und ein Fischerboot kann ich nicht mieten, sie sind zu leicht für die Stürme auf dem See: Wenn am späten Nachmittag eine Brise aufkommt, entstehen in der Mitte des Staubeckens, dort, wo man die Ufer nicht mehr sieht, Wellen wie auf dem offenen Meer. Es sollen etliche Boote untergegangen sein – so weit entfernt noch vom Indischen Ozean! Da der Wagen für den Toten ausbleibt, gibt es nur eine Lösung, den Umweg: ein Boot bis nach Feira und von dort eine siebenhundert Kilometer lange, unmögliche Strecke, um von sambischer Seite aus die westlichste Spitze Mosambiks zu umfahren, und anschließend erneut über die Grenze ins Land zu gelangen, diesmal bei Catete. Dabei wäre das nicht einmal nötig, um mich zu erledigen: meine Augen sind wundgerieben vor lauter Staub, müde, brennen ständig, und mein Nacken ist seit ein paar Tagen hart wie Stein.

Ich habe meine Erschöpfung auf einer Matte unter freiem Himmel ausgeschlafen. Sebastião, Polizist und von Tete an die Grenze bei Zumbo abkommandiert, betrachtet mich als seinen »Gast« und wird für zwei Tage das Wenige, das er hat, mit mir teilen: Kondensmilch (bei unserer dritten Mahlzeit kam in dem kremigen Strahl eine rote Spinne mit prallvollem Wanst durchs Büchsenloch), Salat aus seinem Garten, *nshima*, Trockenfisch und gekochten Fisch, wir haben beides probiert. In der ersten Nacht schlief ich unter dem Vordach seiner Zementbaracke. Sie steht auf demselben Gelände wie das Parteihaus und dürfte früher die Dienstbotenunterkunft gewesen sein: ein winziges Zimmer mit Holzlatten vor den Fenstern, einem Latrinenloch im Boden, jeder Menge Hühner, zusammengerollten, an der Wand stehenden Matten und einer Rumpelkammer ohne Schloß (Sebastião verschließt die Tür mit zwei an einem Nagel befestigten Handschellen).

Ein anderer Polizist des Postens – sie sind nur zu zweit in Zumbo, und es gibt nicht genügend Arbeit für so viele – kam nach dem Abendessen, um mit uns im Neumond zu plaudern, die Gier der Moskitos zu teilen und Kriegsanekdoten zu erzählen. Die beiden Polizisten haben in feindlichen Lagern gekämpft: Sebastião auf Regierungsseite, sein Kollege in der RENAMO. Zwar nicht gerade gestern, aber auch nicht vor allzu langer Zeit. Und da sitzen sie nun an einem Feuer über der Silberzunge des Sambesi und diskutieren unbefangen den Konflikt. Sie haben ihre eigenen Gedanken dazu. Äußern keinen Haß. Lachen hin und wieder.

– Er sagt immer noch »wir«.

Morgen früh, in ihrer Dienststelle, stehen sie sich, wie alle Tage, gegenüber, und in ihren Augen wird keine Bitterkeit aufflammen, weil sie schon am Vorabend nicht da war. Möglicherweise gibt es solche Gespräche auch in Angola. Ich habe nie eines miterlebt. Seit Jamba nicht, wo der Krieg in seiner Brutalität nicht sichtbar war. Zerstörte Häuser, Trümmer, Mauern mit Einschußlöchern, unbewohnte Steinhaufen, Flüchtlinge in Hüttensiedlungen, der niederschmetternde Anblick eines »Pyrrhusfriedens«: In Zumbo ist der Krieg überall sichtbar. Aber er ist schon vorüber, ist weitergezogen, sagt ihm also auf Nimmerwiedersehen.

So steht es Charles und Marcelino ins Gesicht geschrieben. Eine Auferstehung findet statt auf dieser Seite der Straße. Diese beiden Menschen, und die nächsten beiden, und alle, die ich noch treffen werde, sind Fährleute einer Erlösung am Indischen Ozean. Ihr Fluß, dieser Fluß, führt zu dieser Korallenbank.

Vor zweitausend Jahren, zu Zeiten der Han, richteten die Straßen Chinas die Weisheit der Stelen zum Himmel – Denkmale, die nichts als eine glatte Steintafel waren, mit einer vollendet gestalteten Inschrift. Ihre Ausrichtung war nicht zufällig:

»Die Liebesstelen richtet man nach Osten hin aus, damit die Morgenhelle ihre sanftesten Züge verschönert und die Bösen milder stimmt. Die kriegerischen und heroischen Stelen stellt man zum Westen hin auf, dem Palast der Röte.«[1]

Es ist noch früh auf dieser Sklaventerrasse. Ein Stück weiter, im Westen, hinter der Gebirgskette, ist der Tag noch nicht einmal angebrochen. Punkt sechs fegt Sebastião seine Unterkunft mit einem Strohbesen. Und auch im Grenzposten beginnt der Tag sauber.

Außer Hütten mit so pompösen Namen wie »Cabora Bassa« und »Lusaka«, in denen die Bevölkerung wohnt, hat Zumbo noch zwei Straßen: die Uferstraße, unbebaut und fast ganz von Gestrüpp überwuchert; und parallel zu ihr, ein paar Meter entfernt, die Hauptstraße mit den wenigen Häusern aus Stein, die es hier gibt: Grenzposten, Gemeindeamt und Parteizentrale. Das Gemeindeamt ist eine große Villa. Der Gemeindevorsteher selbst nicht anwesend. Der Kommandant – machen wir einen Eigennamen aus seinem Dienstgrad, zumal alle ihn so nennen – befand, der Fremde müsse offizieller Gast der Villa sein. Sie steht leer, bis auf zwei Betten im riesigen Schlafzimmer des Gemeindevorstehers. Eine seltsame, gestaltlose Anwesenheit streicht durch die Räume, öffnet quietschend die Hintertür und verliert sich in den brandschwarzen Nebengebäuden im Hof.

Der Bruder des Gemeindevorstehers war Artillerist. Er feuerte im Krieg Raketen ab. Schrie nie, wenn er seine Bazooka be-

---

[1] Aus: Victor Segalen: *Stelen*, Deutsch v. Rainer G. Schmidt, Graz 2000

diente. Verlor Gehör und Verstand, wie sie sagen. Er spricht nicht und zeigt sich niemandem.

Ich habe dann doch nicht in dem Zimmer geschlafen. Als ich ins Bett wollte, fiel das Licht meiner Kerze auf ein Heer von Kakerlaken: sie waren mit der Nacht gekommen, bedeckten Kopfkissen und Rucksäcke, zogen von meinen Füßen aus in Straßen über die Wände. Die Hölle. Die Ratten störten mich weniger, ich konnte sie nicht sehen: ein flinkes Getrippel zwischen Dach und Zimmerdecke. Sebastião:

– Komm, wir gehen zu mir. Nur, da hat's auch Kakerlaken, wirst schon sehen. Du hast es nur nicht gemerkt gestern.

Richtig, aber in Sebastiãos Zimmer konnten sie sich wenigstens beschäftigen: mit den Tellern vom Abendessen, dem Brot für unser Frühstück, mit ein paar Kleidern an den Wänden. Und statt mit sechstausend hatte ich es nur mit lächerlichen sechs zu tun.

Nein, fünf! Eine mußte dran glauben. Sebastião verzichtete auf das Feldbett, schlief auf einer Matte und überließ mir zudem die einzige Decke, die er besaß.

– Das Ding da ohne Matratze, das saugt dir das Blut aus! Davon kriegst du Karos auf der Haut.

Das »Projekt« befaßt sich mit Safaris und Naturschutz, im Busch und am See. Das Bußgeld für unerlaubtes Jagen beträgt sechzehn Millionen *Meticais*. Für ein Flußpferd gibt es Gefängnis.

Den Unfall hat nur einer überlebt, ein Mosambikaner, er wurde aus dem Wagen geschleudert und verlor das Bewußtsein. Als er wieder zu sich kam, schaffte er es zu Fuß bis Kayemba und konnte Hilfe holen.

Glücklicherweise bin ich der Mitfahrgelegenheit im Leichenjeep entronnen. Zum ersten Mal, seit ich unterwegs bin, ist es brütend heiß.

– Schicksal, dieser Tod.

III

VILA MISÉRIA

» FISCHE FRESSEN FISCHE «

An der Straßenecke erschien ein Junge, auf der Flucht, ein verzweifeltes Rennen, leicht zu hören um diese Uhrzeit. Bevor wir ihn sahen, nur Schritte und Schreie.

– Ich war's nicht! Ich hab nichts getan! Hab nichts getan! Ich nicht!

Er kam aus dem Dunkel, das ihn schützte und verfolgte. Stürzte sich auf die Avenida. Zuvor eine Sekunde des Überlegens: ihm blieb nur eins, er mußte das Wasser erreichen, erneut mit dem Dunkel verschmelzen, sich kopfüber hineinstürzen, hoffen, daß Flut war, daß sie ihn nicht erwischten. Ebbe reichte nicht, dann konnte er weder schwimmen noch tief genug tauchen, um den Kugeln zu entgehen. Auf dem Weg zum Wasser mußte er sich ihnen aussetzen, seinen Lauf bei der steil aufragenden Häuserwand unterbrechen, sich auf offenes Terrain begeben, gefährliche Augenblicke, unter dem gelben Licht der Laternen an der Uferstraße.

Er hätte seinen Bau nicht verlassen dürfen heute Nachmittag. Pascoal hatte es ihm noch gesagt – Pascoal hatte ihm geholfen, einen Unterschlupf in den Sand zu graben, ein trichterförmiges Loch, an einem der Strände der Halbinsel, an einer Stelle seiner Wahl und gerade tief genug, damit der Wind über ihren Köpfen das Feuer unter dem *funje*, dem Maisbrei, nicht löschte. Dort lebten sie, jeder in seinem Loch, in der Nachbarschaft anderer Löcher, und bildeten eine Gemeinschaft, in der sie sich sicher fühlten. Von dort mußte die Stadt für sie zu sehen sein, von weitem, hatte Pascoal zu ihm gesagt, denn das einzige, was die Stadt ihnen geben konnte, hatte Pascoal noch gesagt, waren die Viadukte, und die Treppen in der Regenzeit, und die Müllhalden das restliche Jahr über. Die Stadt brauchte sie nicht. Sie hatte Angst vor ihnen, das war ihm klar geworden nach seiner Rückkehr aus Quibaxe. Damals, als er von seinen Alten in Trinta abgehauen ist. Es ging nicht mehr, nach dem, was sie ihm angetan hatten: wäre er nicht in Quibaxe gewesen, hätte ihn die UNITA nicht einkassiert.

Pascoal. Ein guter Freund. Er versuchte, ihn in Gedanken auf der anderen Seite des Dunkels zu erreichen, flog schneller über die Bucht als seine Schritte über den Asphalt. Nichts war zu sehen, nichts von all dem, was man tagsüber sieht, wenn man die Bucht betrachtet, keine Palmen, keine Autos, keine Jungen beim Fischfang an den Tümpeln, die das Meer im Sand hinterläßt, wenn es Richtung *Roque* zurückströmt. Ein paar Lichter, sonst nichts, bis auf die gestrandete Bohrplattform am Ende der *Ilha*, wie eine zum Himmel zeigende Kathedrale, ja.

Unmöglich, Pascoal zu sehen oder auch nur zu rufen. Verzweiflung packt ihn, und schon ist die panische Angst wieder da. Falls er davonkommt, zieht er den Ohrring aus. Eine Kriegserinnerung. Deshalb hat er ihn auch anbehalten. Er trägt ihn seit Malanje, seit dem ersten Angriff. »Matsch naicer« als sich die Nägel anzumalen. Pascoal malt sich seine Nägel weiß an. In Ordnung soweit, aber nichts für ihn. Auf der anderen Seite war Pascoal jetzt mit den Fischern zusammen. Ein paar Schritte nur noch bis zur Promenade, und er war aus dem Schneider, vielleicht. Aber er war am Ende. Und wenn sie ihn schnappten? Die Walzen von der Baustelle an der Promenade, vielleicht schützten die ihn, falls es nichts war mit der Flut. Der Schmerz schnürt ihm den Hals zu, er rennt und kommt doch nicht vom Fleck, die Augen stolpern über die Füße, so langsam sind sie. *Kota* Amélio hatte ihn noch gewarnt: die Polizei in der Stadt, die hat's auf Ohren mit Ring abgesehn.

Er dreht sich um. Ein Fehler, er verliert das Gleichgewicht und kommt durcheinander mit den Füßen. Bevor er mit dem

Kopf aufschlägt und ihm schwarz wird vor den Augen, durchzuckt ihn noch einmal sehnlich alles, was er gehaßt hat im Leben. In einem Sandloch schlafen, die Not, das Elend, der Salzgeruch des Meers auf den verdreckten Kleiderfetzen, der zermatschte Fisch, die Bezahlung der Fischer, wenn er ihnen beim Netzeeinholen half, der feuchtkalte Nebel, die Mädchen am Samstagabend im *Bordão*, die ihn abblitzen ließen, der Türsteher der Angolanisch-Französischen Vereinigung, der ihn irgendwann verprügelt hatte. Pascoal schlief schon, bestimmt, hatte sich vorher noch seinen Joint gedreht.

Der Polizist biegt um dieselbe Ecke wie er, die Maschinenpistole im Anschlag, zwischen drei Fingern nur und Daumen, bereit in die Luft zu feuern. So, in der Vertikale, schlägt die Waffe stärker aus, der Schütze bebt am ganzen Leib. Er ist mager. Wirft sich auf den Jungen, heult wie eine Hyäne, außer sich, der Junge sieht ihm in die Augen, er hat es kommen sehen, bevor er stürzte, ein dumpfes Aufschlagen, ein kurzes Flimmern, sein Kopf auf dem Asphalt, er krümmt sich noch zusammen, als der Polizist, mit gespreizten Beinen über ihm, die Maschinenpistole auf ihn richtet, zwischen seine Augen.

– Willst du sterben?! Willst du sterben?!? Willst du STERBEN?!!?

Der Junge schreit auf, der schrille Schrei eines Vogels, dem man die Kehle durchschneidet. Der Schrei erstirbt in einem Schluchzen, verebbt in einem dünnen Blutfaden, der aus seinem Ohr auf den Asphalt rinnt. Der Junge rührt sich nicht mehr.

Beim Hotel Presidente biegt ein *»ninja«*-Wagen um die Ecke, spuckt das Blau seiner Sirene ringsum auf die Fassaden der Uferstraße, ein Lichtlasso wie bei einem brutalen Rodeo, ohne Zuschauer.

António und ich gingen ins Haus. Gebeugt, schweigend, nahmen elf Etagen zu Fuß.

Die Jungen von Lobito Velho haben eine Falle erfunden, um Möwen in der Bucht zu fangen. Sie spießen zwei Stöcke in den Sand, dicht am Wasser und so tief, daß sie nicht fortgespült werden. Zwischen die Stöcke spannen sie eine Schnur mit einer sehr lockeren Schlinge in der Mitte, deren eines Ende an einem Stein befestigt ist, und legen dort einen Köder aus. Die Möwen schnappen im Flug nach dem Köder und geraten dabei mit dem Schnabel in die Schlinge, die sich mit jedem Befreiungsversuch enger zuzieht, ihnen die Luft raubt, und durch den Stein das Auffliegen unmöglich macht. Die Jungen stürzen sich auf die Vögel, brechen ihnen einen Flügel und beginnen sie noch lebend zu rupfen.

Akuá erklärte mir, das sei nicht brutal, in seinem Land sei schließlich Krieg.

– Fische fressen Fische. Menschen fressen Menschen.

Wenn es sich ergibt, essen die Jungen auch: Schildkröten, Haisteaks, Robbenfett und Delphinspeck.

Heute bin ich eine Dame. Das haben sie aus mir gemacht. Das einzige in meinem Leben, das nicht geschrieben stand. Eines Morgens, ich war damals acht – ich weiß nicht mehr, an welchem von den kalten Monaten –, hat meine Großmutter langsam und mit den Fingerrücken die Gardine angehoben. Sie hatte so ein ungutes Gefühl von Gefahr, und die Gefahr war da. Die PIDE hatte unser Haus umstellt. Männer mit Gewehr und zwei in Zivil kamen rein und haben meinen Vater verhaftet, der mit einer Lungenentzündung im Bett lag. Der Mann konnte an seinem letzten Tag nicht auf den Beinen stehen: sie haben ihn wie ein kleines krankes Kreuz untergehakt und mitgenommen, weg von unseren Schreien. Weshalb, haben sie uns nicht gesagt. Mein Vater war Schlosser in den Minen von Lousal, Werkstattleiter. Vielleicht hatte er ja Verbindungen zur Kommunistischen Partei. Vielleicht auch nicht. Wir haben ihn nie wiedergesehen. Nie wieder, selbst nach dem 25. April haben wir nicht erfahren, was mit ihm passiert ist, wo sie ihn hingebracht haben, wie lange er im Gefängnis war oder unter welchen Umständen er gestorben ist. Mit einem Onkel von mir ist das gleiche passiert. Sie sind verschwunden wie die, die erst gar nicht auf die Welt kommen.

Mein Unglück hat mit der PIDE angefangen. Meine Mutter war Modellschneiderin. Als mein Vater verschwand, wurde das Geld und die Geduld für die Kinder knapp. Plötzlich war es vorbei mit der hingebungsvollen, sanften, zärtlichen Mutter. Vorbei mit den Küssen, dem Spaß, den Gutenachtgeschichten. Sie ist eine Betschwester geworden, immerzu der Rosenkranz, Bußübungen, Gelübde und Messen, damit mein Vater nur ja eines Tages wiederkam. Ich hab's nicht mehr mit ansehen können, wie die Frau im Weihwasser unterging. Das einzige, was mich wieder zur Kirche zurückgebracht hat, war der Tod von meinem Sohn.

Ich bin in die Berge gegangen. Hab Vieh gehütet und um Almosen gebettelt, von Montag bis Samstag, ein Mädelchen noch, ich hab's nicht mit ansehen können. Ich hab Schafe in eine Scheune getrieben, die voll war mit Ratten, Ratten, die vor lauter Alter und Angst keine Haare mehr hatten, das vergeß ich nie. Es war Regenzeit. Ich hab auf dem nassen Stroh geweint. Ich hab's nicht ausgehalten dort. Und dann die Schweine, scheußlich, mit denen wirst du einfach nicht fertig. Die Schafe und die Hunde, die tun sich zusammen. Das Schwein haut ab und sucht Eicheln. Der reinste Satan.

Ich bin ohne Liebe aufgewachsen, und als ich sie endlich fand, hab ich entdeckt, daß sie nicht für mich war. So ist mir das Leben begegnet, ich hab mich an Holz verbrannt, das kein Feuer fängt. Dieses erste Mal hab ich mich in den Erben von Grândola verliebt. Er hat mir ein Kind gemacht und ist dann zurück in die Zukunft, die sie für ihn bereithielten. Er hat seine Welt nie verlassen, und ich Dummkopf hab darauf gehofft, aber in dem Alter, da hast du noch nichts begriffen. Mit siebzehn, verstehen Sie?

Mit achtzehn, das war 1964, war ich in Lissabon, ich lernte Krankenschwester in einer Poliklinik von Campo Grande. Vielleicht war das vor Ihrer Zeit. Ich ging immer in eine Konditorei im Erdgeschoß, eines Tages lag eine Zeitung mit dem Gesicht von Salazar auf dem Tisch. Ich hab meine Zigarette genommen und angefangen, ihm auf dem Foto die Augen auszubrennen. Es war die erste Seite. Mistkerl, was hab ich gelitten wegen dir! – ich hab ihn verbrannt. Ein Mann, den ich vom Sehen kannte und der dort seinen Tisch hatte, stand auf und ging zum Telefon. Als ich dann aufstand und gehen wollte, hat ein

Wagen vor der Tür gewartet. Ich mußte einsteigen. Es war die PIDE.

Sie brachten mich in ein Gefängnis, den Namen weiß ich nicht. Sie haben mich in eine Einzelzelle gesteckt. Da war ich dann neun Monate. Ich hab mich nicht verteidigen können, es gab ja nie ein Verhör. Neun Monate, ohne daß du weißt, welcher Tag ist. Kein Mensch hat mich besucht. Bis irgendwann ein Inspektor die Zellen inspizierte und mich bemerkt hat. Ich war sehr hübsch. Mit zwanzig sind wir noch gut für alles. Kaum hatte er mich da auf dem Boden sitzen sehen, mit meinem langen Haar, ließ er mich auch schon in sein Büro kommen. Er nahm mich bei der Hand, setzte mich in einen schwarzen Wagen und hielt erst am Meer, in Guincho. Er bot mir an, mich freizulassen, wenn ich mit ihm leben würde. Er war wesentlich älter als ich und in Portugal verheiratet. Sie war Französin. Eine feine Frau, beste Erziehung, mit Studium usw., sie hatten drei Kinder. Er hat mich gut behandelt. Die Frau hat es nie erfahren. Er hat mir ein Appartement gemietet. Wollte mich unbedingt behalten. Ich war in Hotels im Algarve, als noch kaum wer dort war. Er hat mich mit nach Madrid genommen, alles gute Adressen, er ist da immer übers Wochenende hingefahren. PIDE-Kontakte.

Ich war zwei, drei Monate mit ihm zusammen. Dann wollte ich weg, hab's versucht. Aber Lissabon ist zu klein. Eines Tages, ich ging gerade durch die Baixa, kam ein Wagen, und jemand hat mir zugepfiffen: Er. Also bin ich wieder zurück. Dabei wollte ich ihn gar nicht. Ich dachte, das kann doch nicht sein: ich mit einem von der PIDE auf derselben Matratze. Ich hab es geschafft, nach Mosambik zu kommen, mit Hilfe einer spanischen Dame, die eine Pension in Lissabon führte, dort tauchte ein Herr mit einer Reihe Mädchen auf, die hierherkommen wollten. Er hatte ihnen Arbeit in einem Restaurant zugesagt, aber es war dann in einem Nachtclub. Er hat meinen Paß genommen, um mir ein Ticket zu kaufen. Als es soweit war, bin ich zum Flughafen, im letzten Moment hab ich noch einen Vetter von mir angerufen, der hat mich angefleht, ich soll nicht fahren. Aber es war schon zu spät.

In Luanda war ich achtundvierzig Stunden. Die anderen sind noch am selben Tag nach Lourenço Marques weiter, aber er und ich, wir kamen zu spät. Der Kerl hatte mich auf eine Spritztour mitgenommen, durch die entsprechenden Straßen, damit ich einen Eindruck bekam von dem, was mich erwartet. Da hab ich gemerkt, daß ich in der Falle saß ... Bereits in der Nacht war das Hotelzimmer für uns zwei dasselbe. Er hat versucht, sich an mich ranzumachen, und es gab Streit, weil ich nicht wollte.

Ich kam nach Beira, und die Besitzer von dem Etablissement, in dem ich arbeiten sollte, haben mich höchstpersönlich in Empfang genommen. Es war ein Stelle in der Bar Dom João V. Und ich in Kleidern wie die Königin, mit Glitzer, Rüschen, Schillerlocken und dem ganzen Schnickschnack, und da war ich dann, proper zurechtgemacht und im Blickfeld der Gäste, zusammen mit dem »König«. Alles originalgetreu. Meine Chefs hatten in ihrem Etablissement noch eine andere Abteilung und fingen an Druck zu machen, sie wollten, daß ich auch da arbeite. Aber ich hatte nun mal als Königin meine Kontakte. Wie zum Beispiel zu einer portugiesischen Dame, die mich immer in allem unterstützte. Bis ihr Mann merkte, wo ich herkam. Ich hab's dann schließlich geschafft, hinten in der Bar als Köchin zu arbeiten, statt direkt mit den Männern. Ich mußte mein Flugtikket abzahlen. Ich hab mich gewehrt, hab geschrien, gesagt, daß ich nicht auf den Zimmern arbeiten will, bis eines Tages der Kerl mit dem Vertrag erschien, um das Geld einzutreiben. Er hat mir rechts und links eine geklebt und mich angeschrien. Du miese kleine Lissabonner Nutte! Kommst hierher und spielst die große Dame! Jetzt wird angeschafft, ich will das Geld für die Tickets. Er hat mich nach Tete geschickt. Im September 69 bin ich dann gefahren. Oder war's Dezember? Es ging hoch her am Anfang, wir haben uns in die Wolle gekriegt wegen der Arbeit, die sie mir geben wollten, ich hab nur noch geschrien. Eine Krise. Ich war einen ganzen Monat im Krankenhaus. Manchmal hat mein Kopf nicht mehr mitgemacht.

Ich hab nicht den geheiratet, den ich geliebt hab, sondern den, der da war. Es war in Tete, in Tete hab ich meinen Mann kennengelernt. Dreiundzwanzig Jahre älter als ich. Er hat mich sehr geliebt. Ich hab's nie geschafft, ihn zu lieben, aber ich hab ihn respektiert, ja, das hab ich. Er ist 1991 gestorben. Wir hatten zwei Kinder. Er war's, der hier eine Dame aus mir gemacht hat. Ich hab im Gastgewerbe angefangen, mit dem *Beira Alta*, ein gutes Restaurant. Dann kam der *Solar das Andorinhas* – den Namen hab ich gewählt, weil ich es mag, wie sich die Schwalben einfinden, die Stille, die Dächer und die Erinnerungen an mein Land ... Ich dachte, es würde mir Frieden bringen. Als mein Mann tot war, bin ich hierhergekommen, und nun sagen Sie selbst, einen besseren Platz gibt's wirklich nicht in dieser Stadt.

Der Inspektor von der PIDE ist gleich am Anfang hier aufgetaucht, er hatte die Spanierin in Lissabon ausfindig gemacht. Eines Abends hat er sie offenbar in ihrem Zimmer überrascht. Er hat mir gesagt: ich bin nicht gekommen, um mich zu rächen. Ich bin gekommen, um dir zu sagen, daß ich nicht gewollt hab, daß du auf Abwege gerätst, aber das bist du nun. Er wollte, daß ich zurückkomme, an einen Ort, wo sich's gut leben läßt, aber das hab ich nicht gewollt. Damals in Lissabon hat er mir stundenlang Sachen erklärt – ich war nicht wirklich erwachsen, er fand mich sehr kindlich, er hat mir Bücher gegeben.

Wir waren fünf Geschwister, drei Jungen und zwei Mädchen. Mit dem Bruder, der mir am nächsten war, bin ich damals auch weggegangen aufs Land, Tiere hüten. Er ist später auf und davon, nach Frankreich oder Spanien. Er war mein Zwilling ... Ich war keine gute Mutter. Wir sind der Spiegel für unsere Kinder, aber was hab ich ihnen schon zeigen können? Ich bin aufbrausend. Ich geb weiter, was mir meine Mutter gegeben hat. Mein Erster hat sich in Lissabon erschossen, es waren die Drogen. Der andere hat Arbeit in Beira gefunden. Der Jüngste, der, den Sie gesehen haben, hat's auch schon mit diesen verdammten Drogen. Er kommt nie aus mit dem Geld. Er schämt sich nicht mal mehr vor mir. Letzte Woche hat er sich direkt vor meiner Nase so eine Zigarette gedreht. Da ist nichts mehr zu machen. Jetzt will er auch noch meinen Autosschlüssel.

Ich will nicht nach Portugal zurück. Ich häng zwar an dem Land, sehr sogar, aber es ist mit Unglück verbunden für mich. Ich halt's nicht lang aus dort. Ich war nicht glücklich dort. Dort hat das ganze Elend angefangen. Meine Geschwister, ich hab sie bei einem Unfall verloren, ich weiß nicht mehr genau wann, ich kann das Datum nicht behalten. Schlagen Sie in einer Zeitung von damals nach, ein Autounfall, bei dem die ganze Familie umkam, auf der Straße nach Santiago do Cacém. Sie sind gestorben, weil in Santiago eine Messe war, eine Seelenmesse für meinen Ältesten, der Pfarrer von Grândola wollte sie nicht lesen, weil sich mein Sohn umgebracht hat, und ein Katholik bringt sich nicht um. Der Wagen ist von der Straße abgekommen, als sie alle nach Santiago fuhren. Sie sind verbrannt. Fünf Tote, sie waren das einzige, das ich noch hatte im Leben.

Mit elf hab ich angefangen zu schreiben, meine Großmutter war gestorben. Ich hatte noch nie eine Beerdigung gesehen, auch so einen Ort nicht, das tiefe Loch. Ich hab damals in Beja gearbeitet, eines Abends fing ich mit dem Schreiben an. Ich hab noch Gedichte aus meiner Kindheit, eins ist über die Nacht, als mein Bruder starb. Die Turteltauben, die Hirten, die Hunde: »Traurig war die Nacht«, die schwarzen Schals, die Kerzen, und ich so weit weg. 1985 bin ich noch einmal zurück nach Grândola, in die Berge, hab die alten Plätze von damals, mit meinem Bruder, aufgesucht. Sie waren noch da, die Bäume mit unseren Namen, eingeritzt mit dem Taschenmesser, und die Steine auch. Plätze, die uns gehört haben. Ich sag Ihnen nicht wo. Wenn Sie ein bißchen suchen, stoßen Sie drauf. Aber wozu? Er ist tot.

Manchmal mach ich alles dicht und geh auf meine Quinta oberhalb vom Sambesi. Der Berg, die Vögel, der Sonnenuntergang, die Turteltauben, die zurückkommen, da seh ich dann den Alentejo vor mir. Ich leb zwar in Afrika, aber es gibt Augenblicke, da bin ich im Alentejo. Auf meiner Quinta spür ich manchmal, wie sich das Getreide bewegt, das endlose Meer über der Weide. Die *Quinta do Cajueiro*. Wir brauchten einen Firmennamen für unsere Rechnungen, und da haben wir den genommen, weil dort ein riesiger Cajúbaum stand. Ich hab ihn irgendwann ausreißen lassen, warum, weiß ich nicht. Dafür hab ich einen schönen Mangobaum. Ich wär gern begraben, wo ich glücklich war mit meinem Mann. Es kann passieren, was will, Fröhliches, Trauriges, dort geh ich immer hin.

Ich hab Dinge erlebt auf der Quinta ... Es gab dort einen Alten, sie nannten ihn Maxiquitane, schwer zu sagen, wie alt er wirklich war, er ist nach dem Tod von meinem Sohn draußen im Freien tot umgefallen. Er sagte immer, er hätte im Leben keine Schuhe und keine Kleider gehabt, aber begraben sein wollte er in den Kleidern von einem Weißen. Ich hab dem Alten seinen Wunsch erfüllt und mich um die Beerdigung gekümmert. Der *Cajueiro* war eine *machamba*, nie hat dort einer was geklaut, nicht mal, als Diebe auf dem Land von meinem Nachbarn waren. Ich hatte nie irgendwelche Probleme, wenn ich hinfuhr, selbst nachts nicht, ich konnte Geld und alles dabei haben. Später, 1994, als ich nach Beira bin, erzählten sie mir von einer Frau, die sich in bestimmten Dingen auskennt. Ich hab sie aufgesucht und ihr von Maxiquitane erzählt. Und die Frau hat mir gesagt, der Alte würde nicht zulassen, daß mir was passiert. Er, der Tote, hat mich immer beschützt.

Ich weiß, Sie glauben mir nicht so richtig, auch ich hab jahrelang keinen Gedanken an so was verschwendet. Aber es gibt geheimnisvolle Dinge, auch wenn wir das nicht wahrhaben wollen. Dona Aninhas in Beira – das ist eine andere – hat mir einmal gesagt: die Tränen von einer Mutter sind das Unglück von einem Kind. Warum bist du fort aus deinem Land, ohne dich von deiner Mutter zu verabschieden? Das hat jahrelang genagt an mir, bis ich dann 1985 nach Portugal fuhr. Meine Mutter war noch am Leben, gelähmt. Acht Tage später ist sie gestorben. »Ich hab nur auf dich gewartet, ich hab so gelitten wegen dir, die ganzen Jahre.« Entweder war es Zufall, oder es mußte so sein. Oder etwa nicht? ... Haben Sie schon von den Krokodilen gehört, hier in Tete? Der Fetischpriester, der verwandelt einen Verstorbenen. Er stirbt und stirbt nicht ... Er kann in die Haut von einem Krokodil schlüpfen, einer Hyäne, einer Schlange. Der Fetischpriester nutzt die Kraft der betreffenden Person zum Heilen und solchen Sachen.

Mein Haus auf der Quinta hatte zwei Türen. Eines Abends kamen zwei Schlangen rein, ganz schmal, sie hatten keine Angst vor mir. Haben sich mitten im Wohnzimmer aufgerichtet und gezüngelt. Ich hab mir meinen Hut vors Gesicht gehalten und meine Füße hochgehoben. Und mein Adoptivsohn fing an zu schreien. Da sind sie dann abgezogen. Eine schwarz, die andere mit einem kleinen blaßgelben Streifen.

Als Maxiquitane noch lebte, bekam er hin und wieder plötzlich Fieber, und sein Mund wurde ganz dick. Aber es verging so schnell, wie es gekommen war. Die Leute von der *machamba* sagten, das wär ein *mizimo*, ein Zauber, und er sagte, ja, von einem *inhazalumo*, von einer Schlange. Weil er die Trommeln sprechen lassen mußte, und das machte er dann auch: als erstes wurde *pombe* besorgt, ein Getränk aus Kleie und Sorghum, *maçanica*-Schnaps, und was zu essen (Ziege oder Rind), Trommler wurden angeheuert, Heiler und Tänzer. Alles, wie es sich gehört, von Samstagabend bis Sonnenuntergang am Sonntag. Die Trommeln, der Gesang und der Tanz haben den Alten dann wieder gesund gemacht, und als er dann tot war und die Schlangen kamen, fragte mich diese Frau in Beira, was ich denn glauben würde, was es mit den Schlangen auf sich hat. Der Alte, der würde mich sehr mögen und beschützen. »Der Mann ist die Schlange, die dir immer folgt.« Sie sagte zu mir, ich soll nach Hause gehen. »Warum hast du keinen Hausaltar mehr, und warum betest du keinen Rosenkranz mehr? Geh nach Hause, schließ die Katzen und die Hunde ein und leg alles, was der Alte gemocht hat, um den Orangenbaum: *matapá* aus weißem Maniok, gekochten Reis, Trockenfisch und Tabak.«

Das hab ich gemacht, und am nächsten Morgen waren Schlangenspuren auf dem Boden, und alles andere war weg, die Abdrücke vom Bauch ... Ich hab versucht, den Hausaltar von meinem Mann aufzustellen, aber ich war zu zerfahren. Die Frau aus Beira hat noch gesagt, wenn wir eine Schlange töten, dann gibt das ein großes Unglück, weil die Schlange nämlich Maxiquitane ist. Hin und wieder mache ich diese Zeremonien noch, immer wenn ich früher irgendwie enttäuscht war, stand die Schlange plötzlich da, aufrecht wie der Orangenbaum. Da bekam ich allmählich Respekt. Ich hab angeordnet, daß auf meiner *machamba* nie mehr eine Schlange getötet werden darf. Aber eines Tages ist es dann doch passiert, mit einer Schlange, die versuchte zu entkommen, sie hat sich um den Orangenbaum geringelt, damit der Mann weiß: Ich bin der Maxiquitane. Aber er hat sie getötet. Warum? hat die Schlange mit ihren Augen gefragt, bevor sie starb. Ja, und dann tötet mir doch eine andere Schlange die Joana, mein Affenweibchen, und den King, meinen Hund, und die Hühner. Immer Schlangen. Alles am selben Tag. Am Abend war dann eine Schlange in meinem Garten an der Mauer. Mein Sohn hat die Tür aufgemacht, und der andere, der Kleine, hat geschrien »Pfui Teufel!« und die Tür zugeschlagen, und die Schlange war eingeklemmt, und ich hab sie mit einem Buschmesser entzweigehauen.

Ich hab's mit der Angst bekommen, ich konnte dort nicht weiterleben. Irgendwas ist sehr stark. Ich hab drei Jahre lang nie mehr übernachtet dort. Ich bleib mal zum Essen, seh mir den Sonnenuntergang an, aber schlafen, nein. Vor einiger Zeit hab ich eine große Trommel-Zeremonie veranstaltet, mit vielen Leuten, ich hab sie aus seinem Dorf geholt, aus Capito, die Alten alle, wir waren über hundert, eine ganze Nacht lang. Für den Maxiquitane. Jetzt kann ich ... Alles ist soweit wieder normal, und wir bauen fleißig an. Und wehe, einer kommt und will klauen, wer Grips im Kopf hat, läßt das lieber sein. (Ich hab sechs Monate ohne Tür dort gelebt). Dieses Jahr ist die Quinta schön, schön, alles ist soweit wieder normal. Und ich fühl mich stärker.

Einmal wollte ich mich schon umbringen, mit einem Glas Mazodine. Ich hatte schon einen Brief an die Kinder geschrieben und an die Leute. Und als ich dann diesen Wahnsinn machen wollte, war da plötzlich die Schlange, beim Orangenbaum, hat sich aufgerichtet und hin- und hergewiegt. Aber ich hab mich nicht gefürchtet, ich hab das Glas auf den Boden geworfen und bin schlafen gegangen. Seitdem ist der Selbstmord für mich gestorben.

Auf und davongehen, einfach so, alles hinter mir lassen, die Kraft hätte ich gern gehabt. Einmal hab ich eine Decke genommen, achtzehn Meter weißen Stoff und Unterwäsche, hab alles in meinen Wagen gepackt und Konserven dazu, ich wollte bleiben, wo mir das Benzin ausgeht, mitten im Busch. Ich war noch schnell auf dem Friedhof, um mich zu verabschieden von meinem Mann in seinem Grab. Und dann, ich war schon auf der Landstraße, hab ich noch mal kehrtgemacht, um einen Kranz hinzulegen. Und da bin ich dann hängengeblieben! Mein Wagen, der noch nie irgendwo gestreikt hatte, wollte einfach nicht anspringen. Noch mitten in der Nacht hab ich versucht, ihn mit meinen Angestellten zu tschovieren[1]. Sie können sie fragen, aber er hat sich nicht gerührt. Ich bin also zu Fuß nach Hause zurück, und der Kleine hat sich an mich gehängt und geweint. Und ein Frieden ist über mich gekommen, was für ein Frieden!, und an dem Tag hab ich dann ganz normal zu Abend gegessen, so wie immer. Das war vielleicht vor einem Monat, oder nicht mal. Der Wagen ist immer noch in der Werkstatt, ein schöner Pkw, ein moderner Ford ... Ich frag mich, was ich mit ihm machen soll. Die Mechaniker finden nicht raus, was mit dem Motor war in dieser Nacht, er läuft tadellos. Dieser Opel, eine Dame hat ihn schon mal für eine Reise ausgeliehen.

Jetzt möchte ich nur noch eins, glücklich sein mit dem Mann, den ich liebe. Aber die Stadt läßt das nicht zu. Ein weißer Mann und eine schwarze Frau, das ist in Ordnung. Aber eine weiße Frau und ein schwarzer Mann, das darf nicht sein. Tete ist wie damals, als ich hier ankam. Für die Hautfarbe hat es keine Unabhängigkeit gegeben. Er ist Chirurg. Ein guter Mensch, sehr sanft, sehr intelligent. Jünger als ich. Er ist verheiratet, aber die Kultur hier ist anders, ein Mann kann mehrere Frauen haben. Es ist nur das Rassenproblem. Er will nicht mal mehr bei ihr bleiben, will mit mir zusammenleben. Aber sie kommt an meine Haustür und macht Szenen, sie ist sogar schon mitten in der Nacht gekommen und hat mir Sachen zerbrochen. Ich werde verrückt, wenn ich ihn nicht sehe.

Ich schlafe hier, und wenn er kann, kommt er mich besuchen. Die Stadt zerreißt sich das Maul und zeigt mit dem Finger auf mich. Wenn ich nur nicht von denen abhängig wäre ... Aber mit einem Restaurant ist es schwer, wenn den Gästen da was nicht paßt, kommen sie nicht wieder. Wir haben beschlossen, uns außerhalb der Stadt zu treffen, in einem kleinen Dorf.

---

1 anschieben

Dort geh ich hin mit ihm, und wenn's sein muß, mach ich mich auch um Mitternacht auf den Weg, unsere Zeit ist knapp, freie Tage und Wochenenden. Ein Alter aus dem Dorf, mein Freund, hat von dem Problem mit den Leuten aus der Stadt erfahren. Er hat eine winzige Hütte bauen lassen, mit vier Ecken: Ist mir egal, was die Stadt sagt. Hier stört euch keiner. Sie gehört euch, für die Liebe. Und da treffen wir uns jetzt. Ja, eine verrückte Alte haben Sie da vor sich, am Ende ihres Lebens und über beide Ohren verliebt. Aber das ist gut so. Ein Mann, ich liebe wieder einen Mann. Ich habe Angst, daß sie ihm etwas antun. Morgen zeige ich Ihnen die Hütte, wenn wir nach Wiriyamu fahren. Es ist dort – die Liebe ist, wo der Krieg war.

Ich bin schnell gealtert. Ich war schön, müssen Sie wissen. Hier, in Brome, hab ich schon Unsere Liebe Frau von Fátima gespielt, in echt, aus Fleisch und Blut. Ja, ich hab sogar viel Theater gespielt: *Auf der Suche nach einem Sohn* ... Mein Leben hatte auch seine schönen Seiten, ich bin gereist, hab gejagt ... Und auf meiner Quinta finde ich Frieden. Ich möchte dort begraben werden, vor dem Eingangstor, damit alle über mich gehen. Ich war nie Braut im Leben, aber im Tod werd ich es sein. Eingehüllt in ein weißes Gewand, es liegt schon bereit; und ohne Sarg. In dem ganzen Roman, der mein Leben ist, hab ich mir ein kindliches Herz bewahrt. Das macht das Leid. Ich hab was übrig für alles, was leidet. Ich hab Gutes getan, ich hab, neben meinen eigenen Jungen, zwei andere aufgezogen. Achtzehn und neun. Ich möchte kein böses Ende. Ich möchte, daß alles gut ausgeht.

»Mittags um eins fing es an. Die 6. Kompanie der Spezialeinheiten schlug praktisch überall gleichzeitig zu, in Wiriyamu, Juwau, Chaola und Jimusse. Die Massaker sind alle nach dem gleichen Schema abgelaufen. Und so sind sie vorgegangen: es war ein Samstag, die Leute tranken ihren *pombe*, waren zusammen und die traditionellen Schankplätze folglich umlagert. Die Kommandos haben die Leute in die größten Hütten getrieben, eingesperrt, Feuer gelegt und im Innern sind die Leute dann verbrannt. Wer zu fliehen versuchte, den haben sie erschossen oder mit dem Bajonett erstochen. Sogar die Kinder haben sie genommen und auf die brennenden Hütten geworfen. In Jimusse sind die meisten umgekommen, aber das Denkmal haben sie hier aufgestellt, weil der Ort dafür besser ist. In Jimusse haben sie die Frauen und Kinder an einer Stelle zusammengetrieben, die Männer an einer anderen. Die Männer mußten sich in einer Reihe aufstellen, und drei bewaffnete Militärs haben ihnen befohlen, loszurennen, und dann haben sie um die Wette auf die Männer geschossen. Einige sind im Zickzack gerannt und davongekommen. Von den Frauen und Kindern haben viele zusehen müssen, wie ihre Männer und Väter vor ihren Augen umgekommen sind. Zum Schluß haben sie dann noch Handgranaten genommen und auf die Frauen und Kinder geworfen.

Das war so ungefähr ihr Stil.

Die Operation stand unter dem Befehl von zwei berüchtigten Typen aus der PIDE-DGS, Chico Kachawi und John Cangonlangondo[1]. Chico ist später umgekommen, es war ein

---

[1] Er lebt noch.

Witz, im Badezimmer, eine Frau hat ihm eine Granate ins Kreuz geschleudert. Die Männer hatten beide das Sagen in der 6. Kompanie. Wir glauben deshalb auch, daß bei der ganzen Operation persönliche Rache mit im Spiel war, von Chico; der hatte eine Schwäche für Frauen, und eine der Frauen, an die er sich rangemacht hatte, war aus Chaola. Die Frau ist ihm irgendwann weggelaufen und hat einen anderen geheiratet. Der Angriff ging in Chaola los, weil der Ort für die Hubschrauber aus Tete der erste auf ihrer Strecke war.

Bevor das Massaker anfing, eine halbe Stunde vorher, kamen die Fiat-Bomber, wie die Portugiesen sie damals hatten. Aber dann ist etwas eher Komisches passiert: statt die Dörfer zu bombardieren, ließen die Flugzeuge ihre Bomben auf die *machambas* fallen. Und in einigen Kampfhubschraubern saßen Soldaten, die haben der Bevölkerung Fluchtwege gezeigt. Was beweist, daß es schon damals Leute gab, die nicht einverstanden waren mit der ganzen Entwicklung.

In Tete liefen alle Militäraktionen direkt über die PIDE. Sogar Inspektor Sabino, der damals hier PIDE-Chef war, erhielt alle Befehle direkt von Chico oder John. Sie waren zwar beide schwarz, hatten aber einen Haß auf Schwarze, man glaubt es nicht.

Sie haben aus mehreren Gründen so schnell aufgeräumt mit den Leuten. Zum einen hat sich die Bevölkerung geweigert, in den von der portugiesischen Regierung kontrollierten Dörfern zu bleiben. Und dann war die 6. Kompanie kurz vorher in einen Hinterhalt geraten, ein Stück hinter Kilometer 19, und hatte Rache für ihren verwundeten Kommandanten[1] geschworen.

---

[1] Ein von Antonio Melo nicht bestätigter Zwischenfall. Der Fähnrich befehligte die 6. Kompanie der Spezialeinheiten in Wiriyamu stellvertretend für ihren Hauptmann, der kurz zuvor verschieden war – an einer Hepatitis. Siehe *Expresso* vom 21. 11. 98 und 5.12.92.

Und noch was: Ein paar Tage vorher war ein Flugzeug von der ZOT hier durchgeflogen, das die FRELIMO beschossen hatte. Das alles hat dazu begetragen, daß es so schnell ging. Das war kein Zufall.

Damals war da so ein Viehzüchter, sein Name fällt mir gerade nicht ein, ein Portugiese, der kaufte hier in der Gegend Tiere auf. Eines Tages ist er FRELIMO-Soldaten in die Hände gefallen. Sie haben ihm Schuhe und Kleider weggenommen und ihn dann laufen lassen. Er war ziemlich fertig, als er hier im Dorf ankam, und Wiriyamu, damals der Chief von der Gegend, hat ihm persönlich eine Matte gegeben, und der Mann hat sich unter dem Baum hier erholen können. Nach dieser Sache ging er dann nach Tete und hat den ZOT-Leuten erzählt, daß es hier Terroristen gibt und daß die Terroristen Rückhalt in der Bevölkerung haben.

Dieser portugiesische Viehzüchter hat zu Chief Wiriyamu gesagt: Wir sind uns über den Weg gelaufen, und sie haben gefragt, ob ich ihnen nicht helfen kann; also, wenn ich das nächste Mal komme, bring ich denen von der FRELIMO was zu essen mit. Der Portugiese hat es tatsächlich geschafft, einen Treffpunkt mit den Rebellen auszumachen, und war auch da, es dauerte ihm nur zu lang, und er hat gehupt, aber es hat sich keiner blicken lassen. Bei ihm saß noch ein anderer Weißer mit im Wagen, ein Mann in Zivil, den hatten ein paar von den Kindern erkannt – ein Militär, sie hatten ihn in der Stadt gesehen. Ich hab versucht, seinen Namen rauszubekommen, aber keiner kannte ihn. Die Rebellen von der FRELIMO hatten die Hupe zwar gehört, kamen aber etwas zu spät und haben die Portugiesen verpaßt. Sie haben dann Chief Wiriyamu ausgefragt und von der Bevölkerung erfahren, daß ein Militär mit dabei gewesen war. Der Militär war mitgekommen, um die Aussagen, die der Viehzüchter bei der Spezialeinheit gemacht hatte, auf ihre Richtigkeit zu überprüfen. Bestimmt hat er in

Tete gesagt, daß die Bevölkerung mit den Terroristen unter einer Decke steckt. Ich denke, das hat die Operation – die Operation Marosca vom 16. Dezember 72 – mit beschleunigt.«

Wir wirkten alle sehr klein im Schatten des Tamarindenbaums. Abid brachte mich zurück in die Stadt. Das Mausoleum mit den Gebeinen war geschändet worden.

Es ist vorbei, die Scheibe vibriert nicht mehr in meinem Kopf. Ich bin jetzt ruhig, niedergeworfen in ein, wie ich fühle, altvertrautes Koma. Die Erschöpfung, die sich in den Beinen ausbreitet, den Armen, zieht mit einem Kribbeln hoch in den Nacken, findet anderswo eine Stimme, fern noch und schwach. Verebbt dort, während die Stimme Gestalt annimmt in der Leere des Traums, Besitz ergreift von ihr, die Muskeln durchströmt, die den Traum festhalten. Ein Balsam flutet wie Wasser in mein Schlafen. Ein Klagen, hörbar, spürbar jetzt, während ich unterschiedlich schnell durch den Traum treibe. Ich halte die Augen geschlossen, will die ersten Membranen des Tages nicht zerreißen – zwei Klingen aus Schmerz warten auf diese Bewegung, auf dem Faden der Lider.

– Diese Tatas sind doch der letzte Schrott! Und warum kauft die Regierung die? Weil die Minister von den Indern Provision kriegen. Und wer muß damit fahren? Wir!

Eine überflüssige Information. Unser Tata, klein und altersschwach, ist unter der Last der Fahrgäste – dreimal mehr als zugelassen – und dem entsprechenden Gepäck zusammengebrochen.

– Das Fahrgestell ist mittendurchgekracht, lächerlich, wie in einem Comic.

Da stehen wir nun irgendwo in der Nacht an einem der vielen Hundert Kilometer durch den Nationalpark von Kafué, einem der größten Afrikas. Ich rühre mich nicht, einen Fuß in jeder Hemisphäre, weder wach noch schlafend, eine Abwehrliste, die ich den Hunden abgeschaut habe. Wörter lösen sich unartikuliert aus meinem Mund, kreuzen sich mit anderen, an mich gerichteten, die lästig sind und störend, zu mir dringen durch das widerwärtige Gemisch aus Schweiß, Moskitos und Maniok, das sich breitmacht im Tata. Und wieder das Klagen, näher jetzt, unheimlicher, in einem Gefolge verschiedenster Laute. Sie gewinnen an Klarheit, werden Sprache, Melodie. Gesang! Wie? Gesang? Die Menschen, die sich im Tata drängen, verstummen und lauschen, flüstern in unverständlichen Sprachen.

Angst liegt wie ein Knebel im Tata. Ich wünschte, ich könnte die Klaustrophobie in Stücke schneiden, mit martialischer Wut und messerscharfer Hand, von oben nach unten und von links nach rechts, mit einem befreienden Schrei. Warum machen sie die Fenster nicht auf?!?

In unserer Nacht sieht man die Hand vor den Augen nicht, und Schatten suchen – vergebens – Schatten, jetzt, da das Klagen hier ist, draußen vor dem Tata, greifbar nah. Nichts, niemand ist zu sehen. Die Gesänge gehen über den Schotter davon, das Geräusch der Schritte im Schlepptau, verlieren sich in der Nacht. Wer singt, hat den Himmel vor Augen und Gott hinter sich. Kraftvoll und feierlich ziehen die Gesänge durch den Tata, eine Blechkiste, in der der Atem stillsteht. Die unsichtbaren Gesänge entfernen sich mit dem Auf und Ab von Gazellen, wie Heilige auf Prozessionsgestellen, die sich zwischen die erdentrückte Andacht der Gläubigen schieben.

– Vor zwei Tagen ist ihnen der Bruder gestorben. Jetzt bringen sie ihre Trauer auf den Weg.

Die Vielstimmigkeit der Trauer ist in meinen Schlaf eingeschwebt, Schritt um Schritt, fern und nah, auf dem Schotter, der Grund für den Schmerz auf meinen Lidern. Jede Haltung ist unbequem, und der Körper reagiert nur noch auf das Schweißinsekt, das mir über den Hals läuft und die Nieren, sich in den Leisten festsetzt. Hin und wieder, vielleicht ist alles nur Einbildung, erzittert der Tata erschreckt unter spitzen

Schreien und Gelächter, und die Fahrgäste stürzen an die geschlossenen Fenster. Sind über mir, treten mich in der Hast, und ich weiß, dies alles, die Gesänge, die gegen die schmutzigen Scheiben branden, das Lachen über den Toten ohne Kerze, das Joch des Dunkels und die Füße, die mich immer wieder treten, innen, in meinen geschlossenen Augen, die Kinder, naß vor Urin, Hitze, Tränen, ich weiß, dies alles geschieht außerhalb von mir, auf einer violettroten, geraden Straße, an deren Ende Engel stehen, ekelerregend nach Leichenwagen und Maniok riechend, während jemand auf einem Klavier menschlicher Stimmen spielt und seine Nägel in den Gips der Tasten gräbt; neben der Erschöpfung, die mich endlich in eine Tiefe gestürzt hat, diese hier, aus der ich nicht mehr aufsteigen kann.

Am Morgen, als der Ersatzbus kam – ein Tata, klein und altersschwach –, erfuhr ich, daß Elephanten während der Nacht, wenige Meter entfernt, ein großartige Vorstellung gegeben hatten. Alle Fahrgäste hatten sie miterlebt, nur ich nicht.

Nichts kann die Trostlosigkeit dieser Reise verletzen. Nur eine Kugel. Um es gleich zu sagen: Es ist nichts passiert.

– Runter!!!

Niemand hätte sehen können, woher der Schuß kam. Als wir den trockenen Knall hörten, duckten wir uns, merkten dann aber sofort, daß nur ein Schlauch geplatzt war. Wir hielten an. Lachten, wollten uns die Angst austreiben.

Die Angst läßt sich austreiben, teilen, spielen, verfliegt auf diese Weise, oder wir können so tun als ob, bis sie eine lästige Weggefährtin wird.

Jaime ist abgestiegen, um den Reifen zu wechseln. Jaime, der Gehilfe von Aguiar, fährt hinten mit, in einer winzigen Wabe auf der Ladung – Schulbücher! –, obwohl im Führerhaus mehr als genug Platz ist.

– Der verzieht sich nach oben. Da gehört er hin. Die Angolaner haben so ihre Gewohnheiten, müssen Sie wissen, ihre Bräuche, die mögen nicht, daß man ihnen reinredet. Die wollen allein bleiben. Die vermischen sich nicht.

Es mußte kalt sein nachts da hinten.

– Und wenn es regnet?

– Er hat eine Plane. Er kommt zurecht. Da gehört er hin. Die wollen, daß man sie härter anfaßt. Die mögen das.

Macht der Laster irgendwo Station oder nähert sich einem Polizeiposten, versteckt Jaime Aguiars Waffe und Patronentasche. Jaime unter seiner Plane reicht dem Fahrer durchs Fenster, was immer er verlangt.

– He, Jaime! Gib mir meine Knarre! – Gib mir zwei

Sprudel! – Gib mir was Brot! – Gib mir von der Trockenbanane! – Gib mir was Fleisch! – Gib mir dies, gib mir das ...
Jaime gibt. Jaime tut. Jaime schweigt. Macht Jaime das Spaß?

Als wir Benguela verließen, hörten wir Maschinengewehrsalven auf dem Schießplatz.
– Gefällt mir nicht. Wenn kein Krieg ist, brauchst du auch nicht schießen üben.

Zwischen Benguela und Lubango verläuft eine der gefährlichsten Überlandstraßen Angolas; sie kennt blutige Geschichten wie keine andere: Verfolgungsjagden, Kämpfe, Hinterhalte, in der nahen Serra wurden Garnisonen der FAPLA aufgerieben, Camps der FALA, Stützpunkte der SWAPO. Die Reise ist lang und beschwerlich. Zwei ganze Tage. Der Zustand der Fahrbahn ist miserabel – nur die letzten achtzig Kilometer ab Cacula sind in vier Stunden zu bewältigen. Nach Sonnenuntergang ist die Strecke wie verwaist. In Kriegszeiten ist sie ein Paradies für Rebellen. Während dieses seltsamen angolanischen Friedens gehört das Terrain den »bewaffneten Banden«. Die Lastwagenfahrer von Benguela machen sich nur bewaffnet, nur im Konvoi und meist unter Geleitschutz auf den Weg nach Huíla.

Die Nerven in Aguiars Laster sind zum Zerreißen gespannt. Vor einer Woche ist sein Sohn, der ebenfalls die Strecke Benguela-Lubango-Windhoek befährt, beschossen worden. Sie hatten es auf seine Ladung abgesehen, er hat nicht angehalten. Konnte ihnen entwischen, aber sein Laster war von Kugeln durchsiebt, als er in Lubango eintraf. Vor anderthalb Wochen sind zwei Polizisten auf derselben Strecke umgekommen, bei einem Angriff auf einen der abgelegenen Kontrollposten.

Einmal sind Aguiar und zwei andere Laster auf der Strecke

Lucira-Benguela in einen Hinterhalt geraten. Zum Glück hatten sie ausreichend Waffen, Magazine und Vorrichtungen zum Abschießen von Leuchtraketen dabei. Trotzdem sind während des Gefechts auf einem der Laster sieben Personen umgekommen.
– Wir haben uns nichts gefallen lassen. Die Typen haben klein beigeben müssen. Und wir sind weitergefahren. Drei Tage später hieß es plötzlich, da lägen irgendwo Typen in der Gegend rum, tot und mit offenen Bäuchen. Und was war passiert? Ein Polizist, der Sankara, ein mieser Gangster, hatte das Ding gedreht. Keine Ahnung, wo sich der Kerl rumtreibt.

Auf Strecken mit vielen Schlaglöchern operieren überall Banden. Sie nutzen das langsame Tempo der Wagen, springen auf die Ladung und sortieren aus, was für sie von Interesse ist. Anschließend springen sie wieder ab und sammeln ihre Beute ein. Wenn der Fahrer etwas merkt, ist es bereits zu spät.
– Ist mir auch schon mal passiert, mit einem von den Kommandos auf der Strecke nach Luanda. Miese Typen.

Es gibt noch eine dritte Taktik: auf den fahrenden Wagen springen, die Tür aufreißen und eine Waffe auf den Fahrer richten. Das ist die riskanteste.

Aguiar hatte in Benguela zwei Tage lang auf einen Lastwagenkonvoi gewartet, mit Waren von Brigadier Mandinho, dem Kommandanten der Schnellen Eingreiftruppe der Polizei von Cuene. Sicherer konnte ein Konvoi kaum sein – mit *ninjas* als Begleitschutz –, trotzdem gab es auf der Strecke nach Lobito größere Probleme. Aguiar hatte mich gefragt, ob ich bereit sei, ohne weiteren Schutz loszufahren. Ja, natürlich.

Die erste Sicherheitsregel, die wir verletzten. Von da beachteten wir keine einzige mehr. Aguiar zählte mir die verhängnisvollen Orte auf: Talamajaba, Coruteba, Coporolo, Contentor, Massonge ...
– He, Jaime! Gib mir meine Knarre!

Sobald es dunkel wurde, steckte Aguiar die kleine Makharow in seinen Gürtel. Eine Kalaschnikow kam durchs Fenster und landete auf meinen Knien.

— Ist die geladen? Hören Sie, ich hab keine Ahnung, wie man damit umgeht im Notfall. Ich war nie beim Militär.

— Doch, doch. Wenn Sie müssen, wissen Sie's, das garantier ich Ihnen.

Eine Plackerei, der Reifen. Eine Plackerei ... Die Nerven sirren lauter als die Grillen. In der Nähe liegt ein *quimbo*. Wenn wir still sind, hören wir Stimmen. Wir schaffen es einfach nicht, still zu sein. Sie haben ein Feuer. Wir nicht. Hier, wo wir sind, dürften wir nicht sein, nicht zu dieser Uhrzeit, in dieser Nacht, dieser Kälte, dieser Gefahr, die sich nicht einstellen wird. In der Hitze des Motors sind neben meinen Füßen die Würstchen gar geworden, zum Glück in ihrer Dose. Als der Reifen platzte, waren sie noch warm. Ich habe zwei für Jaime aufgehoben.

— Fest anziehen! Kostet zwar mehr Kraft, die Dinger wieder zu lösen, aber dafür wissen wir wenigstens, daß sich das Rad nicht selbständig macht. Und die Muttern immer schön der Reihe nach auf die Schrauben. Fertig? Mutter Nummer eins auf Schraube Nummer eins undsoweiter.

Diese Strecke führt durch einen Archipel: Benguela ist eine Küstenstadt. Westwärts das Meer, landeinwärts Inseln ohne Ende. Wir sind nicht an allen vorbeigekommen, aber sie sind da. Ich will damit sagen: Das Land ist nicht wie auf der Karte. Man verläßt den Atlantik und fährt ein ins Nichts. Das Meer der Stille, erdabgewandt.

Inseln, die wir überqueren, der Straßenbelag ist verschwunden, und entstanden sind, Kanälen gleich, die Schlangenlinien der Fahrrinnen. Der Krieg war eine Erosion, hat Land und Leute verschlungen. Benguela ist Festland. Lubango ebenfalls, Huambo und Kuíto waren es. Was zwischen ihnen liegt, läßt sich nicht beschreiben. Keiner ist von da her, wo er jetzt ist – Männer und Frauen sind hier gestrandet wie Boote in der Brandung hinter Dünen. Inseln: sobald wir an ihnen vorbeikommen, treiben die Lumpen, die sie tragen, an uns vorbei, der Staub, der sie bedeckt, der Brei und die Kerne, die sie auf dem Feuer kochen. Farblose Inseln, die jäh auftauchen aus dem Busch, die Füße in Ketten, aller Rechte beraubt, einschließlich des Rechts zu suchen oder auch nur zu fliehen.

Da! War das nicht ein Schakal? Ibisse, die langschnäbligen Vögel, haben wir schon lange nicht mehr gesehen.

Jeder *quimbo* ist eine Insel. Jeder Mensch ebenfalls. Sie treiben vor der Küste eines Kontinents, der ihrer war: mit der Familie der Eltern, dem Gedächtnis der Gruppe, der Religion der Ahnen und der Sprache der Kinder, dem Salz, das sie nicht haben, dem Feuer, für das sie von Mal zu Mal weiter gehen müssen. Benguela, Luanda, Lobito: in Angola sind nur die Strände Festland, und alles Bemühen gilt dem Untertauchen. Unter Wasser werden keine schlechten Nachrichten verbreitet. Der Rest ist Schiffbruch – Angola hat kein Hinterland, aber territoriale Gewässer. Hin und wieder taucht ein geodätischer Mast auf, ein rotes Band, ein Buschmesser, das den Horizont teilt. Ein Geschenk des Lotsen, den die Untertanen seit Jahren langsam aus dem Mastkorb fallen sehen.

Eine Fahne. Das geliebte Vaterland: halb Blut, halb Trauer.

Auf Felsen und dicken Baumstämmen verwittert eine Beschilderung aus Graffiti. Aguiar hat Spraydosen in seinem Laster, für strategisch wichtige Abzweigungen, für einen weiteren Graffito:

AGUIAR UAMANO OVIRONGO: Aguiar kennt sich überall aus.

In großen Abständen immer wieder vom Busch überwucherte Abfahrten zu großen, verlassenen Fazendas: Calahanga, Caribo, Embanda, Cabinjiriti, Camuvi; Viehzucht, Sisal, Ackerbau ...

An ein, zwei Stellen ist der Kanal unterbrochen, und die Inseln sind miteinander verbunden – Catengue, Quilengues, es wird spät werden, bis wir dort sind, aber das ist nicht das einzige Problem, dazu kommen die zwei Stunden Arbeit an der Motorhaube des Volvos, zwischen betrunkenen Polizisten, die einen ebenfalls Betrunkenen mitten durch die Nacht schleifen, er hat Handschellen und Ketten an Händen und Füßen. Wir kommen an Rastplätzen vorbei mit gehäuteten Ziegen an einem Nagel, lauwarmen Brausegetränken, die nach Fisch riechen, verbeulten Töpfen mit fahlgrünen Soßen, in denen Knochen brodeln, Zigaretten, die einzeln verkauft werden, Fliegen, die sich in Brot fressen. Die Schatzinsel. Die Dämmerung bricht über diese Plätze herein wie eine Strafe. Die Kerzen verstärken das Dunkel, bringen Kreaturen hervor, die den Rauch ausschwitzen, der sich in unseren Kleidern festsetzt, den Rauch, der beißend in Höhe der Augen steht, die sich vor ihm verschließen.

– Der Mistkerl fährt ohne Licht!

Um ein Haar! Er kam gerade noch rechtzeitig zum Stehen. Ein Laster, ein weiterer Verrückter, fuhr direkt auf uns zu, wir sahen das Monster erst, als uns keine fünf Meter mehr trennten. Er hielt an einer Stichstraße. Stimmen stiegen aus, sprachen Umbundu. Entzündeten ein Feuer.

– Bring das Dreieck. Wir stellen's auf, wenn ein Wagen kommt. Wird sonst nur geklaut. Die Kerle haben's doch nur drauf abgesehn.

Jaime kämpfte noch immer mit dem Rad. Wir gingen zu dem Feuer neben dem unsichtbaren Laster: Holzkohlehändler, die mit Brennholz durch die Provinz fahren. Ein Ehrenkodex, der überlebt hat, ermöglicht den Handel: keiner rührt einen Sack an, der nicht ihm gehört, und keiner nimmt einen

Sack, ohne zu wissen, wem er ihn bezahlen muß. Aguiar, ein Portugiese aus Benguela und seit fünfzig Jahren in Angola, hat mir während der Reise etwas Umbundu beigebracht.

– *Hame dukombé dikassi logopita ondjira.*

Nicht genug, um den Händler nachhaltig zu beeindrucken. Vielleicht ist er anderes gewohnt. Er hat nicht aufgesehen von dem Fleisch, das er briet.

– Wir alle, wir sind auch Besuch. Wir gehören nicht zu dieser Straße. Wir sind nur hier, weil der Krieg hinter uns her war. Wir müßten längst unterwegs sein. Meine ganze Familie, ich kenn sie nicht mal alle. Die sind irgendwo …

Auf einer anderen Insel.

Als wir nach Cacula hinauffuhren, kamen wir an einer Unfallstelle vorbei. Der Laster war noch da, an einem Steilhang zerschellt. Der Mais lag über die Fahrbahn verstreut. Die Überlebenden werden ihn bis aufs letzte Korn auflesen und kochen. Seit dem Unfall waren sie dort, seit drei Tagen, heiser geweint und verstummt. Nur die elf Toten kamen bis Lubango.

– Die Hunde in Baía dos Tigres wurden folgendermaßen gefangen: die weißen Siedler haben einen großen Käfig genommen, und in den haben sie einen Angolaner gesteckt oder irgendwen, der sich ein paar Groschen verdienen wollte. Der Käfig war in einem Käfig, vorher haben sie den Mann erst noch ein Stück rennen lassen, damit er ins Schwitzen kam. Und dann ist er da geblieben. Nachts kamen die Hunde. Die haben den Burschen gerochen. Aber der hatte an der äußeren Tür längst eine Strippe festgemacht, und kaum waren die Hunde drin, hat er dran gezogen, und die Hunde waren eingesperrt. Da saß dann der Mann die Nacht über zusammen mit einem Hund, dem der Geifer vorm Maul stand vor lauter Bellen. Es war nicht gefährlich, er war ja sicher, da, wo er war. Die weißen Siedler haben die Hunde verkauft. Scharfe Hunde. Die sind auf alles los, was ihnen unterkam.

José Nada ist einer der ältesten Madeirenser von Lobito Velho. Er lebt landeinwärts am Wasser – an der Bucht.

– Vor gar nicht so langer Zeit hat mich wer gefragt, was ich hier mache, wo die anderen doch schon alle fort sind.

HATE INK.

wenn du es vergießt
sieh dich vor
mit dem Blut:

keine Farbe
             nein
eine Wunde.

Teresa Chilambo, 35, Mann durch Krieg verloren, vier Personen im Haus, verdient den Lebensunterhalt mit Brennholz.

Alice Vissopa, 49, zieht vier Waisen auf, die Mütter tot, ein Vater im Busch, der andere durch eine Mine umgekommen; besitzt ein kleines Stück Land.

Joaquina Ngueve, 31, zwei Männer: der eine vor fünfzehn Jahren verschwunden, der andere seit zwei Jahren in Luanda; sieben Kinder, lebt vom Verkauf fermentierter Getränke.

Adélia Jepele, 35, Mann vor drei Monaten durch Krankheit verloren, sechs Kinder, verdient Lebensunterhalt mit dem Verkauf von Maniokmehl.

Jacinta Vondila, 45, Mann vor drei Jahren durch Krankheit verloren, fünf Kinder, lebt vom Brennholzverkauf.

Firmina Susso, 40, Mann vor fünf Jahren durch Krieg verloren, vier Kinder, lebt vom Brennholzverkauf.

Clementina Chova, 24, Mann seit drei Jahren in Luanda im Gefängnis, zwei Kinder, lebt vom Brennholzverkauf.

Maria de Fátima, 27, zwei Männer, der erste in einem Hinterhalt umgekommen, der zweite mit anderer Frau in Benguela, drei Kinder, lebt vom Brennholzverkauf.

Margarida Jondo, 43, Mann vor drei Jahren durch Krankheit verloren, vier Kinder, lebt vom Brennholzverkauf.

Teresa Chicumbo, 24, Mann vor vier Jahren eingezogen, seither keine Nachricht mehr, drei Kinder, lebt vom Schwarzhandel.

Maria da Natividade, 30 Jahre, Mann durch Krieg verloren, fünf Personen im Haus, lebt vom Schwarzhandel.

Flora Massanga, 32, drei Männer, zwei verloren, der dritte

lebt mit anderer Frau in Lubango, fünf Personen im Haus, besitzt ein Stück Land.

Joaquina Chacuvala, 39, zwei Männer, den einen durch Krankheit verloren, den anderen durch Krieg, sieben Personen im Haus, lebt vom Schwarzhandel.

Regina Negueve, 24, Mann vor drei Jahren nach Lubango gegangen, fünf Personen unter einem Dach, besitzt ein Stück Land.

Jossefa Chissuva, 59, Mann durch Krankheit verloren, zieht zwei Waisen auf, Eltern sind im Krieg umgekommen, lebt vom Brennholzverkauf.

Madalena Salassa, 35, Mann durch eine Mine verloren, fünf Personen im Haus, lebt vom Brennholzverkauf.

Maria Nagueve, 50, zwei Männer, der erste bei der UNITA, der zweite mit anderer Frau, zieht zwei Halbwaisen auf, Mutter an Krankheit gestorben, Vater mit neuer Frau in Luanda; besitzt ein Stück Land.

Margarida Naombo, 60, der Ehemann ist blind, zieht drei Halbwaisen auf, Mutter bei Überfall ums Leben gekommen, Vater hat neue Frau, lebt vom Brennholzverkauf.

Celestina Cuvanja, 69, Mann durch Krankheit verloren, zieht drei Halbwaisen auf, Mutter lebt mit anderem Mann, der Vater gestorben.

Evalina Dumala, 63, Mann durch Krankheit verloren, zieht vier Waisen auf, Mutter an Krankheit verstorben, Vater eingezogen, lebt vom Brennholzverkauf ...

Im September 1992 forderte das Gesundheitszentrum für die Randbezirke von Huambo »alleinstehende«, dort ansässige »Mütter« auf, sich registrieren zu lassen. Innerhalb von zwei Wochen fanden sich 693 Personen ein. Das Zentrum versorgte eine Bevölkerung von rund siebzigtausend Personen oder rund zwölftausend Familien. Demnach wurden 5 % dieser Familien von »alleinstehenden Müttern« geführt. »Sie sind aus ihren Dörfern in die städtischen Randbezirke gekommen, Grund hierfür war vorwiegend die unsichere Lebenssituation. Sie sind mit ihren Männern gekommen oder in der Stadt neue Beziehungen eingegangen«, schreibt der *Jango* in seiner Ausgabe vom 11. September, wobei er sich auf die Namensliste stützt. »Nach und nach haben sie ihre Männer verloren: einige durch Krankheit, die meisten durch den Krieg; andere sind erneut in andere Städte abgewandert, jedoch ohne die Familie, haben wieder geheiratet, und die Frauen sind allein mit den Kindern zurückgeblieben. Sie können weder lesen noch schreiben, haben keinen Beruf, können nur ein Feld bestellen, besitzen aber kein Land. Ihre Dörfer sind niedergebrannt und zerstört und mit ihnen das soziale Netz (Familie und Gemeinschaft), das sie auffing, sie haben sich mit anderen Männern zusammengetan, Parias wie sie. Diese Männer sind ebenfalls fortgegangen, und die Frauen finden sich erneut allein mit ihren Kindern, haben nichts mehr, nicht einmal eine legale Existenz.«

Vierzehn Jahre Kampf haben Domingos gelehrt: das Schlimmste am Krieg sind die Helden. An seinen Beutel mit Lebensmitteln geklammert ist er vor Silvester Stallone stehengeblieben. Der Schauspieler, den Patronengurt wie eine Schärpe auf dem nackten Oberkörper, hält einen Mörser im Anschlag, bereit, in die Wirklichkeit und das Publikum zu feuern. Domingos taxiert Rambo ohne Neid. Rambo ignoriert Domingos ohne Absicht. Keiner zuckt mit der Wimper. »Vorstellungen um 10, 12, 14, 18 und 20 Uhr.«

– So ein Ding hab ich auch schon bedient. Ein RPG7. Damit kenn ich mich aus

: wenn du eine Bazooka abfeuerst, dann immer von der Seite, wie beim Golfspielen

; schrei, wenn die Rakete rausschießt, sonst wirst du taub oder drehst durch

; trink kein Wasser, wenn du auf eine Mine getreten bist, sonst stirbst du vor Durst

; das zumindest habe ich behalten von dem, was er mir beibrachte.

Domingos Pedro, 31, Angolaner, ist Flüchtling in Mongu, der Hauptstadt von Westsambia. Als die bewaffneten Auseinandersetzungen 1992 neu aufflammten, befand er sich in Rivungo (Kuando Kubango). Er beschloß zu fliehen, über den Rio Kuando. Er ist dem Tod im Krieg entronnen, um ein Leben im Elend zu führen, wie abertausende anderer Flüchtlinge aus Angola, die sich in den überfüllten Camps des sambischen Nordostens drängen.

Domingos Pedro stammt aus Camacupa (Bié). Seine Familie ist zurückgeblieben, so geht es dem Großteil der vom Krieg betroffenen Bevölkerung Angolas – die nächsten Angehörigen sind irgendwo abhanden gekommen: ein Angriff, ein Hinterhalt, eine Evakuierung mit einem traumatischen Auf Nimmerwiedersehen. Eine Art Tod ohne den Vorteil der Trauer, die alle Überlebenden, jetzt auseinandergerissen, frei macht für einen neuen Kreislauf aus Liebe und Verlust.

Zwischen Geburt und Krieg hatte Domingos keine Biographie, nur die kurze Zeit, in der er die äußere Statur erwarb, um eine Maschinenpistole halten zu können, Haßworte im Mund und Angst in den Beinen. Mit zwölf war er bereits Soldat der FAPLA (für die Generäle in Luanda sind Arme und *bailundus* nie wirklich Kinder, nur anonymes Kanonenfutter an der Front; auf der Gegenseite ist es nicht besser, eher schlimmer, denn auf dem Land fällt die Grausamkeit weniger auf)[1].

Sieben Jahre später wechselte Domingos zur UNITA über. Aus zwei überzeugenden Gründen. Der erste: er war in Gefangenschaft geraten. Der zweite: MPLA und UNITA verzichteten bereits seit längerem auf Soldaten, die für ein Ideal kämpften – ihnen reichten Opferbereitschaft und Disziplin als Zeichen des Einverständnisses. Es genügte, die Gefangenen in eine andere Uniform zu stecken, ja, nicht einmal das, und sie zurück auf den

---

[1] Wie bereits im Frieden von Bicesse bewirkte die »Anwendung« des Protokolls von Lusaka, daß sich einige schamlos an den Geldern zur Demobilisierung und Reintegration von »Risikogruppen«, einschließlich minderjähriger Soldaten, bereicherten. Dieselben Offiziere, die Kinder und Jugendliche ihren Familien weggenommen hatten, ihren Schulen und der Zukunft Angolas, wandelten sich zu flammenden Fürsprechern dieser Armee von Teenagersoldaten mit vor Entsetzen gealterten Augen. Von ihren neuen »Verwaltungsposten« im Staatsapparat aus formulierten sie berechtigte, aber übertriebene Forderungen »zugunsten« der gesellschaftlichen und zivilen Wiedereingliederung Minderjähriger, indem sie Listen mit Namen und Nummern erstellten. Dabei machte sich niemand bewußt, daß diese Listen nichts anderes als das Eingeständniss furchtbarer Verbrechen darstellten, die es verdienten, als solche gerichtet und verurteilt zu werden.

Weg zu schicken, über den sie gekommen waren. Es gab jedoch auch andere Zeiten, als nämlich der Rausch der Befreiung noch nicht ganz verflogen war. Die Ausnüchterung besorgten die sowjetischen Folterkammern im Gefängnis von São Paulo de Luanda, die Konzentrationslager der Lundas, in denen die Menschen verhungerten, und die maoistischen Umerziehungszentren von Bié, in denen man die Gefangenen jahrelang in der Erde wühlen ließ, um ihnen die Köpfe zu leeren.

Wie soll man die Vergangenheit heilen, solange die Gegenwart unklar ist? Domingos, der das Flüchtlingslager verlassen hat, da er sich weigert, »wie ein Strafgefangener den anderen in die Tasche zu arbeiten«, lebt in einem der ärmsten Viertel am Stadtrand von Mongu. Seine Habe besteht aus einer kleinen Hütte ohne Mobiliar, wo der Hunger ihn und einen anderen Flüchtling endlos lange Tage auf die Matte neben ein kleines Feuer streckt. Es gibt dort kein Wasser und keinen Strom. Das Viertel ist eng und schmutzig, Dornbüsche zeichnen den Verlauf der Straßen, ein Labyrinth aus Ziegen zwischen den halbvergorenen Früchten der Bäume und der Savanne, Pesthauch und Exkremente, die im Sand versickern. Der Strand des Exils. Das Panorama dort ist prächtig. Das weite sambische Waldplateau, eine Terrasse aus Bäumen, bricht jäh ab über dem Küstenstreifen, um die unendliche Ebene des Sambesi vorbeiziehen zu lassen.

– Wenn man ihre Sprache nicht richtig kann, kriegt man keinen Job.

Als ich in einen Supermarkt ging, unterzog sich Domingos einer Selbstzensur, noch bevor die Frau an der Kasse einen mißbilligenden Blick auf seine beschämend schmutzverkrusteten, rissigen Füße warf. Normalerweise wäre Domingos am Eingang stehengeblieben.

– Er gehört zu mir.

Wie ein Tier. Nein: Ein Tier wird nicht weggescheucht,

wenn es nicht stört. Ein Flüchtling gilt weniger, erklärt mir Domingos. Arbeitslosigkeit bedeutet für die Angolaner von Mongu weit mehr, als keine Arbeit zu haben. Als wir an den Regalen vorbeigingen, bat er mich um die Erlaubnis, aus meiner Tasche bezahlen zu dürfen, was seinem Magen fehlte: Kaffee und Teigwaren, Kekse und Limonade.

Domingos hat
– einen Sohn, der ein Jahr und zwei Monate alt ist
und
– so ungeplant kam wie nur möglich,

er lebt weder mit dem Kind noch mit der Mutter, weil ihm das Geld für die drei oder vier Ochsen fehlt, die seinem Schwiegervater die sambische Braut abkaufen könnten. Er lebt von fremder Hilfe und vom »Fahren«: für eine kleine Summe fährt Domingos wie auch andere Flüchtlinge über den Kuando, illegal und im Auftrag von Schiebern, die daran interessiert sind, ohne Gefahr ein- und mit Diamanten wieder auszureisen. Ein Abenteuer, das sich für den Käufer lohnt: ein *green tucker* zum Beispiel, der in Mongu hundertvierzig- oder hundertfünfzigtausend sambische *Kwachas* kostet, ist in den von der UNITA kontrollierten Gebieten für vierzig- oder fünfzigtausend zu haben.

Sieben Jahre Luanda, sieben Jahre Jamba. Domingos besitzt einen hervorragenden Durchblick. Zu den beiden Bewegungen, die ihn benutzt haben, meint er

– das ist doch keine Befreiung mehr. Was gibt's denn noch zu befreien? Was denn? Ums Geschäft geht's, und fertig. Das eine heißt Erdöl, das andere Diamanten und Quecksilber. Und das Volk? Kriegt nichts, hat nichts. Das Volk stirbt. Der Santos, der hat nach dem Tod von Neto angefangen die Richtung zu ändern. Und der Savimbi, der war zwar angeblich noch nie an der Regierung, aber ein Chef muß seine Angestellten anständig behandeln. Und er hat die Ingenieure, die

Lehrer, die Ärzte, und wie behandelt er die? Geschenkt! Die leben nicht, kommen nicht vorwärts, verdienen nichts.

Domingos und António waschen sich bei einem sambischen Freund, in einem Nachbarviertel, einem Viertel für Sambier, die arm sind, nicht mehr und nicht weniger, aber das Glück haben, daß in ihren Fertighäusern Wasser fließt. (Das Ungleichgewicht, das der Krieg verursacht hat: Auf der anderen Seite der Grenze haben nicht einmal die Gemeindevorsteher Wasser. Wasser ist ein Luxus, der nur fließt, wo er immer schon war: in den Flußbetten).

Neben Rambo hängen noch andere Künstler, Reklame für indische Filme in der Video-Zelle, wo es nach Schweiß riecht und sich junge Leute drängen. *Come and Get More*. Eine in Öl gebräunte Blondine mit zwei über den Brüsten gekreuzten Patronengurten. Kein Kino kann Domingos aus seiner dumpfen Melancholie erlösen.

– Ich seh Kriegsfilme und denk, das alles hat überhaupt keine Wertheit. Das war für nichts. Du kommst doch nie drauf, daß es mit dir zu Ende sein kann, bevor du geboren bist. Dabei reicht ein einziger Augenblick, eine Sekunde, und es ist vorbei, Schluß, aus. Du haust ab, trittst auf eine Mine, fängst dir eine Kugel ein.

Domingos muß seine Intelligenz verfluchen, denn ganz offensichtlich quält es ihn, zu sehen, was das Leben aus ihm gemacht hat. Auf seiner Stirn liegt der gleiche befremdlich rote Widerschein, der von den Bränden im fahlen Buschwerk am Fluß aufsteigt. Sie laufen in Windrichtung, parallel, gestaffelt, einen Ausstoß von Asche und Rauch aufwirbelnd, ein gebremstes Summen. Sie erinnern an die Autos, in denen sich Menschen zu Tode rasen, weit weg, in der australischen Wüste, nach dem Krieg, in *Mad Max*.

– Nicht ein Funken Normalität ist geblieben, kann man so sagen.

Am dritten Tag ließ mich Clarindo Kaputo von seinem Fahrer abholen. Der Direktor empfing mich in seinem Büro. Im Regal eine alte Vinyl-Langspielplatte: *Che Guevara Speaks – Habla el Che Guevara*, eine Ausgabe der *Lusíadas*, und in Reichweite, auf dem Schreibtisch, *Gemstones* (Eyewitness Editions), ein üppig illustriertes Handbuch mit all den kostbaren Farben, die Menschen dem Erdreich rauben. Die Tür meiner Hütte ist smaragdgrün.

C. K. – Wir sind heute ein Sender, der uns, wenn auch auf Parteilinie, große Freiheiten in der Programmgestaltung erlaubt. Selbstverständlich stehen wir in prinzipiellen Fragen voll und ganz zur Partei. Wir verfügen über eine Vielzahl an Gesundheits- und Unterhaltungsprogrammen. Und bieten auch solche an, die Menschen die Möglichkeit geben, Angehörige über Radiobotschaften ausfindig zu machen. In diesen Sendungen teilen sie mit, wo sie sich augenblicklich befinden. Nicht nur der Krieg, sondern auch das, was 1992 geschehen ist, hat dazu geführt, daß viele von den Menschen, die sich damals gerade wiederfanden, auseinandergerissen wurden. Viele galten als vermißt. Etliche sind es heute noch.

– Kann der Vorgan die Hochs und Tiefs des Friedensprozesses an der Zahl der Personen erkennen, die ihre Angehörigen über den Sender suchen?

C. K. – Selbstverständlich. Und mehr noch. In Hochzeiten öffnen sich die Menschen, und dann werden auch ihre Botschaften klarer. Aber sobald sie irgendeine Gefahr spüren, läßt das Verlangen, einen Verwandten zu suchen, merklich nach. Eine interessante Sache.

— Und was für eine Zeit haben wir im Augenblick?

C. K. — Ich denke, wir befinden uns in einer Zeit großer Verunsicherung, niemand weiß so genau, in welche Richtung das Ruder sich dreht, ob backbord oder steuerbord. Und eben deshalb glauben wir, sind Bestrebungen im Gang, die den Friedensprozeß kippen wollen. Aber die Menschen machen sich Sorgen, große Sorgen, so viel ist sicher. Niemand will mehr Krieg. Alle sagen, sie haben genug.

Die *Pousada Nummer Eins* in Jamba beherbergt sechzehn Gäste, die fest dort wohnen, obgleich sie auf ihre »Demobilisierung« warten. Nirgendwo ist Licht, und es ist besser so. Sie sehen nichts, das Dunkel versteckt schamvoll den Alptraum und den ekelerregenden Gestank. Kommt man hinein, wird den Augen schwindlig vom Boden, und der Magen will sich umdrehen. Die Bewohner: Männer, zusammengepfercht in sechs Zimmern und einem Flur, sind fast durchweg blind oder amputiert, einige zudem taub. Um es genau zu sagen: Die meisten sind dreifach geschlagen, sie können nicht sehen, nicht hören, sich nicht bewegen. Alle reden durcheinander, und wer keine Sprache hat, schaut dich an, daß du verstummst.

Die *Pousada Nummer Eins* war die erste Anlaufstelle für Kriegsinvaliden der FALA. In Angola ist der Tod ein billiger Luxus. Am Leben zu bleiben ist teurer, besonders, wenn das Leben zu einer unerträglichen Ware wird. 1976 war die *Pousada* das Beispiel Nummer Eins für die Zuwendung, die der Galo Negro den Helden seines Kampfes gab: Männern, die diesen exorbitanten Preis mit Teilen ihres Körpers bezahlt hatten. Wo heute Krücken sind, waren Minen, wo Hände fehlen, Granaten, wo Blindheit ist, Bomben. Ein Tauschhandel, ihr Krieg: ein Fuß für jeden Schritt, ein Finger für jedes Zuspätsein, ein Mann für jede Handbreit Land, ein Schrei für jeden Schmerz. Eine Generation für jeden Propheten. Gregórios Stimme ist spürbar gütig. Er schaut voller Würde zum Himmel. Über seiner bläulichen Netzhaut liegt ein Jahr voller Nebel. Was er sieht, ist offenkundig und geht weit hinaus über die höchste Baumkrone Jambas, die uns Schatten spendet: das Jüngste Gericht und die Wiederbegegnung mit dem Frieden und denen, die er liebt im Himmlischen Kanaan. Er sagt, dies wünsche er meinem verlorenen Glauben, dann singt er, im Duett, eine Adventistenhymne auf Umbundu. Ich nehme sie mit meinem Recorder auf, da Gregório sonst nichts hat, was er mir schenken kann.

Keiner gibt es zu, aber in Angola wird mit chemischen Waffen Krieg geführt: ich habe ihn vor mir. Ein furchtbarer Krieg, auch wenn man nichts sieht in der *Pousada*. »›Tocksische‹ Bomben. Gas. Du kriegst einen rotgelben Blitz ab, und den atmest du ein, weil, wenn du keine Luft holst, stirbst du auch. Nach vier Tagen sind deine Beine müde, und deine Zunge ist wie Stein«, erzählt ein Gelähmter. Gregório ist blind. »Kein einziges Bild seh ich mehr. Ich bin in einem Leben, das dunkel ist«, sagt Gregório Lucas Sapelinho Satuala, in der *Pousada* seit 1985, seit der Cazombo-Offensive.

– Wie haben Sie denn das Stromproblem ohne Generatoren gelöst?

C. K. – Es gibt schließlich die Sonnenenergie, und wir haben Autobatterien, mit denen wir die Antennen betreiben, aaahh... Dieser Krieg hat aus den Angolanern, selbst aus denen mit niedrigem Bildungsniveau, Leute mit einem eisernen Willen gemacht, die einiges vom Leben erwarten. Die Vorstellungskraft ist stark ausgeprägt hier. Also, ich glaube, nur so kann man begreifen, was andere zu anderen Zeiten fertiggebracht haben, sie haben Waffen erfunden und Maschinen zur geologischen Erkundung, und das alles nur mit ihrer Vorstellungskraft. Wir hatten auch das Glück, Mechaniker zu haben, die Benzinmotoren auf Diesel umrüsten konnten, und umgekehrt. Eine immer lebendige Vorstellungskraft, wie hier im Sender zum Beispiel. Unsere Korrespondenten besitzen eine große Vorstellungskraft. Sie benutzen noch immer Dynamos zum Aufladen von Batterien und Taschenlampen. Da hat sich nicht viel geändert.

Die Luftabwehrgeschütze sind über den Sand verteilt, zeigen himmelwärts, in alle Richtungen des Nichts, wie eine Installation, die den Krieg zelebriert, wo er keine Öffentlichkeit braucht. Stille herrscht, denn Lärm ist ein Stück Aufruhr. Der einzige Laut ist das Schnaufen eines Blasebalgs, gefolgt von dem metallisch harten Klang eines Ambosses.

Zwei Jahrzehnte lang setzten die *Oficemgue* (Zentrale Werkstätten für Kriegsmaterial) im Kampf zerstörtes oder vom Feind erbeutetes Material wieder instand. Tanks, Panzer- und Transportfahrzeuge konnten dank der Mechaniker von Jamba zurück an die Front. Heute sind die *Oficemgue* friedliche Werkstätten und die Luftabwehrgeschütze außer Betrieb. Die Mechaniker sind Schmiede geworden, sie stellen Haushalts- und Landwirtschaftsgeräte her und bauen aus Fahrgestellen Pflüge. Das Blech eines Lasters reicht für etliche Kohlebügeleisen der alten Art, desgleichen das Metall eines Mercedes-Motorblocks, drei bis vier Millimeter dick und gebogen. Inox und Aluminium, »solange es nicht rostet«, werden zu Löffeln verarbeitet. Oder zu kleinen Öfen und Kochern. (Die Produktion steht still, »weil Diesel im Defizit ist.«) Die Schmiede wurde an Ort und Stelle aufgebaut. Aber wie bekommt ein Löffel seine Form? »Für das Oval von einem Löffel höhlen wir ein Stück Holz aus, auf das Loch legen wir das Blech und hauen mit einem Rundhammer drauf«. Und schon hat man einen Suppenlöffel.

– Der Vorgan wird immer als ein Sender dargestellt, dem man einen Maulkorb verpassen muß. Sehen Sie das als Kompliment oder Kritik?

C. K. – Der Vorgan führt einen wichtigen und entschlossenen Kampf gegen die Machenschaften und Verleumdungen gewisser Besserwisser, die nichts als Propagandamaschinen sind. Wir wissen, daß es immer wieder heißt, daß irgendwo eine marodierende Bande Leute aus der Bevölkerung angegriffen hat, aber kurz darauf, zwei, drei, fünf Tage später, oder auch eine Woche, wird der Einsatz ... weil bereits eine Mine gelegt worden ist ... wird also der Einsatz einer Patrouille notwendig, müssen die Streitkräfte eingreifen ... Aber alles ordnungsgemäß und immer schön der Reihe nach. Ja, und so müssen wir uns hinsichtlich unserer Warnungen an die Bevölkerung gegen allerhand Lügen verwahren und zur Wehr setzen ...

Bevor sich die Führung der UNITA 1992 auf dem Planalto niederließ, hatte Jamba Generatoren, Telefon und ausländische Besucher, die im *jango* des Viertels der Zusammenarbeit Kekse und Ziegenschinken verzehrten. In dem Haus, in dem heute der Gouverneur der Bastion wohnt, residierte der Große Alte, und Politiker der Freien Welt, einschließlich aller Bothas Máximos der südafrikanischen Apartheid, fanden sich dort ein, um dem Kampf gegen den Kommunismus in Afrika Beifall und Unterstützung zu spenden. Auch Journalisten kamen, schrieben fasziniert über die weißen Handschuhe des Verkehrspolizisten von Jamba (was wohl aus ihm geworden sein mag?) und über eine neue, harmonische, durch und durch »authentisch« ländliche Gesellschaft, die kein Geld kannte. »Sozialismus, Negritude, Demokratie, Blockfreiheit«.

Jamba ist aus dem Nichts entstanden, Folge eines Pakts der UNITA mit den einzigen Bewohnern dieser Gegend, den Elephanten. Der Ort wurde so konzipiert, daß ihm Bomben nichts anhaben können: sein Grundriß besteht aus kleinen, über ein riesiges Areal versprengten Vierteln mit weit auseinanderliegenden, halb ins Erdreich eingegrabenen Strohhütten. Die einzelnen Viertel sind durch riesige Alleen verbunden, vierspurig und mit einem Grünstreifen in der Mitte, ein Auto fährt allerdings nirgendwo.

Aus dem Inneren eines einstöckigen Gebäudes und zweier mit Wellblech verbarrikadierter Container-Studios schickt der Vorgan seine getarnten Botschaften zum Himmel, aus dem eines Tages tatsächlich die »Terror-Migs« kommen werden. Der Sender ist von einem Minengürtel umgeben, »seit die UNITA Sabotageakte gegen Die Stimme vereitelt hat«, erklärt Clarindo Kaputo. Während meiner letzten Nacht in Jamba ging eine Mine hoch, die Detonation war weithin zu hören. »Eine Ziege«, informierte mich Kaputo am nächsten Morgen.

Wie hieß noch einer der Slogans des Vorgan, eines Senders im Krieg? »Ein Volk, das sich nicht zu wehren weiß, wird immer mißhandelt werden«. Die elektronische Post von Bailundo, die sich der früher in Jamba befindlichen Sendeanlagen bedient, meldet sich am 1. April 1998 lakonisch zu Wort:

»Guten Tag! Wir wünschen Ihnen einen angenehmen Tag!

01 – Donnerstag, 1. April, Vizepräsident António Dembo und Senhor Sakala sind nach Luanda gereist, wo sie Wohnsitz nehmen und unseren Führer Dr. Savimbi, gemäß dem Protokoll von Lusaka vertreten werden. Sobald die entsprechenden Voraussetzungen geschaffen sind, wird auch Dr. Savimbi nach Luanda übersiedeln.

02 – Hiermit hat unser Sender Vorgan seine Tätigkeit eingestellt.«

Wenn du mich wieder zurückhast, wird mein Kopf in Stükken sein und mein Körper die Einsiedelei seines Besitzers. Aus der Höhe dieses Gelübdes der Einsamkeit sucht das Auge in den Ebenen Heilung. Die Wolken hängen tief und fliehen dennoch unaufhaltsam, bedeuten Abschied für immer. Du sollst von meiner Unordnung hören, und sie wird laut sein. Du wirst am Flughafen einer Rückkehr winken und einen Stummen mit nach Hause nehmen. Wir werden sprechen ohne die Verletzung durch das Licht, und von einem nächtlichen Ort, an dem die Schurken befehlen und die Toten gehorchen. Es wird leise sein, das Gespräch, bei Fenstern, offen hin zur letzten Sommerwärme. Und ich sage dir: die Dielen werden knarren müssen, damit ich spüre, daß der Boden unter meinen Füßen unverändert ist. Vergangenes braucht Zeit, um wieder Gegenwart zu werden.

Ich weiß noch, wann genau ich Angola verließ, die Stunde, die Minute. Es war Nacht. Die Frösche am Fluß, die Hölle. Kein Blick zurück. Ein UNITA-Rebell brachte mich in einem Plastikboot durch die tückischen Kanäle, einige münden in die Hauptwasserstraße, erreichen das gegenüberliegende Ufer. Die übrigen, fast alle, enden in Wassergassen, überwucherten Alleen, wo verräterisch Krokodile lauern, Tausende schwimmender gelber Augen, hoffnungsfroh wie Laternen zum chinesischen Neujahr ...

Es ist noch nicht zu Ende und liegt doch hinter mir. Unwiederbringlich.

Wie dir ein Land erklären – und dazu deines – ohne Leben? Es gibt dort weder Weite noch Raum, alles ist Grenze und Begrenzung. Jeder Schritt, den man tut, erweist sich als falsch. Könntest du mich sehen, sähest du, daß meine Fersen auf ihrem Weg abnehmende Monde im Sand hinterlassen. Von einem solchen Ort kehrt man leer zurück. Auch die Seele nimmt ab. Irgendwann dringt das Skelett des Tiers durch das Fell nach außen. Die Bande sind zerrissen. Nicht über den Fluß gesetzt mit mir.

Im September beginnt der Winter das Meer aufzuwühlen. Ich werde rechtzeitig zurück sein. Dir erzählen, daß ich morgen auf einem Moto-Cross-Motorrad, dem einzigen Gefährt in der Region, aus dieser bedrückenden Nähe fliehe – Angola liegt jenseits und ist noch immer zu nah. Ich werde mich an den Besitzer des Motorrads klammern, einen Tierarzt. Er lag auf einer Matte, als ich zu ihm kam, zitterte vor Fieber: Malaria. Ich habe ihn beschworen, ihm Geld geboten, er ist aufgestanden, mir zuliebe, wird mich bis zur Straße nach Mongu bringen – neun Stunden durch den Busch und den Sand. Eine Tortur.

Heute schlafe ich in einer Volksschule, im Sitzen, auf dem Schreibtisch des Rektors, wegen der Ratten. Und morgen die beschwerliche Fahrt durch die Savanne, immer geradeaus, den kaputten Scheinwerfer auf den Sand gerichtet, der sich an den Reifen festsetzt, an den Felgen. Auf unserem Weg Eulen, Katzen, Affenbrotbäume, schlafende Dörfer, Hütten und Palisadenzäune inmitten weißer Sandinseln, der Mondschein hebt sie aus dem Opak der Landschaft, aus der uns Hunde in den Weg springen.

– Verwildert, weil sie keinen Herrn haben und niemand in den Dörfern ihnen zu fressen gibt.

Es wird Pausen geben, notgedrungen, wenn sich das Motorrad in den Sand gräbt oder der Schmerz im Arm des Tierarztes zu stechend wird. Vor zwei Tagen hat er sich einen Knochen am Ellbogen gebrochen, wegen eines Hundes, der ihn auf seinem Motorrad ansprang und umwarf. Normalerweise kommen sie von hinten und sind schneller als das Motorrad.

– Warte, laß sie kommen! Laß ihre Schnauze nicht aus den Augen. Dann kriegst du mit, wann sie dir an die Beine wollen, sich festbeißen. In genau dem Moment mußt du sie anschreien. Darauf sind sie nicht gefaßt, schrecken zwei Sekunden zurück, eh sie wieder angreifen. Achtung, da kommt einer, springt gleich! Jetzt!!!

Der Horror hat das Maul aufgerissen, gleich beißt er zu, spritzt uns die Wut ins Fleisch.

Die Grenze wird nicht überschritten. Sie ist bewohnt. Ist keine Linie. Ist ein Pesthauch.

Ich habe es nicht selbst gesehen. Carlos Seixas hat es mir erzählt, und ich habe es durch sein Erzählen gesehen:

Die Holzfeuer entzünden sich eines nach dem anderen, angefacht von der Kälte der lichtlosen Nacht. Hunderte kriegsversehrter Männer versammeln sich um die Flammen, mit Frauen und Kindern, in Gruppen, richten sich ein im Dunkel, zwingen den Tag, noch ein wenig zu brennen. Sie reden von der Zukunft mit dem Rücken zum Krieg, entwerfen Pläne, winzige Hoffnungsschimmer, sehen – die noch sehen können – geheime Prophezeiungen im Glanz der Glut. Es ist der Vorabend der Demobilisierung in Bonga, einem Sammellager für Kriegsversehrte, im Norden von Huambo.

Irgendwo erwacht eine Trommel, noch übertönt von den Stimmen. Erhebt sich in einer Abfolge nicht wahrnehmbarer Schläge, immer gleicher Klangfotogramme, die dicht aufeinanderfolgend wiederum eine steigende Bewegung bilden: einen Rhythmus, lauter als das Knistern der Stimmen. Sie sehen zu ihm hin, zum Klang, zur Trommel, zum Trommler. Das erste Zeichen von Gehorsam.

Es hätte ein anderer sein können. Ein x-beliebiger. Die Macht der Sklaven besteht darin, sich wählen zu lassen. Die Trommel packt einen Mann, reißt ihn jäh aus der Schläfrigkeit des Alkohols, mit einem Sprung, der dicht am Feuer endet, ein Sprung, der ihm die züngelnden Flammen an die glatte Stirn wirft, ihm ein irres Lachen entreißt, das Halbrund seines Gesichts mit einem diabolischen Funken entzündet. Ein Mann wird zum Sklaven.

Irgendein Mann. Die Trommel beschleunigt den Rhythmus, peitscht den Mann, ohne ihn zu berühren, verursacht keinen Schmerz, jagt ihn über seine Erschöpfung hinaus, in Kreisen und Hopsern, peitscht ihn auf, Schlag um Schlag, eine Peitsche, deren Schläge die Luft erfüllen, die Trommel schickt ihren rasenden Rhythmus über den gebrochenen Rücken des Tänzers, ein euphorisches, lachendes Tier im unendlichen Rund der Manege einer einzigen Trommel.

Ein Mann. Das rechte Bein bis oben hin amputiert. Auf ein Zeichen von ihm kommt ein Kind, schnallt ihm das Holzbein ab und zieht sich wieder zurück. Er setzt seinen Tanz fort, auf dem linken Bein.

Der Mann umkreist die Flammen, wirbelt mit ihnen, auf Bitten aller im Kreis, ermuntert durch tausend klatschende Hände und Rufe, selbstvergessen in tausendfachem Taumel, auf einem einzigen, geflügelten Bein, hechelnd mit geschwollener Zunge, größer als der Mund, erregt, wild, gärend im eigenen Schweiß. Ein Stimmenorkan dringt an sein Ohr, pulst durch die Halsadern, setzt die zuckenden Finger in Brand, Finger losgelöst, erhoben über einem Leib, der sich blindlings seinem Meister ausliefert, seinem einzigen Gebieter, dem Gott des Durstes und des Vergessens.

Die Trommel ruft einen anderen Mann, einen beliebig anderen, aus dem Dunkel geweht von Stimmen- und Beifallsstürmen. Ein Mann. Das linke Bein bis oben hin amputiert. Ein Kind kommt und schnallt ihm das Holzbein ab, zieht sich damit zurück.

Die beiden Männer tanzen; außer sich angesichts des Tanzes, des Festes, der Symmetrie ihres Unglücks, des rasenden Tempos. Sie umfassen einander, umkreisen gemeinsam im Rhythmus der Trommel das Feuer, mit schweißnassen Schläfen, die Augen verschlossen vor der Erschöpfung in der Brust, Leiber ersinnend, Glieder, Bewegungen, den pausenlosen Befehlen der Trommel folgend.

Die Trommel hat die Zuhörer mit Macht ergriffen, sie sitzen am Boden, von der Kälte geduckt, vom Geschehen gebannt. Ein Fieber geht aus vom Mann an der Trommel. Die rhythmischen, immer schnelleren Bewegungen seiner Hände ergreifen Besitz von seinem Körper, gehen über auf die Knie hinter ihm, an seinem Rücken, und von dort auf die anderen Körper, auf alle, werden zu einem Meer zuckender Leiber.

Die Einbeinigen tanzen, tanzen, tanzen. Wirbeln mehr und mehr Staub auf, schneller und schneller, mehr und mehr, bis eine orangerote, höllenfarbene, gleißende Wolke die Umfangenen umfängt. In der kollektiven Ekstase entschwindet das Paar in sich, löst sich auf im Staub des Feuers, der Rufe, der Erregung, des Wahns, zwei amputierte Männer verschmelzen im Tanz zu einem neuen Mann, einem Nur-einen-Mann. Intakt, mit einem linken und einem rechten Bein, ein einziger Tänzer, mit Füßen aus Fleisch und Zehen, die das Gleichgewicht halten, ein Wesen, dem nichts fehlt, ein ganz normaler Mann – ein Sohn Gottes, und daher vollkommen.

Ein Sohn Bongas für kurze Zeit.

Der Trommler versetzte die Menge nur so lange in Ekstase, bis er sich ihrer Ekstase sicher war, dann brach er sein Spiel abrupt ab und bereitete dem Fest ein jähes Ende. Endlich frei, brach er erschöpft zusammen.

Zwei Kinder kamen durch die Staubwolke und brachten zwei Holzbeine.

Dreieinhalb Monate später sammelte Henri mich am Flughafen von Maputo ein, ich war aus Quelimane gekommen. Henri war inzwischen mit einem neuen Vertrag in einem anderen Land – dem Land, in dem er vor Jahren gewesen war. Die Straßenjungen waren herangewachsen. Waren jetzt so groß wie er, wußten noch seinen alten Spitznamen: *Mulatinho*!

Wir brachen das Fasten der Narren. Ein Theaterstück im Avenida. Ein Curry auf dem Messegelände, belagert von einem kleinen Video-Verkäufer: *The Law of Fuck – American Pornography – 75 Positions of Fuck, Sex Under Law/Ital.Pornog./ Positions of Fuck/Blacks and Whites*. Die Billardsäle: widerhallend vom Lachen junger Provinzler über den Tischen, auf dem sich der verblichene Filz wellte. Die *jam-session* im Tchova mit dem einzigen Rasta der Geschichte, der kein Gras raucht. Der Minigolf, die Megadiskothek der Hauptstadt, für das Parfüm der Damen und des Gins. Ein Samstagnachmittag wie eine Idylle, Sandwiches mit kaltem Braten und Senf im Arcádia und der Sonne auf den alten runden Marmortischen.

Henri war in der Zwischenzeit erneut in Udong gewesen. Der alte Norodom war Ende 96 – sechs Monate zuvor – gestorben. Das Haus seines Fahrers und Leibwächters war noch da.

Sokim war noch da, lief mit offenen Armen auf ihn zu, weinte. Henri trägt noch ihr Gold und ihren Buddha. Er erzählt, endlos, melancholisch. Auf seinen Rücken ist ein Papagei tätowiert. Das Tier hat mir nie ein Wort verraten.

– In jener Nacht, in Udong, ist nichts passiert.

In der Ferne, wo die Straße nicht mehr von der Steppe zu unterscheiden ist, die Steppe den Himmel trägt und den Horizont bildet, taucht unscharf eine Silhouette auf. Zunächst nur zwei flimmernde Striche, lösgelöst vom Boden. Eine vieldeutige Luftspieglung. Eine vertikale Linie, gekreuzt von einer diagonalen: eine umgehängte Maschinenpistole. Eine vertikale Linie, gekreuzt von einer horizontalen: eine Maschinenpistole im Anschlag. In den folgenden Sekunden atmet nur der Motor im Minibus, der uns in Reichweite, vors Visier, in die Willkür des Kriegers fährt. UNITA oder Regierung?

Fünf Tage in Lubango, eingesperrt im Haus, Warten auf das Läuten des Telefons, auf eine Mitfahrgelegenheit am anderen Ende der Leitung. Reine Zeitverschwendung.

Raul, der örtliche Logistiker der Nuova Fronteira, erklärt den Engpaß so:

Da selbst minimale Sicherheitsgarantien fehlen, ist der Lastwagenverkehr zwischen Huíla und Huambo eingestellt;

selbst die hartgesottensten Fahrer warten darauf, daß sich die Lage entspannt, und hängen, ihre Schlüssel in den Taschen, im Imbiß an der Haltestelle der Busse aus Namibe fest;

beinahe täglich kommt es auf der Strecke zu Überfällen, die wahrscheinlich auf das Konto der marodierenden Banden gehen;

Huambo ist weit entfernt, allein diese Riesendiagonale, dieses vierhundert Kilometer lange Stück mitten auf der Landkarte von Angola: zwei Tagesreisen nach den zwei Kriegen, nur durch ein Wunder schafft man in einem Tag, wozu man früher fünf Stunden brauchte;

die UNAVEM hat den Überlandverkehr zwischen den beiden Städten eingestellt sowie ihre von Panzerfahrzeugen begleiteten Autokonvois. Die portugiesische Logistikkompanie versorgt das Regionalquartier der Mission in Huambo inzwischen nur noch über den Luftweg;

ich mußte mich also allein und bei der ersten Gelegenheit auf den Weg machen, egal wie; anhalten hieße umkehren.

Cristiano und Gianni von der Nuova Fronteira fuhren mich bis Cacula, wo die italienische Organisation ein integriertes Landwirtschafts- und Ausbildungsprojekt unterhielt. Cacula ist eine Abzweigung: nach links, Benguela; nach rechts, Huambo.

Am Mast einer zerstörten Tankstelle flattert die Fahne der Volksrepublik. Alle unzerstörten Gebäude sind aus jüngster Zeit oder aber Strohhütten. Ich durfte mich in ein Durcheinander von Menschen und Waffen hinten auf einen jener rasenden Pick-ups werfen lassen. Alles in allem, die Säcke nicht eingerechnet, sechsundzwanzig Personen und sechs Maschinengewehre, mit auf die Straße gerichteten Läufen. Blau uniformierte Polizisten bildeten den Begleitschutz. Soldaten mit dunklen Sonnenbrillen bereiteten sich auf das allen Bekannte vor.

Die Kindersoldaten der Angolanischen Streitkräfte, jünger als die übrigen Bewaffneten und überall an strategisch wichtigen Punkten der Strecke ausgesetzt, sollen theoretisch die Sicherheit der Reisenden garantieren. Sie aber sind es, die, sich selbst überlassen, ohne Sold und Essen, die LKWs mit Waren überfallen und einkassieren, soviel sie nur können, von Armbanduhren bis hin zu jungen Mädchen. Anschließend machen sie sich aus dem Staub, erscheinen erst Stunden später wieder bei ihren Opfern, um Hilfe zu leisten, und erzählen, sie seien hinter den »marodierenden Banditen« hergewesen. Während meiner Fahrt von Benguela hinunter nach Lubango hatte ich bereits bemerkt, daß die kritischen Punkte auf der Landkarte sich in Nähe der »Kontrollposten« befanden.

Eine Silhouette hat die Gestalt eines Mannes angenommen. Soldat oder Rebell?

Freund. Er braucht nur etwas Tabak, sein Mund ist trocken. Der Begleitschutz auf der Ladefläche grüßt flappsig, der Wagen fährt weiter. Die Fahrgäste fangen wieder bei Null an, freuen sich wieder über ihr Vorwärtskommen, über die hinter ihnen liegende Gefahr und die beruhigend leere Straße.

Ich werde Huambo nicht erreichen heute.

In der Ferne taucht unscharf eine Silhouette auf. Zunächst nur zwei flimmernde Striche ...

TREIBJAGD

    erdbeeren
    rot
    im blattwerk
    gabe
    der göttin
    der
    jahreszeit

    schwarze
    katzen
    hunger

    nach ihnen

Willst du was wissen vom Krieg in Bié?

Wir haben uns gegenseitig abgeschlachtet – erbarmungslos. Wir haben keinen Fuß vor die Tür gesetzt, nicht mal zur Beerdigung. So ist das im Bürgerkrieg. Verblödung rund um den Eßtisch. Wir haben uns damit selbst übertroffen. Wir haben unser Geschlecht ausgerottet von den Jüngsten bis zu den Mausetoten, von den Ungezeugten bis hin zu denen, für die es längst keine Seelenmessen mehr gab. Wir sind gestorben, daheim, im Bett, auf dem Friedhof, im Freien, auf dem Feld. In Kuíto haben sich selbst die Toten gegenseitig umgebracht, der Krieg ist bis zu ihnen vorgedrungen, hat sie nicht verschmäht, hat sich um sie verdient gemacht, sie zwei Tode sterben lassen. Und die Lebenden noch mehr. Wir in Bié sind entweder Überlebende oder Wiederauferstandene. Und du, sag mir, was ich bin. Dazu hat niemand den Mut. Selbst wir nicht. Wir müßten uns schon die Augen aus den Höhlen glotzen, um der Wahrheit ins Gesicht sehen zu können. Egal, sie wird immer ein spiegelverkehrtes Bild auf der Innenseite des Löffels bleiben. So ißt man Passionsfrüchte.

Weißt du noch: die Bomben kamen aus der Luft, und Luft ist überall da, wo du atmest. Sie haben die Türen zertrümmert, die Fenster zerschmettert, den Stein zerfressen – sieh dir die Ruinen an, durchbrochene Spitze. Die Bomben haben Gräber zerstört und Häuser entweiht, Lebende und Tote mit Feuer zugedeckt. Niemand dort wußte mehr recht, in welcher Welt er war. In dieser oder jener, im Dies- oder im Jenseits, in deiner oder in meiner Welt!

Koste von diesem wunderbaren Wasser, es kommt kristallklar aus der Erde, und spuck den Schwefelgeschmack auf meine verbrannten Füße. Weißt du, warum die Pflanzen klein wie Zwerge bleiben? Sie trinken aus den Flüssen. Der Boden hier ist aus Pulver. Er nährt sich von Schritten, und deine Schritte sind eine Zündschnur. Die Felder sind aufgeworfen, können jeden Augenblick explodieren – Granaten sind dort eingesunken oder eingepflanzt, um später zu töten. Es hat viel geregnet dieses Jahr, und der Regen hat uns begleitet, von der Cholerazeit zur Krätzezeit. Noch gibt die Quelle Wasser. Es reicht, an den Feldern zu kratzen, und schon tritt der Eiter aus, wenn du hingehst, siehst du es und kommst nie wieder. Wir gehen nicht mehr hin. In den Gärten haben wir noch Kreuze errichtet, aus dem Holz, das uns geblieben war. Wir kennen die Stellen – wie sie vergessen? –, und doch, wieder sind Kinder auf die Welt gekommen.

Meine Hände: Sieh sie dir an, aus ihrer fiebrigen Topographie kannst du die Wohnung ablesen, in der ich Dielen aus dem Boden gerissen habe, um Feuer zu machen, das Zimmer, in dem ich Gräber ausgehoben, die Fenster, die ich mit Ziegeln vermauert habe, die Terrasse, auf die ich Munition geschleppt und den Mörser, in dem ich Wurzeln zerstampft habe, die Nacht, in der ich die Trommel geschlagen, und den Körper, in dem wir einander besessen haben, vor unserem Tod.

Ja, wir haben uns geliebt. Haben es eilig gehabt mit unserer Liebe wie die Sekten der letzten Tage, umzingelt vom Feind und unter Beschuß. Im Angesicht des Endes, an einem geschützten Ort des Glaubens, der Erwählten, der Verfluchten, jeder Akt eine falsche Prophezeiung.

Vila Miséria. Das bestgeschützte Gebäude von Bié. Zwischen unserem Delirium und der feindlichen Artillerie stand ein Kirchturm. Bei den anderen, ohne Turm, war es zum Erbarmen: Frauen und Kinder zusammengekauert, in ihren Ausscheidungen, ihrem Kot hockend, über Wochen in einem

Hohlraum unter der Treppe schlafend, in dem selbst die Läuse kaum Platz hatten.

Vila Miséria.

Wir stehen auf der Veranda von Vila Miséria, immer noch verbarrikadiert. Hörst du die Bomben? Sie fallen weit weg. Ich glaube, sie kommen näher. Das Maisbier tanzt mit unserem Verlangen, die letzte Gelegenheit, wir sind umzingelt. Nicht mehr lang, und einer von uns wird wird tot sein oder den Frieden erleben, und wer garantiert mir dann, daß du je erfährst, daß ich dich geliebt habe, falls du mich überhaupt liebst. Jemand hat Musik aufgelegt in der Diskothek Vila Miséria, »DJ« Ângelo, Erzengel der Kassette, »Geschäftsführer« und Chef der Kulturabteilung der Zivilverteidigung! Aber nicht seine Stellung macht ihn zu einem besonderen Menschen, nein: Ângelo ist gelähmt. Und ob du's glaubst oder nicht, er ist der einzige Tanzlehrer unserer Provinz.

Du willst wissen, warum manche töten und es trotzdem verdienen, ungeschoren davonzukommen. Wir haben weitergemacht, aus Gewohnheit, die Trägheit läßt nach, wenn es ums Überleben geht. Am 10. Februar 1993 wurde wieder ein Waffenstillstand gebrochen. Wegen dem Schrecklichen, einem Hauptmann. Immer schon verrückt, oder verrückt geworden. Er ließ einen Baum fällen. Den letzten auf dem Platz der Polizeiwache. Dort verlief eine Demarkationslinie. Stellenweise nichts anderes als ein gespanntes Seil zwischen den Häusern, über die Straßen weg, hier du, dort sie. Bei jedem Schritt, den du tust, weißt du: kommst du auf die andere Seite, spalten sie dir den Schädel wie eine *maboque*-Frucht. Der Schreckliche, wie gesagt, hat den Baum fällen lassen. Aber der Baum kippte mit der Krone auf die feindliche Seite. Der Feind verbot uns, das Holz zu holen. Der Streit geht los. An einem Freitag. Am nächsten Tag findet der Hauptmann: Es gibt keine andere Lösung, wir müssen uns das Holz mit Gewalt holen. Und das

Resultat? Zwölf Tage lang Kämpfe, harte, verdammt harte Kämpfe.

Es hat Tote gegeben wegen diesem Holz.

Und wegen einem Sharp-Recorder, in einem Haus, aus dem wir den Feind ausquartiert hatten. Über Megaphon wollten sie ihren Sharp zurück. Ein phantastischer Klang. Nie! haben wir gesagt. Und haben dann tagelang gekämpft, nur wegen diesem gottverdammten Ding. Sie haben ihn nicht zurückbekommen, diesen Sharp. Nie ... Er war gut. Du fragst nach dem Warum, und ich, ich erzähl dir von einer Zeit, in der es keine Werte und nichts zu essen gibt. Wozu?

Blätter statt Bananen. Wurzeln statt Kartoffeln. Wildes Kraut statt Maniok. Abfall. Eine Kuh, aus der sich der Besitzer scheibenweise bedient, sie wieder verarztet und so zu Fleisch kommt, ohne das Tier zu töten. Katzen zum Frühstück. Der Gaumen angewidert und belebt von der ersten Ratte. Reichlich Speichel, um die faden Insekten runterzukriegen. Eine Frau, die sich hysterisch auf einen verwesten Hund stürzt, sich nicht stört am Gestank. Ein Mensch auf der Flucht, mit Menschenfleisch in der Tasche.

Der Horror,

dieser Ort, den niemand wahrhaben will. Komm und beug dich in meinen Atem: Dieses Vaterland bin ich. Und auch dieses Kind. Sieh hin, es spielt Fußball, mit einem Menschenschädel. Nicht aus Bosheit. Der Schädel lag da, vor ihm, blank. Du und ich, wir wissen, was ein Mensch darf und nicht darf: Schädel begräbt man, mit Bällen spielt man. Woher soll das Kind das wissen?

Hör zu: der ewige Hunger hängt dich an deinem Magen auf, und du stehst am Fenster, willst raus, auf die Straße, wo dein Vater ist, um Hilfe ruft, und du kannst ihm nicht helfen; eine Kugel aus einem Zielfernrohr hat ihn getroffen, ihm aufgelauert, versteckt wie du; Hunde sind über ihn hergefallen, über ihn, der hinausgegangen ist, um deinen Hunger zu stillen, und das ängstliche Bellen, das Blut, das dich gezeugt hat, das fließt und schreit, dich anfleht um Rettung; und du flehst: nicht doch, nicht, NIIICHT!, beneidest aber insgeheim die Hunde, beneidest sie, wenn du die Bestien ansiehst, die heute, für diese Hydra, die im Rot wühlt, deinen letzten Lebensgrund verschlingen und wieder herauswürgen.

Und weißt du was: Nicht dein verdammter Vater-Bruder-Freund, den die entfesselte Wut vor deinen Augen gefressen hat, ist der Krieg. Der Krieg ist dein Neid auf die Hunde, gierig und tierisch. Er vergeht, sobald du zu essen hast, aber das Grauen, die Scham, die du vor den anderen zu verbergen suchst, trägst du dein Leben lang mit dir rum. Denn in Kuíto sind in der Pornographie der Tage die Wände eingestürzt, und die Dächer geben die Narben der Überlebenden preis, der Wiederauferstandenen. Unsere Stadt ist dem Erdboden gleichgemacht, bis auf ein einziges Zimmer – es ist öffentliches Eigentum – den schneidenden Schmerz und die Angst, daß er von neuem beginnt.

Der Tag des Jüngsten Gerichts wird kommen, bald, hier war er bereits. Wir haben dieses Ende vorweggenommen, das die Schöpfung verschlingt, uns, die Menschen aus Bié, sieh dir die Kirche an, sie ist geschlossen. Die Heiligen sind aus Brennholz, wenn Gott dich in die Kälte der Hölle verbannt. Hüte das Heilige, das ich dir anvertraue: die Unsterblichkeit eines Tages in Kuíto.

Nach dem Blutrausch hilft kein Haß und kein anderes Heilmittel. Ein Splitter hat deine Zunge zerfetzt, und du gräbst nach Worten, willst schreien. Wer war dein Feind? Die angolanische Armee, die dir eine Tasse Salz durch das Loch in der Front gereicht hat, gegen Munition und die Waffe, mit der sie dich später vielleicht quälte? Der Kwacha, der Rebell von der UNITA, der Nacht für Nacht über Lautsprecher verkündet hat, dies sei die Nacht des letzten Gefechts, und dir damit den letzten Funken Hoffnung raubte? Wo steht der Feind? Zuletzt weißt du nicht mehr, wer du gerade bist und was dich leitet. Du hast die Bücher benetzt und die Spiegel getrübt. Haß setzt einen Funken Seele voraus, aber du hast nicht mehr das Recht, für sie zu sprechen.

Noch nicht genug mit dem Weh
Durch den Krieg in Bié? Sing nur
Ai-uê:
du willst nicht.
Ai-uê:
du kannst nicht.
Ai-uê, Bié.

Eine lange Reihe von Gestalten steht mit dem Rücken zur aufgehenden Sonne, dem Eukalyptuswald, dem kahlen Fußballfeld. Mit hochgezogenen Schultern sehen sie dem Morgenwind hinterher, der in kleinen Staubwirbeln davonweht. Ein Junge läuft mit Roboterschritten auf und ab und heult zum Himmel. Es war schon spät, als ich nach einer Übernachtungsmöglichkeit fragte und noch fünf Minuten draußen warten mußte, während der Offizier mit dem Rücken zum Fenster eine endlose Litanei von *Insch'allahs* in das Funkgerät plapperte. Auf dem Tisch an der Tür eine Fliegenklatsche aus Kunstleder, ein offenbar verläßliches Objekt; außerdem eine Schachtel Streichhölzer, ein Metallaschenbecher und eine »Englischtafel« in einer unregelmäßigen Schrift, mit Wörtern und Sätzen in Rot und Blau. Chico lernt lebenswichtige Grundworte: *»Walking, playing, selling, waiting, buying.«* Es ist früher Morgen, sehr früh. Die unterbrochene Nacht liegt hartnäckig und schmerzend auf den Lidern. So früh aufstehen und dann doch nicht wegkommen! – die zu wenigen und zu vielen Stunden sind keine Garantie für eine Fahrgelegenheit nach Huambo. Alle frieren und wärmen sich an der Angst. Das Geheule ist furchtbar, der Junge hört nicht auf. Die kleine Blauhelmtruppe in Caconda ist auf einen einzigen Ägypter reduziert worden. Er liest *Die Geheimverhandlungen zwischen Arabern und Israel* von Mohamad Hassanin Hakal, Band 1, eintausendzweihundert Seiten. *Flash:* dieses dicke Buch wird von rechts nach links gelesen, und von hinten nach vorn. *Flash:* Chico, der einheimische *staff*, schläft auf dem Stuhl unter dem Vordach. Bemerkenswert, wie er das Dröhnen des Generators ausfiltert und nur die Grillenmusik durchläßt. Chico hat den Schlaf in seine linke Hand gelegt, offen wie ein Boot und parallel zur Mondsichel. Die Mundzeitungen aus der Hochebene berichten in Schlagzeilen von einem Massaker. Vor zwei Tagen haben sie in Cusse vierzehn Personen niedergemetzelt, hört man. Sie sind in ein Dorf gekommen, wird erzählt, um Vieh zu stehlen, wird gesagt, sie haben die Menschen zusammengetrieben und ihnen Kopf und Hände abgehackt, stellen Sie sich das vor. Wer es war, von welcher Seite? Es war niemand, wird vermutet. In der Gegend von Vila Nova hat sich noch ein Überfall ereignet. Es gibt fast täglich Überfälle. José, der Fahrer eines Wagens, der überquillt vor Menschen und Tieren, würde sagen

– Angst bringt nichts. Man muß seine Seele Gott anvertrauen, mehr kann man nicht tun.

– Und wer keinen Gott hat?

– Darf keinem sagen, daß er allein fährt.

José ist Katholik und wollte Priester werden. Als er achtzehn war, hat ihm der Krieg einen Strich durch die Rechnung gemacht. Er war von 1984 bis 1991 beim Militär.

– Da bin ich dann weg von dort. Na ja, nicht direkt: ich bin abgehauen! Sonst wär ich immer noch da. Sagen Sie schon, was hab ich vom Leben gehabt? Nichts. Null Spaß. Nichts. In Angola sagen wir: Genieß das Leben, solang du lebst, es dauert nicht lang.

Der Junge kommt und hat eine Art Brecheisen in der Hand. Er pflanzt sich vor den Leuten auf, doch, verborgen in der Unsichtbarkeit der Verrückten, nimmt niemand ihn wahr. Ich habe meinen Rucksack auf den Boden gelegt, mich auf ihn gesetzt, und den Bluson über den Kopf gezogen. Ich habe ihn in Lubango gekauft, auf dem Chioco, aus einem »Kleiderhaufen«. Auf diese Weise sind meine Nieren zwar ungeschützt, meine Ohren aber in embryonale Behaglichkeit gehüllt. Und ich kann tun, als sei ich mitten in der Welt außerhalb von ihr und sicher vor ihr. Durch einen schmalen Spalt, durch den der Wind nicht kommt, kann ich das Treiben des Jungen verfolgen. Armer Kerl, er springt wie besessen hin und her, spielt Krieg, verteilt kindliche Scheinschläge. Stößt einen Laut aus, der für ihn die Stimme des Grauens sein muß, oder aber ich habe es so wahrgenommen. Das Dach von Josés Führerkabine war mit Hühnern beladen, die Ladefläche mit Maismehl, darauf Leute und dahinter Ziegen. Eine Arche voller Leben, Aufregung und Angst, die in Serpentinen durch das verminte Steppengras fuhr. Als die Ziegen, alle Viere in der Luft, herunterfielen, mußte man halten und sie aufsammeln. Als die Hühner, in Dreißiger-Bündeln an den Füßen zusammengeschnürt, über die Windschutzscheibe rutschten, öffnete einer von Josés Helfern die rechte Tür, stieg auf das Trittbrett des fahrenden Wagens, setzte einen Fuß auf die Kühlerhaube und warf die Hühner zurück aufs Dach. Der Junge spießt das Eisen in den Boden, durchbohrt einen imaginären Kopf. Zweifellos existiert der Kopf für den Jungen. Seine Brutalität ist konkret und sein nicht strafbares Verbrechen unabänderlich. »*Whata are you doing.*« Eine Zeile tiefer: »*Im writing = ich lese.*« Eine Zeile tiefer: »*Im reading = ich schreibe.*« Chicos Spickzettel besteht aus einem rechteckigen Stück Pappe, dessen obere Ecken abgeschnitten sind, Pappe wie sie zum Glatthalten in neuen Hemden steckt. Der Lehrer ist ein portugiesischer Militär aus dem *team-site*, das auf Urlaub ist. Der Verrückte erscheint wieder auf dem Fußballfeld. Stumm, auf allen Vieren, nähert er sich drei Ziegen, festgebunden an einem Fahnenmast. Er streichelt eine der Ziegen, lange und langsam. Herzt das Tier auf eine Weise, daß ich in meinen Tränen die Wärme seines Fells spüre. Es gibt hier ein paar Gästezimmer, aber Chico konnte nirgendwo die Schlüssel finden. Ich habe in dem kleinen Haus des *teams* geschlafen, in einem Raum, der bis vor kurzem von einem malaysischen Blauhelm bewohnt war. Orangefarbene Wände, zwei Regale, ein Tisch, übersät mit widerlich fettgetränkten Zeitungen und eine alte Matratze. »*S. R. Dahiya – Deputy Commandant.*« Das Bett hat vier Pfosten, die in Ermangelung eines Moskitonetzes einen ärmlichen Baldachin tragen. Im Regal zwei Insektensprays, auf dem Tisch zwei leere Schachteln *Dunhill*, auf dem Boden eine leere Packung *dairy for coffee and tea* und ein Emailbecher, an dessen Boden karamelfarbener Zucker klebt. »*Kita haraus yakin nutuk menang:*PM«. Ein Kalender (»Poppig«) mit einer nackten Blondine auf allen Vieren, von hinten, und so fotografiert, daß das Spiel des Lichts unscharf die goldschimmernde Scham unter den üblichen Gesäßrundungen erkennen läßt. »*Gemuk Malaysia!!!*« Die Innenseite der Tür ist über und über mit Fotos und Bildern beklebt. Asiatische Gesichter aus Illustrierten und Zeitungen, und auf einer Visitenkarte (von jemand, der niemand fehlt). Und die Schlagersängerin Ada Kentamaan. Der Junge wird bei der Ziege Wärme gesucht haben. »*To do = machen.*« »*Only = nur er.*« »*Geime = Spaß.*« »*Tueday morning June 23, 1997*«, »*Lesson 65*«. Oben auf Josés Lastwagen konnte ich in aller Ruhe beobachten, wie wenig entspannt der Schlaf eines Huhns ist, behütet von nur einem einzigen Lid, einer durchscheinenden, nervösen Membran. Im Schlaf gleichen sie Steinfiguren, blicklos und doch wach. Gehend, spielend, verkaufend, wartend, kaufend. »*Only = nur er.*« Ich verschließe mich in mir, sehe alles auf einem zersplitterten Bildschirm. Das Fenster ist verbarrikadiert, die Verzweiflung gestaut. Ich rieche schlecht, und doch ist mein Geruch zum einzig bewohnbaren Raum geworden.

»Ai‿uê, Bié‿ê!
Bachalo lo sihué
Ai‿uê, Bié‿ê!
Was in Kuíto passiert ist
In meiner Gegend
Ich hab's nicht vergessen, uê
Was in Kuíto passiert ist,
in meiner Gegend,
laß mich am Le‿ben!
Was in Kuíto passiert ist,
in meiner Gegend,
ich hab's nicht vergessen‿ê
Was in Kuíto passiert ist,
in meiner Gegend,
Laß mich am Le‿ben!
Neun Monate, uó‿uó,
Widerstand
nur Kartoffeln gab's,
eine eeeinzige Papaya, und Orangen, von wegen,
und die Viecher alle, iii
laß mich am Leben!
und am nächsten Morgen:
Neuigkeiten, Hunger und Tod,
wir haben Essen gesucht
und nicht gewußt wovon le‿ben.
Als die Zeit rum war
Hat's nicht mehr geregnet
Hunger und Dürre, uá‿ô

wo gibt's was zu essen? – jag dir was!
Jagen ist schwer,
ich hab's nicht vergessen
qualonda suanono.
Manchmal waren wir ganz stumm
Vor lauter Hunger im Kopf
Laaaß‚mich‚am‚Leeee‚ben!!!!

»Rap aus Kuíto, António Augusto, 15 Jahre.«

Anmerkung:
Gemeinsame Erhebungen des Christian Children Fund und der UNICEF zwischen 1995 und 1997 ergaben, daß 97 % aller Kinder aus Bié unmittelbar dem Kriegsgeschehen ausgesetzt waren. Zwischen 1992 und 1994 verloren während des Konflikts 27 % der Kinder ihre Eltern, 89 % waren Bombardierungen ausgesetzt und 66 % der Explosion von Landminen. 66 % der Kinder sahen Tote oder Menschen sterben, Situationen, die psycho‚soziale Traumata bei ihnen hinterließen. Dieselben Erhebungen, deren Ergebnisse im Oktober 1998 veröffentlicht wurden, ergaben, daß 10 % der Jungen an bewaffneten Auseinandersetzungen teilnahmen, 33 % verwundet und 38 % mißhandelt wurden.

»Verantwortlich für die von den Kindern aus Bié erlebten traumatischen Situationen waren: Hunger, Durst, Epidemien verschiedener Art, fehlende Kleidung, familiäre Trennungen, der Einsatz von Minen, der Transport von Kriegsmaterial, sexuelle Gewalt, lange Märsche, fehlende ärztliche und medikamentöse Hilfe sowie das Fehlen einer Ausbildung und der Hygiene von Körper und Umwelt.«

Viele Kinder leiden seither an »Kopf‚ und Bauchschmerzen, verspüren Angst und rechnen damit, daß ihnen in ihrem Leben nochmals Schlimmes widerfährt.«

»Als ich aus dem Lastwagen stieg, hielt mir Aguiar einen Nescafé mit Milch hin. Ich umfaßte die Tasse mit beiden Händen, um ihre Wärme in mich aufzunehmen, schaute hinein und zog dabei die Schultern hoch. Jaime räumte unterdessen das Nachtlager seines Chef auf: das Krankenhausbett, auf dem er unter dem Fahrgestell schläft, die Decken, die ihn einhüllten, den Frühstückskram. Der kleine Holzkohlekocher wurde auf den Sand geleert. Ein Junge, der ebenfalls dort geschlafen hatte, holte eine Zigarette hervor. Bückte sich und entzündete sie an dem kleinen Gluthaufen. Schloß genußvoll die Augen, machte einige Züge. Der Rauch wurde von den zarten Stimmen der Morgendämmerung geschluckt, vermischte sich mit dem Frühnebel, ließ Ochsen, Palmen, Dächer, den Fuß des Gebirges hinter sich. Aguiar startete den Motor.

Abfahren – das einzig Beruhigende.«

Und von Namibe habe ich noch dieses Foto:

die Ruinen eines Herrenhauses an der Hauptstraße, das Dach kurz vor dem Einsturz, die Fenster hohl; im Vordergrund schließt an die Fassade eine ebenso verfallene Mauer an, und auf den Putz- und Farbresten, die der Regen noch nicht weggewaschen hat, steht in gleichmäßigen, verblichenen Buchstaben:

»agostinho neto«

In der Mitte des Fotos, der Mauer, der Avenida, zwischen heute und »agostinho«, steht eine Straßenlaterne, ohne Glas, ohne Birne.

Der nackte Pfosten.

Der Strom war an diesem Abend ausgefallen und die ganze Stadt für Minuten in Dunkel getaucht. Die Straßenlaterne gab sich überlegen: auf sie war Verlaß, sie brannte schon lange nicht mehr.

Hinter der Kolonialfassade und hinter »agostinho« ein leerer Platz voll Müll. Auf dem nächsten Negativ, aus einem anderen Winkel, ist ein Riß in der Mauer zu sehen, er geht von oben bis unten, teilt das Bild, läßt es wie eine Collage wirken. Auf der einen Seite, außen, weitere Fassaden, wie man sie auch am Algarve oder in Minas Gerais findet; auf der anderen Seite, innen, der Müll. Durch die Mitte des Bildes geht eine breite Straße. In diesem Augenblick ohne Verkehr. Nur ein einsamer Fußgänger steht zwischen der Promenade vergangener Dekadenz und der Promenade gegenwärtiger Fäulnis. Er ist unentschieden, aber wachsam, »agostinho« im Rücken.

Ein Polizist kam und machte mir Ärger, weil ich die Mauer fotografiert hatte. Er wollte den Film.

Der todkranke Agostinho Neto wurde in die Sowjetunion geflogen, wo er im September 1979 starb. Auf den schwachsinnigen Vorschlag des sowjetischen Botschafters in Luanda hin wurde sein Leichnam in Moskau zurückbehalten und einbalsamiert. Die trauernden Angolaner defilierten nichtsahnend an einem leeren Sarkophag vorüber[1]. Sein Nachfolger im Präsidentenpalast, Futungo de Belas, dankt zwar täglich der Sonne, wenn sie über dem unvollendeten Mausoleum untergeht, hat aber, wie es einstimmig heißt, nicht einmal genügend Geld bereitgestellt, um den Vater des Vaterlandes vor Ratten zu schützen.

Ich hätte dem Polizisten sagen können, daß die Mauer nicht auf dem Film ist, daß ich nur eine Lüge fotografiert habe. Aber es ging ihm nicht um die Erinnerung. Er war jung und daher bereits ohne sie geboren.

– Ich bin hungrig ...

Ich weiß noch, als ich mit dem Bus in die Stadt kam, hielten wir am Ende dieser Avenida, auf einem kleinen Platz, eingerahmt von einstöckigen Häusern. Ab Humpata roch der Bus nach Tangerinen. Namibe roch nach Kuchen. Am Platz war eine Bäckerei.

– Guten Tag! Sind Sie das, die hier backen?
– Ja schon. Aber heute nicht.

---

[1] Siehe K. N. Brutents, *Dreißig Jahre auf dem Roten Platz/Mejdunarodnie Otnochenia*, 1998, Moskau. Brutents war erster Vizechef der internationalen Abteilung des ZK der KPdSU und Berater des Präsidenten der UDSSR.

Um von Hotels zu sprechen:

1977, als mein Mann und ich noch nicht verheiratet waren, hab ich einen riesigen Schock erlebt. Ich hab damals bei meiner Großmutter in Huambo übernachtet und er in einem Hotel. Ich wollte das erste Haus am Platz für ihn haben, und da fiel mir das Ruacanã ein, in dem meine Mutter 1953 geheiratet hatte (in irgendeiner Schublade hier muß noch die Speisekarte liegen). Als ich die Treppen hochging, konnte ich's nicht glauben: Die Läufer waren zerschlissen, die Zimmer leer, nirgendwo ein Bild an den Wänden. Und als er den Schrank aufmachte, fielen ihm Gewehrkugeln entgegen und ein Patronengürtel. Er ist dann in die Pension eines Onkels von mir gezogen, da hatten sie keine frische Bettwäsche, weil es kein Wasser gab. Vor der Unabhängigkeit gab es in Huambo zwei Mädchen, die regelmäßig den *Comércio do Funchal* lasen: ich und eine Freundin. Sie hatte im Cabinda-Krieg einen Finger verloren, und ihre Brüder studierten in Portugal und waren von der extremen Linken. Die hatten uns auch *Das Kapital* geschickt. Wir konnten es natürlich nicht lesen. Im Gymnasium mußte ich zweimal zur PIDE, ich war ein Mädchen, das sich glühend für bestimmte Ideen eingesetzt hat. Ich hab Artikel aus dem *Comércio* ausgeschnitten und im Religions- und Moralunterricht vorgelesen. Meine Mitschülerinnen, die in den portugiesischen Heimatkundeunterricht gingen, sagten zu mir:

Du weißt ja nicht, was Kommunismus bedeutet, da gibt's dann nicht mal mehr Neonröhren. Weißt du, was das heißt: kein Licht mehr in der Stadt?

Schon eigenartig, was so alles passiert ...

Baía dos Tigres wurde zu einer Insel, als das Wasser ausblieb. Es gab eine Zeit, in der die Welt mit einer Asphaltzunge dorthin vorstieß. Als die Häuser ihre Besitzer verloren, wurde alles anders. Das Meer siegte über die Straße und schnitt jene Handvoll Sand vom Festland ab.

Niemand ging mehr auf die Insel. Die ehemaligen Bewohner lernten den Weg zu vergessen. Und die anderen sahen keinen Nutzen darin, einen Bann zu brechen.

Zurück blieben die Haushunde. Das Inseldasein schläferte all ihre Instinkte ein, die nicht dem Überlebenskampf dienten. In ihren Nachkommen mehrten sich blinde Wut und Verrohung. Die Zugvögel hatten ihre Nester in fremden Ländern, die Fischschwärme glänzten fern im Mondlicht, die Skorpione waren mit schmerzenden Stacheln bewehrt, die Kakteen hatten Dornen: nichts war erreichbar, Hunde fressen Hunde, Hunde töten, solange sie leben. Die Hunde, die einzigen Säugetiere auf der Insel, verlernten schließlich sogar zu säugen.

Die Zeit verging, und sie sahen den Krieg an der Küste, die Kadaver aber blieben für sie unerreichbar. Rudel, die sich anbellten und miteinander kämpften, bis ihre Zähne vor Wut barsten. Sie wurden blind und sind nun Sklaven ihres Geruchssinns. Müssen dafür das Wohin-sie-nicht-gehen-können nicht mehr sehen. Verzweifelt, ausgetrocknet von Salz, Kälte und Sonnenglut, wittern sie alles Blut. Ihr Geruchssinn läßt sie die Kirche meiden, einen Vulkan aus Kalk mitten im glatten Sand, ein reines Auge im Zentrum eines Dünenwirbels, das einzige Gebäude, das die Winde nicht verweht haben; die Blässe des Paradieses. Sie haben gelernt, ins Wasser zu beißen und Fische zu fangen. Was man sich über sie erzählt, ist schrecklich und trennt sie noch mehr von der Wüste und den Geräuschen des Dschungels hinter ihr, die der Wind nicht zu ihnen trägt. Keiner der Hunde weiß, was ein Fluß ist, ein Feuer oder gestricheltes Fell. Vom Festland wachsen Gänge mit Diamanten hinüber, wie Maulwürfe, die den Meeresgrund auf ihrem Rücken tragen – doch der Reichtum unter den Pfoten der Hunde kann ihren Hunger nicht stillen. Baía dos Tigres ist ein Strand, umgeben von einem Stacheldraht aus Angst. Es heißt, Hunde fressen Menschen, Menschen aber fragen nicht nach der Wahrheit. Tiger sind so.

Die fernen Lichter von Tômbua sind bei Tagesanbruch verblaßt. Die Wüste ist in ihrer ganzen Weite sichtbar geworden, eine Sandklinge zwischen zwei aneinanderstoßenden Ozeanen. Die Garoupa lag in keiner günstigen Strömung; ein Fisch schwimmt auch nicht weit raus, um sich fangen zu lassen, erklärte Meister João, erleichtert über das Scheitern unserer Pläne. Wir hatten uns nie wirklich weit vom Festland entfernt. Fuhren langsam, nur wenige Knoten pro Stunde, und doch wuchsen die Kasuarinen am Strand schnell in den Horizont.

Wir umrundeten den Leuchtturm, der noch immer – wenn auch erloschen – auf der Grenze zu den Wassern der Bucht stand. Der aluminiumfarbene Sand, die Wut im Geifer, das Tosen aller Gezeiten, die doch nie mehr sind als zwei. Die Bucht ist zwar auf den Karten verzeichnet, existiert aber nicht. Nur das macht sie erträglich.

Am Kai fing jemand mitten aus der Luft die flüchtige Form des Taus auf.

— Mutter, bring mir meine Vernunft bei,
sang die Frau in einer Sprache des Nordens,
 — Nseruse, mamã, nseruse/Nserusango!

Der Fluß schläft in einem Tal heißer Winde, und wieder ruht eine Stadt in diesem Feuerhauch. Im Strombett fahren Schiffe, beladen mit der Asche des Krieges, wie alle Flüsse der Welt sie vorbeiziehen sehen. Galeonen mit Knochenstaub, dem Kalk der Toten, die aus dem Hochland wachsen, und überschäumend vor Leben die weite Ebene des Sambesi mit ihrem Grauen fesseln.

— Gegen mich kommste nich an! Ich bin RENAMO. Ich sprech die Grammatik vom Relvas. Familie hab ich nich, ich bin die Deppin vom Dorf. Ich muß abwässern, wo kann ich das?

Dessai lacht gutmütig über die Verrückte, mitfühlend, sein Blick kommt dabei ins Schwitzen. Die Frau streicht dem reichsten Mann der Gegend mit dem Finger an den Lidern entlang über die breiten, bärtigen Wangen, liebevoll und unendlich langsam.

Von der Angst zum Strand. Weitergehen, die sonnenlosen Städte beklagen, weiter bis zum unversehrten Meer, wie ein Salzpilger, weiße Spuren im namenlosen Sand.

— Warum wischst du mir die Augen?
— Ich mag dich. Ich geh jetzt zum Chingar, einen trinken. Kommste mit?
— Ja.
— Welche Zeit haste?
— Keine.

DANKSAGUNG

José Eduardo Agualusa und Ruy Duarte de Carvalho
 Adelino Gomes und Francisco Sena Santos (sie baten mich »zu telephonieren, wann immer es mir möglich wäre«, was blieb mir anderes übrig?) und
 Maria Alexandre Dáskalos (es stimmt: »die Engel weinen« ...)

Für ihre Hilfe und großzügige Unterstützung danke ich in chronologischer Reihenfolge: David Wimhurst (für die einzige Akkreditierung, die mich geschützt hat), António Costa Moura, François Gunod, Henri Valot, Eduardo Lobão, Carlos Seixas, Luís Filipe, Mário Tavolaj und seiner Mannschaft im Hauptbüro der OIM (die Geduld von James, Luz und Sabrina war unerschöpflich), José Martins und Miguel Vidal Pinheiro, in Luanda. Mahamane Cissé (weil er mir bewiesen hat, daß »Pfefferminztee eines der Menschenrechte ist«). José Vaz de Carvalho, in Lobito. Manuel Fernando Jerónimo, Alice Suzette und César, in Benguela. João und Laurinda Tavares, Tó Mané und Ivo Ferreira, in Namibe. Vasco Martinho (und den Fischern seiner ANGESP), in Tômbua. Carlos Arede, Cristiano Agostini, Gianni Morelli, Franca Gattoi und der Mannschaft von Nuova Fronteira (sowie Rui und Domingos), in Lubango. Giuseppe Juffre und José Marcelino, in Huambo. Hauptmann Gerardo Espinosa (Uruguay) und Hauptmann Monteiro (Brasilien), in Kuíto (sie waren mit mir gegen die Dummheit). Sara und Lara, in Chitembo. Major Rui Neves (FAA), in Menongue. Hauptmann Spies (Brasilien) und Major Alok (Indien), in Caiundo. Ana Maria Mi randa, in Bagani. Hauptmann Carrey Olivera (Uruguay), Gladys Higa, Analía Ramos und Papagaio Mussili, in Jamba. Der Familie Lubasi, in Sinjembela (Maisbrei, Wasser und aufmunternde Worte: meine Rettung). Botschafter Francisco Flacão Machado (und seinem unübertrefflichen *staff*), in Lusaka. João Rosão, João Alves de Matos, Monteiro, Victor und den Freunden der Merzario, in Lubumbashi. Sebastião José Mariano, in Zumbo. Abid Karimo und Mahomed Ahomed Dessai (unvergeßliche Whiskies ...), in Tete. José Paulo Hertz und José Vaz de Albuquerque (der Kamm, den ich nicht kaufen konnte, da ich kein Geld hatte, war tatsächlich aus Ebenholz; er ist noch immer schön), irgendwo in Sambesi.

Mein ganz besonderer Dank gilt dem portugiesischen Kontingent der UNAVEM III, vor allem den Logistikeinheiten in Huambo und Menongue (sie waren meine Ersatzfamilie. Und drei Namen, einmal mehr neben vielen anderen: Oberfeldwebel Pratas, Hauptmann Lourenço Merca und Hauptmann Soares da Costa.

Beatriz Marcelino, Arlindo Barbeiros, Ana Paula Tavares, Maria Idalina Portugal, Helena Amaral, Manuela Gomes und José Milhazes.

Zum Schluß, und zugleich vor allen anderen, einem Rebellen der UNITA: Oberst Nunda. Er war beauftragt, mich nach Kuando Kubango zu begleiten, und hat seine Mission mit Würde erfüllt. Ich habe noch heute den Verdacht, daß er mir das Leben gerettet hat. Es ist naheliegend, daß er das seine dabei riskiert hat.

Anmerkungen der Übersetzerin

Aka! (quimbundu): Ausruf des Entsetzens, Ärgers oder Mißmuts.

Al Berto, Alberto Raposo Pidwell Tavares (1948-1997): Studierte Malerei, Architektur und visuelle Kunst, von 1967 bis 1975 während des Kolonialkrieges im belgischen Exil, wo er auf französisch zu schreiben begann. Ende der 70er Jahre erste Gedichtveröffentlichungen, in Portugal einer der bedeutendsten und originärsten Lyriker seiner Generation.

Großer Alter: Bezeichnung für Jonas Savimbi, den Partei- und Armee-Chef der UNITA, der von seinen Anhängern nie bei seinem Namen genannt wird. In Anlehnung an Alte bzw. Älteste, auch Dorfälteste, die in ganz Afrika große Achtung genießen.

Assimilierte (assimilados): eine kleine privilegierte Schicht (circa 2 % der Gesamtbevölkerung), die sich während der Kolonialzeit aus ihrem ursprünglichen ethnischen Kontext gelöst und Zugang zu Hochschulen und Führungspositionen gefunden hatte.

Baía dos Tigres (Tigerbucht): im Süden Angolas, am Rand der Sandwüste und unweit der namibischen Grenze liegende Bucht, deren Name auf die dort zahlreich vorkommenden Tigerhaie zurückgeht. In der Mitte des 19. Jahrhunderts von amerikanischen Walfischfängern zum Schutz angelandet. Der Versuch portugiesischer Fischer, sich 1865 an der günstig gelegenen Baía dos Tigres niederzulassen, scheiterte am Wassermangel. In der Folge entstand eine kleine Fischerkolonie mit einfachen Verarbeitungsbetrieben an der Innenseite der Nehrung. Die Versorgung mit Wasser und Nahrungsmitteln geschah über Schiffe. 1963 wurde die Landzunge durch schwere Brandung vom Festland getrennt.

Bailundos: Ethno-linguistische Gruppe in Südangola, die viele Wanderarbeiter stellt.

Bakongo: Ethno-linguistische Gruppe am unteren Kongo, in der heutigen Rebublik Kongo, in Zaire (heute: Dem. Republik Kongo) und Angola. Träger des im 14.-17. Jahrhundert mächtigen Königreichs Kongo, das ab 1500 von den Portugiesen christianisiert wurde und im 18. Jahrhundert an Bedeutung verlor.

Barotse: Ethno-linguistische Gruppe und Gebiet am oberen Sambesi im westlichen Sambia.

Ben-Ben: Beiname von Arlindo Salupeto Pena, im Alter von 13 Jahren als Kämpfer der UNITA beigetreten, ehemaliger UNITA-Militärchef, von 1997 bis zu seinem Tod 1999 Stellvertreter des obersten miltärischen Führeres der FAA unter der Regierung der Nationalen Einheit und Versöhnung (GURN).

Benguela: 1617 gegründet. Hauptstadt der gleichnamigen Provinz. Einstmals bedeutender Fischerei- und Überseehafen.

cacimba (quimbundu:*kixima*): Wasserstelle, Wasserloch, natürlicher Brunnen.

Cajú, Cajueiro: Nierenbaum, Frucht ist die Cashewnuß, port. cajú.

Capelo: Hermengildo und Ivens, Roberto: portugiesische Forschungsreisende, die 1877-80 die Gebiete des heutigen Angolas durchquerten und den Bericht ihrer Reise unter dem Titel: *De Benguela às terras de Iacca/Descripção de uma viagem na África central e occidental,* Lisboa 1881, veröffentlichten. Eine zweite, 1884-85 unternommene und in ihrem Buch *De Angola à Contracosta* beschriebene Reise führte sie von der West- zur Ostküste Afrikas, vom Süden Angolas in den Norden Mosambiks.

Cavaleiros: Vorstadt von Lubango.

CFB und CFM (Caminhos-de-Ferro de Benguela und Caminhos-de-Ferro de Moçâmedes): Eisenbahnlinien von Benguela und Moçâmedes. Die internationale Benguelabahn führt von der Küste zur Ostgrenze Angolas und ist mit ihren 1348 km die längste Eisenbahnlinie des Landes; durch ihren Anschluß über Shaba/Dem.Rep.Kongo an die Eisenbahnen in Sambia, Simbabwe und Mosambik die einzige transkontinentale Bahn Afrikas. Heute sind in Angola allerdings nur noch rund 30 km dieser Strecke in Betrieb. Die Moçâmedes- und heutige Namibebahn wurde 1912-1923 erbaut, mißt 756 km, sollte das Hochland von Huíla um Lubango mit der Hafenstadt Moçâmedes (Namibe) verbinden und die verkehrsmäßige Erschließung des für europäische Besiedlung und wirtschaftliche Entwicklung günstigen Gebietes gewährleisten.

Chioco: Markt von Lubango.

comba (quimbundu:*ku-kombe ditókwé*: die sterblichen Überreste wegfegen): Gedenkfeier für einen Toten, acht oder dreißig Tage nach seiner Bestattung.

CPLC (Comunidade de Países de Língua Portuguesa): Gemeinschaft der Länder Portugiesischer Sprache.

dos Santos, José Eduardo: 1942 geboren, 1961 mit der MPLA im Unabhängigkeitskampf. 1975-1979 u.a. Außen- und Planungsminister der Volksrepublik Angola. Seit dem Tod des ersten angol. Präsidenten Agostinho Neto, 1979, dessen Nachfolger als Staats- und MPLA-Chef. Ab 1988 Wirtschaftsreformprogramm und polit. Annäherung an den Westen. 1991 erstes (später gescheitertes) Friedensabkommen mit der UNITA; 1992 Sieger der ersten pluralist. und durch die UNITA angefochtenen Präsidentenwahl; 1994

Friedensabkommen mit der UNITA in Lusaka; seit 1997 Präsident der »Regierung der Nationalen Einheit und Versöhnung« mit Beteiligung von UNITA-Vertretern.

Estado Novo (Neuer Staat): Bezeichnung für den von Salazar von 1929 bis zu seinem Tod 1970 mit Unterstützung der katholischen Kirche und portug. Wirtschaftsführern regierten und von ihm so bezeichneten, zentralistisch gesteuerten Einparteienstaat.

FAA (Forças Armadas Angolanas): *Angolanische Streitkräfte.* Das Lusaka-Friedensabkommen von 1994 führte Mitte 1997 zur Gründung der FAA, die als Auffangbecken für die bisherigen Streitkräfte und ehemalige UNITA-Kämpfer konzipiert wurden.

FALA (Forças Armadas de Libertação de Angola): *Streitkräfte zur Befreiung Angolas.* Militärischer Arm der UNITA.

FAPLA (Forças Armadas Populares de Libertação de Angola): *Volksstreitkräfte zur Befreiung Angolas.* Vor der Unabhängigkeit militärischer Arm der MPLA.

Fazenda: Landgut, auch Großgrundbesitz.

Fazendeiro: Gutsbesitzer, Großgrundbesitzer, auf dessen Land Ackerbau und/oder Viehzucht betrieben wird.

FpD (Frente para a Democracia): Demokratische Front, kleine angolanische Oppositionspartei.

FRELIMO (Frente da Libertação de Moçambique): *Front zur Befreiung von Mosambik,* 1962 als Zusammenschluß dreier Befreiungsbewegungen gegründet. Seit der Unabhängigkeit beherrscht die FRELIMO als Staats- und Einheitspartei das gesamte politische Leben im Land.

Galo Negro (Schwarzer Hahn): Emblem der UNITA, die über zwanzig Jahre lang in Jamba einen Propagandasender namens Vorgan (Voz da Restistência do Galo Negro): Stimme des Widerstands des Schwarzen Hahns, unterhielt.

Gaucho-Mate: Matetee, für die Südbrasilianer (gaúchos) typisches Getränk.

gangonha: Haschisch.

Ganguela: Ethno-linguistische Gruppe aus Zentralangola.

Huambo: Das 1912 als Nova Lisboa gegründete Huambo ist nach Luanda die größte Stadt, das wichtigste Kulturzentrum des Landes und Hauptstadt der gleichnamigen Provinz im zentralen angolanischen Hochland. Früher bedeutender Verkehrsknotenpunkt und Warenumschlagplatz.

Ihosi: Ethno-linguistische Gruppe aus Westsambia.

Ilha (Insel): Die Bucht von Luanda wird seewärts von der etwa 7 km langen und 100-500 m breiten »Ilha« abgeschlossen. Die ursprüngliche Insel ist heute durch einen Straßendamm unterhalb der Festung von Luanda mit dem Festland verbunden. Beliebter Ausflugsort mit Restaurants und Blick auf Bucht und Stadt. Auf die hier ansässigen Fischer geht auch der Name Luandas zurück. Sie heißen auf quimbundu *axiluanda*: Netzwerfer, Fischer.

Ilha de Moçambique: älteste Stadt Mosambiks, auf einer Insel an der nördlichen Küste gelegen. Im 10. Jahrhundert von Arabern gegründet. 1498 landete dort Vasco da Gama. Heute UNESCO-Weltkulturerbe.

IOM (International Organization for Migration): Internationale, nicht-politische, humanitäre Organisation, die sich mit der Durchführung geplanter Migration und Flüchtlingsumsiedlung beschäftigt. 2,5 Millionen Angolaner sind Flüchtlinge im eigenen Land.

jango (umbundu): rundes oder viereckiges strohgedecktes Dach auf einem oder vier Stützpfeilern, in jedem angolanischen Dorf, Garten oder auf öffentlichen Plätzen zu finden, sozialer Treffpunkt.

Jamba (umbundu: Elefant): Hochburg, Hauptquartier und einer der drei Versorgungsstützpunkte der UNITA.

Khan, Nusrat Fateh Ali (1948-1997): pakistanischer Sänger von Sufi-Liedern.

Kissange (Kissanje): afrikanisches Musikinstrument. Kleiner Klangkörper aus Holz mit Metall- oder Holzstäben, auf denen mit den Fingern Töne erzeugt werden.

kota: in Angola Ausdruck der Ehrerbietung und Anrede für ältere Personen.

Kwanza: angolanische Landeswährung.

liamba (quimbundu: *diamba*): Marihuana.

Lourenço Marques: heute Maputo, seit 1875 Hauptstadt von Mosambik. Rund 1 Million Einwohner, am Indischen Ozean gelegen.

Luanda: 1576 durch Paulo Dias de Novais gegründet, hat heute schätzungsweise zwischen 3 und 5 Millionen Einwohner, zehnmal so viele wie 1975, als Angola unabhängig wurde. Die meisten Zugezogenen sind auf der Flucht vor dem Bürgerkrieg in die Stadt gekommen, deren gesamte Infrastruktur unter der Überbevölkerung zusammengebrochen ist.

Lunda: ethno-linguistische Gruppe aus dem an Diamantenvorkommen reichen Nordosten Angolas; bekannt für ihre Handwerkskunst und eine rege Handelstätigkeit.

maçanica: mosambikanischer Baum mit kirschgroßen, nach Apfel (*maçã*) schmeckenden Früchten.

machamba: in Mosambik Bezeichnung für kultiviertes Land.

Machel, Samora: 1933 geboren, ursprüngl. Krankenpfleger, 1966 Führer der FRELIMO, 1970 ihr Präsident, von 1975 bis zu seinem Tod 1986 Staats- und Regierungschef von Mosambik. Die Ursache für den Flugzeugabsturz, bei dem er ums Leben kam, wurde nie wirklich geklärt.

maka: in Angola häufig gebrauchtes Wort, das so viel wie: Ärger, Durcheinander, Streit, Problem etc. bedeutet.

maninhos: Brüderchen, von mano (Bruder), Bezeichnung für

UNITA-Mitglieder und der Mitglieder untereinander, deutliche Abhebung vom sozialistischen »Genossen«.

matapá: in Mosambik kleingehackte Kürbis-, Maniok- oder wildwachsende Blätter, die mit Erd- oder Kokosnuß gekocht werden.

Metical: mosambikanische Währung.

mocotó: in Angola Eintopf aus Rindfleisch und Bohnen.

MPLA (Movimento Popular de de Libertação de Angola): Volksbewegung zur Befreiung Angolas, 1956 im Exil unter Agostinho Neto gegründet. Seit 1975 Staatspartei, heute mächtigste Organisation in dem seit 1991 zugelassenen Mehrparteiensystem. Die MPLA wandte sich unter dem Vorsitz von Staatspräsident dos Santos 1992 offiziell vom Marxismus-Leninismus ab und dem »Demokratischen Sozialismus« zu.

muadiè: Anrede: Herr, aber auch gleichbedeutend für Typ, Kerl.

Mueneputo: Bezeichnung der Afrikaner für den König von Portugal und dessen Vertreter, den Gouverneur Portugals in Angola.

Mucuval: ethno-linguistische Gruppe; für seinen großen Wuchs bekanntes Nomaden- und Hirtenvolk aus dem Süden Angolas.

mupeque: angolanischer Baum, aus dessen Früchten eine stark ölhaltige Farbe gewonnen wird.

Mussumba: Hauptstadt des Lundareichs, deren Grundriß die Form einer Schildkröte hatte. 1887 von den *Quioco* zerstört.

Mwata (Ehemann von allen): Name einer Dynastie von Lunda-Herrschern.

Neto, Agostinho: 1922 geboren, Arzt, Schriftsteller, zwischen 1952 und 1960 mehrfach in port. Haft. Seit 1957 Mitglied der MPLA, deren Vorsitz er nach inneren Machtkämpfen, bei denen sich der prosowjetische Flügel durchsetzte, 1962 übernahm. Von 1975 bis zu seinem Tod in Moskau 1979 erster Präsident der Volksrepublik Angola. 1961 begann unter seiner Führung der Unabhängigkeitskrieg gegen Portugal durch die MPLA. Ihr folgten weitere Befreiungsbewegungen: 1962 die FNLA (unter Holden Roberto) und 1966 die UNITA (unter Jonas Savimbi), die bald in Konkurrenz zueinander standen und gegeneinander kämpften. Die MPLA stützte sich auf die städtischen, vom portugiesischen Einfluß geprägten Eliten, vor allem in Luanda. Die FNLA, mit Sitz im Nordwesten des Landes, berief sich auf Traditionen des ehemaligen Kongo-Königreichs. Die UNITA, im angolanischen Hochland zu Hause, stützte sich auf die in Angola zahlenmäßig größte Ethnie, die Ovimbundu. Alle drei unterzeichneten am 15. 1. 1975 mit Portugal das Abkommen von Alvor über die Bildung einer Übergangsregierung. Sechs Monate später fand ein blutiger Machtkampf zwischen den drei Bewegungen statt, in dessen Verlauf die MPLA UNITA und FNLA aus Luanda vertrieb. Am 11. 11. 75 Proklamation der »Volksrepublik Angola« durch die MPLA und deren Chef Agostinho Neto. Seither herrscht, von wenigen kurzen Unterbrechungen abgesehen, ein grausamer Bürgerkrieg im Land.

ninjas: im feudalen Japan in Geheimbünden organisierte Krieger, die sich spezieller Waffen und eines besonderen Kampfstils bedienten. Über Kung-Fu-Filme und Comics nach Angola gelangt und dort heute Bezeichnung für die berüchtigte Spezialeinheit der Polizei.

NRO: Nichtregierungsorganisation.

Pedras Kandumbo: große Felsformationen an der Straße nach Huambo.

PNA (Polícia Nacional da Angola): Nationalpolizei von Angola.

pombeiro (quimbundu: *pumbelu*): im 18. und 19. Jahrhundert

ambulanter Händler, der im unwegsamen Hinterland Angolas Waffen, Alkohol oder Stoffe gegen einheimische Produkte oder Sklaven tauschten.

pombo oder pumbo: Markt im Landesinneren.

pula (in Angola): Weißer.

quimbo (umbundu: *k'imbo*): Weiler oder Dorf.

Quinta: kleines Landgut.

Quioco: Ethno-linguistische Gruppe.

RELVAS: Verfasser einer im gesamten portugies. Sprachraum bekannten Grammatik der portugies. Sprache.

RENAMO (Resistência Nacional Moçambicana): Nationaler Widerstand Mosambiks. 1976 als Rebellenbewegung gegründet. Kämpfte nach der Unabhängigkeit Mosambiks gegen die Regierung in Maputo. Seit 1994 als politische Partei registriert.

Roberto, Holden: 1957 Führer der Union der Bevölkerung Nordangolas, der späteren UPA. Mit Unterstützung der USA und zahlreicher afrikanischer Staaten Chef der Regierung der Republik Angola im Exil (GRAE)in Leopoldville. 1962 geht die UPA in die FNLA über. Im Januar 1976 nimmt die MPLA das Generalhauptquartier der FNLA ein, und Holden Roberto muß ins Exil. Er ist heute parlamentarischer Oppositionsführer in Luanda.

Savimbi, Jonas: 1934 geboren, ehemaliges Mitglied der FNLA und der GRAE, Oberbefehlshaber der FALA und Führer der UNITA, die ursprünglich sozialistisch-maoistische Prinzipien vertrat, später jedoch afrikanisches Stammesdenken propagierte. Savimbi wurde als Kämpfer gegen den Marxismus und den sowjetischen Imperialismus in Afrika lange Jahre von den USA und Südafrika militärisch unterstützt.

Sah'lomon: zweitklassiger zairischer Sänger.

Shaba: früher Katanga, mineralienreiche Provinz im Südosten

der Dem. Rep. Kongo, Hauptstadt Lubumbashi. Grenzt im Süden an den Kupfergürtel Sambias.

Sklavereimuseum: kleine, auf einem Felsvorsprung oberhalb des Strandes liegende Kirche in Luanda. Dort segneten portugiesische Priester Sklaven, bevor sie über den Atlantik geschickt wurden.

soba (quimbundu): Stammeshäuptling, auch Synonym für Chef.

SWAPO (South West African People's Organisation): 1960 gegründet. Führte nach 1975 von Angola aus einen Guerillakrieg gegen die in Namibia stationierten südafrikanischen Truppen.

Tiantónios: Verballhornung von Tio António (Onkel Antonio). Möglicherweise Bezug zum Heiligen Antonius, der in Portugal bzw. ehemaligen portugiesischen Kolonien oft schwarzer Hautfarbe ist.

Tômbua: in einer kleinen Bucht am Rande der Wüste gelegener Hafen, früher Porto Alexandre nach dem engl. Forscher J. E. Alexandre, der 1834 in portugiesischem Auftrag die Gebiete von Benguela und Moçâmedes bereiste. Bereits Diogo Cão fand dort 1485 zwei große Fischerdörfer vor. 1860/61 siedelten dort Kolonisten aus dem Algarve. Gegen Ende der Kolonialzeit wichtiger Fischereihafen mit florierender Fischindustrie.

Tschokwe: Ethno-linguistische Gruppe im Nordosten Angolas. Bekannt für ihre verfeinerte Handwerkskunst und rituellen Masken.

UCAH (Unidade Coordenadora da Assistência Humanitária): Koordinationsstelle für Humanitäre Hilfe.

UNAVEM (United Nations Angola Verification Mission): 7000 UN-Blauhelm-Soldaten. Unter ihrer Überwachung sollte die Kasernierung und Entwaffnung der UNITA-Soldaten, die Integration bisheriger UNITA-Kämpfer in die gemeinsame angolanische Armee sowie die Demobilisierung überzähliger Regierungssoldaten stattfinden.

UNITA (União para a Independência Total de Angola): Vereinigung zur völligen Unabhängigkeit Angolas. Nationalistische Rebellenorganisation, die nach der Machtübernahme durch die MPLA 1975 den Guerillakrieg gegen die Regierung in Luanda aufnahm. Im Rahmen des durch das Lusaka-Abkommen von 1994 eingeleiteten Friedensprozesses am 11. März 1998 formell als politische Partei legalisiert. Im Laufe des gleichen Jahres spaltete sich die UNITA in eine an der politischen Entwicklung beteiligte »Luanda-Fraktion« und eine Fraktion von Hardlinern um Savimbi, die entgegen dem Lusaka-Abkommen weiter militärisch gegen die Zentralgewalt vorgeht. 2000 lehnte die UNITA eine von dos Santos angebotene Amnestie als Gegenleistung für ein Niederlegen der Waffen ab.

UPA (União dos Povos da África): Union der Völker Afrikas, 1958 in Belgisch Kongo gegründete Befreiungsbewegung.

WFP (World Food Programme): Welternährungsprogramm der Vereinten Nationen. Weltweit größte Einrichtung zur multilateralen Nahrungsmittelhilfe. Über 2 Millionen der rund 12 Millionen Einwohner Angolas sind auf Nahrungsmittelhilfe angewiesen. Da die Geberländer ihren Verpflichtungen gegenüber dem WFP aber nicht nachkommen, können nur 1 Million Menschen versorgt werden.

INHALT

I
Terminus
9

II
África Hotel
161

III
Vila Miséria
325

Danksagung
403

Anmerkungen der Übersetzerin
405